ELOGIO PARA *EL TERCER PAÍS*

"Vecinos durante siglos, pero vecinos amigables solo desde hace un período relativamente corto. Durante generaciones Tijuana y San Diego se miraron con recelo, generalmente reacios a pasar más allá del mero oportunismo—aprovechándose el uno del otro según la conveniencia. A diferencia de Laredo o Brownsville o El Paso, San Diego nunca se consideró una ciudad fronteriza—el turismo y la Marina de EEUU eran las fuentes de dinero y más fáciles de tratar que a México, con su problemática política y economía. Para Tijuana, San Diego ofrecía oportunidades para el comercio, los viajes y algo de educación, pero siempre se probaban con cierta vacilación basada en las eternas sospechas del Norte. Los últimos 25 años han sido testigos de un cambio profundo. El TLCAN alteró el juego económico, pero, más importante aún, líderes visionarios promovieron una nueva realidad—ahora ampliamente aceptada—de que la región es mucho más que una suma de sus partes. Reconocieron que la zona tiene el potencial de ser una inmensa potencia económica y una mezcla cultural única. Esta es la historia de cómo se produjo ese cambio".

—Jeffrey Davidow, Embajador de Estados
Unidos en México (1998–2002)

"Al descubrir y comprender la complejidad de la región de CaliBaja, tuve que darle un nuevo sentido a la diplomacia consular clásica y acuñar una diplomacia consular transfronteriza que respondiera a una comunidad profundamente binacional. Para aquellos que no tienen la oportunidad de vivir la frontera, les recomiendo este libro que les ayudará a comprender la dinámica de esta mega región. ¡Felicidades!"

"*El Tercer País* es una exploración notablemente exhaustiva del metroplex fronterizo San Diego-Tijuana, trazando sus historias entrelazadas desde la llegada de los primeros exploradores europeos de la región hasta el presente. Proporciona una narrativa bien elaborada que hace una importante contribución a la literatura sobre las relaciones entre EEUU y México al destacar el surgimiento de San Diego y Tijuana como el par de ciudades gemelas preeminente a lo largo de la frontera entre Estados Unidos y México. Cuenta, significativamente, la historia de cómo San Diego y Tijuana comenzaron a trabajar hacia una visión binacional compartida a través de los esfuerzos de una serie de organizaciones cívicas, como San Diego Dialogue, Tijuana Innovadora y Smart Border Coalition (Coalición de Frontera Inteligente). A lo largo del trayecto, *El Tercer País* envuelve una larga, compleja y convincente historia en prosa que es notablemente concisa y accesible".

"Después de haber pasado 8 años en el área de Tijuana-San Diego, sé que ambas ciudades, a pesar de sus diferencias, han forjado conexiones extensas, mutuas y gratificantes. El Tercer País captura de manera brillante el alcance y la escala de estos lazos, rastrea su origen y evolución y apunta a un futuro prometedor. Descubriendo esta comunidad transfronteriza binacional puede constituir una sorprendente revelación para más de un lector".

"Recomiendo ampliamente *El Tercer País*. . . para cualquiera que esté interesado en aprender la verdadera historia de una de las regiones fronterizas más singulares del mundo. Durante décadas, Tijuana y San Diego han disfrutado de una simbiosis mutuamente beneficiosa y de un destino compartido, unidos por lazos de historia, familia, comercio y una extraordinaria cultura bilingüe. Los personajes principales han desempeñado un papel importante en la gestión de los aspectos de esta relación transfronteriza, y este libro pinta una imagen clara de la "verdadera" región San Diego-Tijuana, disipando los mitos comunes y tejiendo un rico relato de la interdependencia entre EEUU y México".

— Steve Kashkett, Cónsul General de Estados Unidos en Tijuana (2009–2012)

"Con una clara comprensión de lo que San Diego y Tijuana son individualmente, *El Tercer País: San Diego y Tijuana*, ofrece una sorprendente e interesante fotografía instantánea del personaje principal de la historia: la región fronteriza México / Estados Unidos en el Océano Pacífico, encarnada por estas dos ciudades. Las acciones de un elenco binacional diverso de actores individuales e institucionales resaltan el valor del "poder blando" en la reinvención de la dinámica regional. El libro arroja una luz importante sobre cómo la cooperación en una zona fronteriza compartida permite a ambas ciudades enfrentar desafíos comunes y aprovechar muchas oportunidades".

— Carlos González Gutiérrez, Cónsul General de México en San Diego (2019–presente)

"Ojalá *El Tercer País: San Diego y Tijuana* hubiera estado disponible para mí cuando llegué a Tijuana por primera vez como oficial del servicio exterior—hubiera sido un tremendo recurso. Lo recomiendo como lectura obligatoria para todos los nuevos oficiales del gobierno asignados a la frontera México/Estados Unidos. Cualquiera que tenga curiosidad por los movimientos transfronterizos de personas y carga encontrará en este libro un recurso inestimable para entender cómo funcionan las fronteras modernas".

— Andrew Erickson, Cónsul General de Estados Unidos en Tijuana (2012–2015)

"Este libro llena un hueco en la literatura sobre la región fronteriza entre las dos Californias. Es casi imposible explicar a los foráneos la esencia binacional, bilingüe y bicultural del lugar. Es algo que sientes antes de entenderlo. Este maravilloso libro explica mucho acerca de cómo la región no solo sucedió, sino que evolucionó, tanto a través de accidentes como de elecciones intencionadas. Más importante aún, destaca a los hombres y mujeres que han guiado esta evolución hacia una frontera que sirve como punto de unión, y no como fuente de conflicto. La región fronteriza, de Ensenada a Torrey Pines, proporciona una transición entre dos lugares distintos y dos estados del ser. En el medio, en *El Tercer País*, se produce una alquimia especial: ni es una ni la otra, sino verdaderamente las dos cosas al mismo tiempo, un misterio. Este libro me recuerda por qué mi familia y yo nos enamoramos de CaliBaja y de la gente que vive allí".

—William Ostick, Cónsul General de Estados Unidos en Tijuana (2015–2018)

*Estas opiniones son del autor y no representan las opiniones del Departamento de Estado.

EL TERCER PAÍS

EL TERCER PAÍS

San Diego y Tijuana

Dos países
Dos ciudades
Una Comunidad

Michael S. Malone
con Cheryl Dumesnil

SILICON
VALLEY
PRESS

Publicado por Silicon Valley Press, Saratoga, CA
Siliconvalleypress.net
Traducido por Mark Banks
Diseño de la portada: Paul Barrett
Foto de la portada: Cortesía de Omar Martínez y SEST–
Baja Secretaría de Turismo de California
Foto de la contraportada: Ariana Drehsler

ISBN (pasta dura, inglés): 978-1-7339591-4-8
ISBN (pasta dura, español): 978-1-7339591-5-5
ISBN (ebook, inglés): 978-1-7339591-6-2
ISBN (ebook, español): 978-1-7339591-7-9

Número de control de la Biblioteca del Congreso: 2020909216

A la gente de Tijuana y San Diego, que en los últimos 50 años ha creado una notable comunidad binacional en la región que comparten.

Y a sus hijos y nietos, quienes llevarán este legado a las generaciones futuras, para atesorar, proteger y fortalecer.

CONTENIDO

AGRADECIMIENTOS

Este libro nació del deseo de líderes—y ciudadanos comunes—de San Diego y Tijuana de contar la historia a menudo turbulenta de sus 250 años de historia compartida, especialmente la transformación de su relación en los últimos 50 años. Este suceso ha sido nada menos que una revolución, una fusión de dos grandes ciudades de dos países y culturas diferentes, en una amistad mutua con una interdependencia significativa y un futuro compartido.

Lo más notable es que, en su mayor parte, esta alianza no surgió del trabajo de los gobiernos sino de las relaciones entre ciudadanos particulares. Éstas se formaron en los patios de las escuelas y en las oficinas corporativas, en restaurantes y en las calles. Ahora, en esta era de crisis fronterizas en todas partes, San Diego y Tijuana se erigen como una comunidad binacional modelo que trabaja en colaboración hacia un destino compartido.

Las fuerzas que impulsaron la creación de este libro fueron Malin Burnham, posiblemente uno de los filántropos más exitosos de Estados Unidos y la figura más destacada en San Diego durante el último medio siglo, y Alan Bersin, el ex zar de la frontera bajo las presidencias de Clinton y Obama, así como el superintendente de Educación Pública y el presidente de la Autoridad Aeroportuaria de San Diego. Bersin se acercó a Burnham, creyendo que había llegado el momento para un libro sobre la historia de la relación San Diego-Tijuana.

Malin estuvo de acuerdo y tomó dos medidas. Se puso en contacto con Joe DiNucci y Atiya Dwyer, propietarios de Silicon Valley Press, para preguntarles si estarían interesados en publicar un libro de este tipo y para preguntar si me gustaría ser el autor. Anteriormente había trabajado con Malin en su propio libro, *Community Before Self: Seventy*

Years of Making Waves, un volumen también publicado por Silicon Valley Press.

Malin, como solo él lo sabe hacer, trabajó entonces con Alan para reunir un consorcio de varios de los personajes más poderosos de San Diego y Tijuana para apoyar el esfuerzo y ponerse a disposición para entrevistas, entre ellas Lorenzo Berho, Carlos Bustamante, Salomón Cohen, José B. Fimbres, José Galicot, y Steve Williams.

Mis únicas estipulaciones eran que yo tendría el control editorial completo de tal libro y—dado el ajustado plazo—sería asistido en este libro por la escritora y editora Cheryl Dumesnil, quien a menudo ha salvado mi prosa de mí mismo. Cheryl no solo hizo un brillante trabajo de edición del manuscrito de este libro, sino que también asumió la monumental tarea de entrevistar a más de cincuenta personajes en ambas ciudades, a menudo en gran profundidad. Las voces de este libro son el resultado de su trabajo y el de la experimentada escritora independiente de San Diego, Roxana Popescu.

Alan Bersin fue la persona clave de referencia para el libro. Su conocimiento enciclopédico de la historia reciente de la región, sin mencionar su presencia en muchos acontecimientos históricos importantes entre México y Estados Unidos durante las últimas décadas, resultó absolutamente vital para este californiano del norte. A él se le unió el veterano editor y partícipe transfronterizo James Clark. Desde su revelador recorrido inicial por la Tijuana moderna, a sus presentaciones a cualquier institución o persona que pidiéramos, hasta el guiarnos por los matices de los idiomas y culturas de las dos ciudades, James fue el Virgilio perfecto en nuestra travesía.

En Silicon Valley Press, Joe y Atiya, como lo han hecho en muchas ocasiones, nos abrieron camino a Cheryl y a mí, y Molly Vatinel, nuestra gestora de proyecto, nos mantuvo enfocados y dentro de las fechas límites. Su trabajo comenzó en serio después de que Cheryl y yo termináramos, y el libro físico que tienes en tu mano es un testimonio de ese trabajo.

Por último, pero no menos importante, queremos reconocer a los ciudadanos de Tijuana y San Diego. Esta es su historia, y es maravillosa. Queremos agradecer especialmente a las personas que figuran a continuación por su disposición a compartir sus historias en esta era de enormes cambios. Gracias a su valor y sentido de comunidad. Su región binacional funciona mejor que cualquier otro lugar semejante del mundo.

En particular, queremos agradecer a estas personas que aceptaron sentarse y ser entrevistados en profundidad:

Isaac Abadi
Alfredo Ángeles
Raymundo Arnaiz
Alan Bersin
Malin Burnham
Alejandro Bustamante
Carlos Bustamante
James Clark
Salomón Cohen
Gustavo de la Fuente
Sandra Dibble
Denise Ducheny
José B. Fimbres
Pete Flores
José Galicot
Gary Gallegos
Paul Ganster
Cindy Gompper-Graves
Jorge Goytortua
Mick Hager
Enrique Hambleton
Cheryl Hammond
Jason Heil
Luis Herrera-Lasso

Paul Jablonski
José Larroque
Gastón Luken Aguilar
Gastón Luken Garza
Ascan Lutteroth
Alejandra Mier y Terán
Mario Orso
Javier Plascencia
Ben Rohrbaugh
Roberto Romandía
Pedro Romero
Jerry Sanders
Elsa Saxod
Lynn Schenk
Larry Smarr
Deborah Szekely
Hugo Torres
Enrique Valle
Hector Vanegas
Mary Walshok
Yolanda Walther-Meade
Jason Wells
Steve Williams

Brindemos por un glorioso futuro para las dos ciudades, construyendo sobre lo que ya han logrado.

PRÓLOGO

Aunque San Diego y Tijuana comparten la misma fecha de nacimiento y familia en el siglo XVI, y se encontraban a solo 24 kilómetros de distancia, estas dos grandes ciudades de la llanura costera de San Diego y Tijuana experimentaron inicios muy distintos. Tijuana creció esencialmente como resultado de un lindero artificial, designado primero por las Órdenes Franciscana y dominicana de la iglesia católica, y luego por el gobierno español. Ese lindero fue trazado en un mapa, entre la Alta y la Baja California, por un gobierno mexicano independiente, y finalmente marcado en el suelo como frontera entre Estados Unidos y México, después de la Guerra de Estados Unidos-México, en 1848. Durante generaciones, Tijuana consistió solo en un puñado de ranchos de propiedad privada, con una diminuta presencia del gobierno en el cruce fronterizo, en una franja comparativamente pequeña de tierra cultivable, en la orilla de un río que se inundaba periódicamente. Subrayando las tenues raíces de Tijuana, la iglesia oficial de la ciudad era la Misión San Diego, al norte del actual límite fronterizo.

En comparación, San Diego fue creado por la presencia de esa misión, fundada por el Padre Junípero Serra, con su amplia extensión de tierra fértil y su proximidad al puerto de la Bahía de San Diego accesible durante todo el año. Designado parte de la Alta California, San Diego estaba vinculado a las ricas tierras y ciudades del imperio hispano-mexicano en Norteamérica, mientras que Tijuana estaba, de hecho, atada a un terreno en gran parte deshabitado y en su mayoría desértico, en la empobrecida península de Baja California, y casi ignorada por un gobierno distante.

Pero, sobre todo, al estar al norte de esa frontera, San Diego estaba destinado a convertirse en parte de Estados Unidos, con su ubicación única y su bahía que lo convierten en un importante puesto de avanzada estadounidense en la costa del Pacífico. Después de la Guerra de Estados Unidos-México, San Diego nunca más fue tocado directamente por la guerra o por graves conflictos políticos, sino que se benefició de las inversiones militares en tiempo de guerra y de casi dos siglos de paz y continuidad política. Sin embargo, al sur de la frontera, Tijuana experimentó batallas reales en sus calles y décadas de negligencia gubernamental desde Ciudad de México.

A finales del siglo XVIII, todavía no estaba claro cuál de los dos países sería el más importante del continente, y mucho menos del mundo. México era más poblado y mucho más rico en ese entonces, gracias a las minas de oro y plata que España había desarrollado. En comparación, en EEUU una población relativamente pequeña de colonos americanos se aferró a la costa atlántica, lejos de las riquezas del resto del continente. Solo en la época de la Guerra de Estados Unidos-México quedó innegablemente claro que Estados Unidos triunfaría. Comprender esto añadió aún más dolor al resultado de la guerra, cuando la mitad del territorio mexicano fue cedido por el Tratado de Guadalupe Hidalgo. Para colmo de males, mientras que la mayoría de los mexicanos nunca han olvidado esta parte de su historia, la mayoría de los estadounidenses nunca la han aprendido, ni les ha especialmente interesado.

Sin embargo, a pesar de esta historia polémica, San Diego y Tijuana han tenido mucho en común, más allá de su geografía y clima. Ambos, por ejemplo, existen en un rincón extremo de sus naciones gobernantes. Por tanto, ambos han experimentado la desventaja de ser en gran medida ignorados, así como los beneficios de esa independencia. Ambas ciudades tienen una larga historia de mirar hacia el norte a una ciudad más grande y poderosa—Tijuana a San Diego, San Diego a Los Ángeles—con envidia, enojo y un sentido de inferioridad. Ambas se han irritado cuando esas ciudades más grandes ejercieron su poder y prerrogativa.

Aunque Tijuana y San Diego, en muchas ocasiones, se han definido a sí mismas al distinguirse una de la otra por cualidades contrastantes, por encima de todo, lo que estas dos ciudades tienen en común es su mutua dependencia. Durante muchos años, esta dinámica fue obvia para Tijuana, que parecía existir únicamente en una relación de dependencia con su vecino del norte.

Mientras tanto, San Diego desestimaba la ciudad al otro lado de la frontera, excepto para tratarla como una fuente de mano de obra barata y un destino de escape para el comportamiento transgresivo de los sandieguinos. No fue sino hasta el siglo XXI que San Diego se dio cuenta de que también necesitaba a Tijuana, por su vitalidad juvenil, productividad y competitividad. Tijuana, un pueblo de menos de mil habitantes en 1900, se ha convertido actualmente en una dinámica metrópolis de casi dos millones de personas, una población mayor que la de San Diego. La transformación de Tijuana ha sido emblemática de acontecimientos similares que tienen lugar en todo México.

Hoy en día, el destino común de las dos ciudades, negado por mucho tiempo, ya no puede ser ignorado. Juntos, Tijuana y San Diego componen una potencia económica con miles y miles de millones de dólares en comercio transfronterizo y decenas de miles de sus residentes que trabajan en una de las ciudades mientras viven en la otra. Comparten el cruce de frontera terrestre más transitado del mundo y han sido pioneros al demostrar cómo las fronteras modernas pueden ser a la vez inteligentes y seguras. Su ejemplo ha sido un modelo no solo para el resto de la frontera entre EEUU y México, sino para otras ciudades fronterizas de todo el mundo.

Este libro cuenta la historia de cómo San Diego y Tijuana construyeron una comunidad binacional a través de la frontera de sus países. Es una historia moderna de dos ciudades, que relata los eventos y las personas que lo hicieron posible. Presenta a los extraordinarios individuos que hicieron historia a lo largo del camino, incluidos los últimos pioneros, muchos de ellos aún activos, que siguen encontrando una causa común entre las ciudades, guiándolas en su trayectoria compartida hacia el futuro. Por último, ofrece la historia compartida de estas ciudades gemelas como un ejemplo a considerar, a seguir y mejorar, para otras regiones transfronterizas.

De sus esfuerzos surgió *El Tercer País,* para servir tanto como una guía para las fronteras globales como un indicador principal de la relación bilateral estratégica entre México y Estados Unidos, que involucra prácticamente todas las facetas de sus relaciones, desde el libre comercio en Norte América, pasando por la lucha contra la delincuencia organizada transnacional, hasta a la pandemia del COVID-19. Tijuana y San Diego, en muchos sentidos, ahora apuntan hacia un futuro que no podía haberse previsto considerando su pasado. Allí puede estar la lección perdurable que ofrecen a un mundo en el que, en palabras del poeta francés Paul Valéry, "el desafío de nuestros tiempos es que el futuro no es lo que solía ser".

Janet Napolitano, Secretaria de Seguridad Nacional de EEUU, 2009– 2013, y Presidenta de la Universidad de California, 2013–2020.

José Antonio Meade, Secretario de Hacienda y Crédito Público de México, 2011–2012, 2016–2017, y Secretario de Relaciones Exteriores, 2012–2015

CAPÍTULO UNO

Puente sobre una línea imaginaria

En el cruce fronterizo (también conocido como "la garita") de San Ysidro entre México y San Diego, si alguien se pusiera de pie en el techo de las instalaciones nuevas de US Customs (Aduana de Estados Unidos), valorada en 741 millones de dólares, y mirara hacia el sur, vería Tijuana. Esta ciudad, con sus casi dos millones de habitantes, se extiende desde las tiendas y restaurantes a solo una cuadra de distancia, a los edificios de gran altura (muchos de ellos actualmente en construcción) que se encuentran justo más allá, hasta una multitud de vecindarios que fluyen como una marea sobre las colinas del sur. En las colinas bajas se encuentran las casas más impresionantes—villas protegidas por rejas—mientras que las *colonias* y distritos más pobres se extienden hacia el este y el sur.

Si miraras en la dirección opuesta, verías San Diego extendiéndose 32 kilómetros al norte. Esa ciudad, hogar de casi la misma cantidad de gente, comienza a pocos metros, en el vasto centro comercial, Las Americas Premium Outlets (Tiendas Premium Las Américas). Más allá de los escaparates de Polo, North Face, Nordstrom, Nike y Levi's, torres de apariencia metálica marcan el centro de la ciudad. Al este, en lo alto de las colinas cercanas, se encuentran suburbios enteros de residencias costosas. En las altitudes más bajas se encuentran los barrios más pobres de San Diego.

Desde este punto de vista, en el siglo XXI, es fácil imaginar esto cómo una vasta región metropolitana—ciudades gemelas como Minneapolis y Saint Paul o Dallas y Fort Worth. O podrían ser los distritos desarrollados de una gran ciudad, como Nueva York o São Paulo, cada uno con su propio centro y edificios de gran altura. En ambas direcciones se ven las mismas franquicias de comida rápida, los mismos automóviles, la misma ropa, incluso las mismas vallas publicitarias en los mismos idiomas.

Solo unas pocas pistas indican que se trata de dos países. La primera se encuentra justo arriba de uno: las banderas gigantes que presiden un número extraordinario de casetas de inspección de aduanas. Se ve debajo de uno, también, en las filas de automóviles y peatones esperando el permiso de US Customs and Border Protection Agency (Oficina de Aduanas y Protección Fronteriza de EEUU) para continuar hacia el norte. Pero el recordatorio más explícito de que San Diego y Tijuana son uno de los quince pares de ciudades gemelas, o *twin cities*, a lo largo de la frontera entre EEUU y México es la valla: El Muro.

Siempre ha habido algún tipo de barrera fronteriza entre San Diego y Tijuana, al menos desde que la frontera fue establecida por la Guerra de Estados Unidos-México, hace unos 170 años. Originalmente, era simplemente una calle ancha. En 1909, la Oficina de Industria Animal de EEUU erigió la primera valla para detener el movimiento transfronterizo de ganado. Esa valla evolucionó con las dos ciudades, no necesariamente para detener el paso de ida y vuelta, sino para impedirlo el tiempo suficiente para la inspección y la aplicación de la ley. La primera verdadera valla fronteriza entre San Diego y Tijuana fue ordenada por el Presidente Clinton en 1993, para restringir el cruce ilegal de inmigrantes y drogas. Consistía en una valla de 23 kilómetros para peatones y vehículos. Fue ampliada por la Ley de Valla Segura (Secure Fence Act) de 2006 a 1,125 kilómetros y terminada en 2011.

Hoy en día, la barrera es una imponente estructura de acero de quince metros de altura que, si se completa su longitud propuesta de más de tres mil doscientos kilómetros, desde el Océano Pacífico hasta el Golfo de México, costará unos 48,000 millones de dólares.

Irónicamente, aquí, en un tramo de la frontera donde tal obra era posiblemente menos necesaria, el muro está esencialmente completo. Desde el techo del edificio de la aduana, se puede ver el muro que se extiende como una cicatriz negra que atraviesa la ladera hacia el oeste hasta el Océano Pacífico, donde parece marchar hacia el mar, sumergirse y desaparecer. Hacia el este, atraviesa la Mesa de Otay, y luego los aparentemente interminables desiertos de Mojave y Sonora. Justo debajo, el muro se extiende entre las fábricas, tiendas y la expansión suburbana, como un rasgo geológico que perdura de un pasado lejano.

Solo desde una vista satelital se vuelve evidente el impacto de la división fronteriza. Aunque la estructura es casi invisible desde tales alturas, sus efectos son obvios: es como si dos latas de pintura hubieran sido vertidas sobre la tierra; sus charcos se extienden hasta que–justo antes de fusionarse–topan con alguna barrera invisible y se expandan bilateralmente hacia afuera, sin nunca mezclarse. Los mexicanos lo llaman *"La Línea"*.

El muro se construyó primero en este tramo de la frontera por muchas razones, incluyendo la política, las relaciones públicas y el verdadero problema migratorio que entonces existía. Se convirtió en un punto álgido y un pódium para manifestantes y políticos. Pero aquí, en la vida cotidiana de las dos ciudades, su presencia hoy en día es casi más simbólica que instrumental, más una molestia que un beneficio, un legado del pasado, más que una celebración del futuro. San Diego resolvió en gran medida su problema de cruce ilegal de la frontera hace años, en parte gracias a una coordinación sin precedentes entre las agencias gubernamentales encargadas de hacer cumplir la ley en ambos lados de la frontera, pero también porque una prosperidad sin precedentes y el surgimiento de nuevas industrias en Tijuana han dado a los migrantes razones cada vez mayores para permanecer en México.

LA REALIDAD COTIDIANA

La realidad de la vida cotidiana en la frontera, y de las relaciones entre estas dos grandes ciudades, se asemeja poco a los mitos y a las opiniones monocromáticas de la mayoría de los ciudadanos de Estados Unidos o de México. De hecho, esta realidad difiere de las opiniones de la mayoría de los sandieguinos y de muchos tijuanenses, especialmente, y de manera sorprendente, de aquellos que pueden ver más allá de la frontera, pero nunca la han cruzado.

La imagen de las hordas de migrantes esperando en la frontera para colarse en el norte puede tener algo de verdad a lo largo de tramos más agrestes de la frontera entre EEUU y México, pero ya no aquí, donde muchos tijuanenses se resienten de este comportamiento quizás aún más que sus vecinos del norte. Igualmente, falsa es la imagen de Tijuana como una metrópoli sucia desgarrada por el crimen y el pecado, donde los turistas ingenuos son atacados por delincuentes y estafadores. Esas imágenes pertenecen al pasado, cuando Tijuana, atrapada en un ciclo interminable de satisfacer los deseos de los estadounidenses, se dedicó a prestar servicios que, irónicamente, ahora son legales en Estados Unidos. De hecho, en los elegantes distritos del actual centro de Tijuana, un visitante suele estar más seguro que en muchas de las principales ciudades estadounidenses.

¿Cuál es la verdad sobre la frontera a dos décadas del comienzo del siglo XXI? Es una que contempla setenta mil vehículos (un número que se prevé que se duplique en la próxima década) que se dirigen al norte cada mañana a través de hasta treinta y dos carriles de la garita de San Ysidro. La realidad actual es que estos autos están llenos de estudiantes y trabajadores que han encontrado escuelas y empleos de calidad en San Diego, pero que consideran a Tijuana su hogar, y a México su nación. Otros viajeros se dirigen a hacer compras en EEUU, o a asistir a un partido de los Padres, o a visitar el San Diego Zoo (zoológico de San Diego). La realidad actual es que estos autos que cruzan a San Diego por la mañana regresarán a Tijuana por la noche.

Por el contrario, en veintidós carriles de la autopista que se dirigen hacia el sur en la frontera, a través de un recién construido y reluciente puerto de entrada mexicano, los autos llevan no solo a turistas, sino también a pacientes estadounidenses que se dirigen a consultas médicas en Tijuana, donde pueden recibir una atención médica superior, a una fracción del costo en casa, sin mencionar los médicos que los tratarán, trasladándose desde sus casas en Chula Vista. Entre estos viajeros que cruzan la frontera hacia el sur también se encuentran banqueros, abogados y profesionales empresariales de San Diego, oficiales militares estadounidenses jubilados con casas de vacaciones cerca de

Playas de Rosarito (Rosarito Beach), y sibaritas en peregrinación para probar las ofertas de la mundialmente famosa gastronomía de Baja California o visitar el Valle de Guadalupe para degustar extraordinarios vinos del Nuevo Mundo.

En realidad, San Diego y Tijuana en muchos sentidos tienen más similitudes que diferencias. Comparten el mismo valle, el mismo paisaje, la misma agua y aire, el mismo clima. En ambas ciudades ven los programas de televisión de la otra, escuchan las estaciones de radio de la otra, asisten a los eventos culturales de la otra y comparten muchos de los mismos desafíos.

Sobre todo, cada vez más comparten el destino de la otra. En muchos sentidos, esto siempre ha sido así, aunque hasta hace poco, ambas ciudades eran reacias a admitir esa verdad central. San Diego, después de todo, ya era una ciudad bulliciosa cuando Tijuana era todavía un grupo de *ranchos* al otro lado del río. En los primeros años del siglo XX, cuando Tijuana estaba acosada por la guerra civil y el crimen, San Diego trató de mantener a su vecino a distancia, es decir, excepto cuando los sandieguinos querían complacer sus apetitos de pecado mientras presentaban solo rectitud a sus vecinos en casa.

Pero incluso entonces, las dos ciudades no pudieron evitar atraerse la una a la otra. La ciudad fronteriza por excelencia, Tijuana, en el extremo noroeste de México, siempre se ha sentido olvidada–o en el mejor de los casos, tratada como de segunda clase–la capital federal Ciudad de México, a casi 2,500 kilómetros de distancia. San Diego, en el extremo suroeste de Estados Unidos, y aislado por montañas al norte y al este, siempre se ha sentido eclipsado por una más grande y dominante Los Ángeles (aunque San Diego fue fundado primero), y también mayormente ignorado y olvidado por Washington, DC, a más de 3,500 kilómetros de distancia. No es sorprendente, entonces—sobre todo por qué Tijuana ha crecido en prosperidad y ha superado a San Diego en población—que las dos ciudades se hayan acercado en causa común.

La historia de cómo se han unido, a través de altibajos, mediante las disputas y amistades, durante casi 250 años, es el tema de este libro.

EL CRUCE

Veinte mil peatones cruzan la frontera cada día en el Puerto de Entrada (POE) de San Ysidro y quizás la mitad de esa cantidad en el POE ubicado más hacia el este, en la Mesa de Otay. En el cruce de San Ysidro, los peatones que van en dirección norte entran a EEUU por uno de los dos centros de procesamiento: el PedWest de más de 2,000 metros cuadrados, o el recientemente inaugurado PedEast de casi 9,300 metros cuadrados.

Pero primero, esperan.

A lo largo de la acera que conduce a PedEast, esperan miles de personas: padres guiando a sus hijos, turistas arrastrando las maletas, estudiantes cargando mochilas con libros, ancianos cansados apoyándose en el barandal para descansar los pies, empresarios impacientes, *campesinos* con vestimenta tradicional, ciclistas vestidos de cuero, viajeros diarios de mediana edad que hace tiempo aprendieron a esperar con paciencia su turno.

Se mueven hacia adelante por momentos de arranque y luego esperan, los padres apuran a sus hijos, los que tienen cargas pesadas van pateando sus cajas y bolsas hacia adelante. Mientras lo hacen, pasan lentamente por una serie de tiendas que recuerdan a otra época de la historia de Tijuana: bares, tiendas de curiosidades, puestos de tacos–todo ello cubierto de hollín, producto de una línea aparentemente interminable de autos parados en el cruce vehicular. A los viajeros no obviamente mexicanos se les acercan vendedores ambulantes que venden pequeñas estatuas de la Virgen de Guadalupe, animales de peluches y dulces. No hay muchos interesados, y los de la fila siguen hacia adelante.

Los viajeros que tienen tarjetas de Secure Electronic Network for Travelers Rapid Inspection (Red Electrónica Segura para la Inspección Rápida de Viajeros), SENTRI, por sus siglas en inglés, o de Global Entry (Entrada global) pueden pasar por alto este ritual, pero para el resto, la espera continúa, a menudo durante una hora o más, hasta que se acercan a la puerta de PedEast. Allí, los oficiales de US Customs and Border Protection (CBP, por sus siglas en inglés) segmentan la fila en grupos, permitiendo que solo unas pocas docenas a la vez entren al edificio de última generación, donde hasta veintidós carriles de procesamiento de peatones los reciben.

Una vez dentro, el proceso de autorización de CBP, gracias a sus recientes mejoras y avanzada tecnología, es notablemente eficiente. Las filas ordenadas se avanzan con rapidez, y los oficiales de CBP son concisos y profesionales al procesar las tarjetas de cruce de fronteras, pasaportes y visas.

El cruce real de la Frontera—*The Border*—es en sí un anticlímax: un breve vistazo por una ventana podría revelar el muro que hay abajo, pero el resto de la experiencia es uno de amplios y simples pasillos, rampas y escaleras eléctricas, hasta que repentinamente los viajeros salen de las instalaciones, entrando a EEUU a unas pocas cuadras de la autopista John Montgomery, donde la autopista Interestatal 5 comienza su recorrido de casi 2,250 kilómetros al norte hasta la frontera con Canadá.

Ciertamente no parece la entrada a una gran carretera. Aquí en San Ysidro, todo es un caos. Multitudes, jóvenes en su mayoría, pasean alrededor, aparentemente tratando de determinar a dónde ir primero, atascando el McDonald's a una cuadra de distancia, pasando el rato en las sucias aceras manchadas de chicle. Las canaletas están llenas de basura, gran parte de ella folletos publicitarios que son entregados continuamente a los recién llegados. Otros viajeros, serpentean para atravesar estas multitudes: algunos, para llegar a los autobuses o al tren ligero (conocido como "el trolley") que los llevarán a sus trabajos y escuelas en San Diego; empresarios, que caminan varias cuadras hasta donde sus Ubers y Lyfts les esperan; y turistas, que buscan nerviosamente a los que quedaron de recogerlos. En cuestión de minutos, todos se dispersarán por las calles de otro país.

La frontera puede ser una línea invisible que solo existe por tratado y ley, o demarcada por un gigantesco muro de acero y una estrecha tierra de nadie. Pero en las vidas de aquellos que la cruzan aquí en Tijuana y San Diego, es una franja de tierra de 800 metros de ancho que tiene su propia realidad, su propia cultura, reglas de conducta, historia y sueños para el futuro, y su propia ciudadanía temporal.

LAS ZONAS FRONTERIZAS

En San Diego, llaman a esa franja *The Borderland* (La Zona Fronteriza); en México se llama El Tercer País, un lugar de movimiento interminable en el que miles de personas cada día cruzan de ida y vuelta, o se inquietan en largas filas, o buscan a los que pasan a recogerlos. En el lado de EEUU, se amontonan alrededor de Jack in the Box y McDonald's, tomando un café rápido y una botana. Algunos esperan un taxi, transporte público o que alguien pase por ellos. Otros caminan un poco más por el Camino de la Plaza hasta Las Americas Premium Outlets, donde pueden curiosear, comprar, comer y seguir adelante. Aunque vivan en Tijuana o más al sur, o en San Diego y más al norte, durante unas horas son los ciudadanos de facto de *The Borderland*, El Tercer País.

Las Americas Premium Outlets, con la valla fronteriza y Tijuana al fondo.

Ingrid, de 16 años y estudiante de secundaria, vive con sus padres. Su casa en San Diego está tan cerca de la frontera que ella simplemente camina cuando quiere cruzar para ver al resto de su familia extendida, que viven, todos, en Tijuana. También va a la iglesia y hace trabajo voluntario allí. Ella ha estado cruzando regularmente con sus padres desde que tenía 5 años. Tiene el pelo largo y negro, con partido en medio; ha prestado una atención excepcional a sus pestañas y cejas, y lleva un suéter negro con cierre y con un logotipo corporativo.

"Sí", dice, "me siento bastante cómoda en ambos lados, y creo que cada vez lo estoy más, a medida que voy creciendo". Pero debo decir que la seguridad en la frontera es mucho mayor de lo que he visto nunca. Tengo que llegar a las 8:00 a.m. para asegurar de cruzar a las 10:00. Por eso voy el fin de semana, y vuelvo el lunes para ir a la escuela".

Sin embargo, ella dice: "Voy a tratar de cruzar más el año que viene". Una de las razones es que Ingrid, a instancias de una tía que dirige un programa educativo en Tijuana, imparte clases a niños pequeños los fines de semana. Le gusta el trabajo.

Juan, de 30 años, vive en Murrieta, California, viaja 105 kilómetros al sur para trabajar en un hotel Marriott en el centro de San Diego. Se siente igual de cómodo hablando en inglés que en español. Dice que, debido al largo viaje, solo cruza la frontera un par de veces al año para visitar a su familia en Tijuana. Después de haber crecido en California, se siente más cómodo en el lado de EEUU, pero le gusta ir a México de vacaciones. Ser bilingüe ayuda.

A pesar del mayor índice delictivo en Tijuana y México, Juan dice que no se preocupa cuando viaja solo, pero cuando está con su esposa y sus dos hijos, de 13 y 7 años de edad, reconoce estar más vigilante. Sin embargo, agrega, hay tantas cosas de la vida en México que son muy atractivas, entre ellas el menor costo de vida y la posibilidad de un viaje mucho más corto que el que actualmente soporta.

"A veces, pienso en eso. Mi largo viaje es difícil, ya sabes. Tienes que ser dedicado y estar dispuesto a sacrificarte por tu familia para vivir en California. Pero quieres darles lo mejor. Es una pregunta difícil".

"Por lo que escucho de mis parientes de allí, es mucho más barato allí, ya no tanto en Tijuana, sino más adentro de México". Se detiene. "Soy dueño de una casa, ya sabes, así que sé lo que es hacer esos pagos, como a veces sientes que te estás ahogando. Después miro el lado mexicano de mi familia. También son dueños de casas, pero no parece tan estresante. La vida parece más relajada allí".

En su trabajo en el Marriott, Juan supervisa a varios trabajadores de mantenimiento que viven en Tijuana. "Trabajo con gente que se cruza todos los días, y es duro para ellos. No puedo sentir lástima por mí mismo haciendo una hora de viaje, cuando estas personas se levantan y hacen cola a las tres o cuatro de la mañana solo para estar en sus trabajos a las siete u ocho".

Jonathan vive en Playas de Rosarito, una ciudad de setenta mil habitantes adyacente a Tijuana en la costa. Trabaja en la construcción de casas, que dice que está en auge, y está muy involucrado en su iglesia local. Está cruzando el día de hoy para visitar a sus suegros. "Viven en Lemon Grove en el condado de San Diego", dice en español. Jonathan es mexicano; su esposa es ciudadana estadounidense. Cruza la frontera "una o dos veces por semana", generalmente con sus dos hijos pequeños, de 4 y 2 años, que nacieron en San Diego, pero también viven en Rosarito. Cruzar con dos niños pequeños es difícil incluso en los días buenos, dice. "Es mucho más difícil donde hay mucho tráfico, porque empiezan a aburrirse y a frustrarse esperando, y luego empiezan a llorar. ¿Cómo lo llamas cuando tienes un mal sueño? Una pesadilla. Sí, es una pesadilla".

Jonathan dice que él y su esposa esperan mudarse a San Diego en algún momento del próximo año, en parte, dice, debido a estos cruces de frontera con los niños. Pero también porque el crimen en México parece estar empeorando.

Cindy, de 24 años, vive en Imperial Beach, no lejos de la frontera. Cruza la frontera hacia Tijuana cada una o dos semanas, sobre todo para aprovechar la atención médica costeable que hay allí. Lleva una sudadera azul oscuro de San Diego.

"Aquí no tengo seguro", dice, "así que tengo una forma de seguro más barata en el otro lado". Se llama Plan de Salud SIMNSA Health Plan (Plan de Salud). Están relacionados con un hospital en San Diego, que está haciendo muchas mejoras y renovaciones en su clínica en Tijuana, lo cual es genial. La única dificultad ahora es el cruce, que puede ser bastante ajetreado.

"Llevo a mi madre al hospital allí también. Ha tenido tres aneurismas cerebrales. Y de nuevo es, es el asunto del seguro, porque es difícil encontrar a alguien que nos ayude con las condiciones preexistentes. Así que vamos a México y tratamos de conseguirlo más barato. Pero es todo un proceso solo para llegar allí. Mi madre vive en [la ciudad de] La Mesa, que está a una hora de la frontera. Así que vamos desde allí hasta aquí y luego de vuelta.

"Al principio me preocupé cuando nos enteramos de que nuestro seguro no dejaba que la trataran en [el hospital de] Chula Vista, sino que la mandaba a Tijuana. Pero cuando la atendieron allí, revisaron de todo: presión arterial, colesterol, diabetes".

"Mis padres nacieron ambos en México, y tengo familia allí. Muchos de ellos padecen de los mismos problemas médicos—es genético—por lo que la estancia en Tijuana es mucho más fácil. Pero tengo que decir que el cruce de la frontera es una experiencia miserable. No es el proceso en sí, sino el hecho de que cada vez que cruzas no sabes qué va a pasar. Incluso si tienes los papeles, es una molestia. Nunca estás seguro de si esta vez, no vas a ir a la clínica o ver a tus parientes. Parece tan arbitrario: su movimiento está controlado por el gobierno. Es una experiencia muy incómoda".

"No entiendo la frontera. No entiendo esta división entre nosotros. Para mí, es como si por alguna razón fuéramos los Estados 'Unidos', ¿verdad?" Cindy dice que no está a favor de una frontera totalmente abierta, pero dice: "¿No podemos hacer que la experiencia sea más eficiente para gente como yo, que cruza a menudo porque no tenemos una verdadera opción?"

Sofía, de 19 años, nació y creció en Tijuana. Tiene pelo largo y negro, arracadas de aro y lentes, y lleva un rompevientos sobre una camisa de punto. Sofía vive con su madre y su hija pequeña. Hoy ha cruzado a San Diego para hacer algunas compras. "Cruzo la frontera unas tres o cuatro veces al año", dice en español. "Una vez en Navidad, una vez en enero, y una o dos veces en verano. Cuando vengo, compro en Las Américas, porque está cerca de la frontera. No tengo carro, y tengo que cruzar la frontera caminando".

"En todas las tiendas son muy amables, y te hacen sentir bienvenido. A veces tienen gente que habla español o inglés, lo que es bueno porque yo solo puedo hablar un poco de inglés. Muchas veces empiezo hablando en español y termino en inglés".

Aparte de sus viajes de compras, Sofía tiene poca conexión con la vida del lado estadounidense de la frontera, aunque añade que tendría más si hubiera una forma más fácil de cruzar. "Me gustaría cruzar más la frontera, a medida que mi niña crezca. He tenido una visa desde que tenía su edad, así que eso no es un problema. Y siempre he sido una persona que va y viene. Pero venir aquí requiere un esfuerzo. Así que aparte de venir de compras, en realidad solo he cruzado para visitar Six Flags o Disneylandia, y una vez para un evento de graduación de preparatoria".

¿Influye la política en su decisión de cruzar o no la frontera? "No", dice, negando con la cabeza. "Es mi propia decisión. Es personal".

José, de 21 años, es un joven barbudo con prisa, y no tiene muchas ganas de hablar. José lleva pantalón de mezclilla, una camiseta de Aéropostale y una gorra de béisbol, y tiene bolsas colgadas del hombro. Vive en Tijuana y cruza a San Diego un par de veces al año. ¿Por qué no más seguido? "Porque Tijuana es más libre", dice crípticamente, y luego agrega, "puedo tomar allí". Sigue adelante, sin mirar atrás.

Joanna, de 30 años, lleva un pantalón negro de yoga y una camiseta verde olivo. Tiene dos bolsas de Victoria's Secret colgadas en su brazo. Al preguntarle sobre lo que ha comprado, responde con entusiasmo: "¡Camisas de 2 dólares con 99 centavos! Normalmente cuestan 35 dólares. Tengo gris claro, guinda, negro, blanco y turquesa. Son todos del mismo estilo, porque los voy a vender por Internet". ¿Se quedará con alguna de las camisas? "No".

Señala algunos otros artículos. "¿Ves estas botellas? Noventa y nueve centavos. Y en North Face conseguí un impermeable en 40 dólares que suele costar 90 dólares". ¿Va a revenderlo todo? "La mayor parte. Para eso viene la gente aquí. Verás que la gente viene con equipaje vacío y lo llenará, y todo lo venderá en TJ al triple del precio original, especialmente las marcas americanas. Victoria's Secret es una de las más populares".

Joanna dice que hace este viaje de compras varias veces al mes, y a veces con mucha más frecuencia. De hecho, este es su segundo viaje de compras esta semana. Lleva 2 años haciendo esto, dice, manejando desde su casa en Chula Vista en el condado de San Diego, donde vive con su madre, tres hermanas mucho más jóvenes y su hija de 6 años. "Así que tengo que conseguir gangas", dice, "para la familia".

Joanna, que se describe a sí misma como mexico-americana, creció en el área de la bahía de San Francisco, en Sunnyvale. Cuando se mudó al sur, vivía inicialmente en México. "En realidad vivía en TJ", dice. No fue una experiencia feliz. "La gente siempre trataba de cobrarme de más. Hablaban de mí, esperando que no me diera cuenta. Y me llamaban nombres como *pocha*, que es alguien que tiene padres mexicanos, pero no habla el idioma. En realidad, hablo español, pero con acento. Afortunadamente, se me está quitando poco a poco".

Joanna solía trabajar como capacitadora en una planta de manufactura, pero renunció para ayudar a su madre a recuperarse de una cirugía cerebral. Hoy en día, su madre le acompaña a menudo, como en este día, "solo para divertirse". Joanna consiguió la idea para su trabajo actual de un trabajo anterior, trabajando para el distribuidor en línea Ebuys.

¿Cuánto gana en estas expediciones de compras? "Bueno, esta camisa de 34 dólares que conseguí por 2.99, la venderé por Internet por unos 20 dólares, y luego les haré una oferta, porque el envío cuesta como 6 dólares. Así que ganaré de 6 a 8 dólares por cada camisa". Dice que, al comprar ropa, adquirirá varias tallas, y luego las publicará todas juntas para venta. De esa manera, solo paga por una sola publicación.

Joanna a menudo vende sus artículos a clientes en Tijuana. ¿Ocasionalmente compra algún producto allí? "Oh no", responde. "Todo es demasiado caro allí. Solo voy a visitar a la familia".

LA FÁBRICA COMO FAMILIA

La Zona Fronteriza no solo existe en los cruces. A varios kilómetros al este, en un parque industrial justo más allá del Aeropuerto Internacional de Tijuana General Abelardo L. Rodríguez, uno de los mejores gerentes de fábrica de México, sale de su oficina y se dirige al área de ensamble de la división de Tijuana del venerable fabricante de auriculares, Poly (conocido como Plantronics hasta su fusión con Polycom Corp. a principios de 2019). Es un hombre bajo y fornido, con un bigote gris erizado, un andar alegre y una sonrisa perpetua.

Alejandro Bustamante es nativo de Tijuana, miembro de una de las familias más distinguidas de la ciudad; de hecho, su primo Carlos fue alcalde de la ciudad. También es un producto del sistema educativo de México, ya que obtuvo su licenciatura en administración de empresas en la Universidad La Salle de Ciudad de México. Únicamente para el posgrado (una maestría en administración de empresas MBA por sus siglas en inglés de la Universidad de Pepperdine) y en la formación ejecutiva (UCLA y Harvard) se ha matriculado fuera de su país natal. Es un testimonio la calidad de esa educación mexicana, y a las habilidades de liderazgo de Bustamante, que en la vitrina de trofeos que pasa al dirigirse por el pasillo, su fábrica es repetidamente nombrada como uno de los mejores lugares para trabajar en México. Poly ha ganado premios nacionales por la calidad de sus productos, su tecnología, sus exportaciones y la calidad de su lugar de trabajo.

La fábrica de Poly/Plamex, una de las 750 grandes maquiladoras de Tijuana.

Sin embargo, por todo esto, Bustamante se siente igualmente en casa en Estados Unidos. Poly tiene su sede en la ciudad costera de Santa Cruz, en el norte de California. Como presidente de Plamex, la división de manufactura de Poly con sede en Tijuana, Bustamante pasa mucho tiempo allí, y al otro lado de la colina en Silicon Valley. No hace falta decir que su inglés es impecable, y puede relatar casualmente las mejores comidas que ha disfrutado en Palo Alto y San Francisco. También es un gran fanático del béisbol. Colecciona pelotas de béisbol autografiadas por los Padres de San Diego, con el característico toque personal de que las firmas son todas de jugadores nacidos en México. "Estoy especialmente orgulloso de ellas", dice.

Mientras camina por el pasillo, con su linóleo brillante como un espejo, Bustamante sonríe y saluda a todos los empleados que pasan, vestidos de laboratorio, la mayoría de ellos son mujeres y hombres jóvenes de pueblos de todo México. Están acostumbrados a esto.

Sonríen sin variar el paso y saludan con un rápido "buenos días". Ninguno parece intimidado por el hombre más poderoso del edificio.

Bustamante sigue caminando, gesticulando hacia las puertas al pasar, cada una de ellas con un equipo de investigación de audio de última generación. Dentro, los técnicos levantan la mirada y saludan mientras pasa; después, él gira sobre su talón y empuja a través de un conjunto de puertas dobles a prueba de polvo.

"Aquí estamos", anuncia y abre los brazos.

Ante él hay una sala gigante: más de 111,480 metros cuadrados de área de ensamblaje, y más adelante, otros 13,470 metros cuadrados más de servicio y almacenamiento de inventario. Toda el área de ensamble consiste en estaciones de trabajo abiertas, tuberías y cables de alimentación expuestos, luces electrónicas intermitentes y brillantes, y la luz natural de las ventanas en lo alto. Cerca de cinco mil trabajadores se sientan en sus puestos, ensamblando tarjetas madre y soldando cables, instalando las cubiertas, probando y empacando los productos terminados. Trabajan asiduamente, aunque nadie parece apresurado. Las únicas personas que se apresuran son las que caminan rápidamente por los pasillos entregando y transfiriendo componentes y herramientas. Un profundo sonido oceánico de la humanidad y la electrónica llena el edificio cavernoso.

Tan comprometidos con su trabajo parecen que cuando Bustamante se acerca a un empleado al azar, parece sorprendida momentáneamente— nadie notó que el jefe pasaba por allí. Ella responde cortésmente a sus preguntas, pero parece más interesada en volver al trabajo.

La planta Poly es una de las fábricas más célebres de la industria *maquiladora* que inauguró el auge de la "nueva" Tijuana en los años de 1990. La maquiladora tuvo sus raíces en el Programa de Industrialización fronteriza de 1965 entre México y Estados Unidos. Pero este no fue el primer programa que promovió la colaboración transfronteriza. Anteriormente, el Programa Bracero, que data de la década de 1940, permitía la entrada de "trabajadores invitados" mexicanos a Estados Unidos, principalmente para trabajos en la agricultura. Al terminar el Programa Bracero, el Programa de Industrialización Fronteriza tenía como objetivo crear puestos de trabajo en México. Redujo las restricciones y los aranceles sobre la maquinaria, las materias primas y el equipo que cruzaba la frontera, y alentó la mejora de la infraestructura—carreteras, electricidad, agua, fábricas y demás—en las zonas fronterizas de ambos lados. Lo más importante, para aumentar la inversión, México permitió a las empresas estadounidenses y otras empresas extranjeras importar materias primas a un costo reducido, mientras que EEUU permitió la exportación de productos terminados a Estados Unidos sin el pago de impuestos, aranceles u otros derechos.

Tijuana, desesperada por una industria nativa alternativa además de la volátil industria del turismo, especialmente después de la devastadora crisis de la deuda mexicana de unos años antes, aprovechó esta nueva oportunidad. El gobierno federal le ayudó con un nuevo "Decreto para el fomento y operación de la Industria Maquiladora de Exportación", que redujo aún más las barreras a la inversión extranjera. Pronto surgieron las primeras fábricas financiadas con fondos extranjeros en la ciudad y en sus áridos tramos orientales juntos de la frontera.

Una de las primeras empresas en establecer una maquiladora fue Plantronics (ahora Poly), que estableció sus operaciones en Plamex en 1985 con una inversión de 30 millones de dólares. Coincidentemente, ese fue el año en que las maquiladoras superaron al turismo como la mayor fuente de divisas de México. El movimiento se aceleró con la aprobación del Tratado de Libre Comercio de América del Norte (TLCAN) en 1994, y en 2 años las maquiladoras representaron la segunda industria más grande de México, después del petróleo. Además, se convirtieron en un contribuyente clave al creciente comercio del país con Estados Unidos.

Plantronics ya era una corporación tecnológica estadounidense altamente desarrollada antes de llegar a Tijuana. Había sido fundada en 1961 por dos pilotos de aerolíneas comerciales que habían desarrollado un diseño más ligero y funcional para los auriculares de comunicación que llevaban los pilotos. En 5 años, la Agencia Federal de Aviación eligió los auriculares de Plantronics como el único proveedor de auriculares para los controladores de tránsito aéreo. Las aerolíneas los estandarizaron, al igual que la Bell Telephone Company para sus operadores.

Cuando la NASA adoptó los auriculares Plantronics MS-50 para los astronautas y el control de misión del programa Mercurio, los auriculares de la compañía consiguieron notoriedad pública y en la historia de la época. Neil Armstrong anunció su primer paso en la luna a través de un auricular de Plantronics. Los astronautas de la NASA usan los auriculares de la compañía hasta la fecha.

Poly todavía fabrica el MS-50, así como su auricular más popular, el StarSet, con su característico micrófono de tubo de plástico. Pero en los años transcurridos, la línea de productos de la empresa se ha ampliado a auriculares inalámbricos, móviles y Bluetooth; auriculares especiales para juegos de computadora, altavoces estéreo y software de audio; y, con la compra de Polycom en 2018, altavoces y sistemas de videoconferencia. La mayoría de estos productos son, o pronto serán, fabricados en las instalaciones de Plamex Tijuana.

La planta está lista para ellos. Desde el exterior, esta enorme y elegante construcción de acero logra ser a la vez sencilla e imponente. Sus paredes blancas están delineadas por una plancha de color negro carbón adornada con barras plateadas verticales que parecen un comentario sobre el muro fronterizo que corre a lo largo de la cima de la colina a unas pocas cuadras de distancia. En cualquier otro lugar, la fábrica sería una obra maestra. Pero aquí, en un parque industrial de 5 kilómetros cuadrados, es solo una de las docenas de fábricas igualmente gigantescas que llevan nombres como Samsung, Honeywell y Coca-Cola. Lo que distingue a Plamex es su techo cubierto de paneles solares, que alimentan muchas de sus operaciones.

Bustamante ha estado con Plamex Tijuana desde 1994, cuando se incorporó desde un puesto de dirección en una compañía de aviación con sede en el aeropuerto internacional a unos 3 kilómetros de distancia. Él había colaborado con el gobierno en la negociación del TLCAN y había ayudado a escribir el Plan Nacional de Desarrollo de México 1995–2000. Trabajando en ambos, y viendo la ventaja competitiva que México tendría en la manufactura, convenció a Alejandro de conseguir empleo en una maquiladora.

Con sus habilidades de liderazgo, Bustamante ascendió rápidamente en el escalafón de Plamex hasta que fue nombrado presidente de la planta de Tijuana. En el periodo en que se inauguró la nueva planta en 2013, también fue nombrado vicepresidente de Operaciones Globales de Poly, la empresa matriz. Como resultado, su vida en los últimos años ha sido cada vez más binacional. "En estos días", dice, "parece que paso casi tanto tiempo en el norte de California como aquí".

A la vez que ha dado el salto a la economía global, Alejando se ha esforzado para ayudar a sus empleados a acceder al mundo moderno. Aunque algunos de sus trabajadores son residentes urbanos contemporáneos de Tijuana y otras ciudades mexicanas (y unos pocos ciudadanos mexicanos deportados, criados en EEUU), la mayoría de los empleados de Plamex Tijuana proceden de pequeños pueblos y rancherías del centro de México, marcados por la pobreza y la educación limitada. Este trabajo es su primer contacto con un mundo mucho más grande.

Por este motivo, Bustamante ha convertido la fábrica no solo en un lugar de trabajo de alta producción, sino también en un hogar sustituto y una escuela para sus empleados. Entre semana, por las tardes, los trabajadores suelen quedarse para participar en diferentes grupos sociales, trabajar en actividades caritativas o avanzar en su educación. Toman clases allí mismo para obtener sus estudios de bachillerato, licenciatura y maestría. Se les dan diez comidas gratis por semana, y pueden recibir atención médica en una clínica interna. Los fines de semana, no es raro ver los salones sociales de la fábrica reservados para las bodas de los empleados. La compañía incluso trae la sinfónica y ópera local para presentaciones. Para los empleados que han dejado a sus familias y la seguridad de sus pueblos, estos servicios agregados, que podrían parecer extravagantes, incluso intrusivos, al otro lado del muro, son un consuelo para muchos aquí.

Hay buenas razones por las que Plamex Tijuana ha ganado tantos premios Best Places to Work (Mejores Lugares para Trabajar). Pero Bustamante no se detiene ahí. La fábrica también apoya a diez orfanatorios en toda la región.

Para Alejandro Bustamante, todo esto es parte de su trabajo. Por mucho que esté dedicado al éxito de sus empleados, está igualmente comprometido con el éxito de la ciudad que ama. Al paso de su vida, Tijuana ha visto de todo, desde la humillación de ser conocida como una ciudad del pecado hasta las guerras del narcotráfico en sus calles hasta su prosperidad actual. Él está dedicado a asegurar que Tijuana triunfe, y para ello, a la vez debe levantar a sus conciudadanos.

"Claro", afirma, "nuestra responsabilidad principal siempre es construir los mejores productos Plantronics que podamos". "Pero además considero que ayudar a nuestros empleados a construir vidas exitosas también es una de nuestras responsabilidades. A largo plazo, ellos son nuestros productos más importantes". Sonríe y saluda a unos cuantos trabajadores más y luego camina deprisa por el pasillo hacia su próxima reunión.

***

Durante casi 250 años, Tijuana y San Diego han compartido el Valle de Tijuana. Han crecido separadas, pero juntas. Con comienzos claramente desiguales, las dos ciudades pasaron sus primeros dos siglos desarrollándose en contraste tenso entre sí. Pero en los últimos 50 años, han empezado a aceptar su destino común y a trabajar juntas de una manera que no solo es única, sino notable, dado su pasado. Estas ciudades gemelas ofrecen un modelo de cooperación fronteriza para el resto del mundo.

Este es el relato de las historias de Tijuana y San Diego, la transformación de su relación, y el arduo trabajo para finalmente encontrar un terreno común.

Desde el principio, San Diego se desarrolló con grandes ventajas: una misión católica, un puerto, y quizás lo más importante de todo, la ciudadanía en el país más rico y poderoso de la historia. Tijuana no tenía ninguna de estas ventajas. Cuando San Diego se convirtió en una metrópolis con miles de ciudadanos, tranvías, edificios altos y una presencia global, Tijuana permanecía con poco más que unos cuantos comercios, ranchos y edificios de oficinas de gobierno, la mayoría operando a merced de su vecino del norte.

Al amanecer del siglo XX, mientras San Diego disfrutaba de uno de los escenarios más elegantes y cultos de todo el continente, a pocos kilómetros de distancia, Tijuana era arrasada por la revolución y la guerra civil. Peor aún, se había ganado la reputación de ser una guarida de actividades ilícitas y crimen, la oscura contraparte de una brillante ciudad del norte tan cerca que los tijuanenses podían ver sus torres brillando en el horizonte.

En aquel entonces, los sandieguinos que visitaban Tijuana lo hacían buscando probar lo exótico y lo diferente. Tijuana proporcionaba aquellas actividades que, por ley o por la desaprobación de sus vecinos, no se les permitía hacer en casa: apostar, beber, comprar drogas, solicitar prostitutas, hacerse un aborto o conseguir un divorcio rápido. Aparte de eso, la mayoría de los sandieguinos ignoraban en gran medida a Tijuana.

En comparación, era imposible para los tijuanenses ignorar a San Diego, que era la fuente de riqueza, del capital de inversión, de la construcción de infraestructura, la atención médica y la caridad hacia Tijuana. San Diego proporcionaba refugio en tiempos peligrosos y educación para los hijos de tijuanenses ricos. Los tiempos difíciles en San Diego desencadenaban tiempos terribles en Tijuana, mientras que los buenos tiempos en el norte impulsaban la prosperidad al lado sur de la frontera. Cuando Ciudad de México parecía olvidarse de Tijuana, al menos se podía confiar en que San Diego—o, mejor dicho, algunos de sus ciudadanos—se preocuparían.

No es de extrañar que esta relación desigual haya llevado a un arrogante desprecio por Tijuana por parte de San Diego y a un orgullo herido desmesurado por parte de Tijuana. Conforme pasaban las décadas y estas actitudes se osificaban en verdades recibidas y sabiduría convencional, se hacía cada vez más difícil para estas dos ciudades verse claramente. La realidad, oculta tras estas opiniones y el prejuicio que encarnaban, era que ambas ciudades estaban cambiando radicalmente, especialmente Tijuana.

Para la última década del siglo XX, Tijuana había comenzado a transformarse. Aunque muchos de los viejos problemas sociales persistían, estaba surgiendo una nueva Tijuana: gastronomía y vino de clase mundial, universidades distinguidas, instituciones culturales célebres, grandes industrias nuevas y una reputación de servicio superior. Tijuana todavía dependía de San Diego, pero ahora los sandieguinos se dirigían al sur porque muchas de las cosas que Tijuana ofrecía eran mejores que en casa. Por el contrario, ahora los ciudadanos de Tijuana cruzaban la frontera para hacer lo que los sandieguinos habían hecho durante dos siglos: tomar lo mejor de la otra ciudad y traerlo a casa.

Tijuana, creciendo dos veces más rápido que la población envejecida de San Diego, se estaba volviendo silenciosamente igual, en tamaño, a su vecino del norte, pero también igual en muchas otras formas.

Llevó mucho tiempo, hasta finales de los 90, para que San Diego apreciara lo que estaba ocurriendo al sur de la frontera. Tijuana, por su parte, parecía no poder creer que su posición perpetuamente subordinada y dependiente con respecto a San Diego hubiera cambiado.

En última instancia, se requirió de un pequeño grupo de destacados ciudadanos de San Diego con visión de futuro para desafiar el status quo y promover lo que Tijuana siempre había sabido: las dos ciudades están inextricablemente unidas. Hicieron preguntas difíciles, rompieron los clichés e hicieron el trabajo de campo para descubrir verdades empíricas. Sobre todo, iniciaron un diálogo, primero entre ellos, y luego con sus contrapartes, los líderes civiles de Tijuana, hombres y mujeres tan extraordinarios como ellos mismos.

El resultado fue primero una conversación entre los líderes de las dos ciudades y luego una coordinación de acción sin precedentes en ambos lados y en la frontera, que continúa hasta hoy. En el proceso, a lo largo de tres décadas, este grupo binacional de pioneros y los que les siguieron han forjado quizás la alianza transfronteriza más fuerte y más exitosa que se haya encontrado.

En *El Tercer País*, entre San Diego y Tijuana, la otrora nítida demarcación entre las dos naciones se ha desdibujado. Cientos de miles de ciudadanos de ambas ciudades viven ahora como si La Línea no existiera, y se están creando instituciones binacionales que no han existido en ningún otro lugar.

Lo más notable es que, en un momento en que las tensiones han aumentado entre sus dos naciones, estas dos ciudades han encontrado su propia paz. En un momento en que las acusaciones sobre inmigración ilegal vuelan entre las dos capitales nacionales, San Diego y Tijuana, que una vez fueron la sinécdoque de la crisis fronteriza, ya habían encontrado una solución viable, juntos, una década antes. Lo mismo ocurre con respecto a cuestiones de la aplicación de la ley, aduanas, transporte, contaminación, comunicación, manufactura y comercio.

San Diego y Tijuana han encontrado soluciones porque un pequeño número de personas dedicadas y de mente abierta a ambos lados de la frontera han disipado los mitos, desmantelado los prejuicios, asumido riesgos y han abierto el camino.

CAPÍTULO DOS

Tijuana—tan lejos de Ciudad de México, tan cerca de San Diego

Pocas ciudades contradicen su reputación tan decisivamente como Tijuana.

Tijuana es vista como una ciudad vieja, situada en uno de los países más antiguos del hemisferio, pero en realidad, Tijuana es una de las ciudades principales más jóvenes de Norteamérica. Aunque está gobernada por México, Tijuana dedica la mayor parte de su sustento a Estados Unidos. La ciudad ha sido percibida durante mucho tiempo como servil en su relación con EEUU, sin embargo, hoy en día, una fracción nada despreciable de la economía de EEUU depende de la mano de obra y la productividad de Tijuana. De manera importante, San Diego ahora necesita a Tijuana tanto como Tijuana necesita a San Diego.

Tijuana tiene una arraigada reputación de satisfacer el deseo yanqui de pecado y vicio, pero la mayoría de sus famosas instituciones ilícitas fueron propiedad, diseñadas e incluso dirigidas por ciudadanos estadounidenses. Además, la imagen de Tijuana es la de una antípoda degradada a la brillante perfección de San Diego cuando, de hecho, históricamente Tijuana ha ayudado a mantener la fachada pura de San Diego al cargar y ocultar muchos de los pecados de su vecino del norte.

De otras mil maneras, Tijuana contradice su imagen. En la actualidad, Tijuana se considera el principal punto de entrada de los migrantes indocumentados del interior de México y, más aún, de Centroamérica para entrar en Estados Unidos. Sin embargo, en lugar de abrir la puerta a EEUU, la comunidad empresarial de Tijuana prefiere alentar a los migrantes a permanecer en la ciudad para ser entrenados para trabajar en las florecientes fábricas de alta tecnología. En verdad, muchos líderes empresariales atribuyen la energía emprendedora de la ciudad, en parte, a su población multicultural de migrantes procedentes tanto del interior de México como del extranjero.

Pero aquí está quizás la contradicción más importante, al menos en el siglo XX: mientras que, en Washington, DC y Ciudad de México, los líderes gubernamentales ven la frontera como un problema aparentemente interminable e intratable, los líderes cívicos, empresariales, culturales y académicos de Tijuana y San Diego trabajan juntos, hoy mejor que nunca antes, para que la frontera funcione eficazmente para ambas partes.

En resumen, donde el resto del mundo ve una confrontación, San Diego y Tijuana ven una oportunidad.

Para muchos estadounidenses, incluso los de San Diego que nunca cruzan la frontera, su imagen de Tijuana–sucia, violenta, peligrosa– resulta obsoleta desde hace más de una década, y ha sido reemplazada por una ciudad de altos edificios relucientes, franquicias yanquis de comida rápida y restaurantes elegantes. La Tijuana de hoy en día cuenta con inmaculados y prósperos fraccionamientos y vastos parques industriales y de negocios. Sin embargo, en las afueras de la ciudad, reina la pobreza, las pandillas dominan, y la tasa de homicidios se eleva tan alta como siempre.

Esto no es nada nuevo. Tijuana, perpetuamente arrastrada entre las exigencias de Ciudad de México y los deseos de San Diego y el sur de California, ha exhibido estas contradicciones desde su fundación, siempre bendecida y castigada por sus circunstancias geográficas y políticas. Parafraseando las palabras tristes atribuidas a Porfirio Díaz sobre México, que aún se repiten 130 años después: "Pobre Tijuana, tan lejos de Dios, y tan cerca de Estados Unidos de América".

UN SENTIDO DE PERTINENCIA

Para entender el origen de afinidades, y las diferencias, entre San Diego y Tijuana, hay que empezar por la geografía.

Tijuana y San Diego comparten un gran valle, en gran parte de roca y matorrales, creado por el aluvión de ríos procedente de las montañas, algunas de casi mil metros de altura, al sur y al este, y una terraza marina que se extiende hasta el Océano Pacífico. De las dos ciudades, San Diego disfruta de una topografía más suave, con grandes mesetas bajas, amplias playas y su magnífica bahía. Tijuana yace en un terreno mucho más áspero y rocoso, con tierras cultivables limitadas, principalmente a lo largo del río Tijuana, que divide el Valle, y la más grande Mesa de Otay. En conjunto, la tierra utilizable de Tijuana abarca un poco más de 8,000 hectáreas.

Los ríos creados por la Edad de Hielo, en particular el río Tijuana, pero también el Alamar y Las Palmas, son cruciales para la geografía de la zona. Esto, no solo porque sus sedimentos crearon el valle y atravesaron el paisaje, sino porque los humedales a lo largo de sus orillas, que se expanden a medida que se acercan al océano, atrajeron la flora y la fauna que hicieron del valle un lugar excepcionalmente hospitalario. De hecho, el valle es uno de los sitios ecológicos más notables del planeta por su número de especies de plantas y animales. Los ríos, especialmente el Tijuana, también son cruciales en la historia de la habitación humana de la región, debido a su tendencia a inundarse durante los inviernos especialmente lluviosos.

A diferencia de muchas fronteras internacionales en todo el mundo, no existe una frontera geográfica natural entre Estados Unidos y México al oeste del Río Bravo del Norte/Río Grande, que divide a los dos países más al este. Por el contrario, el valle en sí, desde el clima al uso del agua y hasta la accesibilidad, parece diseñado para acercar a Tijuana y San Diego hacia un destino común.

Los primeros habitantes conocidos del Valle del Río Tijuana, los indígenas kumiai que se cree han habitado el área por más de 100,000 años, ciertamente no tenían ninguna noción de fronteras naturales, y mucho menos políticas. Según las estaciones del año, emigraban del desierto a las montañas, al chaparral y a la costa en perpetuo movimiento por la pesca, la caza y la recolección, a lo largo de una amplia y diversa región que se extendía al norte, hasta el actual San Diego; al este, a los valles Imperial y Mexicali; al oeste y al sur, a la actual Ensenada, en la costa. Las aldeas que los kumiai levantaron eran temporales o solamente habitadas durante unos pocos meses cada año.

Como los pueblos indígenas de todas partes, los kumiai vivían una existencia comparativamente sencilla de caza-recolección, y producían artículos de vestimenta originales, armas, cerámica y artesanías, pero aparte de su lenguaje, que sigue vivo en los nombres de algunos sitios de la región, poco más ha sobrevivido. Pocos nativos kumiai aún viven en el siglo XXI, aunque lo suficiente como para que EEUU los haya designado y reconocido como dieciocho comunidades indígenas distintas. Viven en el condado de San Diego, que tiene más reservas indígenas (aunque muy pequeñas) que cualquier otro condado de Estados Unidos. Al norte de la frontera, muchos, aunque no todos los descendientes de los kumiai, han prosperado, gracias a las paradas de camiones y a los pactos en turno con los casinos, negociados por el gobierno federal y estatal, con varias de las tribus. De hecho, el condado de San Diego tiene la mayor concentración de casinos y hoteles de lujo de pueblos indígenas de Estados Unidos. En comparación, en México, sus homólogos tribales, en su mayoría agrupados en aldeas cercanas a Ensenada, viven ahora en gran medida en la extrema pobreza. Sin embargo, los kumiai de Baja California han conservado gran parte de su cultura e idioma, mientras que los kumiai de Estados Unidos no lo han hecho. Las restricciones impuestas tras el 11 de septiembre 2001 (11-S) al movimiento transfronterizo de personas han limitado gravemente las conexiones intratribales entre estas comunidades nativas.

UNA NUEVA TIERRA

La historia del norte de México y de California comienza con los exploradores españoles. Como era de esperar dada la naturaleza del paisaje, los primeros de estos exploradores, Juan Rodríguez Cabrillo en 1542 y Sebastián Vizcaíno en 1602, navegaron por la costa y entraron en lo que hoy es la bahía de San Diego. Aunque dejaron extensas descripciones de la bahía, las islas cercanas, e incluso los "bien armados" kumiai que les proveían mejillones, no viajaron tierra adentro, ni cruzaron el río Tijuana para ver el valle del sur.

Es importante tener en cuenta las fechas de estos viajes. En el momento del viaje de Cabrillo, más de siete décadas antes de que los peregrinos llegaran a Plymouth Rock, la colonia de México ya estaba siendo poblada por europeos. Ciudad de México había sido fundada en 1521, en el sitio de la capital azteca Tenochtitlán, que era un siglo más antigua. Para cuando Vizcaíno llegó, la capital, conquistada por Hernán Cortés en nombre de los reyes Fernando e Isabel, había estado gobernada por España durante más de 80 años. La construcción de la gran catedral de Ciudad de México ya llevaba dos décadas en marcha. En otras palabras, incluso para los colonizadores españoles de México, el Valle de Tijuana era tan inaccesible y prohibitivo como la luna.

LLEGA UN FUTURO SANTO

Poco antes de que comenzara la Revolución Americana en todo el continente, dos expediciones españolas partieron con la intención de dejar una presencia permanente en el Valle de Tijuana. Ambas expediciones cruzaron el Mar de Cortés desde el territorio continental de México, y luego navegaron o marcharon hacia el norte por la península de Baja California. La primera de ellas, en mayo de 1769, fue dirigida por el capitán Fernando de Rivera y Moncada. Lo acompañaba un fraile, Juan Crespí, para servir de misionero a cualesquier nativos locales que se encontraran. Sentarían un precedente para la exploración del Valle de Tijuana, pero fue la segunda expedición, liderada por Gaspar de Portolá dos meses después, la que marcaría la historia, en parte por los muchos topónimos a lo largo de la costa del Pacífico que perduran hasta el día de hoy, pero sobre todo por el fraile que marchó a su lado, Junípero Serra.

La expedición de Portolá de diez soldados, dos sirvientes y cuarenta y cuatro nativos llegó a la bahía de San Diego y se reunió con el capitán Rivera el 1° de julio de 1769. En la última etapa de ese viaje, cruzaron el río Tijuana en lo que ahora son los suburbios costeros de la Tijuana moderna. Es revelador que no se detuvieran, sino que marcharon más al norte, hacia la atractiva bahía de San Diego y su paisaje más pacífico y acogedor. Allí, el Padre Serra celebró misa y fundó la Misión San Diego de Alcalá, en la mañana del 16 de julio de 1769.

Como era el caso con todas las misiones establecidas por el Padre Serra en todo el territorio mexicano de la Alta California, la Misión San Diego de Alcalá actuaba como un poderoso imán que atraía a las tribus nativas, así como a los agricultores y empresarios pioneros, a que se reunieran y entablaran relaciones comerciales. Junto a estas misiones, los militares solían construir un fuerte, no solo para proteger a la creciente población local, sino también para utilizar los caminos y senderos que se establecían a lo largo de cientos de kilómetros entre las misiones, siendo el Camino Real el más famoso.

Una postal de la Misión Basílica de San Diego de Alcalá.

A medida que crecían los asentamientos alrededor de estas misiones, el gobierno español en México reconoció la necesidad de organizar políticamente la región, dividiendo un territorio enorme, que se extiendía desde lo que ahora es todo el suroeste de EEUU hasta el sur de Oregón, en provincias gobernadas más pequeñas. En la costa del Pacífico, el 24 de abril de 1772, Ciudad de México dividió oficialmente a "California" en dos partes: alta y baja. El territorio del sur fue designado "Baja California", un nombre que perdura hasta el día de hoy. Abarcaba la península frente a la costa del continente, con un límite norte en el extremo suroeste del Valle de Tijuana. (Hoy en día, la Península de

Baja California está dividida en dos estados: Baja California, con su capital en Mexicali, y Baja California Sur, con su capital en La Paz). Todo lo que está al norte de eso, es decir, hasta la Misión Solano, más allá de la Bahía de San Francisco, fue llamado "Alta California".

Bajo este esquema, el sitio de la Tijuana moderna formaba parte de una diócesis controlada por la Misión de San Diego y los Franciscanos, que se extendía más de 170 kilómetros al sur, después del valle. Sin embargo, en 1778 un fraile dominico estableció su propia misión en El Rosario, a 345 kilómetros al sur. Al norte de allí, reclamó un territorio considerable, violando un Concordato de la Iglesia firmado en 1772. Buscando la paz entre dos órdenes en competencia, la Iglesia aceptó las nuevas fronteras ese mismo año. Este nuevo acuerdo tuvo un impacto de gran alcance, porque el 26 de marzo de 1804 el virrey de la Nueva España, Antonio Bucareli y Ursúa, también aceptó la frontera establecida por la Iglesia como división política. De allí en adelante, el límite norte de Baja California se fijaría mucho más al sur.

En la práctica, esto significó que, incluso antes de que naciera, Tijuana se consideraba parte de la futura California. Su orientación política, económica y espiritual se dirigía no a la lejana capital de Ciudad de México, sino a la cercana aldea de San Diego, su misión, y más allá, a la capital provincial de Alta California en Monterey. Igualmente importante era que la frontera misma, que corría en línea recta de este a oeste, era casi totalmente artificial, sin consideración alguna por las características del paisaje. Incluso el dominante río Tijuana fue bisectado. Como resultado, en un mapa que delimita dónde termina una jurisdicción y dónde comienza otra, esta línea fronteriza siempre ha parecido impuesta más que inevitable.

A ORILLAS DEL MAR

Aunque el nombre *Tijuana* puede parecer un nombre mexicano por excelencia, sus orígenes no solo son poco claros, sino que es muy probable que ni siquiera sean españoles. Estas son las dos teorías más populares:

1. Una, propuesta por el difunto historiador W. Michael Mathes en el siglo XX, fue que el nombre de Tijuana derivaba del vocablo de la tribu yumana de Baja California *Tiwan*, que significa "cerca del mar", que en efecto Tijuana lo está. Aunque resulta cada vez más aceptada, esta teoría se sigue discutiendo.
2. Otra afirmación que alguna vez fue popular, ahora descartada en gran medida, es que la ciudad fue nombrada en honor a una residente de un rancho local llamada Tía Juana.

Lo que se sabe es que los primeros documentos relacionados con el asentamiento exhiben la fluida ortografía de la época y llaman al pueblo una gama de variantes: La Tía Juana, Tiguana, Tiuana, Teguana, Tiwana, Tijuan, Ticuan, y finalmente, la ortografía que se mantuvo: Tijuana.

Los angloparlantes en Estados Unidos y en otros lugares tienden a pronunciar la palabra "Ti-ah Hua-na", lo que hace que los residentes de Tijuana rechinen los dientes. Pero de alguna manera los anglosajones pueden ser perdonados. Para empezar, la rima interna de Tia-Juana fluye mejor en la lengua inglesa. Pero también hay una justificación histórica: justo al otro lado de la frontera de Tijuana está el distrito de San Diego de nombre San Ysidro, que comenzó su existencia hace más de un siglo como Tia Juana City, la ciudad de Tía Juana. Para mayor confusión, puede que se trate de una tergiversación de una redacción original del nombre Tijuana. En la época de las fronteras más accesibles, los sandieguinos que viajaban hacia el sur solían utilizar los dos nombres de destino indistintamente, y esa pronunciación entró en el lenguaje común al norte de la frontera.

RANCHO FAMILIAR

En el siglo XIX, la política se volvió tan importante como la geografía para el destino de Tijuana. Con la frontera política oficial a muchos kilómetros al sur, no había necesidad de un asentamiento en la ubicación actual de Tijuana. Después de todo, parte de la tierra en la región era rocosa o barranca, y la buena tierra aluvional cultivable del valle del río Tijuana a menudo sufría extensas inundaciones. En comparación, Ensenada tenía un puerto costero, y San Diego tenía tierras cultivables considerables y un puerto marítimo de clase mundial. No es sorprendente que ambas ciudades crecieran rápidamente. Mientras tanto, durante décadas, Tijuana siguió siendo el hogar de un puñado de grandes ranchos, en su mayoría de suelo poco cultivable, propiedad de unas cuantas familias.

En los primeros años, la más notable de éstas era la familia Argüello. Su historia seguiría con el ascenso del estado mexicano, tras su independencia de España en 1821. Dos de los hijos del Capitán José Darío y María Ignacia Moraga fueron de los primeros beneficiarios de este cambio político fundamental. En noviembre de 1823, uno de los hijos, el capitán Luis Argüello, destinado a la guarnición de San Diego, fue nombrado jefe político de las Californias, un cargo de inmenso poder e influencia en la región.

Durante este mismo período, y tal vez no por casualidad, su hermano Santiago, un teniente del Presidio de San Diego, se convirtió en el primer propietario del territorio de la actual Tijuana. La aparición de Santiago en la historia puede estar directamente relacionada con otro hito importante en la historia de México. En 1824, el joven gobierno de México aprobó la Ley General de Colonización. Fue diseñada para promover el desarrollo de considerables regiones vírgenes de la nación, especialmente en la Alta y Baja California.

Antes de la promulgación de esta ley, especialmente bajo el dominio español, México había sido bastante codicioso con sus extensiones de tierra no utilizadas. Casi las únicas excepciones eran para los soldados apostados en los distintos presidios. Como agradecimiento por su servicio prestado, y con su compromiso de convertirse en agricultores al dejar el ejército, se les otorgaba tierras para trabajar. Pero este fue un evento poco común. Se estima que a lo largo de las décadas solo dos docenas de soldados se aprovecharon de la oferta.

En comparación, en una medida anterior pero similar a la Ley de Asentamientos Rurales (en inglés, Homestead Act) firmada por el Presidente Lincoln durante la Guerra Civil, México se propuso ahora a crear una fiebre por tierras en los territorios, con el fin de atraer a tantos europeos como fuera posible para que se establecieran en esas tierras. Bajo la Ley General de Colonización, si un colono tomara la ciudadanía mexicana, profesara ser de fe católica, y accediera a trabajar la tierra, podría solicitar once leguas cuadradas (aproximadamente 8,500 hectáreas). Esta concesión de tierras era mucho mayor que las 259 hectáreas que la Ley de Asentamientos Rurales de Estados Unidos pondría más tarde a disposición de sus colonos.

En este momento de oportunidades, con la nueva prominencia política de Luis Argüello en la región, y la Ley General de Colonización, Santiago Argüello obtuvo su rancho de 106 kilómetros cuadrados (incluyendo seis extensiones de tierra para ganado). En pocos meses, esta puerta de oportunidad se cerró, cuando el hermano, Luis, fue reemplazado como gobernador de las Californias.

Sorprendentemente, en lugar de poner fin a la buena fortuna de Santiago, la jubilación de Luis y su reemplazo por el Teniente Coronel José María de Echeandía, la prolongó. Al gobernador Echeandía nunca le había gustado el clima frío y neblinoso de la costa de la capital de Alta California, Monterey. Así que tan pronto como tuvo la oportunidad, dejó esa ciudad (aunque mantuvo el gobierno territorial allí) y se mudó a San Diego. El hecho de tener la capital de facto en residencia cerca solo aumentó el valor de la tierra del valle de Tijuana, atrayendo a más colonos que antes. Como parte de su nuevo gobierno, y para atraer aún más colonos, el gobernador Echeandía realizó un estudio completo del valle, en el proceso de otorgar el título permanente del predio "Rancho Ti Juana" a Santiago Argüello, el 24 de marzo de 1829.

Cualquiera que fuera la fuente de su nuevo imperio, Santiago demostró ser un ranchero capaz y trabajador. No solo manejó bien a Tijuana, sino que él y su esposa Pilar fueron particularmente fecundos: tuvieron quince hijos, ocho varones y siete mujeres. Todos sobrevivieron, y la última docena de ellos se casaron en la Misión San Diego de Alcalá. El resultado a corto plazo fue una dinastía instantánea: los numerosos matrimonios con otras familias de la región a lo largo de las dos generaciones siguientes garantizaron que el rancho y sus alrededores pronto se poblarían con numerosos ranchos y una población creciente y cohesiva. Sin embargo, a largo plazo, estas partes interesadas interrelacionadas estaban condenadas a enfrentarse por su porción de la herencia familiar.

EL DESTINO MANIFIESTO

Las siguientes dos décadas del Rancho Ti Juana fueron relativamente pacíficas y prósperas. Los Argüello criaron a sus hijos, a su ganado y recogieron sus cosechas. El único evento importante durante este interregno ocurrió en 1833, cuando el gobierno mexicano ordenó la secularización de las misiones católicas. Esto fue importante porque, hasta entonces, los franciscanos (y en menor medida los dominicos) habían disfrutado de explotaciones de miles de kilómetros cuadrados de tierras agrícolas y de pastoreo superiores alrededor de sus misiones, especialmente en Alta California. A medida que los asentamientos habían crecido alrededor de muchas de estas misiones (como San Diego, Los Ángeles, San José, Santa Clara y San Francisco), la Iglesia también se había convertido en un poderoso terrateniente. Aparentemente demasiado poderoso, porque México despojó a la Iglesia oficialmente de estos bienes y los puso a disposición del público.

Aunque esta secularización tuvo un profundo efecto en el resto del territorio, para el Rancho Ti Juana, y el creciente número de ranchos adyacentes más pequeños al otro lado del río de su misión, el impacto fue en gran medida secundario: en lugar de a dos amos, ahora solo servían a uno.

Por lo demás, estos años fueron de los más pacíficos en la historia del valle de Tijuana. Todo eso cambió en 1846, cuando Estados Unidos declaró la guerra a México.

Los problemas se habían estado gestando durante varios años entre un EEUU expansionista y un México políticamente dividido. Comenzó en 1836 cuando Texas, una región que México/España había gobernado durante siglos, declaró su independencia. Las inmensas tierras de pastoreo y la relativa anarquía, combinadas con la Ley General de Colonización de México, habían demostrado ser un poderoso atractivo para los pioneros estadounidenses, incluido Stephen Austin. Se habían mudado a Texas, pero nunca habían perdido su lealtad a Estados Unidos. Se apodaron a sí mismos "texicans" y llamaron el territorio de Texas una nación independiente.

México en ese momento estaba gobernado por el dictador Antonio López de Santa Anna. En el curso de sus desastrosas once presidencias separadas entre 1833 y 1855, López de Santa Anna se las arreglaría para

perder primero Texas, y después gran parte del actual oeste americano
a Estados Unidos. Su brutal supresión de los "texicans" en Goliad y el
Álamo encendió la opinión pública estadounidense, mientras que su
derrota total en San Jacinto en 1836 a manos de Sam Houston garantizó no solo que México perdiera la propiedad de Texas, sino que a partir de entonces EEUU se considerara a sí mismo como el liberador de
otros territorios mexicanos, una actitud que coincidía perfectamente
con los propios deseos de expansión nacional del país más joven.

Al final, la única razón por la que EEUU no concedió rápidamente
la condición de estado a Texas en la década de 1830 fue el temor de
que entrara como estado esclavista y perturbara el delicado equilibrio político alcanzado por el Compromiso de Missouri de 1820. En
su lugar, Estados Unidos esperó el momento oportuno, y a un líder
dispuesto a apoderarse de más tierras mexicanas con menos bagaje
político.

Esa oportunidad llegó 10 años después con la elección del presidente James Knox Polk. Polk era un expansionista imperturbable y un
firme creyente en el Destino Manifiesto de Estados Unidos de extend-
erse territorialmente, sin restricciones, desde el Atlántico hasta el
Pacífico. Tras haber acordado la condición de estado de Texas en 1845
y haber resuelto con Gran Bretaña una larga disputa territorial relativa al Territorio de Oregón en la frontera con Canadá, Polk ofreció a
México 30 millones de dólares para comprar sus territorios septentri-
onales. Rechazada su oferta, estacionó tropas a lo largo del Río Grande
(río Bravo del Norte) en tierras disputadas por las dos naciones. La
razón oficial—no del todo un pretexto–era que el gobierno mexicano,
temiendo las ambiciones americanas y aún reclamando a Texas, había
estado apoyando las incursiones sistemáticas en la frontera con su
vecino del norte.

Polk provocó la reacción que buscaba cuando, el 25 de abril de 1846,
un contingente de caballería mexicana atacó a un grupo de soldados
exploradores estadounidenses bajo el comandado de Zachary Taylor,
el general más importante de EEUU en aquel entonces. Una docena
de soldados estadounidenses fueron asesinados; el resto se retiró a
un puesto del ejército estadounidense cercano, al que los mexicanos
sitiaron. El general Taylor convocó refuerzos y derrotó a los mexicanos
en las dos batallas de Palo Alto y Resaca de la Palma, en los campos

de praderas cerca de la actual ciudad de Brownsville en el Golfo de México. El presidente Polk respondió a la noticia pidiendo rápidamente al Congreso de EEUU una declaración de guerra. La consiguió dos días después, el 13 de mayo. Por su parte, el gobierno mexicano, al darse cuenta de que ahora estaba a punto de enfrentar el poderío del ejército estadounidense, y sufriendo el caos político resultante de múltiples presidentes que cumplían breves mandatos, optó por no declarar la guerra en respuesta.

Eso no cambió nada. Estados Unidos estaba decidido a librar su primera guerra en tierra extranjera. Al final, la Guerra de Estados Unidos-México duró 2 años, gran parte de los cuales fue dedicado a transportar tropas estadounidenses por tierra y mar para sitiar Ciudad de México. El ejército mexicano luchó valientemente, incluyendo a los jóvenes cadetes que se serían recordados como los Niños Héroes de Chapultepec, pero fue irremediablemente superado en número y armamento. Sobre todo, fue superado por el comando de oficiales, tales como Ulysses S. Grant y Robert E. Lee en sus primeros roles de combate.

Como era de esperar, la guerra, aún llamada por algunos mexicanos "la intervención estadounidense", fue una victoria casi completamente unilateral. Moralmente, era más complicado. Algunas personas en EEUU, incluyendo Daniel Webster y un joven Abraham Lincoln, expresaron profundas reservas sobre el "casus belli" de la guerra, viéndolo como poco más que una apropiación de tierras, mientras que algunos mexicanos acogieron con beneplácito el ser absorbidos por una nación tan dinámica y rica. De todos los animadores de la guerra, uno de los más fervientes fue, extrañamente, Karl Marx: "¿Es acaso infortunado que la magnífica California fuera quitada a los vagos mexicanos que no sabían qué hacer con ella?"

Al final, México fue derrotado no solo militarmente, sino también políticamente. El Presidente Mariano Paredes renunció. En su ausencia, el país se apresuró a formar un nuevo gobierno. Fue este gobierno esencialmente provisional, bajo la ocupación estadounidense, el que negoció el aún polémico (especialmente entre los mexicanos) Tratado de Guadalupe Hidalgo.

Este tratado, que se firmó el 2 de febrero de 1848, cedió a Estados Unidos la mitad del territorio reclamado por México—en particular, las tierras al norte del río Grande (río Bravo) que ahora abarcan gran parte de California, Nuevo México, Arizona, Utah y Nevada, así como partes de Colorado y Wyoming. EEUU pagó 15 millones de dólares por más de 1,360 kilómetros cuadrados de territorio anexado. Lo de Guadalupe Hidalgo, junto con la posterior compra en 1854 de más territorio de México (la Compra de Gadsden en Arizona), estableció de forma permanente y legal la frontera sudoeste de Estados Unidos y la frontera norte de México. Sin embargo, desde el punto de vista cultural, la permanencia de esa frontera nunca ha sido clara.

El Tratado de Guadalupe Hidalgo fue un evento transformador en la historia de la fundación de Tijuana. Esta frontera política, que solo existe en los mapas y que apenas se ve reforzada por el paisaje, es la razón por la que Tijuana existe y por la que ha adquirido tanta importancia. Sin esa línea invisible, Tijuana posiblemente aún sería principalmente el Rancho Ti Juana, o más probablemente un lejano suburbio de San Diego. Tal vez una ciudad diferente, con un nombre distinto, se habría formado en otro lugar.

De hecho, eso casi sucedió. Se cuenta que, durante las negociaciones del Tratado de Guadalupe Hidalgo, el victorioso EEUU exigió que la nueva frontera se estableciera aproximadamente a 80 kilómetros al sur, cerca de Ensenada. Pero en este caso, el gobierno mexicano se defendió, por una razón que tenía poco que ver con la frontera entre California y Baja California (después de todo, no había nada que ganar con la anexión de una Tijuana que no estaba allí). Más bien, el problema se encontraba más al este. Debajo de la Arizona de hoy, el pasaje terrestre mexicano actual entre la península de Baja California y el territorio continental de México tiene solo cerca de 100 kilómetros de ancho. Si el gobierno de EEUU se hubiera salido con la suya, ese estrecho corredor habría sido de menos de 16 kilómetros de ancho. Los negociadores mexicanos lo reconocieron astutamente, al darse cuenta de que sería sencillo para Estados Unidos bloquear ese paso y anexar a Baja California, dejando a México rodeado de dos lados por los estadounidenses. En cambio, un excepcional momento de resistencia por parte de los negociadores mexicanos cimentó la creación de Tijuana donde hoy se ubica.

PUEBLO FRONTERIZO

En su excelente libro, *Tijuana in History*, los historiadores David Piñera y Gabriel Rivera han descrito los años posteriores a la creación de la frontera internacional como un punto de inflexión histórico en la narrativa de la región. Durante estos años, "el Valle de Tijuana, en general, adquirió características diferentes a las de San Diego. Éstas fueron primero religiosas y después políticas, porque el valle pasó a formar parte de Baja California. A partir de ese momento, adquirió un carácter fronterizo, lo que [resultó en] un cambio fundamental en su futuro desarrollo histórico".

Desde el siglo XVIII, toda la región había evolucionado en gran medida en armonía con una sola identidad. Todos los residentes debían su lealtad a la Iglesia Católica, personificada en la Misión San Diego. El futuro sitio de Tijuana era tan parte de Alta California como lo era San Diego. Los residentes de la región se desplazaban sin restricciones. Ese fue el caso bajo el dominio colonial de los españoles y también durante dos décadas bajo el gobierno de Ciudad de México.

Pero todo eso cambió después de la Guerra de Estados Unidos-México. Ahora, al norte de la frontera, los nuevos colonos, en gran parte protestantes, productos de las culturas del norte de Europa y atenidos al derecho consuetudinario inglés y a la Constitución de EEUU, se propusieron crear su ciudad como un reflejo semitropical de las grandes ciudades del este. En comparación, el puñado de ranchos familiares al sur de la nueva frontera se encontraron sin muchas de las instituciones—la iglesia, el gobierno local, el comercio y el inter-cambio—sobre las cuales habían construido sus vidas. Mientras que esas instituciones estaban todavía a solo 24 kilómetros de distancia, en realidad estaban ahora en un país diferente. Además, a medida que San Diego comenzaba a perder su carácter del "viejo oeste" y a establecerse como una comunidad comparativamente segura, los residentes de Tijuana se encontraron ante un gobierno nacional indiferente, volátil y cada vez más corrupto en Ciudad de México, sin mencionar el aumento de la delincuencia en forma de pandillas de bandidos como la dirigida por el notorio Juan Mendoza.

Después de la guerra, San Diego siguió creciendo rápidamente, entre otras razones por el descubrimiento de oro en California pocos

días después de la firma de Guadalupe Hidalgo, así como por la presencia del ejército de EEUU para luchar contra las incursiones de los bandidos. Mientras tanto, Tijuana, casi abandonada por Ciudad de México y
vulnerable frente a los bandidos, en realidad perdió población. Muchos
tijuanenses huyeron al otro lado de la frontera hacia San Diego, un
patrón de respuesta a las turbulencias en su país de origen que se ha
repetido, regularmente, hasta el día de hoy.

Sobrevive una serie de cartas entre un hombre de negocios de San
Diego llamado Abel Stearns, casado con una pariente de Argüello, y
otro miembro de la familia Argüello, Guadalupe Estudillo, que aún
estaba recluido en el Rancho Ti Juana:

> Usted sabe lo tristes y desastrosos que son los distur-
> bios en la frontera y cómo todos están retirando todos
> sus intereses . . . Mendoza ha llevado todo lo que ha
> podido al río, y se dice que volverá con más hombres.
> (13 de noviembre de 1860)

Con este nivel de anarquía, robo de ganado y violencia, Tijuana no
tendría la oportunidad de crecer, ni de que sus pioneros regresaran,
durante años. Mientras tanto, a pesar del advenimiento de la Guerra
Civil de Estados Unidos, que detuvo la emigración del este durante
5 años, San Diego permaneció relativamente pacífico y sin ser afectado por los conflictos internos o el bandidaje transfronterizo. Por
el momento, su principal relación con Tijuana seguiría siendo la de
santuario.

LA LUCHA POR EL LEGADO

En 1862, el patriarca de Ti Juana, Santiago Argüello, murió en el rancho. Significativamente, fue enterrado en la Misión San Diego.

Santiago murió intestado. La falta de un testamento escrito ator-
mentaría a la familia Argüello y a la larga, prepararía el escenario
para la próxima era de Tijuana. Inicialmente, la cuestión del legado de
Santiago no presentó ningún problema, ya que su viuda, Pilar Ortega
de Argüello, heredó automáticamente la totalidad de la herencia. Pero

entonces, ante las nuevas regulaciones de bienes raíces mexicanas (la Ley de Juárez) o a la presión de uno de sus descendientes, Pilar decidió dividir el rancho en dos y vender 5,260 hectáreas a su hijo, Ignacio.

Como era de esperar, este arreglo no le sentó bien al resto de la enorme familia. Las disputas y batallas legales resultantes consumieron la siguiente década. El acto de mayor alcance tuvo lugar en 1870, cuando otro de los hijos de Santiago y Pilar, Francisco, y su esposa, Tomasa, vendieron otra parte de las tierras—descritas en el papeleo como la "Tía Juana" o "Rancho Tijuan"—a un inversor de EEUU, César A. Luckhardt, por 2,000 dólares estadounidenses. Curiosamente, el contrato no solo fue escrito en inglés y presentado en la lejana San Francisco, sino que Francisco y Tomasa indicaron su lugar de residencia como "Los Ángeles". Claramente la monolítica familia Argüello, con el control de su gigantesco rancho, comenzaba a desmoronarse.

La puerta se abría ahora para que inversionistas y empresarios de fuera de la familia comenzaran a comprar y desarrollar propiedades y negocios en el lado mexicano del río Tijuana. El escenario estaba ahora preparado para la siguiente era de la historia de Tijuana.

El 6 de agosto de 1874, el presidente mexicano Sebastián Lerdo de Tejada firmó un decreto que ordenaba la construcción de una aduana que, en sus palabras, se establecería "en el punto denominado Tijuana, situado en la intersección de la línea con Estados Unidos y la Baja California, una aduana fronteriza que se encargará de la vigilancia del tráfico y de la recaudación de los derechos respectivos conforme a arancel".

Hubo varias razones para que el gobierno mexicano colocara la aduana en ese lugar. Por un lado, ya desde 1857, la California Stage Company, una operación del norte de California, había inaugurado una línea de transporte de correo y pasajeros desde San Antonio, Texas, hasta San Diego. La ruta de esta llamada "Jackass Line", por necesidad geográfica, seguía el río Colorado, que en su sinuoso recorrido pasaba por territorio méxicano en varios puntos. Esta operación fue reemplazada por Butterfield Overland Mail, que era aún más importante para San Diego porque transportaba mercancías de ida y vuelta hasta el río Mississippi, donde las mercancías podían ser transferidas hacia o desde barcos de vapor.

Igual de importante fue que Butterfield estableciera puestos de cambio de caballos aproximadamente cada 24 kilómetros. Eso era relevante porque, si bien muchas de esas estaciones se encontraban en EEUU, donde solían servir de depósitos de entrega a los campamentos militares, también había muchas ubicadas en México, que daban servicio a los pueblos y otras comunidades. Los viajeros en esta línea usarían estas estaciones para descansar, comer y comprar artículos locales, trayendo así dinero a las economías locales en todo el suroeste.

Es importante destacar que, en lugar de llegar directamente a San Diego, la línea Butterfield primero pasaba por el Valle de Tijuana desde el sur. Aunque la ruta fue cerrada por la Guerra Civil, se reabrió poco después de ésta, y fue utilizada por una nueva línea de correo terrestre. Esta línea, propiedad del estadounidense John Capron, decidió abrir otra estación de cambio de caballos en el lado mexicano del río, en Tijuana, tal vez la primera colaboración oficial transfronteriza. Además, la compañía de diligencias decidió—probablemente para apaciguar al gobierno regional—contratar a mexicanos para gestionar el sitio. Rápidamente se construyó un edificio de madera con un comedor, un área de descanso y un establo. De pronto, no solo los viajeros de larga distancia pasaban regularmente por la estación de Tijuana, sino que también los sandieguinos curiosos aprovechaban la primera etapa del viaje en diligencia para visitar este exótico, aunque cercano, lugar y para comprar artículos de artesanía local.

El gobierno de Ciudad de México, siempre en busca de una nueva fuente de ingresos, se enteró del creciente número de visitantes, sin mencionar los bienes que se transportaban, aunque de manera transitoria, a territorio mexicano. Rápidamente actuaron para regular y, por supuesto, gravar ambos. La aduana dio resultado, presagiando el papel decisivo que la gestión de las aduanas y las fronteras desempeñaría en el futuro desarrollo de Tijuana.

La construcción del edificio de aduanas comenzó el 1° de septiembre de 1874, e inmediatamente se encontró con dificultades legales. En particular, no había ningún terreno en la zona que no estuviera en manos privadas. Esto fue resuelto por el subprefecto del distrito, que encontró a un propietario dispuesto, por un pago considerable, no solo a proporcionar el terreno sino también a construir una instalación sólida y segura.

La aduana de Tijuana, 1887.

Como era de esperarse, la gente de Tijuana y los alrededores, la mayoría de ellos luchando por mantener incluso una vida de subsistencia y acostumbrada a décadas de ir y venir de San Diego (en particular a un comercio, justo al otro lado de la frontera) para satisfacer las necesidades cotidianas sin ser molestada, no estaba entusiasmada con la llegada de la aduana. Ahora tenían que pagar derechos cada vez que cruzaban la frontera para realizar una transacción, bajo pena de multa o arresto.

El impacto inmediato de la aduana fue aplastar la ya diminuta economía de Tijuana, al retardar el número de visitantes del norte. Como era de esperarse, los ciudadanos de Tijuana se rebelaron, presentando una petición firmada por la mayoría de los líderes de Tijuana al subprefecto, Emilio Legaspy. Él, a su vez, apeló al líder político del distrito, Braulio Caballar, quien estuvo de acuerdo y ordenó el cierre de la aduana, para regocijo de los tijuanenses.

Aunque oficialmente cerrado (y con una nueva aduana de reemplazo en construcción en Ensenada), la aduana de Tijuana aparentemente continuó operando en una capacidad reducida, lo que enfureció a los tijuanenses. Presentaron otra petición, ésta diciendo: "La oficina solo ha servido para crear escándalo en San Diego y para aumentar considerablemente el precio de los bienes que consumimos . . ."

Esa petición, entregada en 1880, fue la culminación de más de un año durante el cual la aduana sufrió varias indignidades, incluyendo un robo a mano armada por la pandilla local de Badillo, que hirió a un guardia y se llevó dinero, oro, plata y objetos de valor. Después, menos de un mes después, mientras un gerente y dos guardias dormían en el interior, la aduana fue incendiada. Unos meses después, las tropas rebeldes del General Manuel Márquez de León pasaron por allí, y su presencia impidió que la aduana siguiera operando.

Sin embargo, con el tiempo, la aduana demostró ser una fuerza positiva en Tijuana. Para empezar, su funcionamiento requería la presencia de varios empleados, todos pagados (normalmente con retraso) por el gobierno federal. Ese dinero llegó a alimentar a la economía local. Asimismo, la presencia de una instalación gubernamental mejoró la imagen de seguridad ante los sandieguinos y ayudó a aumentar paulatinamente el número de visitantes transfronterizos (y su dinero) procedentes del norte. También sirvió de incentivo para que los empresarios estadounidenses establecieran empresas al otro lado de la frontera, pero cerca de la aduana, para atender al creciente número de visitantes adinerados de Tijuana.

El primero de estos emprendimientos involucró las aguas termales (*Aguacaliente*) que habían existido desde tiempos inmemoriales en la tierra de los Argüello, por casualidad cerca de la aduana y en el fondo del río a solo tres kilómetros de la frontera. El siglo XIX fue un temprano cenit de la popularidad de los balnearios como algo saludable tanto en Europa como en Norteamérica, y los manantiales de los Argüello eran sulfurosos, que en ese momento se consideraban los más saludables para el cuerpo humano. Con tantos visitantes llegando a la región, no pasó mucho tiempo antes de que algunos empresarios estadounidenses supieran de los manantiales y alquilaran su uso a la familia Arguello.

El spa que desarrollaron, que abrió sus puertas en agosto de 1880, fue llamado Tía Juana Hot Springs. En breve empezó a promocionarse a clientes potenciales a través de artículos y anuncios en la *San Diego Union* y otros medios impresos del sur de California.

Tía Juana Hot Springs resultó ser tan exitoso—de hecho, todavía existe hoy en día—que en pocos meses otros empresarios crearon servicios de carruajes que recogían a los turistas por la mañana en el centro de San Diego y los llevaban a las aguas termales a pasar el día, regresando a recogerlos al atardecer. Cuando un número creciente de visitantes expresó su deseo de quedarse en Tijuana por más de un día para turistear y hacer compras, el spa Hot Springs construyó un hotel. Esto también resultó ser un gran éxito. Para atender a estas poblaciones de prósperos sandieguinos, en el nexo geográfico entre la aduana y Tía Juana Hot Springs aparecieron varias tiendas que atrajeron aún a más visitantes del norte, en un círculo virtuoso.

UNA CIUDAD CONSOLIDADA

Para la década de 1880, 60 años después de su fundación, Tijuana por fin se estaba convirtiendo en una verdadera ciudad.

Era verdadera, pero con algunos problemas estructurales graves. El más grande era su topografía. Si Tijuana hubiera sido fundada tomando en cuenta el paisaje, se habría construido sobre su meseta. Pero fue construida para atender a los visitantes de Estados Unidos, es decir, lo más cerca posible de la frontera. Una frontera que, por desgracia, se extendía a través de las orillas pantanosas del río Tijuana.

Lo que podría haberse previsto ocurrió en marzo de 1884, cuando la región experimentó lluvias extraordinariamente fuertes. El río Tijuana se elevó rápidamente, y después se desbordó. Serpenteando por las faldas de una cordillera y terminando su viaje hacia el océano a través de una llanura aluvial, el río Tijuana se había derramado periódicamente durante cientos, posiblemente miles de años. Las primeras tribus indígenas lo sabían y, como eran relativamente nómadas, sabían cuándo trasladar sus campamentos a tierras más altas. Los Argüello y sus vecinos sabían por experiencia de las inundaciones, por lo que habían construido las casas de sus ranchos en terrenos más elevados, alejados del río.

Pero ahora, las construcciones fijas, incluyendo la aduana, el hotel Hot Springs y numerosas tiendas arrimadas a lo largo del río fronterizo, se encontraban justo en el camino de la inundación. La inundación fue devastadora. Incluso las mismas aguas termales fueron afectadas por el agua fría y lodosa. Tijuana sobrevivió, pero aún estaba en proceso de reparación 2 años después, cuando la golpeó una segunda inundación.

A pesar de un proyecto masivo de obras públicas para contener el río Tijuana, las inundaciones continúan siendo un problema perenne hasta hoy.

Dejando de lado las inundaciones, las 2 décadas a finales del siglo XIX fueron años dorados en la historia de Tijuana. En gran parte debido al creciente número de niños hispanohablantes al otro lado de la frontera en Tía Juana, California, Tijuana estableció su primera escuela. Los caminos, algunos con un siglo de antigüedad, fueron finalmente reparados después de los graves daños causados por las recientes lluvias. Una nueva línea de telégrafo, dirigida a Ensenada, pasó por Tijuana y se convirtió en un presagio de mejoras masivas de infraestructura al otro lado de la frontera en San Diego.

En 1885, el ferrocarril transcontinental llegó finalmente a San Diego, y un año después la ciudad ya contaba con energía eléctrica. En 1888, se construyó la primera gran presa para suministrar agua a la ciudad. A medida que la población de San Diego (y los precios de los bienes raíces) aumentaba, los recién llegados comenzaron a llenar un número creciente de nuevos suburbios al sur de la ciudad. Una de estas ciudades suburbanas era Tía Juana, la gemela americana de Tijuana (actualmente San Ysidro, distrito de San Diego). En muchos sentidos, dicha ciudad disfrutó de los beneficios económicos de la aduana aún más que la propia Tijuana. Un número considerable de ganaderos, agricultores y empresarios mexicanos optaron por vivir en el lado de EEUU, especialmente cuando la agitación política comenzó de nuevo.

En 1887, el comerciante estadounidense Joseph Messenger compró veintiséis hectáreas de tierra en Tía Juana, colindantes a la frontera. Después vendió la tierra a un promotor inmobiliario que la subdividió en parcelas para viviendas. Las nuevas parcelas se vendieron rápidamente, no solo porque el desarrollador ofreció condiciones atractivas, sino porque se embarcó en una campaña de promoción regional masiva y efectiva. Aquí está una muestra de ello (traducción literal):

> ¡Tía Juana City! EL "EL PASO" DE CALIFORNIA.
> ¡Situado en la Línea Americana, 24 kilómetros al Sur de San Diego, en El Rico y Fértil Valle de Tía Juana! ¡El Único Punto de Importancia Comercial! En el Condado de San Diego Fuera de la Ciudad de San Diego. Tiene

Tres Comercios haciendo grandes y prósperos negocios con Baja California. ¡Tiene un Gran Hotel que
Pronto será Inaugurado!. . . Tía Juana Pronto Será una
Ciudad de Varios Miles de Almas . . . LAS FAMOSAS
AGUAS TERMALES a solo 4 kilómetros de distancia
son otra atracción que se ofrece a los buscadores de
salud.

Tijuana, como siempre, se benefició de este crecimiento y desarrollo al norte. La población de la ciudad siguió en aumento, en gran
parte con gente proveniente del resto de Baja California atraída por la
riqueza de Tijuana y el creciente dominio político en la región. Pero
con buen tiempo, especialmente los fines de semana y días festivos, la
población de la ciudad se multiplicaba temporalmente con la llegada de
los turistas, incluyendo (y desmintiendo la imagen posterior de la ciudad) grupos de elegantes damas victorianas de San Diego, que venían
a disfrutar excursiones de un día de duración para almorzar y hacer
compras. Ahora, con Tía Juana emergiendo como una comunidad bien
desarrollada, los tijuanenses podían simplemente caminar unas pocas
cuadras para comprar productos de fabricación estadounidense en las
tiendas cercanas.

Durante esa época Tijuana también se benefició de la continuidad del Porfiriato, el término utilizado para describir la presidencia de
3 décadas de Porfirio Díaz, quien encabezó el Partido Liberal. Fue el
presidente que más permaneció en el cargo, cuyo liderazgo duró–con
algunas interrupciones–desde diciembre de 1876 hasta mayo de 1911.
Cualesquiera que fueran sus defectos, Díaz, al menos en sus primeros años como presidente, fue un reformista empeñado en impulsar
el desarrollo económico de México. Se rodeó de tecnócratas y acogió
a los inversionistas extranjeros en los términos más favorables. En el
proceso, convirtió a México, en gran parte atrasado y empobrecido,
en el anteproyecto de una nación moderna. Por la pura permanencia
de su mandato, Díaz también brindó a lugares como Tijuana alivio de
años de cambios aparentemente arbitrarios en las leyes y regulaciones,
permitiendo a los líderes locales y empresarios planificar para el largo
plazo.

Para el cambio de siglo, la envejecida administración de Díaz se había hundido en la corrupción, el desaliento y la decadencia. Los adinerados fueron recompensados y los campesinos fueron abandonados a caer en una pobreza aún mayor. El propio Díaz comenzó a comportarse como un emperador, tratando la presidencia como si fuera exclusivamente suya, una actitud que le llevaría no solo a su forzada dimisión durante su octavo mandato, sino a la revolución que pronto arrojaría a México al caos. Pero para entonces, Tijuana, que se había beneficiado de décadas de negligencia benigna de Ciudad de México, se había convertido en una ciudad próspera. Para ello, se había ligado irrevocablemente, tanto para el bien como para el mal, a la ciudad resplandeciente del norte.

CAPÍTULO TRES

San Diego—Espléndido aislamiento

San Diego también fue fundado al amanecer, durante la misa, el 1 de julio de 1769 y oficialmente establecida el 26 de julio, por el padre Junípero Serra, el enfermizo y cojo fraile franciscano con voluntad de hierro. Como parte de una fuerza expedicionaria española que marchaba hacia el norte a través de los territorios reclamados por España en la costa del Pacífico, la tarea de Serra era establecer misiones para llevar el cristianismo a la región y convertir a la población nativa. Serra, nacido Miguel José en la isla española de Mallorca en 1713, sería canonizado por la Iglesia en 2015, por la labor benéfica que llevó a cabo en las Américas.

LA ADOPCIÓN DE UN NOMBRE

La misión San Diego se convirtió en la primera misión establecida por Serra, y por esa razón, San Diego es a menudo llamada la primera ciudad de California. La ciudad había recibido su nombre en 1602, cuando una expedición liderada por Sebastián Vizcaíno se convirtió en la primera en navegar a la futura bahía de San Diego. Vizcaíno registró en su diario:

El día doce de dicho mes, que era el día del glorioso
San Diego [de Alcalá], casi todos desembarcaron.
Construyeron una choza, dijeron misa y celebraron la
fiesta de San Diego.

El mismo Diego fue un fraile franciscano en el siglo XV, que había
realizado su obra en Madrid. A instancias de Felipe II de España, fue
canonizado en 1588, un motivo de orgullo para los españoles de todo el
mundo. La santidad de Diego era aún relativamente reciente cuando la
expedición del Vizcaíno llegó a la bahía ese día, así que era lógico que
diera el nombre de ese santo a este hermoso lugar.

ASEGURANDO UN SITIO

160 años después, otra expedición, en tres grupos, llegó a la bahía
después de un cruel viaje. Una nave se había perdido en el mar con
todos a bordo. En los barcos restantes, sesenta tripulantes estaban
enfermos con escorbuto y otras enfermedades. Todos morirían en
un hospital improvisado instalado en la playa en lo que ahora se conoce, apropiadamente, como el Dead Man's Point (Punta del Hombre
Muerto). El último grupo, en su mayoría indemne, liderada por Gaspar
de Portolá, llegó un mes tarde. Este último grupo se dirigió hacia el
norte para unirse a los demás en el futuro sitio de la misión.

El líder espiritual del grupo de Portolá, el padre Serra, ya se había
dado a conocer en dos ocasiones, la primera como profesor de teología
en Mallorca, y después, entre los nativos del este de México continental, después de haber abandonado su puesto docente para servir a los
nativos del nuevo mundo. Ahora en la Alta California, el Padre Serra
eligió dar el nombre de San Diego a la nueva misión. (De este modo, y
sin poderlo saber, se ubicó en la excepcional posición de que un futuro
santo bautizara a una misión en nombre de otro santo.) A los pocos
días de haber fundado la misión, el Padre Serra y la mayoría de su expedición se fueron, marchando hacia el norte para establecer más misiones a lo largo del camino.

No obstante, antes de marcharse, la expedición de Portolá,
incluyendo a sus cuatro padres franciscanos, había construido una

rudimentaria capilla hecha de matorral en lo que se llamaría Chapel Hill (la colina de la capilla), para servir como la primera Misión San Diego. Esta construcción rudimentaria quedó en manos de dos frailes, los frailes Luis Jayme y Vicente Fuster, a los que se unieron otros miembros de la Orden en 1772, cuando los dominicos asumieron el control religioso de Baja California.

De alguna manera este puñado de monjes, viviendo en las condiciones más primitivas imaginables, lograron bautizar a cien kumiai, noventa y siete de los cuales eligieron vivir en la misión.

Para 1774, se había hecho evidente que la misión, que carecía de agua y estaba construida en suelos demasiado pobres para el cultivo, sería incapaz de satisfacer las necesidades futuras de la población en crecimiento. Así que la misión fue trasladada casi 10 kilómetros hacia el interior, más cerca del río San Diego y el pueblo kumiai de Nipaguay.

Aquí la misión se convirtió en un lugar de descanso para viajeros y exploradores, un lugar de reunión para los kumiai, y una encrucijada para el comercio en el Valle de Tijuana. España, ansiosa por consolidar sus conquistas territoriales, envió soldados para fortificar sus misiones en Alta y Baja California. La propia Misión de San Diego fue guarnecida el mismo año en que Lexington y Concord desencadenaron la Revolución Americana, con cerca de treinta tropas bajo el mando del Teniente. Francesco de Ortega. Conforme al procedimiento estándar, la primera orden del día fue construir un fuerte—el Presidio de San Diego—adyacente a la misión.

A pesar del traslado hacia el interior, la vida en la Misión San Diego siguió siendo difícil. Como la historiadora Iris Engstrand lo describe:

> Las raciones del Presidio eran escasas. Las mujeres casadas obtenían comida extra para sus familias haciendo tortillas y preparando comida para los soldados solteros a cambio de maíz y frijoles adicionales. Se plantaron nuevos cultivos en la misión con la esperanza de obtener provisiones más abundantes.

Ni la expansión ni estas actividades les sentaron bien a la mayoría de los kumiai de la cercana Nipaguay, especialmente entre los miembros de la tribu que se habían resistido a la conversión al cristianismo.

Secretamente, incluso mientras sus compañeros de la tribu estaban en misa en la Misión, hicieron planes para eliminar a los intrusos.

EL LEVANTAMIENTO DE LOS KUMIAI

El futuro deslumbrante de San Diego no habría sido evidente en 1775. El asentamiento establecido por el padre Serra y de Portolá consistía en poco más que una iglesia primitiva, un fuerte rudimentario y un puñado de chozas y anexos. Los residentes, en su mayoría soldados y unos pocos sacerdotes, vivían perpetuamente al borde de la inanición. Peor aún, los nativos en su campamento cercano empezaban a enfurecerse respecto a los españoles, quienes, tratando a los kumiai como salvajes, intentaban convencerlos sistemáticamente de que abandonaran tanto su religión profundamente espiritual como sus vidas seminómadas.

Los kumiai de la región costera habían sido amigables, incluso hospitalarios, cuando estos primeros europeos llegaron. Incluso habían ayudado a la gente de la misión a sobrevivir los primeros meses difíciles. Pero cuando los invasores decidieron restablecer la misión cercana a ellos, resultando tanto en un aumento en la tasa de conversiones de bautismos como en la violación de mujeres nativas por soldados españoles, cambiaron los sentimientos de los kumiai hacia los recién llegados. Ahora, 7 años después, su resentimiento estaba a punto de estallar.

No hubo una chispa evidente en la conflagración. Lo que se sabe es que el 5 de noviembre de 1775, cuatrocientos guerreros kumiai, liderados por chamanes y líderes religiosos, atacaron la misión sin previo aviso. Asesinaron al fray Jayme y a otros dos y quemaron la misión hasta los cimientos. Los sobrevivientes corrieron a buscar refugio en el fuerte. Los guerreros se volvieron contra el presidio, pero al carecer de las armas o el equipo para enfrentarse al armamento y la estructura de estilo europeo, finalmente fueron derrotados y se retiraron.

Después del ataque vino el arrepentimiento. De vuelta a su aldea, los kumiai se dieron cuenta de que se habían enfrentado a un adversario demasiado fuerte, y ahora ese adversario, con sus armas, seguramente contraatacaría despiadadamente, en venganza. Los kumiai decidieron prevenir ese ataque. Durante los días siguientes, mientras el santuario seguía ardiendo, grupos de kumiai volvieron a la misión y suplicaron ser perdonados y convertidos a la fe católica. El padre Serra logró convencer a las autoridades de la Corona española en el norte a que renunciaran a la venganza y la retribución.

Un mes después del ataque, con la llegada de dos franciscanos más que se unieron al único superviviente, el padre Fuster, la misión (y sus nuevos conversos) se trasladaron astutamente a la colina del Presidio. Más cerca del fuerte, lo que en el futuro se llamaría "Mission Valley" resultaría ser el hogar permanente de la Misión San Diego.

En julio de 1776, mientras los colonos al otro lado del continente firmaban su Declaración de Independencia del Imperio Británico, el padre Serra supervisó a los soldados y a los nativos en la construcción de un edificio apropiado para la iglesia de la misión. Hicieron sus propios ladrillos de adobe, cortaron madera para enmarcar y vigas, y cavaron trincheras. La construcción resultante fue una de las primeras de su tipo en Alta California.

En un informe de 1783 al padre Serra, la nueva misión fue descrita como de 26 metros de largo y 5 metros de ancho, "con paredes de dos adobes de espesor, sus grandes vigas de pino con ménsulas de roble; y, sobre ellas, once vigas sin pulir de aliso y álamo". Construida con barro y azulejos resistentes al fuego, "todo el aspecto, especialmente el interior de la iglesia y la sacristía, es atractivo, limpio y agradable, debido al excelente conjunto logrado por la habilidad de los trabajadores en el uso de los recursos de la misión. Gracias a Dios".

Al igual que las otras misiones de Serra, la Misión San Diego de Alcalá se convirtió en un locus de actividad para los residentes de la región, sobre todo para las tribus nativas de California. En realidad, muchas de estas tribus eran poco más que colecciones de grupos de familias extendidas sin una mayor cohesión, y a menudo eran mutuamente antagónicas. Las misiones ofrecían un terreno seguro donde estas familias podían reunirse para celebrar la misa, llevar a cabo intercambios comerciales entre sí, incluso establecer un domicilio permanente y en el proceso darse cuenta de que formaban parte de un pueblo distinto. Las campanas de la misión, que sonaban para cada servicio a lo largo del día, también sometiendo a los nativos por primera vez a al reloj, estructurando sus días y finalmente cambiando su cultura tanto como la nueva religión.

HOGAR ESPIRITUAL

La atracción magnética de la misión tuvo un efecto notable. Para 1783, la iglesia había realizado casi mil bautismos, y para 1797, la Misión San Diego contaba con la mayor población nativa de Alta California, con más de 1,400 neófitos nativos viviendo en el recinto y sus alrededores. Esta explosión de crecimiento fue aún más notable dada la alta tasa de mortalidad de los nativos por las epidemias de enfermedades transmisibles traídas por los europeos.

A finales del siglo XVIII, la Misión San Diego contaba con una comunidad tan impresionante como cualquier otra en Alta California. Las poblaciones de la misión y del presidio crecieron hasta llegar a casi ciento cincuenta residentes, con cientos de nativos más que vivían cerca o visitaban periódicamente para actividades comerciales. De hecho, la población local había crecido tanto que San Diego podía enviar tropas al norte para vigilar el nuevo pueblo de Los Ángeles (El Pueblo de Nuestra Señora Reina de los Ángeles). Los soldados retirados y rancheros también se trasladaron a la cuenca de Los Ángeles y, con concesiones de tierra de España, establecieron allí los primeros grandes ranchos. En otras palabras, se puede acreditar a San Diego la creación de Los Ángeles, algo que muchos futuros sandieguinos considerarían con más que un poco de ironía.

UNA NUEVA ERA

Fuera del Valle de Tijuana, el mundo estaba cambiando. La Era de los Imperios estaba llegando a su fin. Algunos, como Francia, colapsaron internamente; Gran Bretaña, perdió su mayor colonia; y la monarquía de los Habsburgo, en España, comenzó un lento descenso hacia la decrepitud y la corrupción. A pesar de su aislamiento, San Diego estaba lejos de ser inmune. En el último cuarto del siglo XVIII, dos de los más grandes exploradores marineros de la historia pasarían o visitarían la Alta California: el capitán James Cook, en su desafortunado tercer viaje, en 1778, y George Vancouver, en el tramo del regreso de su viaje al noroeste del Pacífico, en 1793. De hecho, Vancouver navegó hacia la bahía de San Diego y visitó la misión. Más tarde informaría a Londres que el puerto no solo era un gran lugar para el comercio con China, sino que también estaba ligeramente defendido, por lo que una flota británica podría tomarlo con facilidad. Los militares españoles del Presidio de San Diego notaron el interés de Vancouver y construyeron apresuradamente el Fuerte San Joaquín (ahora Ballast Point) a la entrada del puerto.

Si bien San Diego y Tijuana compartirían en gran medida la misma historia hasta que la guerra (entre un futuro México y Estados Unidos) estableció una delimitación internacional entre ellos en 1846, un importante rasgo geográfico los diferenciaba: La bahía de San Diego atrajo a extranjeros que venían por mar.

Los trabajos de la nueva defensa portuaria fueron terminados justo a tiempo. En 1800, el primer barco estadounidense en entrar en la bahía de San Diego, el bergantín *Betsy*, se detuvo para abastecerse de madera y agua. Otras naves americanas visitaron en los siguientes años. Todas notaron, y corrieron la voz hacia el este, que la región estaba densamente poblada de nutrias marinas y que China estaba pagando precios preferentes por sus pieles.

En poco tiempo, la costa era visitada regularmente por barcos a la caza de las criaturas. Al ver una pérdida de ingresos de un producto local de primera calidad, las autoridades españolas tomaron medidas para detener este comercio. En 1803 impidieron que el barco *Alexander* saliera del puerto con quinientas pieles de nutria de contrabando. Ese mismo año, cuando otro barco, el *Lelia Byrd*, aparentemente en otra expedición de caza, entró en la bahía de San Diego, se le ordenó detenerse, echar ancla y ser inspeccionado. Cuando se negó, la batería del nuevo fuerte disparó contra la nave. La *Lelia Byrd* respondió con una propia andanada. No hubo daños por ninguna de las dos partes. Esta pequeña escaramuza, registrada como "La batalla de San Diego", sigue siendo la única vez que las defensas del puerto han sido atacadas o disparadas, con furia.

Mientras tanto, la caza de nutrias marinas por parte de los estadounidenses sin ser disuadidos por el ineficaz gobierno español continuó creciendo a lo largo de la costa de Alta California, ayudando a establecer la primera presencia significativa de EEUU en la región.

En las dos primeras décadas del siglo XIX, la Misión de San Diego comenzó a expandir su alcance a través del valle, estableciendo misiones satélites en San Luis Rey de Francia y San Antonia de Pala. La infraestructura también continuó a buen ritmo, incluida la construcción de una presa en el desfiladero de la Misión (Mission Gorge) como fuente de agua garantizada. En 1812, cuando un gran terremoto dañó la recién construida cuarta iglesia de la Misión de San Diego (la iglesia anterior había sido destruida por un terremoto en 1801), sus muros fueron reforzados para hacerla menos vulnerable a futuros eventos sísmicos. Esta vez funcionó; la cuarta iglesia de la Misión sigue en pie hoy en día.

Para 1820, la Misión San Diego y sus instalaciones en todo el norte del Valle de Tijuana servían a una floreciente población local de más de quinientos españoles, algunos de los cuales estaban construyendo estructuras permanentes en el Cerro del Presidio (Presidio Hill) más allá de los muros del fuerte, y varios miles de nativos locales conversos. Justo cuando parecía que todo se había acomodado para una larga era de crecimiento pacífico y perpetuo, todo se volteó de cabeza.

LA INDEPENDENCIA

La Guerra de Independencia de México, proclamada en 1810 y que duró hasta 1821, no produjo grandes batallas en el Valle de Tijuana. Pero renovó las instituciones políticas y sociales de la región. La tierra ya no estaba controlada por una monarquía española a casi 10,000 kilómetros de distancia, regalando vastas extensiones a cortesanos y autopromotores. Ahora la tierra estaba disponible para cualquier pionero dispuesto a cultivarla. No es sorprendente que los ex soldados del Presidio de San Diego comenzaran a hacer planes para establecerse y construir granjas en parcelas cercanas a la misión. De particular interés fueron las propiedades en la base del cerro del Presidio. Siguiendo el ejemplo de la creciente comunidad que habían ayudado a crear en Los Ángeles, estos ex soldados emprendieron la tarea de planear una ciudad independiente propia, lo que ahora es Old Town San Diego.

A la cabeza estaba el capitán Francisco María Ruiz, el último comandante español del Presidio de San Diego. Pronto se unió a Ruiz, entre otros, la familia Pico, cuyo segundo hijo, Pío, finalmente se convertiría en el último gobernador mexicano de la Alta California.

Recuerde, San Diego se había convertido en una sede del poder político cuando el gobernador José María de Echeandía se mudó hacia el sur para escapar del clima nebuloso de Monterey. Aquí, Echeandía gobernó un estado en transición. Los barcos extranjeros ahora aparecían regularmente en la bahía de San Diego y en otros lugares a lo largo de la costa del Pacífico, a menudo evadiendo las aduanas, involucrados en actividades de contrabando y caza furtiva, sin mencionar que sus tripulaciones provocaban grandes escándalos en las aún pequeñas ciudades, cuando se les permitía bajar a tierra. Echeandía también gestionó la secularización de las misiones y la consiguiente necesidad de que el Estado prestara servicios a la población indígena y la protegiera, anteriormente a cargo de los sacerdotes (y, resulta que, mal gestionada por los burócratas del gobierno). En total, Echeandía pasó su tiempo en el cargo ocupándose de cambios estructurales fundamentales para los que no tenía una auténtica solución.

Uno de esos cambios, que en ese momento se consideró con razón una amenaza menor—pero que resultaría ser más grande de lo que nadie podía imaginar—fue la llegada a California de un grupo de hombres de la montaña, liderado por el legendario Jedediah Smith. Echeandía los echó del territorio, pero fueron el primer goteo de lo que pronto sería un aluvión de estadounidenses—primero tramperos como Smith, luego mineros y pronto colonos ilegales.

La década de 1830 vio enormes cambios en la Alta California. Víctima de los disturbios políticos en México, el gobernador Echeandía fue destituido de su cargo. En breve, el nuevo gobierno cambió las reglas sobre los inmigrantes, permitiendo a los estadounidenses y a otros a entrar en California, como lo habían hecho en Texas, para convertirse en ciudadanos si prestaban juramento de unirse a la Iglesia Católica y juraban lealtad a México. Una vez que lo hacían, también tenían derecho a solicitar una concesión de tierras. Dado rentabilidad de solo una declaración jurada de lealtad y conversión a otra fe cristiana, incluso al papismo, esto resultó ser una elección fácil para cientos de emigrantes del este de EEUU.

Durante esta década, San Diego entró en otra época de ganancias y pérdidas. Por un lado, el reemplazo de Echeandía, Brig. El general José Figueroa, en uno de sus primeros actos como gobernador mexicano en 1833, trasladó la capital de nuevo a Monterey, en el norte de California—una clara pérdida de poder para San Diego. Por otro lado, ese mismo año, la aldea, que ahora contaba con 435 almas, solicitó y recibió permiso de Monterey para convertirse en un pueblo oficial. Ahora un pueblo, San Diego podría elegir un gobierno local, eligiendo a Juan María Osuna como primer alcalde. Curiosamente, el primer abogado de la ciudad parece haber sido un recién llegado estadounidense, Henry Fitch.

Hasta ahora, San Diego había permanecido en gran parte fuera de la conciencia de la mayoría de los estadounidenses. Estaba demasiado lejos, demasiado mexicano (es decir, tenía un fuerte y soldados para hacer cumplir la ley) y, sobre todo, era demasiado difícil llegar. Después de varios meses de recorrido, los viajeros estadounidenses, en su mayoría, llegaron a destinos más al norte de la costa, demasiado cansados para continuar hacia el sur, especialmente al encontrarse con tanta tierra buena y cultivable en el norte. Es comprensible que pocos intentaran cruzar el desierto de Mojave por la ruta sur.

Pero en 1835, eso cambió, gracias a la publicación en Estados Unidos de uno de los libros más vendidos de la época, *Dos años al pie del mástil* de Richard Henry Dana Jr. Como parte de la tripulación del bergantín *Pilgrim*, Dana, un yanqui de Massachusetts, visitó todas los principales pueblos y fuertes de California, desde San Diego hasta San Francisco. De todos ellos, Dana declaró que San Diego, con su pequeño puerto mayormente protegido por tierra (perfecto para cargar pieles), su clima impecable y sus amables lugareños, era el mejor. Se quedó un tiempo en San Diego y disfrutó mucho de su visita. Aunque era un bostoniano educado, se deleitó con las enormes fiestas y el abundante vino, la música y los habitantes locales, describiendo a los hombres como "despreocupados, orgullosos y extravagantes, y muy dados al juego" y a las mujeres como "con poca educación y mucha belleza" (que debe haber llamado la atención de otros marineros en casa). A partir de ese momento, San Diego ocupó un lugar en la imaginación estadounidense.

LA APROPIACIÓN DE TIERRAS

Como consecuencia de las nuevas leyes, en la primera mitad de la
década de 1840 San Diego se caracterizó por una especie de fiebre por
tierras, en la que los subsidios para ranchos, típicamente en incremen-
tos de miles de hectáreas, fueron otorgados a través del valle a familias
establecidas y recién llegados. En 1845, Pío Pico fue elegido gobernador, un papel para el cual se había preparado durante la mayor parte
de su vida. (Había servido como gobernador interino unos años antes.)
Casi desde el momento de su elección, el gobernador Pico aceleró la
adjudicación de concesiones de tierra, muchas de ellas a sus amigos y
conocidos de negocios.

El último gobernador mexicano de Alta California, Pío Pico, y su familia.

En un terrible giro del destino, Pico disfrutaría de su nuevo título
por solo dieciocho meses, y muchos de sus concesionarios de tierras
disfrutarían de su bonanza no mucho más que eso. La razón: La guerra
de México con Estados Unidos. El conflicto latente estaba en el aire

cuando Pico tomó el juramento del cargo, pero su arribo llegó antes de lo que casi nadie hubiera imaginado.

Ya, en 1842, tres barcos estadounidenses, incluyendo la fragata *United States*, bajo el mando de Thomas Jones, comodoro de la Flota del Pacífico de Estados Unidos, habían navegado hacia la Bahía de Monterey. Bajo la impresión errónea de que se había declarado la guerra, Jones tomó la ciudad. Al enterarse de su error, la entregó. Después de este incidente, México, ahora en alerta, reforzó sus defensas en todos sus puertos del Pacífico.

Esas advertencias se hicieron realidad, 4 años después. El recién elegido presidente de EEUU, Polk, como hemos visto, fue un imperialista impenitente que veía como su destino hacer de Estados Unidos una nación continental en sus fronteras sur, norte y oeste. Solo necesitaba un pretexto, que llegó primero en la frontera de Texas. Estados Unidos declaró la guerra a México.

En el momento de la declaración, la única unidad militar de EEUU cerca de California era un grupo de reconocimiento militar bajo el mando del célebre explorador John C. Frémont y dirigido por una de las figuras más importantes de la historia de Occidente: el explorador Kit Carson. Notificado de la inminencia de la guerra, Frémont se marchó inmediatamente hacia Monterey y acampó ahí cerca con el pretexto de realizar otro estudio topográfico.

Reconociendo la amenaza, el capitán mexicano del presidio de Monterey ordenó a Frémont y a sus tropas marcharse. Con la guerra aún no declarada, Frémont llevó a sus hombres al norte, casi hasta la frontera canadiense, luego dio la vuelta y marchó al sur en junio de 1846, al Fuerte de Sutter cerca de Sacramento. Ahora, con la guerra declarada, los ciudadanos de Sacramento habían izado una Bandera del Oso (la futura bandera del estado de California) y declararon la región una república independiente. Los hombres de Frémont, reforzados por los recién llegados, incluidos los futuros fundadores de algunas de las ciudades de la bahía de San Francisco, se propusieron derrotar a cualquier ejército mexicano que encontraran y así capturar el estado.

El 29 de julio de 1846, el buque de guerra USS *Cyan* navegó hasta la bahía de San Diego llevando a Frémont, Carson y un contingente de voluntarios californianos. Al atracar, los soldados se precipitaron a la ciudad e izaron la bandera de EEUU en la plaza. Esperando resistencia, se sorprendieron al encontrarse con muchos brazos abiertos, no solo de los expatriados estadounidenses sino también de los mexicanos. Esto subrayó el creciente resentimiento de los californianos contra el trato prepotente y la corrupción del territorio por parte de Ciudad de México. Como cualquier resistencia se fue a la clandestinidad, el pueblo celebró una fiesta de varios días. Incluso las matriarcas más ricas de la ciudad fueron vistas bailando entre los fiesteros.

Comprensiblemente, Frémont estaba fascinado con la región y luego escribiría en sus memorias:

> Entre las áridas colinas cubiertas de matorrales al sur de San Diego, encontramos pequeños valles convertidos por un solo manantial en jardines hacinados, donde peras, duraznos, membrillos, granadas, uvas, aceitunas y otras frutas crecieron lujosamente juntas: el pequeño arroyo actuó sobre ellas como un principio de vida. Esta frontera sur de la Alta California parece eminentemente adaptada al cultivo de la vid y el olivo. Se sabe que una sola vid puede llegar producir un barril de vino, y los olivos están cargados con el peso de la fruta.

Diez días después, Frémont, creyendo que San Diego estaba completamente apaciguado, condujo a sus tropas al norte para capturar Los Ángeles. Casi desde el instante en que su ejército desapareció de la vista, la resistencia oculta—los miembros "Tory" de la comunidad de San Diego—resurgió en un intento de recuperar el pueblo, ahora desprotegido. Derribaron la bandera estadounidense y restauraron la mexicana en su lugar. No duró mucho tiempo: un fabricante de velas local, Albert Smith, bajó esa bandera, luego subió al asta y clavó permanentemente su propia bandera de EEUU en su lugar.

Esta vez, la bandera permaneció. En noviembre, el dominio sobre San Diego por parte de Estados Unidos de América se puso de manifiesto cuando la fragata de 60 cañones, *US Congress*, comandada por el comodoro Robert Stockton, navegó en la bahía. Trajo a tierra a numerosos marineros e infantes de marina que construyeron y manejaron una posición defensiva en la colina del Presidio cerca del viejo presidio que se estaba desmoronando. Lo nombró Fort Stockton.

Mientras tanto, un contingente de 110 soldados y oficiales del ejército de EEUU, bajo el mando del general Stephen Kearny, marchaba desde Santa Fe, Nuevo México, como parte de un trayecto de 1,600 kilómetros para apoyar la llamada Revuelta de la Bandera del Oso. Cabalgando solo para encontrarse con Kearny estaba Kit Carson, enviado por Frémont para encontrar y guiar al ejército que llegaba. Una vez que Carson localizó a Kearny y a sus tropas, los llevó a California a un campamento en el Rancho Warner, cerca de la actual Escondido, a 50 kilómetros al noreste de San Diego.

Informado de esta nueva amenaza, México envió inmediatamente una tropa de 200 lanceros, comandada por el hermano del gobernador Pico, Andrés, para interceptar al ejército estadounidense. Kearny decidió atacar primero. Su ataque temprano por la mañana del 6 de diciembre de 1846, fue mal planificado y dirigido. Los lanceros infligieron 31 bajas a los estadounidenses, incluyendo 18 muertos, mientras que solo sufrieron una baja propia. La batalla de San Pascual, como se llamaría, fue una clara victoria para los mexicanos.

EL ARMA SECRETA

Kearny, al darse cuenta de que lo superaban en número dos a uno, se retiró a la cima de una colina cercana, más tarde llamada la colina de la Mula (Mule Hill) porque los hambrientos soldados estadounidenses pronto tuvieron que sacrificar sus mulas para sobrevivir. Allí establecieron un perímetro defensivo, pero los lanceros pensaron que simplemente tenían que esperar a los estadounidenses atrapados en un asedio que no duraría mucho.

Sin embargo, no sabían que Kearny tenía un arma secreta en la presencia poca atractiva de Kit Carson. Ordenó a Carson, acompañado por un joven teniente y un explorador nativo, que se escabullera por la colina, atravesara las líneas mexicanas y pidiera ayuda al contingente militar de San Diego. Carson escogió sigilosamente su camino cuesta abajo, al amparo de la oscuridad. En medio del enemigo, se quitaron las botas, caminando silenciosamente sobre rocas afiladas y cactus.

Luego, descalzos, con los pies hechos trizas, Carson, el explorador y el teniente se apresuraron a recorrer las casi cuatro decenas de kilómetros restantes a Fort Stockton. Según Carson, el teniente que le acompañó en este viaje "se desquició por la fatiga . . . y no se recuperó del todo durante dos años".

A las pocas horas de su llegada a San Diego, Carson estaba a caballo, guiando a un grupo de socorro de doscientos soldados de regreso a San Pascual. Los lanceros mexicanos, reconociendo que era su turno para ser superados en número, sabia y precipitadamente dieron marcha atrás, solo para ser aplastados en batalla más tarde por el ejército de Frémont, poniendo fin a la Guerra Estados Unidos-México en California. Mientras tanto, el contingente de Kearny, escoltado por sus equipos de rescate, entró cojeando a San Diego bajo una fuerte lluvia y pasó la Navidad en chozas miserables en el lodo.

En cuanto a Kit Carson, habiendo añadido uno de los capítulos ahora más conocidos a su creciente leyenda, procedió a adquirir otro. En San Diego, el general Kearny le entregó a Carson un mensaje que describía las victorias decisivas en California y le ordenó que lo entregara al presidente de Estados Unidos en Washington, DC. Carson hizo precisamente eso, montando solo en una mula a través de desiertos brutales y praderas desoladas, en última instancia, a través de todo Estados Unidos. Regresó meses después, informando al ahora gobernador Kearny del territorio estadounidense de California. (El siempre vanaglorioso Frémont, anhelando el título de primer gobernador territorial de California, había negociado la rendición de Pío Pico. Un furioso Kearny intervino, se adjudicó la gubernatura, y luego hizo que arrestaran a Frémont.)

Como se señala en el capítulo de Tijuana, México sufrió la desgracia de firmar el Tratado de Guadalupe Hidalgo pocos días antes de que el oro fuera descubierto en el Fuerte de Sutter, entregando así una de las grandes fiebres de oro de la historia a su vecino del norte. Aparte del propio Sutter, que pronto lo perdería todo en el subsiguiente caos de ley de la selva, quizás la única otra persona en California que no estaba entusiasmada con la noticia era Kit Carson. Apenas semanas después de su regreso del Este, mientras aún se recuperaba de las penurias del viaje, Kearny le ordenó repetir el viaje, esta vez trayendo la noticia del descubrimiento de oro al presidente (y, por extensión, al resto de

Estados Unidos y del mundo). En cuanto a la aparentemente imposible tarea de cruzar un continente sin caminos, en una mula, cuatro veces en dos años, un asombrado historiador, David Roberts, escribiría en los albores del siglo XXI, "Realizó estas maratónicas caminatas como si fueran simples mandados".

UNA NACIÓN CONTINENTAL

El Tratado de Guadalupe Hidalgo, firmado en febrero de 1848, y la noticia un mes después del descubrimiento de oro en California, constituyó una de las mejores combinaciones de golpes en la historia de los Estados Unidos. No solo se abrió un vasto y hermoso territorio al asentamiento estadounidense, sino que ofreció a los colonos la oportunidad de hacerse ricos apostando por una reclamación de tierra. Llegaron por miles de todo Estados Unidos y muchos otros lugares del mundo debido a la fiebre del oro.

Debido a que la mejor manera de llegar a la tierra del oro de la Sierra Nevada era viajar río arriba desde San Francisco a Sacramento y más allá hacia los piedemontes, esas dos ciudades disfrutaron de un crecimiento apresurado, siendo la primera notoria por su anarquía y sus magnates instantáneos. Pero incluso San Diego, como puerto de escala necesario para buscadores de oro y empresarios del Este que navegaban por la costa del Pacífico, disfrutó de su propio auge.

Para estos visitantes, San Diego puso su mejor cara. Un batallón de soldados, compuesto en su mayoría por mormones, había llegado a San Diego demasiado tarde para luchar en la guerra. Así que, sin nada más que hacer, se contrataron con los ciudadanos locales. Antes de que terminaran, habían encalado muchas de las casas locales, hecho miles de ladrillos de adobe para la construcción, construido una panadería, excavado pozos y, en general, mejorado la infraestructura de la ciudad. También dejaron otra marca en San Diego: mientras el contingente estaba allí, una mujer mexicana casada con un capitán mormón dio a luz a un niño, llamado Diego, como el pueblo, posiblemente el primer nacimiento de un niño estadounidense registrado en San Diego.

La mayoría de los soldados mormones eventualmente regresaron a Salt Lake City, pero 78 se quedaron en el Fuerte Stockton. Junto con otros soldados recién llegados, hicieron de la antigua misión su centro de operaciones y cuartel. También llevaron a cabo el primer censo de la ciudad: según la historiadora de San Diego, Iris Engstrand, este censo registró 248 residentes blancos, "483 indios convertidos, 1,550 indios salvajes, 3 negros y 3 nativos de las islas Sándwich [hawaianos]". San Diego era ahora, en términos del siglo XIX, una verdadera ciudad. En reconocimiento de ese hecho, el 27 de marzo de 1850, se constituyó oficialmente la ciudad de San Diego. Joshua H. Bean, un ex soldado del fuerte, fue elegido primer alcalde. El 6 de mayo se convocó un tribunal de distrito. La población oficial de la ciudad estaba catalogada como 798 ciudadanos, con una valoración total de la propiedad de 375,000 dólares.

Ese mismo año, el empresario hawaiano William "Kanaka" Heath Davis, que se había enamorado por primera vez de San Diego cuando lo visitó 17 años antes, regresó con un plan para una "New City" (Nueva Ciudad) de San Diego de 32 manzanas, más cerca de la orilla del mar. Gastó una pequeña fortuna en la construcción de un muelle, trazó calles, puso un almacén, e incluso construyó una casa, pero los sandieguinos no compraron el nuevo sitio, apodando al lugar "La locura de Davis". Así que Davis donó parte de la propiedad al gobierno de EEUU para construir lo que se llamaría the San Diego Barracks (el Cuartel de San Diego), que pronto se convirtió en el depósito oficial de suministros del ejército para el sur de California. Finalmente, algunas empresas y ciudadanos particulares comenzaron a construir en New City.

El sueño de Davis también había incitado a su cuñado, José María Estudillo, a trabajar con un grupo de inversionistas para crear una parcela similar entre Old Town (Ciudad Vieja) y New Town (Ciudad Nueva), que se llamaría Middletown. Sufrió el mismo destino que New Town. Llevaría más de una década para que ambos se convirtieran en éxitos.

Pero hubo algunas buenas noticias en San Diego durante esa década prebélica. La ciudad ganó varios hoteles, incluyendo el Franklin House, su primer edificio de tres pisos. Se abrió un salón de billar y un boliche, y en 1851, su primer periódico, el semanario *San Diego Herald*, llegó a los kioscos. Celebrado (y despreciado) por su apoyo a los derechos de los indígenas locales, el periódico sobreviviría hasta el final de la década. Además, con la esperanza de vincular San Diego con el este de EEUU, se fundaron varias líneas de diligencia, pero ninguna sobreviviría al estallido de la Guerra de Secesión en 1861. Mientras tanto, los sandieguinos esperaban la llegada del prometido ferrocarril transcontinental a California. Tendrían que esperar más de una década, e incluso entonces no llegó a San Diego.

LA GUERRA CIVIL

La batalla de Fort Sumter, que inició la Guerra Civil de EEUU el 12 de abril de 1862, pareció colocar a San Diego en un estado de animación suspendida. Habiendo logrado su condición de estado en 1850 como Estado Libre, California tenía pocos ciudadanos que se unieran a la Confederación. Sin embargo, el impacto económico de la guerra llegó a la costa del Pacífico. El flujo de pioneros de la fiebre del oro de la década anterior ahora se redujo hasta llegar a un hilo. El comercio también se extinguió porque se dio prioridad a la guerra. La mayoría de los contratos militares fueron adjudicados a empresas de la costa este o del medio oeste. Los únicos visitantes reales del puerto de San Diego eran los buques militares que navegaban hacia el Pacífico.

Mientras tanto, el valle de Tijuana tenía sus propios problemas. Una sequía mató a muchas de las cabezas de ganado de la zona. Como resultado, los ranchos locales, por lo general una importante fuente de negocios para equipos y productos manufacturados, tenían poco dinero para gastar. Iris Engstrand cita al comerciante local Ephraim Morse:

> Sigo manteniendo la tienda aquí, pero no estoy ganando dinero. Hay muy poco negocio aquí; el lugar no es tan grande como hace diez años . . . Solo hay dos hombres en San Diego que no se emborrachan de vez en cuando, y son James McCoy [un rico residente local], el sheriff y yo.

La batalla de Appomattox puede haber marcado el final de la Guerra Civil Americana en 1865, pero aún pasarían varios años más antes de que San Diego volviera a mostrar signos de vida. Un acontecimiento importante del período parecía anunciar que San Diego se reanimaba después de casi una década de silencio: el *San Diego Union*—destinado a seguir siendo el mayor periódico de la ciudad hasta el presente— publicó su primera edición el 10 de octubre de 1868.

En mayo de 1869, la ciudad aplaudió la colocación de la espiga dorada, completando el ferrocarril transcontinental a través de Estados Unidos. Pero su terminal occidental en Sacramento estaba todavía a cientos de kilómetros de San Diego. Sin embargo, la noticia infundió en la ciudad un espíritu de esperanza. Durante mucho tiempo se había entendido que el último elemento clave para hacer de San Diego una ciudad importante era un ferrocarril eficiente para conectarla con el mundo exterior. En preparación para esta eventualidad, los inversionistas locales incluso establecieron una compañía ferroviaria, San Diego & Gila, Southern Pacific & Atlantic Railroad, para encontrarse a medio camino con cualquier ferrocarril que viniera hacia San Diego. Infortunadamente, el esfuerzo fracasó, y nunca se colocó ni un kilómetro de rieles.

Por ahora, San Diego requeriría una chispa diferente para restaurar su optimismo sobre el futuro. Esa chispa llegó el 15 de abril de 1867, a bordo del barco de vapor *Pacific*. Su nombre era Alonzo Horton, y él, junto con John Spreckels más tarde, resultaría tan relevante para San Diego en el siglo XIX como lo había sido el padre Serra en el XVIII.

En 1851, Horton vendió sus intereses comerciales en Wisconsin por 5,000 dólares y se dirigió a California en busca de una nueva aventura. Se estableció en San Francisco, abrió una tienda, hizo dinero por la fiebre del oro, y como muchos hombres de California de la época, volvió al este y regresó con una novia en 1860. Para finales de la Guerra Civil, Horton se encontraba buscando desesperadamente una nueva aventura. Lo encontró una noche a principios de 1867, cuando asistió al discurso de un promotor inmobiliario. El promotor deleitó a la multitud acerca de los prodigios—y maravillosas oportunidades—que se podrían encontrar en una ciudad a 965 kilómetros al sur, llamada San Diego. Declaró la ciudad era uno de los lugares más saludables de la tierra, bendecida con uno de los puertos más hermosos. De hecho, dijo, era el lugar más cercano al paraíso en el planeta.

Horton se fue a casa esa noche con la cabeza desbordando de ideas. No podía dormir. Sabía dónde se encontraba su destino. Reservó un pasaje hacia el sur en el barco *Pacific*.

Horton podría haberse decepcionado la primera vez que vio San Diego, por varias razones. Después de todo, el muelle construido por Davis se había podrido y sido abandonado, obligando al barco de vapor a echar el ancla y llevar a sus pasajeros a tierra a remo. Una vez en la playa, Horton no encontró ninguna ciudad; estaba a kilómetros de distancia al interior. Podría haberse quedado desencantado con la realidad de San Diego. En cambio, estaba entusiasmado. Pensó "debo estar en el cielo sobre la tierra. El mejor lugar para construir [que] haya visto jamás".

Tal era su optimismo que cuando por fin llegó Horton a la plaza de Old Town, miró a su alrededor y solo vio oportunidad: "No está bien. Jamás será posible tener una ciudad aquí". No daría ni cinco dólares para comprar la ciudad entera, pero estaría dispuesto a invertir en la creación de una nueva. Incluso cuando se enteró del fracaso de Davis en la creación de New Town, se mantuvo optimista, después de todo, eso solo significaba menos competencia para sus propios planes.

En el transcurso de sus investigaciones, Horton conoció un espíritu afín en Ephraim Morse, y se hicieron grandes amigos. Morse demostraría ser el guía de Horton en la política de San Diego y para sus ciudadanos más importantes. Entre Morse y un sacerdote local, Horton se enteró de la disponibilidad de una considerable extensión de tierra del antiguo Pueblo. Al organizar una junta de inversores, Horton rápidamente se apoderó de 390 hectáreas en el área de New Town, a 67 centavos de dólar por hectárea, en una subasta el 10 de mayo de 1867.

Los líderes de Old Town San Diego desestimaron al recién llegado. Esta sería la Locura de Horton, dijeron, tal como había sido de Davis, y anticiparon celebrar su merecido destino. Pero subestimaron tanto las agallas de Horton como la cambiante economía de San Diego que brillaría al entrar en la Época Dorada. En poco tiempo, las casas y las tiendas aparecieron por toda la "Horton's Addition" ("Ampliación de Horton").

Old Town no aceptó este desafío con los brazos cruzados. Uno de sus empresarios más importantes, Alfred Seeley, propietario del establo local más importante, respondió a la amenaza añadiendo un segundo

piso a una de las casas más impresionantes de Old Town y convirtiéndola en el Hotel Cosmopolitan. También construyó un depósito de
diligencias, proclamando, según el historiador Engstrand, "Old Town
es la ciudad, el verdadero San Diego. Tu ciudad hongo [refiriéndose a
Horton's Addition] pronto se desaparecerá, y toda la gente que quiera
viajar tendrá que venir a Old Town para abordar la diligencia". Incluso
mientras Seeley anunciaba esto, muchos de sus vecinos se preparaban
para vender y mudarse al nuevo vecindario.

En 1870, la *San Diego Union* informaba: "Una por una, las hojas
están cayendo de Old Town, y el viejo sitio parece desolado. En poco
tiempo no quedará nada más que unas cuantas tabernas y abogados".
De hecho, este último también se iría: la mayoría de los abogados se
mudaron a New Town a principios del año siguiente, cuando todos
los registros del condado fueron oficialmente reubicados allí. Un gran
incendio al año siguiente terminó efectivamente con el papel de Old
Town en la vida de la ciudad. Irónicamente, la rápida deserción de Old
Town, en lugar de una continua destrucción y reconstrucción, resultó
ser beneficioso a largo plazo: conservó muchos de los edificios originales de la ciudad, y Old Town San Diego se mantiene hoy en día como
un sitio histórico y una importante atracción turística.

Alonzo Horton era un hombre con prisa. A su llegada en 1867, se
enteró de que la ciudad poseía 17,000 hectáreas de las antiguas tierras de la misión, y se puso a imaginar lo que podría hacer con ellas.
Recordando los Boston Commons (campos comunes de Boston) de su
infancia, se dio cuenta de que esta podría ser la última oportunidad de
San Diego para crear su propio parque distintivo antes de que el crecimiento invadiera el área. Horton se convirtió en el primer tesorero
de la San Diego Chamber of Commerce (Cámara de Comercio de San
Diego) cuando fue fundada en 1870, y a través de sus esfuerzos de
cabildeo, antes de que esas tierras fueran vendidas, la ciudad reservó
566 hectáreas para un parque. Mostrando cuán progresista se había
vuelto San Diego de repente, Balboa Park (Parque Balboa), que en
última instancia tenía 485 hectáreas, fue desarrollado simultáneamente con Central Park (Parque Central) en Nueva York y Golden
Gate Park (Parque Golden Gate) en San Francisco.

Pero Horton aún no había terminado. El día de Año Nuevo de
1870, abrió el Horton House Hotel, uno de los hoteles más magníficos

al oeste del río Mississippi. Ofrecía cien hermosas habitaciones, con alfombras, agua corriente, mesas de mármol, vistas a la bahía y jardines bien cuidados. La región nunca había visto tal grandeza.

Este nuevo hotel, el primer desarrollo de clase mundial en la ciudad, tuvo un efecto electrizante en los ciudadanos de San Diego. La San Diego Chamber of Commerce ahora hablaba de construir escuelas, una biblioteca e iglesias de todos los credos. La ciudad obtuvo su primer banco y una oficina de correos en New Town. La construcción de un nuevo juzgado, con su correspondiente cárcel, estaba en marcha. Una vez terminado, serviría a San Diego durante 90 años.

Parecía que por fin todo iba por buen camino para la ciudad. Cuando se descubrió oro en dos lugares fuera de la ciudad, en un pueblo no incorporado de ex-esclavos de Georgia, parecía solo un ejemplo más de esta buena fortuna. Al final, las minas de oro se agotaron rápidamente, pero no antes de que los residentes del recién fundado pueblo de Julian disfrutaran de una bonanza y se habían generado algunos de los afroamericanos más ricos de California. Aprovechando su buena fortuna, una pareja, Albert y Margaret Robinson, construyeron el Hotel Robinson en 1887. Aún sigue abierto, sigue siendo el hotel más antiguo en funcionamiento continuo del sur de California.

El año 1870 resultaría ser el annus mirabilis del siglo XIX de San Diego, en gran parte debido a Alonzo Horton. El censo de ese año reveló que la ciudad consistía ahora en 3,000 personas que vivían en casi 1000 casas y trabajaban en 70 edificios comerciales, para un total de 2.28 millones de dólares de valoración de bienes raíces. Ahora también presentaba (en otro vistazo a su futuro) un notable número de médicos (70) y dentistas (10). San Diego había entrado en el año 1870 como poco más que un pequeño pueblo; salió de ese año con un nuevo centro de la ciudad, un crecimiento explosivo (y una estrategia para mantenerlo), y un liderazgo cívico talentoso. Se había convertido en una de las ciudades nuevas más dinámicas de Estados Unidos.

Alonzo Horton.

Esta suerte no podría durar. En 1873, la era de crecimiento de San Diego se estancó frente a la entonces más prolongada depresión económica de la historia de Estados Unidos. La causa inmediata fue el cambio por parte del Departamento del Tesoro de los EEUU a un estándar monetario en oro. Esto resultó en una importante contracción monetaria en la economía de EEUU. Entre los primeros afectados se encontraban los financieros del este que especulaban en exceso, en particular Jay Gould, el magnate ferroviario. La implosión de su imperio, junto con las de otros "barones-ladrones", no solo colapsó la economía nacional, sino que también acabó con el sueño de San Diego de tener un ferrocarril por otra década. La Gran Depresión de 1873 duró hasta 1878, preparando el terreno para una depresión aún más profunda (aunque más corta) en 1892, que finalmente llevó a la bancarrota, solo en los EEUU, a 18,000 empresas, 89 compañías ferroviarias, cientos de bancos y 10 estados.

Curiosamente, San Diego parece haber escapado de lo peor del colapso precisamente debido a su aislamiento de la gran economía estadounidense. De hecho, la ciudad siguió creciendo durante esos años, aunque lentamente.

La Jolla Cove (Cala de La Jolla), alrededor de 1889.

No fue sino hasta 1880 que San Diego finalmente consiguió su ferrocarril, o eso parecía. La Atchison, Topeka and Santa Fe Railway Company (Compañía Ferroviaria Atchison, Topeka y Santa Fe) anunció que estaba formando un sindicato para extender su vía desde Los Ángeles a través de San Diego y para unirse a la línea de la Southern

Pacific (ferroviaria Pacífico Sur) en Barstow. Luego, en febrero de 1884, el sueño de San Diego fue retrasado. Las vías habían llegado a San Bernardino, a 160 kilómetros de San Diego, cuando el sur de California volvió a experimentar su antiguo némesis: las fuertes lluvias invernales. De hecho, un chubasco de 500 milímetros, destruyó las nuevas vías entre San Luis Rey y Temécula. Al final, San Diego no conseguiría su tren hasta el año siguiente. Finalmente, el 9 de noviembre de 1885, el primer tren salió de la ciudad. El primer tren de la Costa Este—una locomotora, dos vagones de pasajeros y uno con equipaje—llegaría a San Diego seis días después.

Por fin, San Diego estaba totalmente integrado a los Estados Unidos. Después de 4 décadas de que se izara la primera bandera estadounidense, la ciudad era accesible a los visitantes de todo el continente. Además, San Diego podría enviar su interminable variedad de productos agrícolas a los abarrotados mercados del este. Allí el nombre de San Diego comenzó a aparecer en las cajas de frutas frescas, y se convirtió en sinónimo de ellas.

Con la llegada del ferrocarril, los líderes empresariales de la ciudad predijeron un auge económico, y lo consiguieron. Ya, en previsión de la expansión económica, se había abierto una fábrica de gas en la ciudad. También se había abierto una compañía telefónica, con 13 suscriptores. Llegó la YMCA, y se creó el Banco Consolidado de San Diego. Se inauguró San Diego High School (la Escuela Preparatoria de San Diego), la primera de la región. También se estableció el primer parque de la ciudad. Pero el acontecimiento de la década de 1880 fue la construcción de lo que sería, y sigue siendo, uno de los hoteles más célebres del mundo: El Hotel del Coronado.

San Diego ganó varios hoteles de primera categoría durante la década, pero la ciudad no había visto nada como el edificio que estaba tomando forma en una península junto a la bahía. Esta iniciativa empresarial tuvo un comienzo muy improbable. A dos ejecutivos de negocios retirados, Elisha Babcock, un ex ejecutivo ferroviario de Evansville, Indiana, y H. L. Story, un fabricante de pianos de Chicago, les gustaba remar a través de la bahía hasta una península aislada y dispararles a los conejos. A lo largo del camino, hablaban y tramaban. De esas conversaciones surgió un plan: comprar la península y construir un hotel como nunca se había visto en oeste, uno "demasiado magnífico para ser verdad". Compraron la tierra en diciembre de 1885 por 110,000 dólares, y durante los 3 años siguientes, los sandieguinos observaron con asombro cómo el magnífico edificio se elevaba al otro lado del agua.

En apoyo del futuro hotel, Babcock y Story construyeron un muelle en Coronado y organizaron la Coronado Ferry Company (Compañía Coronado de Transbordadores). Incluso crearon la San Diego Streetcar Company (Compañía de Tranvías de San Diego) para llevar a los residentes y visitantes alrededor de la ciudad y al muelle. En septiembre de 1886, compraron una planta local de energía eléctrica, que hasta entonces había estado operando las primeras farolas eléctricas de la ciudad, para alimentar las 2,500 bombillas del nuevo hotel. En caso de que las luces fallaran, lo cual no era raro en la época, el hotel también tenía las antiguas lámparas de gas, que se alimentaban de sus propios hornos de coque.

Kate Sessions.

El Hotel del Coronado, que se inauguró el día de San Valentín de 1888, contaba con 399 habitaciones, un comedor circular sin pilares (el

Salón Corona) que fue un acto de prodigio de la ingeniería, un salón de baile y jardines exquisitamente cuidados diseñados por la destacada paisajista y horticultora de la época, Kate Sessions, de 31 años de edad.

Sessions, quien se había graduado de la Universidad de California, Berkeley, y era ex-maestra de escuela, se había mudado a San Diego solo cinco años antes. Su diseño para los terrenos del Hotel del Coronado fue tan celebrado que rápidamente le dieron un nuevo encargo, uno que le haría ganar el mote de "la Madre del Parque Balboa". Primero en el hotel, y luego en el parque, Sessions cambiaría la cara de San Diego para siempre al introducir diferente flora de Baja California, incluyendo palmeras y las jacarandas, ahora asociado permanentemente con San Diego.

Desde el día de su inauguración, el Hotel del Coronado cambió la imagen de San Diego. Babcock y Story habían logrado su sueño: el hotel merecía ser clasificado no solo entre los mejores hoteles del Nuevo Mundo sino también entre los más venerables del Viejo Mundo. Las grandes ciudades siempre cuentan con excelente alojamiento, y San Diego lo había logrado con solo 15,000 residentes.

El Hotel del Coronado, inaugurado en 1888, es la segunda estructura de madera más grande de los Estados Unidos.

El Hotel del Coronado sigue siendo asombroso hoy en día, y el pernoctar allí aparece en las listas de deseos de los viajeros de todo el mundo. Al mismo tiempo, proporciona una de las imágenes que mejor reflejan del fin de siglo: elegantes damas en muselina blanca y gorros, hombres en sacos y sombrero canotier de paja, paseando por los jardines de Kate Sessions bajo las torres y verandas del gran hotel.

CAPÍTULO CUATRO

Tijuana—Aquí empieza la patria/ The homeland starts here

Al amanecer del siglo XX, el diseño inicial de Tijuana estaba a punto de tomar forma. Dado el extraordinario crecimiento que la ciudad vería a finales de siglo, es fácil olvidar lo pequeña que era al principio. En 1900, el número de residentes de Tijuana era solo de 242 ciudadanos (comparado con 17,700 en San Diego). Diez años más tarde, el número había aumentado a apenas 510 residentes, con 223 personas más que vivían en los ranchos de los alrededores. Incluso en 1920, la población de la ciudad había crecido a solo 1,228–en comparación con los 74,361 pobladores de San Diego ese año–con quizás tres veces la cantidad de habitantes en las comunidades suburbanas circundantes. En otras palabras, mientras la ciudad vecina de San Diego se convertía en un centro metropolitano que se distinguía por edificios de oficinas cada vez más altos, Tijuana seguía siendo poco más que un pueblo.

Sin embargo, se estaban incorporando todos los ingredientes para que el crecimiento de Tijuana explotara.

Una de las causas del crecimiento retardado de la ciudad fueron las demandas y contra demandas aparentemente interminables de los descendientes de Argüello, que perduraron hasta la década de 1880. El 30 de enero de 1889, los diferentes miembros de la familia decidieron poner fin a la disputa. La transferencia original de Pilar Argüello a su hijo—las tres leguas de tierra que se convirtieron en la ubicación de Tijuana—fue finalmente reconocida. Esa propiedad se dividió inmediatamente en dos mitades geográficamente desiguales, pero financieramente equivalentes, y se adjudicó a las dos partes litigantes. Los Argüello contrataron inmediatamente a un ingeniero de Ensenada, Ricardo Orozco, para hacer un estudio y un mapa oficial de las propiedades.

Orozco no solo era un buen ingeniero, sino también un excelente urbanista y diplomático (fue él quien propuso la división desigual para incluir las aguas termales en la mitad menos valiosa). Después de completar el estudio, trazó el plano de una nueva ciudad propuesta, que se ubicaría en la mitad sur del antiguo rancho.

El trazo propuesto, todavía se puede encontrar debajo de las deslumbrantes torres de oficinas y centros comerciales de la Tijuana moderna. Ese mapa, que aún perdura, esencialmente muestra una superficie cuadrangular de veinte manzanas en su mayoría cuadradas. Encima de esta cuadrícula, Orozco sobrepuso una segunda cuadrícula diagonal, con un total de cuatro plazas centrales donde se encontraban esas calles angulares, y una gran plaza en la intersección central.

Su diseño fue muy llamativo, evocando a algunas de las grandes ciudades de América de la época, incluyendo Washington, DC y Detroit, que maximizaba la densidad de la población y su movilidad. Al mismo tiempo, ofrece esas diagonales como atajos rápidos a través de la ciudad, así como glorietas en sus intersecciones para acelerar el paso. Orozco también tuvo la singular ventaja de poder crear su diseño en tierras de pastoreo en su mayoría deshabitadas, esencialmente una tabula rasa. El diseño de la gran plaza central, que ya formaba parte de la cultura mexicana, estableció un nexo para los eventos cívicos de la ciudad, y no fue sorpresa que ahí se hayan ubicado la catedral y las oficinas gubernamentales.

Afortunadamente, el plan de Orozco tuvo éxito y fue adoptado rápidamente en 1890, porque en febrero de 1891 regresaron las lluvias torrenciales. La inundación fue tan cuantiosa que no solo ensanchó el canal del río Tijuana, sino que se desbordó por ambas márgenes, fluyendo con fuerza a lo largo de su orilla norte, el sitio de la antigua ciudad de Tijuana. Todos los edificios fueron destrozados o arrasados por las aguas de la inundación, incluyendo el antiguo edificio de la aduana. Cuando el agua retrocedió, la Tijuana del siglo XIX había desaparecido; afortunadamente el trazo de la Nueva Tijuana estaba en su lugar, libre de la carga de su legado y disponible para un nuevo comienzo.

Después de la pérdida de la vieja Tijuana, el pueblo parecía avanzar sin freno alguno que la detuviera. La especulación de tierras ya había comenzado en Nueva Tijuana, con inversiones provenientes de ambos lados de la frontera. La construcción de casas y tiendas ya estaba en marcha, especialmente en la gran plaza del centro de la ciudad. De hecho, el primer registro de venta de un terreno en el nuevo centro de la ciudad tuvo lugar en agosto de 1889, justo un mes después de que se resolviera el pleito de Argüello. Para 1890, los especuladores ya estaban comprando y cambiando propiedades para obtener ganancias rápidas, advirtiendo que los precios de los terrenos en Tijuana ya empezaban a subir.

Vista de la Avenida Olvera (ahora Avenida Revolución), a principios del siglo XX.

Según los historiadores David Piñera y Gabriel Rivera, la mayor parte de estas primeras compras de tierras se realizaron en las cercanías de la Avenida Olvera (ahora Avenida Revolución), la Avenida Cinco de Mayo y las calles Sexta y Séptima. ¿Por qué? Por supuesto que un factor fue su proximidad a la carretera principal que conduce hacia la frontera. Pero igual de importante era el hecho de que estas propiedades se encontraban en terrenos comparativamente más altos, y por lo tanto menos propensos a ser afectados por futuras inundaciones. Durante el resto de la década surgirían varios edificios de madera—hoteles, tabernas y tiendas de licores y de recuerdos—en la Avenida Olvera, todos ellos destinados a los turistas estadounidenses. En palabras de Piñera y Rivera, durante este período la Nueva Tijuana parecía "un pueblo del oeste de Estados Unidos". Esto no significa que fuera una ciudad moderna de fin de siglo como San Diego o San Francisco, sino algo más como Tombstone o Bodie.

PUEBLO FRONTERIZO

Además, algo más oscuro, también cambió en Tijuana durante esos años, y gran parte fue instigado por empresarios del norte de la frontera.

Parejas estadounidenses visitando la Avenida Revolución, 1916.

Las ciudades fronterizas se caracterizan casi siempre por la divergencia en las leyes y culturas entre ambas naciones vecinas. Tijuana posiblemente sea la ciudad que más ha sido marcada por esas diferencias en América del Norte. A pesar de la fuerte influencia del catolicismo, seguía siendo una ciudad del viejo Oeste, a 2,414 kilómetros de distancia de la capital mexicana, y prácticamente fuera su control. En comparación, San Diego se estaba convirtiendo en una ciudad civilizada, protestante, y aplicando efectivamente las leyes de su nación (aunque la capital estadounidense estaba aún más lejos).

No es de extrañar que los ciudadanos estadounidenses (hombres) inmersos en el ámbito conservador y represivo de San Diego vieran en Tijuana, a escasos 24 kilómetros de distancia, una salida fácil para sus deseos más atávicos. Los tijuanenses, por su parte, imbuidos de una actitud bastante permisiva hacia el juego, el vicio y otras actividades, reconocieron en este apetito de los "gringos" norteamericanos una gran oportunidad para escapar de la pobreza e incluso quizás de hacerse ricos, aprovechándolas.

El factor crucial que faltaba eran los empresarios—mexicanos o estadounidenses—con el conocimiento, la habilidad y el dinero para financiar instituciones dedicadas a estas actividades más oscuras.

La primera pista de lo que vendría ocurrió en julio de 1894, cuando un grupo de distinguidos tijuanenses, encabezados por Alejandro Savin, presentaron una solicitud al director político del distrito para obtener permiso para montar una corrida de toros, justo en la frontera. Endulzaron su petición diciendo que esto favorecería a la economía empobrecida de la comunidad. Incluso, ofrecieron donar el 25 por ciento de sus ganancias para apoyar la educación pública local. Pero fueron rechazados, sobre todo porque el director sintió que la violencia de las corridas de toros perjudicaría la imagen de Tijuana en ojos de sandieguinos.

Dos años después, el mismo grupo lo intentó de nuevo. Esta vez no solo consiguieron el apoyo de los negocios de Tijuana, sino que también ofrecieron donar el 20 por ciento de los ingresos de las corridas para el "mejoramiento material de la comunidad". También ofrecieron invertir 10,000 pesos para construir la plaza de toros, a cambio de que se les concediera el derecho de hacer uso de la plaza de toros durante 10 años. Una vez más, fueron rechazados.

Pero Alejandro Savin no era un hombre que se rindiera fácilmente. Recién llegado a Tijuana, ya había abierto la popular tienda de artesanías y regalos Bazar Mexicano. Además, a través del contacto de un familiar con el Presidente Porfirio Díaz, logró hacerse nombrar cónsul en funciones de San Diego. Ahora, con el apoyo (y la asesoría política) de sus nuevos contactos en la ciudad del norte, cambió hábilmente su discurso: *No, no,* le dijo al gobierno regional que *la plaza de toros propuesta iba a ser utilizada para peleas de boxeo.*

Por razones perdidas para la historia, pero tal vez reforzadas por medio de una *mordida,* las autoridades aceptaron esta nueva explicación y permitieron que se continuara con la construcción. Huelga decir que no pasó mucho tiempo antes de que las corridas de toros se unieran a las peleas de boxeo en el calendario de la arena.

Mientras tanto, justo al final de la avenida, las aguas termales de Tía Juana estaban padeciendo no solo de inundaciones intermitentes sino también de la disminución de sus ingresos. En un esfuerzo por sobrevivir, en 1897 el propietario Julio Argüello solicitó una exención del pago de derechos de aduana y tránsito, para los visitantes que acudieran en la temporada de primavera. Fue rechazado. Así que intentó otra táctica: construyó un hotel, el Agua Caliente.

Era un lugar pequeño con habitaciones y casas de campo para un centenar de invitados, comparado con lo que vendría a ser después, pero fue un comienzo importante, y tuvo éxito contra todo pronóstico. Argüello demostró que un porcentaje considerable de los visitantes, en un día típico, estaban interesados en quedarse a disfrutar de la cultura local durante varios días, un presagio de lo que vendría.

LA PRIMERA ERA DEL CRUCE FRONTERIZO

Es frecuente pensar que la cooperación transfronteriza y la inmigración ilegal son fenómenos de finales del siglo XX en la frontera entre Estados Unidos y México. Sin embargo, el hecho es que también son característicos de finales del siglo XIX.

El aumento progresivo en el número de visitantes estadounidenses a Tijuana, combinado con una frontera todavía permeable, inevitablemente tuvo como resultado el incremento de la delincuencia transfronteriza. Los delincuentes de ambos lados utilizaban la frontera para evitar la detención, aprovechándose de la ambigüedad de las leyes de extradición, y la falta de regularidad en la aplicación transfronteriza de la ley. Al mismo tiempo, Estados Unidos estaba bien encaminado para convertirse en el país más rico de la tierra. Este imán de oportunidades estaba en plena exhibición, atrayendo a la gente no solo a Ellis Island al este, sino también a través de los paisajes desérticos del suroeste de EEUU y el norte de México.

Visitantes estadounidenses posando junto a un monumento de límites internacionales, alrededor de 1908.

No pasó mucho tiempo antes de que la policía y el control migratorio en la frontera se convirtieran en una fuente de fricción entre San Diego y Tijuana. Esto estalló en septiembre de 1893, cuando el líder político del territorio acusó al juez de paz de Tijuana, Francisco Argüello (en una de las últimas apariciones históricas del venerable apellido familiar) de conspirar con la policía americana en la detención de los criminales acusados en territorio mexicano. Para rematar, agregó que Argüello era analfabeta, aparentemente un insulto a estas alturas de la historia de la ciudad. Argüello fue destituido.

Apenas siete meses después, estalló otro escándalo transnacional cuando el sucesor de Argüello fue acusado de permitir que las autoridades oficiales estadounidenses cruzaran a Tijuana para detener a un grupo de ciudadanos chinos sospechosos de intentar infiltrarse ilegalmente a Estados Unidos.

El aumento de la actividad en la frontera condujo inevitablemente a cada vez mayores tensiones entre las dos ciudades, exacerbadas aún más por el creciente número de casos de delitos violentos. Por ejemplo, el 22 de octubre de 1908, un oficial de inmigración estadounidense estaba haciendo sus rondas cuando, según el informe oficial:

> Al oír a alguien acercarse a él, dijo: "¿Quién va?" No recibió respuesta, a pesar de preguntar en español. Al encender un cerillo para ver quién era, el inspector vio que la persona sostenía un gran cuchillo de carnicero, con el que intentó atacarlo. En respuesta, el Inspector Clark disparó dos tiros al aire, pero en vista de que el asaltante continuaba agrediéndolo, el inspector, en un intento de herirlo en la pierna, falló, disparándole en la ingle.

El agresor murió. Cuando se descubrió que no tenía antecedentes de conducta criminal, crecieron las dudas sobre lo que realmente había ocurrido esa noche. El gobierno mexicano exigió formalmente una explicación, recibiendo solo el informe oficial como respuesta del gobierno de EEUU. Esto fue el precedente de lo que llegaría a convertirse un problema persistente: los tiroteos en la frontera con muertes mexicanas, que asolaría la frontera entre EEUU y México periódicamente, continuando hasta el día de hoy.

En respuesta a estos y otros eventos, el líder político de la región, Rafael García Martínez, emprendió una misión para fortalecer la presencia del gobierno en Tijuana, promoviendo que la ciudad de Tijuana se convirtiera oficialmente en Municipio, argumentando que, "es la única manera para que este lugar adquiera más importancia y [una] mejor clase de personas y autoridades . . . es urgente poner fin a la mala influencia que reina en ese lugar". Esto fue en 1894; México no actuó en el sentido de esa petición hasta después de la Segunda Guerra Mundial.

Los logros de Tijuana en la década de 1890, entre ellos la modernización de la escuela de la ciudad y el desarrollo del plan de Orozco para la nueva ciudad, se lograron contra los vientos adversos de la creciente agitación en México. En el rincón más lejano de la nación, Tijuana estaba parcialmente aislada de esta agitación política, pero no fue del todo inmune y terminó escribiendo su propio capítulo en el caos que le esperaba.

OTRA GUERRA CIVIL

De hecho, había un tipo de actividad revolucionaria que había asolado periódicamente a la región desde la Guerra de Estados Unidos-México. La llevaban a cabo los llamados *filibusteros* (no eran mexicanos sino en su mayoría estadounidenses) que, a partir de insurrecciones manufacturadas, buscaban seccionar porciones de un México debilitado para crear "naciones soberanas" separadas que pudieran dominar. La península de Baja California, colgada del extremo sur de California y casi desprendida de México continental, era un blanco particularmente atractivo. La mayoría de estas expediciones filibusteras eran pequeños esfuerzos descoordinados que fueron rápidamente suprimidos. Pero a finales de la primera década de 1900, cuando el gobierno de Porfirio Díaz se comenzó a colapsar, estos movimientos se volvieron más amenazantes.

El acontecimiento catalizador fue el surgimiento de un partido de oposición en México. A lo largo de la primera década del nuevo siglo, los mexicanos, especialmente los campesinos, habían comenzado a rebelarse contra el régimen autoritario del gobierno de Díaz a través de huelgas, protestas y rebelión armada, todo lo cual fue aplastado por el gobierno, a menudo de manera sangrienta. Esta oposición permaneció ineficaz hasta 1905. Es entonces cuando un terrateniente rico (y graduado de la Universidad de California, Berkeley), Francisco Madero, previamente encarcelado por Díaz, organizó el Partido Nacional Antirreeleccionista desde Texas. Este partido reclutó un ejército, y a finales de 1910 marchó a Chihuahua, llamando a la revolución armada. Una porción importante de la población a lo largo del país (que se identificaba como maderista) se levantó solidariamente en lucha contra el ejército del Porfiriato en numerosas escaramuzas. La Revolución Mexicana había comenzado. Al ver en esto la señal de su inminente derrota, Díaz renunció y decidió exilarse.

Pero las revoluciones adoptan una vida propia. México continuaría experimentando una guerra civil y otros conflictos, incluyendo batallas campales, asesinatos presidenciales, el ascenso y la muerte de Emiliano Zapata y las incursiones de Pancho Villa en Estados Unidos. La lucha no terminaría hasta una década, después de 1920, dejando al país exhausto y profundamente empobrecido. Más de un millón de personas perecieron durante la revolución de México, más que en la guerra civil de Estados Unidos que la precedió o en las revoluciones rusa o china que la siguieron.

Madero, que sería elegido presidente de México en mayo de 1911 (y asesinado 2 años después), fue solo el más visible de los primeros líderes revolucionarios. Quien encabezaba la rebelión en Baja California era Ricardo Flores Magón, un abogado y periodista que comenzó a escribir contra Díaz desde 1892. Él también había sido encarcelado, y trasladó sus operaciones a Estados Unidos, formando la Junta Organizadora del Partido Liberal.

En los años siguientes, se hablaba regularmente de que Flores Magón y Madero unirían sus fuerzas, pero Flores Magón tenía sus propios planes. De hecho, se había convertido al anarquismo revolucionario, y desde su base en Los Ángeles comenzó a reunir el apoyo de otras organizaciones anarcosindicalistas, especialmente los Trabajadores Internacionales del Mundo (IWW, o "Wobblies"), que habían estado tratando de provocar disturbios laborales en el noroeste de Estados Unidos. Incluso obtuvo apoyo, públicamente, del escritor (y socialista) de San Francisco, Jack London.

Al ver el éxito de Madero en Chihuahua, Flores Magón supo que tenía que moverse rápidamente. Así que se embarcó en una campaña para tomar el control de Baja California y utilizarla como base de reclutamiento para asaltar el poder en México. Eligió Mexicali, a 175 kilómetros al este de Tijuana, como el primer objetivo de los "magonistas". Con un total de veinte hombres, ocho de ellos americanos, tomaron la ciudad rápidamente, matando al carcelero local para liberar a algunos de sus aliados.

Desafortunadamente para los magonistas, la gente de Baja California no estaba tan interesada en la rebelión. Flores Magón reclutó cien soldados irregulares de las filas de la IWW, algunos radicales americanos, unos cuantos soldados rasos y algunos indígenas de los alrededores y marchó sobre Tijuana. Al enterarse del inminente ataque, el gobernador de Baja California, el coronel Celso Vega, con noventa soldados, marchó desde Ensenada hacia el norte para bloquearlos.

Las fuerzas del ejército magonista se enfrentaron con los soldados de Vega en la Sierra Cucapah, y después de ser derrotados en una breve y sangrienta batalla, se retiraron a Mexicali. Las tropas de Vega siguieron con la esperanza de capturar la ciudad, se encontraron con fuerzas magonistas atrincheradas justo fuera de la ciudad y sufrieron graves bajas, incluyendo la del propio Vega. Una vez vencidas las tropas federales, emprendieron una retirada apresurada de regreso a Ensenada.

Debido a las noticias de la victoria, el ejército de Flores Magón se llenó de voluntarios, en su mayoría estadounidenses (especialmente veteranos de guerra hispanoamericanos), pero también europeos, australianos y sudafricanos. Puede ser que el ejército magonista se haya fortalecido con estos reclutas, pero esto también dio motivo al gobierno de Díaz a difundir la versión de que la rebelión no era más que otra expedición filibustera más, que intentaba anexar México a Estados Unidos. Incluso los dos periódicos de San Diego, el *San Diego Union* y el *Tribune*, se unieron a las críticas. Tampoco ayudó el hecho de que los líderes magonistas afirmaran que su objetivo era establecer una "comunidad cooperativa".

En ese momento, uno de los personajes más extraños de la historia de Tijuana entró en escena. Richard Wells Ferris era un actor y especialista en relaciones públicas, así como un charlatán y oportunista de clase mundial. Y casi había ganado la elección como vicegobernador de California y había hecho un brillante trabajo promoviendo la próxima Exposición Panamá-California de San Diego. Ahora se fijó la meta de lograr su mayor campaña publicitaria de la historia: la toma de posesión de Baja California.

A principios de 1911, durante una conferencia de prensa en San Francisco, Ferris anunció su plan de comprarle a México la península de Baja California y convertirla en una "república deportiva" con casinos de juego. También insinuó, sin fundamento, que tenía apoyo para el proyecto de personalidades de la talla de J. P. Morgan. La nueva "nación" se llamaría inicialmente la República de Díaz, y eventualmente la vendería a Estados Unidos. Finalmente, posicionándose a sí mismo como General Ferris, puso anuncios en numerosas publicaciones estadounidenses, buscando mil voluntarios para su nuevo ejército.

Se trataba, por supuesto, de una farsa. Sin embargo, el envejecido presidente Díaz mordió el anzuelo y denunció públicamente a Ferris, atribuyéndole así al estafador una estatura diplomática que no merecía.

En marzo de 1911, con su típica extravagancia, Ferris hizo arreglos desde San Diego para que una mujer cruzara la frontera hacia Tijuana, plantara una bandera con la imagen de las balanzas de la justicia sobre el fondo de un sol naciente, y leyera la siguiente proclamación: "Baja California, te reclamo en nombre del sufragio igualitario y del gobierno modelo, que, por la presente, bautizo como la futura República de Díaz". (Ferris se quedó en San Diego, por si el anuncio provocaba una respuesta equivocada.)

Mientras tanto, en Mexicali, el ejército magonista, salvo por unas pocas escaramuzas pequeñas e inconclusas, había perdido su oportunidad de perseguir al Ejército Mexicano hasta Ensenada, y de tomar posesión de toda la Baja California. Esta falta de acción provocó tanta frustración entre los extranjeros que integraban las filas de los rebeldes que dieron un golpe de estado contra sus comandantes mexicanos, eligiendo como nuevo jefe a un escocés veterano de la Guerra de los Boers llamado Caryl Ap Rhys Pryce, y marcharon sobre Tijuana con 220 hombres, menos del 10 por ciento de ellos mexicanos. En Tijuana había aproximadamente cien soldados y voluntarios civiles, esperando enfrentarlos.

La noche del 8 de mayo de 1911, ante la negativa del Ejército Mexicano a rendirse, inició la batalla de Tijuana. Los magonistas rodearon la ciudad, pero tenían un problema: les faltaban municiones, porque el presidente Taft había cumplido su promesa al presidente Díaz de enviar veinte mil tropas estadounidenses a la frontera para detener el contrabando de armas y municiones. Ese acuerdo había surgido de una reunión en Ciudad Juárez entre ambos funcionarios, la primera reunión entre un presidente de EEUU y uno de México. La prensa local de la época lo describió como el "acontecimiento diplomático más importante de la historia de las dos naciones".

Para los magonistas fue quizás el evento más inoportuno. Superados en armamento por sus adversarios, decidieron esperar hasta el amanecer para atacar. Pero el Ejército Mexicano tomó la iniciativa, llevando a cabo una misión de combate a medianoche matando a varios insurrectos y rebasando la posición de las fuerzas magonistas. Mientras tanto, varios francotiradores del ejército se instalaron en la torre de una iglesia cercana y comenzaron a disparar a los rebeldes. En respuesta, Pryce ordenó que se quemara la iglesia y la plaza de toros cercana.

La batalla duró gran parte del día. Los sandieguinos, al ver la columna de humo y oír los disparos, se aglomeraron en las colinas que dominan la frontera para observar, junto con las mujeres y los niños de Tijuana que huían de la violencia. Lo que vieron fue a dos ejércitos combatiendo, después separándose y el Ejército Mexicano retrocediendo para atrincherarse. Observaron una marea constante de soldados mexicanos heridos siendo evacuados a los hospitales de San Diego, mientras que, en el centro de Tijuana, los insurrectos asaltaban la nueva aduana e izaban la bandera magonista con su fondo rojo y el lema anarquista, *Tierra y Libertad* (una frase que se usó más tarde en la Guerra Civil Española).

Después de una breve pausa, se retomó el combate y continuó hasta la noche siguiente. Para entonces, la mayoría de los principales edificios de Tijuana estaban en llamas, el comandante mexicano había sido herido y el número de pérdidas humanas iba en aumento. El Ejército Mexicano se retiró (la mayoría de ellos cruzando la frontera, donde fueron capturados y detenidos por el Ejército de EEUU), dejando la ciudad y la victoria a los Magonistas. El resultado fueron doce soldados federales muertos y otros diez heridos (los cuerpos fueron descubiertos entre los matorrales semanas después de la batalla, por lo que no se logró un recuento preciso de los fallecidos). Entre las pérdidas magonistas había veinte rebeldes muertos y diez heridos. Pero habían ganado la batalla de Tijuana.

A pesar de que las ruinas de su ciudad destruida ardían en llamas, los tijuanenses regresaron para recuperar lo que quedaba de sus hogares. Aunque los rebeldes invitaron a los residentes a permanecer en la ciudad, al parecer nadie aceptó el ofrecimiento, y por una buena razón: Tijuana pronto fue invadida por saqueadores que llevaron sus bienes robados hacia el norte, a Estados Unidos. Mientras tanto, irónicamente, los soldados mexicanos fallecidos en la batalla fueron enterrados en

San Diego, mientras que los insurrectos estadounidenses muertos fueron enterrados junto a la casa de aduanas de Tijuana.

A menos de una semana de la victoria de los magonistas, y desesperado por dinero para pagar a su ejército, Pryce permitió a los jugadores entrar en Tijuana para abrir salones de póquer y faro, siempre y cuando dieran el 25 por ciento de su ganancia a los magonistas. Al mismo tiempo, Pryce ordenó destruir todo el licor de la ciudad, sobre todo para mantener a sus tropas bajo control.

Este habría sido el momento propicio para que Flores Magón entrara a Tijuana, tomara el mando de sus tropas y capturara toda Baja California. Después de todo, estaba apenas a 160 kilómetros de distancia en Los Ángeles. Sin embargo, nunca apareció; parece que era mejor periodista y promotor que guerrero o líder. Mientras tanto, Pryce hablaba de atacar a Ensenada y continuar la revolución. Pero su ejército estaba cansado y las armas prometidas del norte nunca aparecieron. Así que después de un enfrentamiento con Flores Magón en Los Ángeles, un frustrado Pryce se alejó de la Revolución Mexicana.

La revuelta magonista se convirtió en una farsa abierta y visible.

A mediados de mayo de 1911, numerosas banderas estadounidenses ondeaban sobre Tijuana, levantadas no solo por los nuevos dueños de casas de juego estadounidenses, sino por todos los demás tratando de mantener a raya a los saqueadores. A ojos de los observadores, el viejo sueño filibustero de un estado independiente de Baja California pareció más posible que nunca. Nadie vio esta ilusión con un mayor sentido de oportunidad que el astuto actor y estafador, Dick Ferris, que resurgió en la escena.

A la semana de la batalla, Ferris ya había logrado entrevistarse con Pryce en Tijuana. Para entonces, el curso de los acontecimientos estaba fuera de control. Un gran número de voluntarios, contratados por mexicano-americanos adinerados, estaban sobrepoblando la guarnición de Ensenada. El 25 de mayo, el presidente Díaz renunció, reemplazado por un gobierno de transición. Cinco días después, Pryce tuvo su enfrentamiento en Los Ángeles con Flores Magón, y renunció. Cuando la noticia de la dimisión de Pryce llegó a Tijuana, varios insurrectos abandonaron sus puestos en respuesta. Los que permanecieron divididos en campamentos rivales según su nacionalidad y sus tendencias políticas. Fue a principios de junio que la junta magonista enviara por fin una comisión a Tijuana para instalar un nuevo liderazgo. Pero para entonces era demasiado tarde. Ferris, siempre listo para aprovechar una oportunidad, ya había hecho su jugada.

Según el historiador Bob Owens, Ferris regresó a Tijuana y pronunció un discurso frente a los aventureros del ejército liberal:

> "Tienen que derribar esta bandera roja", les dijo. "Aunque ese sea el símbolo del Partido Liberal, llamado así en México, en EEUU significa anarquía, por lo que necesitan quitarlo de la vista de todos los americanos que pasan por esta frontera. Tienen que dejar de lado su socialismo, su anarquismo y todos los demás ismos en los que se han metido y formar un nuevo gobierno si esperan hacer bien las cosas".

Ferris también aconsejó a los soldados que debían apelar a la prensa americana y también a "la mejor clase de los mexicanos".

Los soldados obedecieron, sobre todo debido al nuevo teniente de Ferris, un veterano magonista violento llamado Louis James, al que todos temían. Fue James quien también convocó una reunión general de las tropas y nominó a Ferris como nuevo gobernador de Baja California. Sobra decir que Ferris ganó las elecciones. Por supuesto, su primer acto como gobernador electo no fue visitar a sus electores en México, sino planear una fiesta de celebración en Los Ángeles. Cuando James cruzó la frontera para rogar a Ferris que viniera a hablar con el ejército magonista, Ferris respondió que estaba demasiado ocupado para viajar al sur ese día, pero que había diseñado una bandera para su nuevo estado, y que su sastre la tendría lista para James al día siguiente. Luego Ferris convocó a otra conferencia de prensa para anunciar que el nuevo gobierno de Madero en Ciudad de México tendría que aceptar la nueva nación en Baja California, que ahora rebautizaba con el nombre de República de Madero, queriendo con esto apaciguar al presidente mexicano.

En Tijuana, los miembros del ejército magonista de IWW se estaban poniendo cada día más nerviosos. Alarmados por la noticia del comportamiento de Ferris, eligieron un nuevo líder, Jack Mosby, miembro de IWW y desertor del Cuerpo de Marines. Mosby, a su vez, publicó un comunicado: "Dick Ferris no tiene absolutamente nada que ver con el movimiento revolucionario, y no es bienvenida su presencia en Tijuana". Mosby también reafirmó la lucha de los Wobblies contra el capitalismo. Esa última parte no fue bien recibida en los pasillos del poder ni en San Diego ni en Washington, DC.

En cuanto a Ferris, ahora veía que se le avecinaban problemas desde ambos lados de la frontera. Para mantener a raya a esas fuerzas, escribió una carta de renuncia a la gubernatura y se la entregó a James en Los Ángeles. James, en un acto de lealtad a Ferris, llevó la carta a San Diego en tren, alquiló un auto con chofer, montó la bandera de la República de Madero en su cubierta y se trasladó a Tijuana.

No fue una movida inteligente. En el momento en que James llegó a Tijuana, los soldados magonistas lo arrastraron del auto, lo golpearon y se dispusieron a ejecutarlo. Fue rescatado por unos viejos amigos que se encontraban en la multitud, pero, así como arrancaron la bandera del auto y la quemaron, también a James lo arrojaron físicamente de vuelta al otro lado de la frontera. Al ser cuestionados por la prensa de San Diego sobre su comportamiento, un magonista explicó: "Ferris parece haberse estado burlando de todo el movimiento".

Pero los magonistas tenían asuntos más importantes de los que preocuparse. Primero, varias docenas de magonistas mexicanos, que habían estado peleando con el ejército de Madero, llegaron a Tijuana y procedieron a buscar pleito, hasta el punto de los tiroteos con los magonistas americanos. Al parecer, también dijeron que tanto el ejército maderista en Ciudad Juárez como el ejército de Vega en Ensenada se preparaban para atacar desde el este y el sur. Desesperado por recaudar dinero para las armas y distraer a sus tropas, Mosby decidió montar un espectáculo del Viejo Oeste en medio de todo esto. Los sandieguinos sabiamente se mantuvieron a la distancia.

El 14 de junio de 1911, el gobierno estadounidense arrestó a Ricardo Flores Magón y al resto de los dirigentes magonistas por violaciones a la ley de neutralidad. Ferris sabía que ahora seguía él, así que reaccionó haciendo lo que mejor sabía hacer: promover públicamente su caso. Anunció que estaba terminando lo que describió como un "truco de publicidad en vivo". Tan extravagante como siempre, cerró diciendo: "Díganle al público que ya he negado todo trato con los *insurrectos*— pasado, presente y futuro—y si esto no es suficiente, arreglaré un horario para desmentir esto públicamente, tres veces al día, y a la hora de dormir". Al gobierno de Estados Unidos no le hizo ninguna gracia. Ferris fue arrestado al día siguiente, incluso cuando protestó ante el periódico *San Diego Union* porque su "pequeña broma" había sido tomada demasiado en serio. Para rematar, Pryce también fue arrestado por cargos mucho más graves de incendio y asesinato durante la Batalla de Tijuana.

Toda esta absurda historia podría haber terminado aquí, pero faltaba poner en escena un acto más. Con la ayuda del presidente Taft, se autorizó al ejército maderista en Cd. Juárez viajar por ferrocarril del lado estadounidense a Tijuana para acabar con la insurrección fronteriza. Al enterarse de esto, Mosby escribió a los líderes de la ciudad de San Diego, dando a entender que, si esto sucedía, los magonistas volarían un tramo de la línea de ferrocarril de San Diego y Arizona. Alarmado, el hombre de negocios más poderoso de la ciudad, John Spreckels, usó sus influencias en Washington, DC para conseguir que el presidente Taft trajera de vuelta a las tropas estadounidenses para vigilar la frontera.

Mientras tanto, en Ensenada, el General Vega ignoró los términos del armisticio que había firmado con los magonistas y reunió un nuevo ejército equipado con las mejores armas nuevas. Ahora marchó sobre Tijuana. Al enterarse de las noticias, Mosby abordó un tren con sus doscientos treinta hombres mal armados, la mayoría de ellos estadounidenses y otros extranjeros, y se dirigió a encontrarse con Vega al sur de la ciudad.

La batalla duró tres horas, terminando con una victoria total para Vega y sus fuerzas. Treinta magonistas fueron asesinados, algunos en la batalla, pero quizás más fueron ejecutados por los soldados de Vega mientras los insurrectos yacían heridos o en cautiverio. En su retirada, los magonistas sobrevivientes se dividieron en dos grupos: los mexicanos corrieron a esconderse en los cerros; el resto corrió hacia la frontera.

Unas horas más tarde, los sandieguinos fueron testigos de la memorable escena de ciento seis soldados magonistas americanos y europeos marchando en doble fila hacia la ciudad. A la cabeza estaba Jack Mosby, sollozando, con lágrimas en la cara.

Rebeldes se van de Tijuana hacia Estados Unidos, 22 de junio de 1911.

Así, el 22 de junio de 1911, después de casi 140 años, la historia de la Tijuana original llegó a su fin. Al replegarse, los magonistas dejaban atrás una ciudad quemada y en gran parte abandonada, ahora habitada principalmente por jugadores y criminales. Entre las inundaciones y la guerra, la mayoría de las instituciones que habían definido la ciudad ya habían desaparecido. La nación mexicana estaba inmersa en la revolución, la guerra civil, el asesinato y el caos en la vida cívica. Al norte, Estados Unidos, después de más de una década de prosperidad sin precedentes, se deslizaba hacia la Primera Guerra Mundial.

Estas fuerzas mayores serían determinantes durante el resto de la década, y a la luz de todo, era concebible que Tijuana podría haber desaparecido para siempre, reemplazada quizás por una nueva ciudad fronteriza. En cambio, la década de 1920 verían el extraordinario resurgimiento de Tijuana, en parte por el orgullo cívico de los sobre-vivientes, en parte por la continua y cercana presencia de un San Diego necesitado, pero sobre todo por una nueva oportunidad inimaginable—verdaderamente un deus ex machina—para la ciudad: La ley seca, conocida en EEUU como "la Prohibición".

LOS LOCOS AÑOS VEINTE

En el siglo XX, Tijuana creció y prosperó porque entregó su destino a su vecino del norte. El hecho de que lo hiciera con tanta astucia y adaptabilidad, conservando su propia identidad a pesar de la fuerza de atracción que ejercía el país vecino, es un testimonio del orgullo cultural y la independencia histórica de los ciudadanos de Tijuana.

Pero no hay que caer en el engaño, esta relación simbiótica— algunos dirían que mutuamente parasitaria—con San Diego (y por extensión con el resto de Estados Unidos) fue un arma de doble filo: venía con considerables recompensas, pero también con costos devastadores. Durante los próximos 40 años, crecería explosivamente la población de Tijuana y también su riqueza. Pero su creciente reputación como guarida del pecado para los estadounidenses más ricos, le daría mala fama a Tijuana, no solo en México y Estados Unidos sino en todo el mundo. Hoy en día continúa esforzándose por librarse de esta imagen.

Los apetitos estadounidenses que Tijuana satisfaría durante el próximo medio siglo pueden caracterizarse claramente según la década:

- Los años veinte: Alcohol
- Los años treinta: discotecas, juegos de casino, corridas de toros y jai alai
- Los años cuarenta: burdeles y licor barato para soldados y marineros
- Los años cincuenta: abortos y divorcios
- Los años sesenta: compras libres de impuestos para productos extranjeros que no podían adquirirse en San Diego

La ironía, por supuesto, es que el estigma de Tijuana nació en Estados Unidos. En primer lugar, la manchada reputación de Tijuana nació de la afición por satisfacer las cambiantes necesidades y deseos de los estadounidenses, que regresaban, sintiéndose libres de pecados que se mantendrían ocultos al otro lado de la frontera. En segundo lugar, la mayoría de los bares, burdeles y casas de juego de Tijuana a mediados del siglo XX fueron creados, financiados y a veces incluso operados por estadounidenses, desde mafiosos hasta ciudadanos distinguidos. Los tijuanenses a veces eran socios, pero en su mayoría eran empleados de estas empresas.

La historia de la nueva Tijuana comienza realmente en 1920, cuando, en un arrebato de moralidad liderado por varios grupos religiosos moderados y progresistas, Estados Unidos adoptó la Decimoctava Enmienda a la Constitución que prohibía la fabricación, transporte y venta de licores embriagantes, así como la Ley Volstead que la habilitaba, dándole al gobierno de EEUU la autoridad para hacer cumplir su prohibición de bebidas alcohólicas.

Este intento de mejorar la moralidad del pueblo estadounidense generó rápidamente un mercado clandestino que vendía alcohol ilegalmente a millones de ciudadanos. No tardó mucho para que la Mafia interviniera—de hecho, la Ley seca aceleró en gran medida el crecimiento de la delincuencia organizada en EEUU—y se hizo cargo del contrabando de licor a través de la frontera desde Canadá y México, trayendo consigo otras formas de delincuencia. Mientras tanto, muchos de los mejores cerveceros germano-americanos se mudaron a México, creando la industria cervecera mexicana tan reconocida hoy en día.

En la frontera entre EEUU y México, y en ningún otro lugar más que en Tijuana, la Prohibición resultó ser la mayor oportunidad de negocio vista en esta región. Después de todo, ¿por qué los buenos ciudadanos norteamericanos, con antojo de una bebida, habrían de lidiar con controversias en torno a la venta clandestina del licor, la amenaza de redadas policiales, y enfrentamientos con figuras de la talla de Al Capone, cuando podían cruzar la frontera a un bar de Tijuana y beber legalmente, a gusto?

Tijuana estaba lista para esos bebedores clandestinos. A pesar de haber sido destruida y despoblada en su mayor parte a principios de los años 1920, al final de la década la ciudad había resurgido con una nueva infraestructura, en gran parte financiada por empresarios estadounidenses que anticipaban una nueva forma de ganar dinero.

Lamentablemente, con el paso de los años, la Prohibición también traería consigo, como ha ocurrido en Estados Unidos, al crimen organizado. A principios de la década de 1930, la mafia—incluidas figuras tan notorias como Bugsy Siegel y, según se informa, Al Capone en Agua Caliente—había empezado a tomar el control de los centros de apuestas de Tijuana. Con la llegada de la Mafia vino la habitual caída de los delitos menores y un aumento de la corrupción, la extorsión y ocasionales estallidos de violencia.

Turistas estadounidenses durante la Prohibición.

TIJUANA RESTAURADA

La resurrección de Tijuana había comenzado en serio justo antes de la Prohibición, con el nombramiento en 1916 de Esteban Cantú como gobernador y líder militar del Distrito Norte de Baja California. Cantú era enormemente popular en la región, y utilizó esa popularidad, junto con sus contactos en Ciudad de México, para obtener apoyo para una serie de proyectos de obras públicas, especialmente en Tijuana.

Desde antes de la llegada de Cantú se había formado una empresa privada para mejorar la electrificación de la ciudad, además de instalación de una red telefónica. Cantú mandó construir cuarteles militares cerca de la Catedral de Nuestra Señora de Guadalupe, uno de los pocos edificios sobrevivientes de la ciudad. También actualizó y renombró la escuela primaria de la ciudad, ubicada al lado de la catedral. Cantú supervisó la construcción del "Camino Nacional", un extraordinario esfuerzo de ingeniería para atravesar la Sierra de Picachos, mediante una verdadera carretera (llamada La Rumorosa) conectando por primera vez a Baja California con el resto del continente mexicano. Hasta entonces, el viaje tenía que hacerse en gran parte por las carreteras estadounidenses. (Curiosamente, al mismo tiempo, se completó el ferrocarril de San Diego y Arizona, gran parte de él pasaba por territorio mexicano.) El Valle de Tijuana quedaba ahora adecuadamente conectado con el mundo exterior de ambos lados de la frontera que lo atravesaba.

Durante este período, sin duda en respuesta a la oportunidad de atraer visitantes a una Exposición Internacional de San Diego, Tijuana abrió una "feria típica mexicana", comúnmente conocida como la Feria de Tijuana. Marcada por una reja de entrada con dos torres portando banderas mexicanas, la feria constó de un conjunto de puestos de artesanías y múltiples entretenimientos, incluyendo un casino, un restaurante, un club nocturno y una plaza de toros, en un mismo destino turístico a pocas cuadras de la frontera. También albergó peleas de gallos y peleas de box (con Jack Clark y el mexicano Kid Carter). La feria resultó ser un microcosmos, una plantilla, para la Tijuana que vendría.

Gracias a la multitud de turistas del resto de EEUU que visitó San Diego para la Exposición, la abundante publicidad en los periódicos de San Diego, y la oportunidad de visitar lo mejor de Tijuana en un lugar compacto y seguro con estacionamiento privado, una línea de taxis del otro lado de la frontera, un muro y una valla circundante, la Feria de Tijuana fue un gran éxito. Inversionistas y empresarios de ambos lados de la frontera estudiaron la feria y empezaron a imaginar cómo replicar su éxito por toda la ciudad.

Pero probablemente la institución más importante para el renacimiento de Tijuana fue la apertura del hipódromo, reconstruido el 1 de enero del 1916. Esto también fue en parte obra del gobernador Cantú quien había bendecido el proyecto, a pesar de la desaprobación del gobierno federal mexicano, tal vez porque uno de los inversionistas mexicanos era amigo del gobernador. El financiamiento para el hipódromo vino principalmente del norte de la frontera, promovido por el veterano del juego organizado James Wood Coffroth, que representaba a un grupo de inversionistas estadounidenses y mexicanos, incluyendo el magnate azucarero y el editor del *San Diego Union* John Spreckels.

El histórico hipódromo Agua Caliente.

Diez mil personas, incluyendo el Gobernador Cantú, asistieron a la inauguración del "Hipódromo de Tijuana", multiplicando temporalmente la población de Tijuana por más de siete veces durante el día. El hipódromo fue un éxito inmediato y duradero, debido en parte a su ubicación a solo 400 metros de la frontera (el actual hipódromo Caliente está más lejos de la frontera). Incluso los estadounidenses precavidos podrían ir al hipódromo sin pasar por el resto de la ciudad. Más importante aún, en un gesto pretenciosamente moralista característico de la época, en 1911 Los Ángeles se había votado a favor de prohibir los bares, los juegos de azar y las apuestas en las carreras de caballos. Cinco años después, los Angelinos estaban desesperadamente sedientos de los tres, así que para ellos el nuevo hipódromo de la revitalizada Tijuana fue como un regalo del cielo.

Lo que realmente consumó el éxito del hipódromo fue que, en ese entonces, como hoy, Hollywood marcaba las tendencias a nivel nacional, y Hollywood tenía el dinero para jugar a los caballos. Pronto, las principales estrellas y celebridades de la época, desde Charlie Chaplin hasta el piloto de carreras Barney Oldfield, eran vistas en el hipódromo de Tijuana. La oportunidad de codearse con los famosos aumentó el atractivo de la pista.

Sin embargo, el inicio del hipódromo no estuvo libre de desafíos, gracias al viejo enemigo de la ciudad, el río Tijuana. Entre la lluvia implacable y la gran inundación de "Hatfield Rainmaker" en 1916, el hipódromo cerró tan solo dos semanas después de haberse inaugurado. Reparado, reabrió el 15 de abril. El Gobernador Cantú volvió a asistir, otorgando públicamente su apoyo a Coffroth, quien, a su vez, se permitió la grandilocuencia de decir a la multitud que el hipódromo de

Tijuana haría de la ciudad "uno de los lugares más famosos del mundo". Resultó que no estaba del todo equivocado.

Eran tan grandes las multitudes que asistían al hipódromo durante la temporada de carreras que surgieron múltiples negocios a su alrededor para atenderlos y recibir sus dólares. El más importante de ellos fue el Casino Monte Carlo, llamado así para capturar algo del brillo de su homónimo en Mónaco, construido por el dueño de la Feria de Tijuana. Para facilitar la visita, Tijuana estableció un servicio de tranvía desde San Diego y un puente de madera sobre la línea fronteriza, apodado "La Marimba", debido al sonido que hacían los autos al pasar sobre las tablillas de madera.

Para 1917, Tijuana tenía todo en su lugar. Lo único que se necesitaba ahora era una chispa. Ésta llegó casualmente tres años después en forma de la Ley Volstead. La prohibición convirtió a Tijuana de un nuevo e interesante destino turístico en una verdadera fiebre por tierras. Para cuando fue derogada la Decimoctava Enmienda trece años después, Tijuana se había transformado tan completamente, que el eco de la era de la Prohibición todavía podía percibirse casi un siglo después.

UNA SED INSACIABLE

Los sandieguinos siempre habían venido a Tijuana a tomar una copa, pero había sido sobre todo por el precio y el anonimato. Sin embargo, a finales de la década de 1920, venían, junto con cientos de miles de otros estadounidenses, porque Tijuana era el mejor lugar para conseguir esa bebida legalmente.

Tijuana, respondió a la Prohibición espléndidamente, abriendo bares y salones en casi todos los rincones de la ciudad. Los historiadores Piñera y Rivera ofrecen una impresionante (y seguramente incompleta) lista de los más prominentes de esos antros:

> La Ballena (que se publicitaba como el bar más largo del mundo—229 pies), el Blue Fox, el Foreign Club, el Alhambra Café, el Turf Bar, el Tijuana Bar, el San Francisco Café, el Tivoli Bar, el California Café, Molino

Rojo, el San Diego Bar, Café de Luxe, El Gato Negro, el Scandia Barrel Casa, Mi Lugar, El Caballito, El Faro, el Green Mill Bar, El Ancla Bar, El Palacio Royal, el Pullman Bar, el Vialla Bar, el Ming Bar, el Vernon Club Bar, el Garden Café, el Túnel.

Esta lista sería impresionante para una ciudad importante. Para Tijuana, que en ese momento era del tamaño de un barrio promedio de San Diego, es a la vez asombroso y una medida del impacto que tuvo la Prohibición en la ciudad. Durante los felices años veinte, Tijuana era algo novedoso y divertido, llena de estadounidenses que disfrutaban de su prosperidad en la posguerra. Las calles de Tijuana eran relativamente seguras, los cantineros eran relativamente honestos y el crimen organizado aún no había hecho grandes incursiones en el comercio de la ciudad. Pero eso no duraría.

184:—INTERIOR OF CASINO AND FAMOUS GOLD BAR.

AGUA CALIENTE, TIJUANA HOT SPRINGS, MEXICO.

El famoso Salón de Oro del Casino Agua Caliente, alrededor de 1928.

El gobernador Cantú, que se había esforzado tanto en preparar a la ciudad para el auge actual, no estaba lo suficientemente presente para darse cuenta de la mayor parte de lo que sucedía. En 1920 apareció en escena una nueva figura: Abelardo L. Rodríguez. Era parte del grupo sonorense que recientemente había derrocado al presidente mexicano Carranza. Ahora, como jefe de una fuerza militar, se le había ordenado destituir al gobernador Cantú, que se había opuesto a los sonorenses. Cantú entregó rápidamente su cargo, y Rodríguez asumió el cargo de comandante militar del distrito norte de Baja California, en aquel entonces, sinónimo de gobernador del territorio. Tendría ese título durante más de una década y tendría una influencia importante en la naciente Tijuana.

El interior del Hotel Agua Caliente con elementos de diseño árabe.

La Torre de Agua Caliente

Al igual que sus predecesores, Rodríguez hizo caso omiso de cualquier conflicto de intereses y, en 1926, compró 243 hectáreas para sí mismo en los manantiales de Agua Caliente. Después, liderando un consorcio de inversionistas, se propuso revivir los manantiales como una importante meca turística, con un hotel, un casino, termas, pistas para carreras de caballos y galgos, un campo de golf y una pista de aterrizaje de aviones. Todo esto fue albergado en instalaciones espectaculares cuyo diseño combinaba el estilo colonial californiano, morisco, art decó y la arquitectura de principios de la época misional californiana. En su fachada tan fotografiada, se encontraba el minarete, una torre de varios pisos, que reflejaba todos estos estilos, arqueando sobre entrada al complejo Agua Caliente. El complejo era tan impresionante como cualquier cosa encontrada en California, y rápidamente se convirtió en el lugar para ver a las celebridades y ser visto por ellas.

Con todas estas nuevas atracciones turísticas, Tijuana se convirtió en una ciudad de veinticuatro horas, con perpetuos embotellamientos en el cruce fronterizo y en sus *avenidas* del centro. Los visitantes ahora se alojaban varios días en los elegantes hoteles de la ciudad, y millones de dólares pasaban de mano cada semana en la ciudad. Sobra decir que durante los felices años veinte la población de Tijuana dio un brinco de 1,228 en 1920 a 11,271 en 1930, y previsiblemente, la infraestructura local sufría por las limitaciones que tenía la ciudad para mantenerla al día. Eso no impidió que la ciudad continuara promoviendo este excesivo ritmo de crecimiento. La publicidad de este período afirmaba que la proporción de número de visitantes por residente, hacía de Tijuana la ciudad más popular del mundo.

Sin embargo, el verdadero milagro de Tijuana en la década de 1920, fue que los buenos tiempos duraran tanto como lo hicieron. Para los estadounidenses que disfrutaban de sus propios locos años veinte, parecía que esta prosperidad podría durar para siempre al igual. Por supuesto, todo se vino abajo en octubre de 1929, dejando a ambos países luchando para sobrellevar la Gran Depresión mundial durante la siguiente década. El último acto cívico importante de Tijuana y del gobernador Rodríguez antes de la crisis fue destinar 8.5 millones de pesos a la construcción de una presa para controlar finalmente las inundaciones del río Tijuana. Completarlo, llevaría una década.

LA CRISIS FINANCIERA Y LA CIUDAD DEL PECADO

La Gran Depresión y la década de 1930 crearon la era más esquizofrénica de la historia de Tijuana.

Por un lado, esta década marcó el desarrollo de las primeras zonas residenciales de la ciudad, Castillo y Escobedo-Cacho. Por primera vez, la ciudad se convirtió en un verdadero hogar multigeneracional para sus ciudadanos, gente con interés en el futuro de Tijuana, más allá de los ingresos de este mes obtenidos de los gringos.

Por otro lado, la Gran Depresión frenó gran parte del flujo de turistas prósperos que habían levantado todos esos nuevos bares, restaurantes y centros de apuestas. La competencia por los dólares restantes se hizo más feroz y las ofertas más extremas: espectáculos sexuales, burdeles y drogas. Mientras tanto, el crimen, estafadores, ladrones de bolsos y asaltantes, crecía a ritmo acelerado.

Incluso hoy en día, los tijuanenses se resisten a hablar de la embarazosa era de las dos décadas anteriores a la Segunda Guerra Mundial. Algunos lo disculpan como un exceso más del capitalismo: los comerciantes de Tijuana simplemente hicieron su trabajo habitual de ofrecer a los estadounidenses lo que querían, y lo que querían durante esta época era más desesperado y extremo. Otros lo niegan, argumentando que la reputación de la ciudad estaba basada en fantasías, resultado de la circulación incesante de información sesgada, e incluso fabricada, de ese periodo. Pero es demasiada la documentación disponible sobre esta época para afirmar que la reputación es falsa. Está el historiador Oscar Jáquez Martínez:

> Prácticamente de la noche a la mañana, Tijuana se convirtió en el distrito rojo de San Diego, el puerto de escala favorito de los marineros alborotadores. Los inversionistas estadounidenses en Tijuana la promovían como el lugar donde "las bebidas nunca se detienen", mientras que los prohibicionistas la condenaron como "el camino al infierno". Así nació la "Leyenda Negra de Tijuana", frase con la que los tijuanenses se refieren a la reputación de su ciudad como capital del pecado. Mientras tanto, San Diego comenzó a enorgullecerse de ser una ciudad limpia y totalmente norteamericana.

Marineros estadounidenses en una cárcel simulada. Un típico recuerdo, alrededor de 1943.

Como si la Depresión no hubiera sido suficientemente severa con la economía de Tijuana, en 1933 fue golpeada con un segundo desafío. El recién elegido presidente Franklin Roosevelt, cumpliendo una promesa de campaña, revocó la Ley Volstead y apoyó con éxito la derogación de la Decimoctava Enmienda. Ahora que podían comprar un trago en el bar de la esquina, ¿por qué los norteamericanos seguían cruzando la frontera para hacerlo, especialmente en una ciudad que, según se decía, se volvía más despreciable y miserable cada año?

Haciendo a un lado las fantasías de la leyenda negra, finalmente Tijuana había hecho un trato con el diablo. Había elegido perseguir al todopoderoso dólar a donde quiera fuera, y había perdido parte de su alma en el proceso. Tijuana ha soportado ese estigma desde entonces, e incluso ahora, un porcentaje considerable de sandieguinos nunca considera cruzar la frontera. Los tijuanenses modernos, al viajar por el mundo, se encuentran regularmente con miradas de preocupación, desprecio o lástima cuando pronuncian el nombre de su ciudad.

A finales de los años treinta, Tijuana, aún sumida en dificultades económicas, podría haberse retractado y retraído, convirtiéndose no tanto en un destino turístico, sino en una ciudad mexicana. Fue entonces que intervino otro acontecimiento extraordinario: otro deus ex machina que salvó a Tijuana de una situación aparentemente desesperada y puso a la ciudad en el camino hacia su década más floreciente hasta la fecha. ¿El detonador? La Segunda Guerra Mundial, en particular la parte que se libró en zona del Pacífico.

UNA GUERRA EN EL PACÍFICO

San Diego, siempre una importante base naval, se convirtió en un área de montaje principal para Estados Unidos durante la Segunda Guerra Mundial. Inmediatamente después de Pearl Harbor, a finales de 1941, cientos de miles de marineros, marines, aviadores y soldados estadounidenses pasarían por la región para ser entrenados en nuevas bases como Camp Pendleton y la Estación Aeronaval de San Diego, antes de que fueran a luchar en el escenario de la guerra del Pacífico.

Como ha ocurrido a lo largo de la historia con los reclutas a la espera del combate, estas legiones de jóvenes—lejos de sus hogares, con dinero en los bolsillos y tratando de hacer caber toda una vida en lo que resta antes de su posible muerte—utilizaron su tiempo de descanso para buscar alcohol, sexo y diversión. Gracias a las películas y a esa reputación manchada, sabían a donde ir: Tijuana.

La ciudad que los esperaba era diferente de la relativamente pequeña que había recibido a sus predecesores en la década de 1930. En 1940, Tijuana era ahora un municipio de 16,500 residentes, poblado no solo por los mexicanos que llegaban de otras partes del país sino también por los refugiados europeos, especialmente judíos, que huían del nazismo, pero no podían entrar en EEUU. Estos refugiados, con sus estilos de vida cosmopolitas, pronto hicieron importantes contribuciones al arte y al comercio de la ciudad.

A pesar de la persistente pérdida de reputación, Tijuana había logrado sobrevivir tanto al final de la prohibición como a la Gran Depresión. La mayoría de sus negocios e instituciones estaban todavía intactos. Durante esta época, la imagen de Tijuana era cada vez más esquizoide: por un lado, guarida del pecado; por otro, destino de la sofisticación y el glamour, gracias a Hollywood y a sus estrellas (entre ellas una bailarina adolescente tijuanense llamada Margarita Carmen Cansino, también conocida como Rita Hayworth). Junto a las instituciones más rudimentarias de la ciudad se desarrollaban nuevos y resplandecientes sitios de elegancia y reputación internacional. La plaza de toros había sobrevivido, al igual que Agua Caliente (pero apenas, debido a una nueva ley mexicana que había clausurado el casino, resultando en que la Depresión perjudicaran aún más a los residentes de Tijuana).

Tijuana incluso adoptó un nuevo santo patrón extraoficial, que surgió de las circunstancias más trágicas y extrañas. En 1938, la hija de ocho años de una conocida pareja local fue encontrada violada y asesinada. La culpa recayó en un soldado llamado Juan Castillo Morales. El hecho de que fuera un soldado lo convirtió en el blanco perfecto de la propaganda de dos organizaciones laborales locales (la Confederación de Trabajadores de México, o CTM, y la Confederación Regional Obrera Mexicana, o CROM), que habían estado realizando manifestaciones y huelgas por los despidos masivos del cierre del casino. Empezaron a organizar a la gente indignada de los barrios, exigiendo que Castillo Morales fuera inmediatamente "llevado ante la justicia" y linchado. Una multitud enojada se reunió en la base militar y, en un arrebato frenético, incendió la estación de policía cercana, antes de trasladarse a hacer lo mismo con el fuerte militar mismo. Los soldados del fuerte salieron a su encuentro y abrieron fuego, matando a un manifestante e hiriendo a otros cinco.

Asustados por el creciente caos cívico, los líderes militares locales convocaron rápidamente un consejo de guerra y juzgaron a Castillo Morales. En una clara muestra de desesperación, el tribunal condenó a Castillo Morales, ejecutándolo en el cementerio local ese mismo día.

Niños de San Diego y Tijuana de un jardín de niños de San Ysidro, 1931.

Los remordimientos perdurarían durante largo tiempo después de este acto veloz de enjuiciamiento. La opinión popular cambió lentamente, sobre todo por su desconfianza en los militares. Al poco tiempo, Castillo Morales, el presunto violador-asesino, se transformó en Juan Soldado, mártir inocente de la corrupción gubernamental. Un culto religioso ajeno a la Iglesia Católica oficial, se desarrolló alrededor de Juan Soldado. Con el tiempo, este improbable mártir se convirtió en el santo patrón de todos aquellos que intentan ingresar ilegalmente a

Estados Unidos. Los milagros atribuidos a Juan Soldado se reportan regularmente en el norte de México hasta el día de hoy.

En una nota más positiva, las zonas residenciales de Tijuana estaban ahora habitadas, y se estaban construyendo otras más nuevas. La creciente población exigió y obtuvo nuevas escuelas, incluyendo una escuela de comercio profesional, el Instituto Técnico Industrial de Agua Caliente. Lo más importante para la ciudad era que su industria se había expandido más allá del entretenimiento y la hospitalidad, hacia nuevas empresas de manufactura. Estos fabricantes pioneros eran principalmente agrícolas, especialmente de productos alimenticios como pasta, pan, aceite de oliva y cerveza (la cercana Cervecería Tecate fue fundada durante esta década). Por decreto federal, Tijuana también abrió una zona comercial—diseñada para compensar las pérdidas económicas por el fin de la ley seca y la prohibición de los juegos de azar impuesta por el presidente Cárdenas—para acelerar la entrada de productos extranjeros a Baja California. Curiosamente, gran parte de la energía eléctrica que impulsó estos nuevos negocios entró por la frontera desde San Diego.

LA FRONTERA EN TIEMPO DE GUERRA

México fue, de hecho, parte de la Segunda Guerra Mundial. Después de Pearl Harbor, en solidaridad con su vecino del norte, México rompió lazos diplomáticos con las potencias del Eje. (Esta ruptura podría haber sido impulsada, al menos en parte, por el escándalo del telegrama de Zimmerman antes de la Primera Guerra Mundial, en el que el káiser ofreció el sudoeste de EEUU a México, a cambio de una alianza militar con Alemania.) Cinco meses después, cuando un submarino alemán hundió dos petroleros mexicanos en el Caribe, México le declaró la guerra.

Pearl Harbor y la pérdida de gran parte de la Flota del Pacífico de EEUU habían expuesto la vulnerabilidad de la costa del Pacífico de EEUU y despertaron temores en torno a una inminente invasión japonesa. Uno de esos temores era que los japoneses desembarcaran en la costa aún menos defendida de Baja California, muy probablemente en Ensenada, y luego marcharan a través de Tijuana para atacar

San Diego y sus bases navales. Para defenderse contra este posible escenario, California pidió al Departamento de Guerra que enviara al Ejército de EEUU al sur de la frontera para proteger los posibles puntos de arribo en territorio mexicano. Como muestra de la histeria que prevalecía en ese tiempo producida por los acontecimientos—los estadounidenses de ascendencia japonesa en California estaban siendo detenidos e internados en campamentos, y el fuego antiaéreo contra bombarderos fantasma estaba lloviendo sobre Los Ángeles—los militares estuvieron de acuerdo.

El 10 de diciembre de 1942, una fuerza estadounidense se trasladó a la frontera en Tijuana y se preparó a entrar en la nación soberana de México, con permiso o sin él. Fueron recibidos por una fuerza armada mexicana integrada por soldados y voluntarios civiles locales bajo el mando del General Lázaro Cárdenas (que acababa de dimitir como célebre presidente reformista de México). Les negaron entrada a los estadounidenses, atrincherándose en edificios cercanos en preparación para el combate. Como lo describió un observador:

> Todos miraban hacia la frontera en una agonizante espera . . . Las horas pasaron y nadie se movía de sus posiciones, hasta que llegó el momento en que las tropas estadounidenses comenzaron a moverse desde la frontera hacia San Diego.

Podría haber sido el peor momento en la relación entre las dos ciudades y sus respectivos países en un siglo. En cambio, y afortunadamente, la confrontación fue utilizada para establecer una nueva relación en tiempos de guerra. Los dos comandantes, Cárdenas y el General John L. Dewitt, celebraron una serie de reuniones (dos en el clausurado casino Agua Caliente de Tijuana y una en el Fuerte Rosecrans en Point Loma en San Diego). Llegaron a un consenso que mantuvo a los soldados estadounidenses (al menos los soldados armados) fuera de México, y proporcionó asistencia técnica importante para la defensa de Estados Unidos. (Este arreglo sentó un precedente de poder contar con discreción en la cooperación que sería muy útil décadas después, en el contexto muy diferente de la aplicación de ley y orden público).

La participación de México en la Segunda Guerra Mundial no terminó ahí. De hecho, continuó en Francia, donde México desplegó un escuadrón de aviadores: el Escuadrón 201, la única unidad de aviación mexicana que luchó en la guerra. En honor a esos aviadores, Escuadrón 201 es ahora el nombre de la calle que atraviesa la zona donde se encuentran los mejores restaurantes de Tijuana.

Durante el resto de la guerra, las dos naciones trabajaron juntas en armonía, incluso en asuntos no militares, incluyendo un tratado sobre el uso de sus ríos compartidos, no solo el poderoso Colorado y Río Grande, sino también el río Tijuana. Ese tratado sigue vigente en la actualidad.

LA VIDA DURANTE LA GUERRA

A medida que las dos naciones se enfrentaban a estas cuestiones de mayor envergadura, en el terreno, las dos ciudades estaban enfrentando los cambios que trae consigo la vida en tiempos de guerra. En Tijuana, el reto era manejar los batallones de marines y flotillas de marineros que entraban a la ciudad en sus días libres, portando historietas pornográficas de la "Biblia de Tijuana" (conocidas en inglés como "Tijuana Bible") en sus bolsillos, vagando borrachos por la Avenida Revolución, en busca de diversión. Tijuana estaba feliz de complacerlos.

Según Piñera y Rivera, "Este ambiente se complementó con audaces exhibiciones en clubes nocturnos y la venta de marihuana y drogas, además de las bebidas alcohólicas habituales".

No es de extrañar que algunos militares también estuvieran buscando pleito. La Ballena, con su legendaria barra larga, fue el lugar donde ocurrieron varias de estas peleas, que típicamente comenzaban entre marines estadounidenses y soldados militares o marineros, pero a menudo terminaban con enfrentamientos entre marines y la policía de Tijuana. Estas peleas se hicieron tan comunes que Tijuana les prohibió a los marines visitar la ciudad, una decisión seria, considerando las cantidades de dinero que ellos aportaban a la economía local.

Aún así, había suficientes negocios de otro tipo para que Tijuana gozara de un nivel de prosperidad mayor al que había tenido hasta entonces, incluso durante los años veinte. Las interminables oleadas de soldados estadounidenses uniformados mantenían a los negocios de Tijuana atareados de día y de noche. Mientras tanto, los turistas continuaban viniendo de visita, en su gran mayoría para suplir el racionamiento de gasolina y hule impuesto en su país. Venían del sur de California para disfrutar un fin de semana y abastecer su despensa cuando había mercancía disponible. En respuesta, Tijuana vivió una explosión de nuevos negocios: restaurantes, tiendas, aún más bares, talleres de reparación de autos, y las siempre presentes, tiendas de curiosidades.

Algo menos evidente en ese momento, pero que resultó crucial para el futuro, fue que gran parte de este dinero se estaba invirtiendo en una ola de nuevos negocios de manufactura en la ciudad, en función del enorme presupuesto de la economía de guerra estadounidense. Estas nuevas industrias, por el momento casi todas ellas operaciones de pequeña escala, serían la base para el siguiente capítulo de la historia de Tijuana.

EN PIE DE GUERRA: EL PROGRAMA BRACERO

Mientras tanto, otro cambio histórico estaba en marcha. Después de Pearl Harbor, la economía de Estados Unidos se transformó rápidamente en una economía de guerra. Mientras que un millón de soldados estadounidenses se iban a la guerra, aún más de ellos trabajaban en la fabricación de aviones, municiones y otros suministros militares. La industria aeronáutica, concentrada en gran parte en el área de Los Ángeles, pasó de cuarenta y nueve mil trabajadores en 1939 a dos millones en 1943. El efecto secundario de este desplazamiento de mano de obra fue vaciar las granjas americanas de sus trabajadores, sobre todo en los condados de San Joaquín e Imperial en California, que se encuentran entre las mayores fuentes de producción de alimentos de EEUU.

En su desesperación por reemplazar la mano de obra agrícola, el gobierno de EEUU dio un paso sin precedentes: acudió a México en busca de ayuda. El resultado fue el Programa Bracero, un acuerdo entre los dos países, firmado en agosto de 1942. En teoría, el programa permitía a los *braceros* mexicanos cruzar legalmente a California y trabajar temporalmente para empresas agrícolas y granjeros particulares estadounidenses en la cosecha, y realizando otras labores. Esas empresas, a su vez, debían garantizar la salud, la vivienda y la seguridad de los trabajadores. En la práctica, la realidad se quedó corta. Mientras que muchos agricultores estadounidenses y otros empleadores cumplieron con el acuerdo, otros sometieron a sus trabajadores a soportar el racismo, el maltrato y las condiciones insalubres e inseguras. Por otra parte, muchos mexicanos participantes en el programa, en gran parte campesinos desesperadamente pobres del centro de México, ansiosos por llevarse un pedazo del rico país del norte, eludieron el proceso formal de entrada y entraron ilegalmente a Estados Unidos.

En cuanto a Tijuana, de repente se encontró inundada no solo de marineros estadounidenses que se dirigían hacia el sur en busca de diversión, sino con campesinos mexicanos que se dirigían hacia el norte donde aspiraban conseguir trabajo remunerado durante varios meses en California y el noroeste del Pacífico. Muchos de estos migrantes del sur que esperaban cruzar la frontera, legal o ilegalmente, acampaban en Tijuana. Algunos incluso decidieron quedarse, haciendo de su nuevo hogar una base desde donde cruzar temporalmente a California. El resultado fue que la población de Tijuana no solo dio un nuevo salto, de dieciséis mil residentes en 1940 a sesenta y cinco mil al final de la década, sino que en el proceso la ciudad creció lo suficiente como para impulsar el surgimiento de nuevas colonias, desarrollos habitacionales, e incluso zonas comerciales al norte y el este.

En última instancia, el Programa Bracero duraría dos décadas, afectando profundamente tanto a México como a Estados Unidos. Aunque ocurrirían una serie de escándalos y huelgas por las condiciones de trabajo, el programa empleó, en su momento de mayor auge, a medio millón de trabajadores mexicanos, beneficiando significativamente tanto la economía mexicana como la estadounidense. También sirvió para detonar nuevas relaciones comerciales y laborales entre los dos países que culminarían primero en la industria maquiladora, luego en el Tratado de Libre Comercio de América del Norte (TLCAN) en 1994, y después en su sucesor, el Acuerdo Estados Unidos-México-Canadá (USMCA—T-MEC en México) en julio de 2020.

UN AUGE DE LA POSGUERRA

Optimista, expansiva, llena de nuevas empresas e instituciones, Tijuana emergió de los años de guerra con un tremendo impulso. Los marineros, infantes de la marina y soldados militares de guerra cuyos ingresos disponibles habían generado la mayor parte de este crecimiento (así como la delincuencia que lo acompañaba) desaparecieron en gran medida con la inmovilización. Pero después de una breve recesión de posguerra en EEUU, fueron reemplazados por los turistas. La guerra había terminado, y los militares estadounidenses que regresaban se casaban rápidamente, desencadenando la explosión demográfica más grande de la historia, mejor conocida como "baby boom". Igualmente importante fue que la cultura automovilística que había estado percollándose en Estados Unidos durante décadas—previamente frustrada por la falta de confiabilidad en los primeros automóviles, la Gran Depresión y el racionamiento bélico de la gasolina—ahora se desbordaba.

Las nuevas familias norteamericanas, se volcaron a viajar por carretera. Fue el surgimiento de las grandes vacaciones norteamericanas. Esos viajes por carretera no estaban limitados al interior de Estados Unidos, sino que también incluían visitas a (o estancias en) ciudades fronterizas, sobre todo a Tijuana. Muchos de esos turistas eran las mismas personas que habían frecuentado la ciudad en años anteriores en sus días libres, y ahora querían mostrar a sus familias un mundo más grande.

Aún más importante, muchos militares estadounidenses, después de haber visto ese otro mundo durante sus períodos de servicio, se encontraban menos conformes en sus ciudades de origen. Su desplazamiento hacia el sur y el oeste ocasionó una migración a nivel nacional que duró el siguiente cuarto de siglo, en busca de climas más templados, mejores oportunidades y, sobre todo, nuevas vidas. Ningún estado se vio más afectado por esta migración que California, y pronto surgieron nuevos suburbios expansivos alrededor de Los Ángeles, en el área de la Bahía de San Francisco y, por supuesto, en San Diego.

Cada uno de estos factores multiplicó la cantidad de visitantes potenciales al sur de la frontera.

En esos años Tijuana disfrutó de su propia explosión demográfica, gracias a los nuevos residentes que habían llegado en los 5 años anteriores. La ciudad misma, agobiada por la pobreza crónica durante tantos años, tenía ahora los recursos para emprender una importante mejora de su infraestructura. Se mejoraron las carreteras y otros servicios. Se abrieron más de una docena de escuelas primarias públicas en la ciudad y sus alrededores. También abrieron sus puertas escuelas privadas para las familias más privilegiadas. Las iglesias, no solo la católica romana, sino también la protestante, surgieron por todas partes. Surgieron clubes sociales, incluyendo los masones, con tres logias. Un campo de béisbol. Una biblioteca. Estaciones de radio. Y la joya de la corona, fue una impresionante cancha nueva de jai alai en el centro de la ciudad, la primera en la Costa Oeste.

La creciente cultura automovilística en Estados Unidos también impactó el rostro de Tijuana. Gasolineras, talleres mecánicos, y negocios de tapicería, hojalatería y pintura de autos, así como vulcanizadoras, aparecieron cerca de la frontera, brindando a los turistas ofertas que no podían encontrar en casa. En poco tiempo, las principales avenidas de la ciudad experimentaron embotellamientos de tráfico diarios, previsiblemente peores en fines de semana.

Por primera vez, Tijuana comenzó a verse, y comportarse, como una verdadera ciudad, no solo como un parque de diversiones para los estadounidenses. El centro de la ciudad ahora contaba con hoteles y restaurantes de cuatro estrellas, tiendas de venta al por menor y, por supuesto, un sinfín de tiendas de artesanía y de curiosidades. Mientras tanto, en los vecindarios, los niños llenaban las banquetas entre semana, yendo y viniendo de la escuela. Los domingos, las familias, con su mejor atuendo, caminaban a la misa o a los parques locales.

Tijuana siempre había sido como un camaleón, capaz de transformarse de un momento a otro, para responder a los cambiantes intereses y deseos de San Diego y Estados Unidos. Pero quizás esta transformación haya sido la más impresionante. En cuestión de 2 años, la ciudad se transformó, de un notorio imán para militares estadounidenses borrachos y lascivos, a un colorido destino familiar para las jóvenes familias yanquis. Nunca escapó por completo de la Leyenda Negra, pero se distanció lo suficiente para que millones de turistas en los años venideros cruzaran voluntariamente la frontera, sin miedo de toparse con demasiado crimen o vicio visible, al menos hasta después de que los niños estuvieran acostados. Lo que Tijuana ofrecía ahora era un híbrido: la euforia de la aventura en una cultura exótica y diferente que aún tenía un reconocible y reconfortante toque norteamericano.

Para finales de los años cuarenta, Tijuana, hasta entonces la prima pobre de San Diego, comenzó a parecerse cada vez más a su vecino, volviéndose cada vez más autosuficiente. Se abrieron varios periódicos locales. La ciudad incluso obtuvo su propio aeropuerto, así como su primera aerolínea propia, Aerovías Contreras, que volaba entre Tijuana, Mexicali y Ensenada. Los tijuanenses también podían escuchar su propia estación de radio, XEAZ, o mejor aún la XERB desde la cercana playa de Rosarito, cuyo transmisor de 50,000 vatios se podía escuchar en todo México y el suroeste de EEUU (algunas noches incluso en Canadá) y que, brevemente, le sirvió de hogar al legendario locutor, Wolfman Jack. Además, en 1953, el año después de ser publicado el decreto presidencial que hiciera de la mitad norte de Baja California el vigésimo noveno estado mexicano (lo que permitió a la ciudad elegir su primer gobierno local), se puso en marcha el Canal 6 de TV bilingüe en Tijuana, la segunda estación de este tipo después de la de Ciudad de México, y en el mismo año que la primera estación de televisión en San Diego.

EL MILAGRO MEXICANO

Junto a estos acontecimientos, a finales de la década de 1940 también se percibía la continua influencia de los partidos políticos nacidos de la revolución 25 años antes. En particular, el PRI (Partido Revolucionario Institucional) mantuvo el monopolio del poder en el país desde la década de 1920 hasta el final del siglo, gobernando como una autocracia de facto. El PAN (Partido Acción Nacional), que se convirtió en el principal partido de oposición con una orientación empresarial en la década de 1930, siempre fue fuerte en Baja California y eligió al primer gobernador del PAN, Ernesto Ruffo Appel, en 1989. No fue hasta las elecciones de 2000 y 2006 que el PAN ganó finalmente la presidencia de México, con las victorias de Vicente Fox y Felipe Calderón.

De 1946 a 1952, el presidente del país Miguel Alemán Valdés, fue el primer civil después de una serie de presidentes militares, y el primero para el PRI moderno. Su administración dio lugar a una explosión industrial en todo el país, el llamado Milagro Mexicano, pero también de una considerable corrupción. Su sucesor, Adolfo Ruiz Cortines, cuya administración abarcó gran parte de la década de 1950, extendió el Milagro, al tiempo que contrarrestaba la corrupción y aplicaba la austeridad fiscal. Cortines también dio a las mujeres el derecho de voto.

En ningún lugar, particularmente tratándose del norte de México, fue más visible el milagro mexicano, que en Tijuana. Esta era de estabilidad y continuidad, que transcurría en paralelo a la próspera y pacífica década de posguerra de Estados Unidos, permitió el florecimiento de ambas ciudades de la llanura costera de San Diego y Tijuana. En Tijuana, el desarrollo de las artes y la cultura explotó como nunca antes, produciendo importantes artistas y escritores, y fundando una célebre sinfonía. Para 1957, Tijuana había abierto su primera institución de enseñanza superior, la Universidad Autónoma de Baja California (UABC), la primera del estado.

Pero no todas las noticias eran buenas. En 1951, un terrible incendio en el edificio de El Coliseo mató a numerosas personas. En la ciudad ahora abarrotada de gente, tanto el crimen como la corrupción iban en aumento. Una de sus víctimas fue el periodista y activista Manuel Acosta Meza, que fue asesinado en 1956. Ese mismo año, para hacer frente a su problema de delincuencia, Tijuana abrió una penitenciaría estatal. Dos años después, abrió la cárcel de la ciudad.

Muchos de los inmigrantes de Tijuana, para quienes era algo nuevo sus brillantes luces, eran agricultores pobres del centro de México. Al encontrar la ciudad repleta de gente y los precios de bienes raíces en aumento, muchos optaron por establecer asentamientos irregulares en el peligroso lecho seco del río Tijuana, con la esperanza de obtener eventualmente los títulos de propiedad de los terrenos que ocupaban. Cuando las autoridades de la ciudad trataron de desalojarlos, los ocupantes encontraron el apoyo del PAN, que vio la oportunidad de nuevos votantes potenciales en su interminable batalla con el PRI. Todo esto llegó a un punto crítico en las elecciones de 1959. Las crecientes tensiones permearon la vida en Tijuana en las semanas previas a las elecciones. El PAN obtuvo una victoria arrolladora, pero después de que la policía estatal dominada por el PRI y el ejército se apoderaran de las urnas, el gobierno alegó que el PRI había ganado por una victoria estrecha. La violencia de los votantes enfurecidos del PAN amenazó con desbordarse por las calles de Tijuana en uno de los peores disturbios de la historia de la ciudad. Para evitar el conflicto, el gobernador del estado ordenó la detención de la dirección local del PAN, que rápidamente escapó a través de la frontera. En Tijuana, volvió una paz nerviosa.

UNA CIUDAD TRANSFORMADA

Aún así, los tijuanenses podían mirar atrás hacia los años 1950 como una época de relativa paz, prosperidad y crecimiento. En 1960, año en que se celebró una espectacular nueva plaza de toros y un auditorio municipal, la ciudad albergaba a 165,000 ciudadanos. En el centro de la ciudad, los primeros rascacielos empezaban a aparecer, y en las colinas de los alrededores, se estaban construyendo nuevas y elegantes casas. En la frontera, los turistas seguían llegando en masa, alimentando la economía local. Pero ahora Tijuana, con una creciente economía basada en la industria manufacturera, ya no dependía enteramente de esos turistas. A lo largo de los últimos años, la ciudad había desarrollado una identidad propia, independiente de su contraparte centrada a 24 kilómetros al norte.

Los líderes de la ciudad tenían la sensación de que era hora de que Tijuana se transformara una vez más. Mientras que la ciudad todavía llevaba el estigma del pasado, esos recuerdos empezaban a desvanecerse. Además, los tijuanenses empezaban a entender la hipocresía fundamental de las actitudes de los estadounidenses hacia Tijuana: ellos cruzaban su frontera sur porque Tijuana siempre se adaptaba para ofrecer mucho de lo que no estaba disponible legalmente en Estados Unidos, pero al mismo tiempo la despreciaban por hacerlo. Después, una generación más tarde, los estadounidenses legalizarían muchas de esas actividades, sintiéndose puros e inocentes al hacerlo. La prohibición se olvidó rápidamente, los espectáculos sexuales más extremos de Tijuana en los años 1940 se estrenaron en las salas de cine de todo EEUU en los años 1960, el aborto se hizo legal y el divorcio más fácil, y la marihuana, vendida ilícitamente en las calles de Tijuana, se vendería en tiendas de todo el país en el siglo XXI. Sin embargo, el estigma parecía atribuirse solamente a Tijuana.

Entre los líderes cívicos y empresariales de Tijuana—y pronto, los líderes de San Diego—comenzó a crecer un entendimiento. Era hora de que ambas ciudades, habiendo nacido juntas y compartido intermitentemente el mismo destino, reconocieran su propósito común: superar este primer siglo de explotación mutua y evolucionar hacia algo más parecido a una alianza, a pesar de la frontera que las atraviesa.

Este cambio comenzaría en la década de 1960, pero muy lentamente al principio y solo después de que San Diego hubiera sufrido sus propios cambios.

CAPÍTULO CINCO

San Diego—Ciudad en movimiento

Mirando hacia atrás, pareciera que la apertura del Hotel del Coronado en la década de 1880, y la nueva clase de personas que atrajo a San Diego, fungió como catalizador para el cambio en toda la ciudad. Habiendo sido hasta entonces una ciudad encausada a las actividades portuarias, comenzó a parecer un destino para los ricos ociosos y la gente sofisticada. En poco tiempo surgieron el Club de Yates de San Diego (Club de Yates de San Diego), el Club Social Cuyamaca y el Club de Remo y Natación Excélsior. Ulysses S. Grant Jr. llegó a la ciudad, y después de comprar el Hotel Horton House, se mudó a una mansión. Entonces la ciudad construyó una elegante casa de la ópera.

Para ese entonces, San Diego finalmente superó su mayor obstáculo para el crecimiento: la falta de un suministro confiable de agua. Gracias a la Southern California Mountain Water Company y su filial, la San Diego Flume Company, el agua de las cabeceras del río San Diego fue conducida por tubería y entregada al corazón de San Diego. Los residentes celebraron su llegada con fuentes que lanzaban el agua hasta 38 metros de altura.

El San Diego Flume (canal de San Diego), alrededor de 1886.

El hombre detrás del agua, John Spreckels, se convertiría en la figura más poderosa de San Diego durante los próximos 40 años. Spreckels, que se había hecho famoso en la industria azucarera, añadió inversiones en agua a su portafolio, y luego, al mudarse de San Francisco a San Diego en 1889, decidió invertir en bienes raíces, edificios comerciales y otros intereses. Su elección del momento no pudo haber sido más oportuna.

El auge de la década de 1880, que había transformado fundamentalmente la cara de la ciudad, estaba a punto de despeñarse hacia el Pánico de 1893. Afortunadamente, Spreckels no solamente era un gran hombre de negocios, sino también prudente desde el punto de vista fiscal. Con su nuevo almacén de azúcar en la ciudad, resistió la tormenta económica, sobreviviendo incluso cuando a la crisis de 1893 le siguió otra más en 1896, mientras que sus prósperos vecinos fracasaron. Además, usó sus quiebras como una oportunidad para apropiarse de sus negocios a precios regalados. A medida que fallaban uno por uno, se fue haciendo cargo de las líneas de tranvía de la ciudad y numerosos negocios establecidos.

Para 1903, Spreckels había adquirido la mayor parte de Coronado, Silver Strand y North Island. Lo más destacado, y la coronación de su estrategia para incorporar a la ciudad de Coronado como una entidad separada, fue el haber comprado la mayor joya de todas: el Hotel del Coronado. No muchos ciudadanos se quejaron; al menos, no públicamente, porque Spreckels también compró el periódico *San Diego Union*.

Pabellón de Órgano Spreckels, Inauguración de la Exposición Panamá-California de 1915 en el Parque Balboa.

Spreckels puede haber sido un primo lejano de los barones del robo en el este del país, pero también fue un dedicado impulsor de su ciudad adoptiva. Enfrentaba cualquier crítica sobre San Diego—tal como la sugerencia hecha por Los Ángeles de que los visitantes al sur debieran traer su propia agua porque la de San Diego era tan desagradable— rebatiendo enérgicamente en las páginas del periódico. A los ojos de muchos, para bien o para mal (y resultaría ser ambos), John Spreckels comenzó a personificar a San Diego.

Como el resto de Estados Unidos, San Diego pasó gran parte de la década de 1890 tratando de sobrevivir. El impacto de los dos momentos de pánico quizás no llegó a ser tan fuerte allí como en otros lugares de Estados Unidos (por ejemplo, el desempleo en Michigan alcanzó el 43 por ciento), pero la ciudad no escapó ilesa. Además de todos los negocios que Spreckels compró con descuento, San Diego también vio fracasar a cinco de sus ocho bancos. En la ignominia final, la nueva y hermosa Casa de la Ópera de Fisher quebró, fue comprada por Katherine Tingley de la Sociedad Teosófica, y fue usada para representar sus obras y promover la teosofía.

CIUDAD DEL FUTURO

En comparación con la lucha económica de la década de 1890, San Diego entró con relativa tranquilidad en el siglo XX. Ahora una ciudad de diecisiete mil habitantes, considerable para California en esa época. San Diego todavía estaba relativamente aislado, lo que le había impedido mantenerse al margen del crecimiento explosivo que otras ciudades, notablemente Los Ángeles, habían experimentado. Si la pequeña Tijuana (mil habitantes) miraba con envidia y resentimiento a su vecino del norte, San Diego hacía lo mismo con su vecino más grande del norte.

Al momento de la Guerra México-Estados Unidos, las dos ciudades de California tenían aproximadamente el mismo tamaño. Aunque San Diego haya tenido la ventaja de su bahía y su gran atracadero, también estaba en el rincón más extremo de Estados Unidos y era de difícil acceso por tierra. Los Ángeles, en cambio, tenía la ventaja de su ubicación y una accesibilidad terrestre superior, además de sus puertos marítimos. La diferencia dio sus frutos rápidamente: LA obtuvo su línea ferroviaria del Pacífico Sur en 1867 y el ferrocarril de Santa Fe en 1885, lo que la convirtió en la ciudad de California más conectada en el siglo XIX, después de San Francisco. A finales de ese siglo, la población de Los Ángeles, con 102,000 habitantes, era más de cinco veces la de su pequeño vecino del sur.

Como si eso no fuera suficiente, Los Ángeles también utilizó su ubicación, en particular, el hecho de que básicamente se tenía que pasar por la cuenca de Los Ángeles para llegar a la frontera, para asfixiar el acceso a San Diego. Con una fuerza económica y política superior en el estado, Los Ángeles utilizó su poder para obtener lo que quería, a menudo a expensas de San Diego. Uno de los mayores ejemplos fue el agua, siempre un bien valioso en el árido suroeste. Ya para 1900, la necesidad de agua de Los Ángeles se había vuelto insaciable. Pronto, con la ayuda del ingeniero William Mulholland, sus acueductos estaban consumiendo gran parte del agua disponible de la región.

Agravando aún más estas heridas, Los Ángeles también tendría pronto su propia fuente local de ingresos: el petróleo, descubierto en 1921. Después, en un acontecimiento que marcó a la ciudad en el siglo XX, la naciente industria del cine, buscando un clima con cuatro estaciones soleadas, para filmar al aire libre, comenzó su traslado a Los Ángeles en 1907, envolviéndola en el mítico brillo de Hollywood que resplandece hasta hoy.

Frente a todo esto, los sandieguinos solamente podían mirar desde 193 kilómetros al sur con lo que se convertiría en una obsesión. La ciudad menor comenzó a modelarse a sí misma como "diferente de Los Ángeles", con todas las comodidades del océano y el clima del sur de California, pero nada del hacinamiento, crimen y smog de su hermana mayor. Este posicionamiento continuaría durante la mayor parte del siglo XX.

UTOPÍA EN EL OCÉANO PACÍFICO

La primera década del siglo XX fue una época legendaria para la vida estadounidense, cuando Estados Unidos disfrutó tanto de prosperidad en general como de una creciente influencia en el mundo. A medida que las carreteras y los ferrocarriles mejoraban, más estadounidenses comenzaron a trasladarse hacia el oeste en busca de las palmeras, playas blancas y huertos de naranjos que vieron en las primeras dos películas de cine mudo. Al final de la década se triplicaría la población de San Diego.

Comenzaron a aparecer nuevos desarrollos habitacionales alrededor de la ciudad. El más inusual fue Little Landings, concebido como una comunidad utópica por el historiador William Smythe, recién

mudado a San Diego desde Massachusetts. Enredado en el period-
ismo escandaloso de la época, Smythe acusó a San Diego de corrupto y
gobernado por monopolios. Su respuesta fue comprar poco más de 222
hectáreas al sur de la ciudad en el distrito de Tía Juana, dividir la parcela en lotes de alrededor de 0.4 hectáreas y venderlas entre 250 a 550
dólares. El gancho de marketing de Smythe para Little Landings: sería
una comunidad agrícola cooperativa de "un poco de tierra para vivir y
ganarse la vida". En teoría, los propietarios de la clase obrera podrían
escapar de la explotación de los grandes consorcios, cultivando sus
propios alimentos y trabajando como artesanos independientes. En
realidad, la zona se había llenado en gran parte por profesionales que,
después de intentar convertirse en agricultores y compartir sus ganancias, renunciaron y volvieron a sus profesiones. Sin embargo, Little
Landings mantuvo su imagen bohemia durante años.

Durante estos años, John Spreckels expandió su ya inmensa influencia en la ciudad. Había cerrado su extraordinaria década de1890
habiendo presentado mejores ofertas que sus competidores, y quedán-
dose con los derechos de publicación de las listas de impuestos del condado. Además, instaló una máquina de linotipo de última generación,
y trajo al editor gerente del *San Francisco Call*, otro periódico que le
pertenecía, convirtiendo rápidamente al *San Diego Unión* en el diario
dominante en la ciudad y Spreckels en la voz dominante. Cimentó su
posición en septiembre de 1901, comprándole a E.W. Scripps el *San
Diego Tribune*, haciendo de San Diego esencialmente una ciudad de
un solo periódico. En 1907, había trasladado ambos periódicos (pub-
licados por separado en las ediciones de la mañana y de la tarde) a un
edificio emblemático de seis pisos.

Una vieja preocupación entre los sandieguinos, más allá del creciente poder de Spreckels, era su lealtad. Permaneció siendo un hombre
de dos ciudades, viajando de ida y vuelta entre sus intereses en San
Diego y San Francisco. Eso terminó en 1906, con el gran terremoto
e incendio de San Francisco. Al ver años de angustia económica y
restauración por delante en el norte, Spreckels se mudó permanentemente a San Diego. En el proceso, se involucró aún más con la ciudad.
Trabajando con Scripps y el magnate retirado de artículos deportivos
A. G. Spalding, se puso a transformar la imagen de San Diego y sus
alrededores. Extendieron y nivelaron las numerosas carreteras para los

automóviles que salen de la ciudad, atrayendo así a los recién forma-
dos centros urbanos desde Escondido hasta El Cajón, hacia la órbita de
San Diego. Al final de uno de esos caminos, en La Jolla, la hermana de
Scripps, Ellen Browning, patrocinó la creación del Marine Biological
Association (ahora Scripps Institution of Oceanography), destinada a
convertirse en una de las instituciones de investigación oceanográfi-
cas más importantes del mundo. Finalmente, el trío compró el antiguo presidio de la ciudad y la colina—la llamada Plymouth Rock—para
preservarlo para las generaciones futuras.

El final de 1905 hasta principios de 1906 fue un período de
catástrofes naturales en California. Además de la casi destrucción de
San Francisco, en el sur de California el Río Colorado sobrepasó sus
márgenes en el Valle Imperial y creó el Mar de Saltón. De repente, el
tranquilo y aislado San Diego parecía más atractivo en comparación, lo
que estimuló un crecimiento aún mayor.

El proyecto de viviendas Linda Vista durante la Segunda Guerra Mundial.

Para finales de la década, San Diego se sentía tan optimista sobre su futuro que decidió planear su propia feria mundial, que se llamaría la Exposición Panamá-California, programada con la apertura del Canal de Panamá en 1915. La ciudad tenía motivos para ser optimista: en pocos años, San Diego contaba con media docena de bancos, un teatro, una nueva fuente de agua en el río San Luis Rey, y una nueva comunidad impresionante en Ocean Beach. La enorme construcción del nuevo Hotel U. S. Grant finalmente se completó después de años de estar estancada por la frágil economía, y los rascacielos comenzaban a aparecer en el horizonte de la ciudad.

Ahora San Diego estaba listo para lucirse, ¿y qué mejor manera de hacerlo que invitando al mundo a una feria? ¿Qué mejor manera de atraer a todos esos barcos que pasan por el nuevo canal al primer puerto que encontrarían en la costa del Pacífico de Estados Unidos? Los preparativos para la feria comenzaron en serio. Se centraría en el gigantesco parque, de la ciudad de casi 486 hectáreas, ahora llamado oficialmente Balboa Park (Parque Balboa) para conectarlo con el explorador español, Vasco Núñez de Balboa, quien cruzó Panamá por primera vez y vio el Pacífico. En violación del plan de la ciudad de mantener el parque prístino y natural, los nuevos líderes de la ciudad decidieron construir un número de edificios en el ornamentado estilo barroco español. Muchos sobreviven hoy en día, en recuerdo de los transformadores años de fin de siglo en San Diego, incluyendo la espectacular cúpula y torre del California State Building [ahora el Museum of Us (Museo del Nosotros)], el Fine Arts Center (ahora el Museo de Arte de San Diego) y el Puente Cabrillo. Al igual que la antigua misión, llegarían a simbolizar la ciudad de San Diego y prepararían el escenario para la Exposición Panamá-California en la próxima década.

Un evento final de la primera década de la ciudad en el siglo XX—y que tendría un profundo impacto en el futuro de Tijuana—fue la inauguración del nuevo ferrocarril San Diego & Arizona Eastern Railway. Esto también fue un proyecto de John Spreckels, que de alguna manera encontró el tiempo para darle seguimiento en medio de todas sus otras actividades. Tijuana, aunque todavía era poco más que un pueblo, había estado en la conciencia de un pequeño número de sandieguinos, incluyendo a Spreckels, como un lugar para invertir, como un destino turístico y de compras, y como una puerta de entrada para el comercio con México. Debido a la topografía del Valle de Tijuana, Spreckels no tuvo más remedio que construir su nuevo ferrocarril hacia el sur a través de Tijuana, luego hacia el este a lo largo del lado mexicano de la frontera para rodear las escarpadas montañas de la Laguna, y luego de vuelta al norte para cruzar el Valle Imperial. Resultó ser un esfuerzo enorme y lento que requirió veintiún túneles y costó 18 millones de dólares (el equivalente de 500 millones de dólares en la actualidad).

Este escenario resultó ser afortunado para Tijuana. A partir de ahora, la ciudad fronteriza no dependería solo de los ingresos de los visitantes ocasionales, sino que podría beneficiarse de un enlace de transporte a mercados lejanos. Trenes enteros de mercancías y viajeros se detenían en la aduana para pagar sus derechos y, en el caso de los pasajeros, recorrer la ciudad. Desde su creación, el ferrocarril (operado como el Ferrocarril Carrizo Gorge desde hace muchos años, y hoy como el Ferrocarril de Baja California), cambió a Tijuana. De manera importante, Tijuana podía ahora imaginarse como un socio potencial de negocios de San Diego, incluso cuando el sentimiento no era todavía mutuo.

CIUDAD EN EXHIBICIÓN

Tres eventos fueron determinantes para San Diego en la segunda década del siglo, en orden: la Revolución Mexicana, la Primera Guerra Mundial y la Exposición Panamá-California. Entre ellos, dejarían transformada la ciudad y su imagen alrededor del mundo.

Cuando estalló la Revolución Mexicana en 1910, interrumpió lo que, para San Diego, había sido medio siglo de relativa paz y crecimiento. Dada su proximidad a México y las batallas que tuvieron lugar en Tijuana y sus alrededores en 1911, por supuesto el conflicto se desbordó hacia San Diego, como se dijo en el capítulo anterior.

De hecho, San Diego se convirtió en su propio campo de batalla, este en su mayoría ideológico, cuando la revolución se trasladó a Baja California. Los magonistas eran esencialmente anarquistas en su filosofía y, como tales, recibieron un fuerte apoyo del partido anarquista de origen estadounidense, el IWW. A medida que los magonistas comenzaron a disfrutar de las victorias en México, los miembros de

IWW de todo el oeste, pero especialmente de Los Ángeles, llegaron a San Diego para influir en la política local y reclutar nuevos soldados para los magonistas. Incluso la famosa mentora espiritual de la IWW, Emma Goldman, pidió públicamente a San Diego y Washington, DC, que retiraran todas las tropas federales de la frontera.

Una formación naval de la Primera Guerra Mundial en Balboa Park, 1917.

Rápidamente se enfrentaron a los comerciantes locales, pronunciaron discursos en las esquinas de la ciudad y pidieron el derrocamiento del capitalismo en la ciudad. San Diego respondió emitiendo un decreto contra estas actividades, y cuando eso no funcionó, la policía arrestó a 41 de los líderes. Esto, a su vez, llevó a la protesta por una multitud de cinco mil locales e instigadores externos, exigiendo su liberación. Se dispersó a la multitud a manguerazos. A continuación, se formó un comité de vigilancia ciudadana para expulsar a la IWW de la ciudad, lo que en gran medida tuvo éxito. Cuando el socialista Joseph Mikolasek llegó a organizar a la gente en la ciudad, solo consiguió que le dispararan, provocando otro disturbio. Apenas estaba apagándose lo sucedido, cuando llegó a San Diego Emma Goldman, a quien subieron en el siguiente tren, echándola de la ciudad sin mayor ceremonia.

LA FERIA MUNDIAL

La Exposición Panamá-California se inauguró en el Parque Balboa el 1 de enero de 1915. La Primera Guerra Mundial ya había estado en marcha en Europa durante cinco meses. Si bien impactó más tarde la economía del sur de California (sobre todo de manera positiva, gracias a los contratos militares), tuvo poco efecto en las celebraciones del día. Mientras la multitud aplaudía, el presidente Wilson, en la Casa Blanca, presionó un botón que encendió una luz—desde el otro lado del continente—colgada de un globo que flotaba sobre la exposición. Las armas en el Fuerte Rosecrans y en los barcos del puerto rugieron. Un espectáculo de fuegos artificiales en el Pabellón de Órganos Spreckels lo iluminó para mostrar una réplica del Canal de Panamá siendo atravesado por un barco con "1915" inscrito sobre su proa. El gobernador de California estuvo allí, al igual que un representante del rey Alfonso XII de España, y, en representación del gobierno de EEUU, asistió el vicepresidente Thomas Marshall, el ex presidente Theodore Roosevelt, el eterno candidato presidencial William Jennings Bryan, y el secretario de la Marina (y futuro presidente), Franklin Roosevelt. Para destacar y promover los automóviles en la exposición, cuatro viajeros condujeron un automóvil desde la feria hasta Washington, DC. El viaje duró veintitrés días y medio.

Los visitantes se maravillaron con los edificios rococó, el puente, las exposiciones, y quizás, sobre todo, el nuevo San Diego Zoo, cuyos animales residentes habían sido reunidos para la exposición. El zoológico se convirtió rápidamente en una joya preciada de la ciudad y una fuente de considerable orgullo de la comunidad. Ese impulso llevó a su crecimiento continuo y a un apoyo municipal cada vez mayor, convirtiéndolo en uno de los mejores zoológicos del mundo.

La Exposición Panamá-California se cerró formalmente el 31 de diciembre de 1916, con la interpretación solemne del toque de "taps", el canto de "Auld Lang Syne", y un despliegue de fuegos artificiales con el texto de "Paz Mundial 1917"—irónico, ya que ese sería el año en que Estados Unidos entrarían en la Primera Guerra Mundial. Pero el impacto de la exposición se extendería durante años en el orgullo de los ciudadanos, la imagen de la ciudad en todo el mundo, y la mejora de la infraestructura y las impresionantes nuevas construcciones e instituciones que sobreviven hasta el presente.

LA FIESTA DE AL LADO

Para San Diego, la década de 1920 comenzó con horror, marcada por la primera pandemia mundial, la gripe española, que mató a decenas de millones de personas. San Diego no se salvó. Se estima que 202 ciudadanos murieron a causa de la enfermedad, la mayoría jóvenes y adultos de mediana edad. Simultáneamente, Estados Unidos aprobó la Enmienda Decimoctava y la Ley Volstead, trayendo el triunfo o la frustración (según el punto de vista) de la Prohibición. En respuesta a la gripe, la ciudad no podía hacer otra cosa más que atender a los enfermos, enterrar y llorar a sus muertos. En cuanto a la Prohibición, al menos los sedientos sandieguinos podían dirigirse al sur, a ese pueblo de mil personas al otro lado de la frontera, con sus salones todavía legales.

Antes de ese momento, pocos sandieguinos sabían acerca de Tijuana. Un número aún menor había visitado el lugar. Pero ahora, con la venta de licor barato a solo 24 kilómetros de distancia, comenzaron las visitas regulares. Al mismo tiempo, aprovechaban el creciente número de centros de apuesta, burdeles, el hipódromo y la plaza de toros. También vieron oportunidades de inversión, y conforme fueron invirtiendo en sus propios edificios, como el hotel, casino y centro turístico de Agua Caliente, los visitantes de San Diego prolongaban aún más sus estancias.

San Diego pasó esos años emocionantes resolviendo muchas de sus preocupaciones sobre el agua, construyendo presas y haciendo valer sus derechos regionales sobre las cuencas hidrográficas. Sin embargo, optó por no participar en el proyecto naciente de la presa Boulder en el río Colorado, mientras que Los Ángeles construyó un acueducto y se ocupó de sus necesidades de agua para las próximas generaciones. Los esfuerzos propios de San Diego recibieron un impulso adicional cuando los ríos San Diego y Tijuana se inundaron de nuevo. En el proceso, el río Tijuana destruyó el poblado de artistas de Little Landings.

En 1926, los dos constructores que definen el San Diego moderno, Spreckels y Scripps, murieron. Ya habían sido reemplazados por una nueva generación de líderes de la ciudad y promotores inmobiliarios. Uno de los logros más importantes de esta generación fue la creación del suburbio planificado de Rancho Santa Fe, en un lugar tan atractivo que el rey y la reina del cine mudo, Douglas Fairbanks y Mary Pickford, construyeron allí un rancho, estableciendo una tendencia que duraría más allá de la Segunda Guerra Mundial: la construcción de ranchos y casas de vacaciones en San Diego, para las estrellas de Hollywood. Mientras tanto, en todo el condado de San Diego, las ciudades más pequeñas: Encinitas, La Mesa, Chula Vista, National City y Escondido, crecieron rápidamente en la penumbra económica de San Diego. La ciudad cumplió con su cometido, construyendo carreteras y otras infraestructuras, cines, un museo en la colina del Presidio y sus primeras emisoras de radio.

San Diego resplandeció cuando, a mediados de los años veinte, una empresa local de fabricación de aviones, Ryan Airlines, recibió el contrato para construir un monoplano experimental, nombrado Ryan NYP, por 10,580 dólares. Mientras el avión estaba en construcción, la compañía recibía visitas regulares de su futuro piloto, un joven llamado Charles Lindbergh, que iba a intentar ganar el premio Orteig de 25,000 dólares por cruzar el Atlántico sin escalas, volando solo. Lindbergh nombró al avión el*Spirit of Saint Louis* (Espíritu de Saint Louis) después de su ciudad natal, pero bien podría haberse llamado el *Spirit of San Diego* (Espíritu de San Diego) por la contribución hecha por esa ciudad. El 20 de mayo de 1927, Lindbergh despegó de un campo en Garden City Nueva York, elevándose a los anales de la historia. Para cuando aterrizó cerca de París, el mundo sabía de la contribución de San Diego a la aeronáutica, una reputación que cambiaría el futuro de la ciudad.

DESPLOME

El costo de convertirse en un actor importante en el mundo moderno fue que también habría que compartir sus crisis económicas. La Gran Depresión golpeó a San Diego con la misma fuerza que a cualquier otro lugar de Estados Unidos. En las sombrías palabras del historiador Engstrand, "el clima templado de San Diego hizo que estar de pie en las líneas de pan fuera al menos más cómodo".

Como era de esperar, la Depresión prácticamente paralizó el crecimiento de San Diego, que ahora es una ciudad de 150,000 habitantes, al igual que Tijuana, que también sufrió son el fin de la Prohibición. Sin embargo, hubo algunos acontecimientos positivos. Por ejemplo, la ciudad creó su primer equipo de béisbol profesional (ligas menores): los Padres. A finales de la década, San Diego aclamó al joven local Ted Williams cuando llegó a las grandes ligas y se convirtió en uno de los mejores bateadores de la historia del béisbol.

Tal vez el evento más importante de la década en la ciudad fue la construcción del nuevo campus de San Diego State College (Universidad Estatal de San Diego), nacida de la San Diego Normal School (Escuela Normal de San Diego), que cumplía 40 años de haberse establecido. Su ubicación, 16 kilómetros al este del centro de la ciudad, fue motivo de controversias y fue inaugurada el 1° de mayo de 1931. Los edificios de la universidad estilo Renacimiento de la Misión, fueron diseñados para albergar a 2,000 estudiantes. 90 años después, cuenta con 35,000 estudiantes y una base de casi 300,000 alumnos graduados.

Sin embargo, en general, los años 1930 fueron una década de inclemencia y enojo. Los habitantes de San Diego vieron impotentes cómo Los Ángeles acogía las Olimpiadas de 1932, que fueron aclamadas por todo el mundo. Mientras tanto, en casa, la ciudad sufrió incidentes racistas contra niños mexicanos de Tijuana que se desplazaban para estudiar en las escuelas públicas de San Diego.

Uno de los acontecimientos que fue cobrando impulso durante los años de la Depresión fue la creciente presencia de los militares. San Diego había gozado de una presencia militar desde su fundación, pero justo antes de la Primera Guerra Mundial, los militares de EEUU se habían convertido en una fuerza importante en la vida cotidiana de la ciudad. En 1904, la Gran Flota Blanca del presidente Theodore

Roosevelt se detuvo en la ciudad durante cuatro días en su viaje alrededor del mundo, una demostración del poder naval de EEUU. Las pruebas de vuelo del pionero de la aviación Glenn Curtiss realizadas en San Diego, siendo éste el primer vuelo en hidroavión, transformaron la aviación. La escuela de entrenamiento del US Army Signal Corps (Cuerpo de Señales del Ejército de EEUU) se trasladó a North Island en 1911, y el sitio se convirtió en Rockwell Field un año después. Al año siguiente, el Ejército de EEUU estableció Camp Kearny en Mission Valley (más tarde la Marina tomaría el lugar y lo renombraría Camp Elliott). Para 1925, la Marina había establecido el Undécimo Cuartel General del Distrito Naval en San Diego, un hospital militar y diez bases navales y marinas. Ese año, para celebrar el nuevo posicionamiento de San Diego como puerto militar, 125 buques de guerra de la Marina de EEUU, incluyendo acorazados, navegaron hacia la bahía de San Diego.

Cuando la década de 1930 llegó a su fin, y las nubes de la guerra se cernían una vez más, las operaciones militares en San Diego adquirieron una importancia vital. Siendo ya una ciudad de 200,000 habitantes después de Pearl Harbor, San Diego vio multiplicarse su población a medida que un gran número de marineros y marines convergieron en el puerto para ser enviados a combatir en el Pacífico. Mientras tanto, la demanda de trabajo en la industria de la guerra atrajo a otros 50,000 civiles a la ciudad. El resultado: durante los años de guerra, San Diego parecía un inmenso dormitorio lleno de gente, con hombres jóvenes en días de descanso buscando vida nocturna por la ciudad oscurecida o desplazándose al sur, a Tijuana; mujeres apresurándose a trabajar en las fábricas cada mañana; hospitales militares y civiles hinchados de heridos; y una bahía llena de los más poderosos buques de guerra jamás vistos.

Durante este período, la infraestructura de la ciudad fue llevada su límite y con frecuencia amenazaba colapsarse. Linda Vista, un desarrollo habitacional de 607 hectáreas financiada por el gobierno federal, fue construida para aliviar parte de la presión. Increíblemente, se concluyó la construcción de tres mil casas en doscientos días. Un año más tarde, se construyeron otras 1,900 viviendas y cuatro escuelas.

Proyecto de Vivienda Linda Vista, Segunda Guerra Mundial.

Mientras tanto, los marines compraron 50,585 hectáreas de Rancho Santa Margarita y construyeron Camp Pendleton, la base militar más grande del mundo, y la Marina estableció una base de aviación naval en Miramar.

LOS AUTOMÓVILES Y EL CUERPO DE MARINES

Al final de la Segunda Guerra Mundial, la presencia militar de EEUU en San Diego estaba tan arraigada que, aunque disminuyó, nunca se fue realmente. La mayoría de las bases sobrevivieron. Su nuevo papel era proteger la costa oeste de Estados Unidos en la Guerra Fría, y proyectar los intereses de EEUU en lo que cada vez más se describía como el emergente "Siglo del Pacífico". Aquellos jóvenes marineros y marines que habían pasado por la ciudad en su camino a la guerra, ahora, en el auge de la posguerra, miraban hacia atrás con cariño su tiempo bajo el sol y bajo las palmeras de San Diego. Decidieron casarse, tener hijos y establecerse ahí, incluso pasando por alto varios de los inviernos más fríos registrados.

Aquellos que abandonaron el ejército e incursionaron en carreras privadas alimentaron las crecientes industrias tecnológicas de la zona. Aquellos que permanecieron en el ejército, eventualmente convertirían a San Diego en una de las mayores comunidades de militares en retiro de la nación. Seguían llegando jóvenes marineros cada año para unirse a la flota, que dominaba la bahía, y los nuevos reclutas de los marines llegaban para sobrellevar el entrenamiento en el Cuartel de Reclutamiento del Cuerpo de Marines y luego su despliegue en el Camp Pendleton.

Pero más allá de su creciente imagen como ciudad militar, otra importante fuerza cultural estaba gestándose en la década de 1950, redefiniendo el futuro de San Diego: la cultura automovilística estadounidense. Los automóviles estaban ahora mejor construidos y eran más confiables, la gasolina ya no se racionaba, y pronto, el nuevo sistema de carreteras interestatales haría que todas las partes de EEUU—incluso la esquina suroeste del país—fueran accesibles en cuestión de días. Una imagen típica de la época era una familia nuclear estadounidense abalanzándose a la camioneta rumbo a lugares exóticos en sus vacaciones, que incluso 20 años antes habrían sido inalcanzables en el limitado tiempo disponible. La gran inauguración de Disneylandia en Anaheim en 1956 hizo del sur de California uno de los destinos más populares del mundo.

Más aún, el punto de estrangulamiento que Los Ángeles siempre había representado para los frustrados sandieguinos se convirtió en un portal en virtud del automóvil. Los ejércitos de turistas que se dirigían a Los Ángeles podían hacer un viaje de un día a San Diego y descubrir sus propias maravillas, como el legendario zoológico de la ciudad. Tijuana también se benefició, especialmente en esos años de fronteras relativamente abiertas, porque esos mismos visitantes de San Diego podían tomar unas vacaciones dentro de su vacación, todo en un par de días, y experimentar la vida en otro país. Estos nuevos visitantes que viajaban en familia, tenían curiosidad de conocer otra cultura e ingresos disponibles, transformaron rápidamente las ofertas turísticas, hoteleras y de entretenimiento en ambas ciudades. Incluso podrían probar un nuevo restaurante de comida rápida con sede en San Diego llamado Jack in the Box.

En 1950, San Diego era una ciudad de 330,000 ciudadanos, resultado del crecimiento de la década anterior que detonó un explosivo desarrollo físico de la ciudad en todas direcciones, incluso a lo largo de Mission Bay. En el proceso, tan pronto como aparecieron los centros comerciales independientes en las zonas residenciales, el centro de la ciudad se volvió menos importante, al menos los servicios de venta al por menor. En un esfuerzo del gobierno por mantener el control sobre estas nuevas regiones, San Diego se embarcó en un programa de 20 años en los que se incorporarían nuevas comunidades y ciudades suburbanas de reciente desarrollo hasta que, en 1970, crecería de 250 a 795 kilómetros cuadrados. Entre su crecimiento geográfico y sus recién llegados, San Diego duplicaría con creces su tamaño hasta alcanzar los 700,000 residentes a finales de los años 1960.

Curiosamente, y tal vez debido a que una parte considerable de la población (particularmente la población votante) ahora eran jubilados con ingresos fijos, a pesar de todo este crecimiento, los intentos de San Diego durante estos años de mejorar su infraestructura física tropezaron con un obstáculo tras otro. Algunos proyectos, como el auditorio público (San Diego era la ciudad más grande sin uno) y un nuevo sistema de alcantarillado para evitar que las aguas residuales crudas fluyeran hacia la bahía de San Diego, fracasaron porque los votantes no apoyaron una emisión de bonos. Aun los que tuvieron éxito, como el desarrollo de Mission Valley y Mission Bay, y la construcción de una autopista a través del Parque Balboa, típicamente enfrentaron una resistencia local considerable.

El aspecto en el que San Diego tuvo más éxito durante el período inmediato de la posguerra fue en la educación. La Universidad de California había estado mirando a la ciudad como el próximo hogar de uno de sus campus. John Jay Hopkins, presidente de las dos mayores empresas aeroespaciales locales, Convair y General Dynamics Corporation, deseaba desesperadamente la presencia de una universidad de investigación científica cercana. Así que decidió iniciar el proceso ofreciendo una subvención de 1 millón de dólares para ayudar al sistema de la Universidad de California (UC por sus siglas en inglés) a iniciar la construcción. Endulzó aún más el trato ofreciendo construir su propio centro de investigación de 10 millones de dólares en las cercanías.

Funcionó. El 10 de julio de 1956, Hopkins fue invitado a inaugurar el sitio de la nueva Universidad de California, San Diego, en la mesa de Torrey Pines, 16 kilómetros al norte del centro de San Diego, en La Jolla. Ahí la universidad construiría una estrecha relación con un centro de investigación adyacente, la Institución Scripps de Oceanografía.

Tal vez no sea sorprendente que la UC San Diego (Universidad de California, San Diego) se convirtiera en una de las principales universidades de investigación del mundo, especialmente en las ciencias biológicas. También sería el origen de una serie de fundaciones y laboratorios de investigación médica y genética independientes que harían de La Jolla una de las comunidades de investigación básica y aplicada más importantes del planeta.

CONSTRUYENDO VÍNCULOS

Gracias a su rápido crecimiento y a su creciente reputación se produjo un cambio fundamental en la perspectiva de San Diego hacia finales de la década de 1950 y principios de la década de 1960. Aunque su antigua envidia de la gigantesca metrópoli del norte permanecía, la ciudad ahora se sentía más segura de sí misma. Cada vez más, se veía a sí misma en función de sus propios términos, no en relación con Los Ángeles. A medida que creció este sentimiento de orgullo cívico, la ciudad volteó la mirada en otra dirección: al sur, a esa pequeña ciudad, cuya población había explotado hasta casi ochenta mil habitantes. Tijuana, siempre tentadora pero tratada como si fuera invisible, ya no podía ser ignorada.

Tijuana siempre tuvo presente que compartía el destino de su vecino del norte, San Diego, en las buenas y en las malas. Ahora San Diego comenzó a entender lo mismo acerca de su vecino del sur. Cada año se fortalecían los vínculos entre ambas ciudades, así como su sentido de destino común.

Ya en los años 1930, los niños de las familias tijuanenses más ricas cruzaban la frontera cada día de la semana para ir a la escuela. Al principio, estos estudiantes se encontraron con un arraigado racismo institucional. Pero a medida que pasaban los años y los sandieguinos se acostumbraron a los estudiantes mexicanos en sus escuelas. Mientras sus hijos practicaban deportes después de la escuela y hacían amigos con sus compañeros mexicanos, comenzaron a darse los primeros lazos sociales entre San Diego y Tijuana, que se fortalecerían a medida que estos escolares se convirtieran en adultos y líderes comunitarios en ambos lados de la frontera.

Mientras tanto, un número creciente de residentes de Tijuana cruzaba la frontera hacia Chula Vista y San Diego para trabajar con paisajistas, restaurantes y en empleos domésticos, y para comprar artículos que no podían adquirir localmente. Aunque en un día determinado la suma de estos ciudadanos mexicanos en San Diego y sus alrededores representaba un escaso porcentaje de la población total, esas cifras pronto crecerían.

Conforme esto ocurría, los vínculos institucionales también crecerían, comenzando con una colaboración entre los sistemas de alcantarillado de San Diego y Tijuana para enfrentar los desbordamientos de emergencia que amenazaban con derramar aguas residuales en el río Tijuana. Quizás parezca un punto de vinculación un tanto extraño, pero este fue el comienzo de la vinculación de las dos ciudades para resolver problemas comunes. Para finales de la década, el Programa Bracero estaba en pleno apogeo, con miles de campesinos mexicanos cruzando la frontera, dirigiéndose al este hasta el Valle Imperial y al norte hasta el Valle San Joaquín, con miles más esperando al sur de la frontera para obtener permiso para hacer lo mismo.

En los albores de los años 1960, San Diego estaba al borde del mayor período de crecimiento de su historia, impulsado en gran parte por la guerra de Vietnam, el programa espacial y la era de la electrónica. Durante esa década, una vez más, estos acontecimientos que cambiaban las reglas del juego, alterarían la relación de San Diego con Tijuana, conforme ambas ciudades iban reconociendo no solo su historia compartida sino también su destino común, uno lleno de gran potencial.

CAPÍTULO SEIS

La conversación de cincuenta años

En retrospectiva, la década de 1960 vio los primeros destellos de una nueva y más rica relación entre Tijuana y San Diego. Sucedió casi de manera imperceptible, en gran medida a partir de las conexiones personales entre ciudadanos individuales de las dos ciudades. Claramente, había un número creciente de razones—comerciales, ambientales, políticas y sociales—para que estas ciudades se unieran más estrechamente entre sí. Pero también había otras fuentes de fricción, históricas y culturales, que los mantenían separados.

A principios de la década, las fuerzas gravitacionales dominaron. Tijuana recibió felizmente a turistas e inversionistas de San Diego y sin duda disfrutó tomando su dinero. Cuando era niño en Tijuana, José ("Pepe") Galicot, que se convertiría en uno de los comerciantes más importantes de la ciudad, aprendió que el dinero mexicano (que trató de no tomar) "se llamaba 'plata', mientras que el dinero americano se llamaba 'oro'", una medida del valor percibido de las monedas.

Pero detrás de la sonrisa de bienvenida de Tijuana había un considerable desprecio por los americanos. Después de todo, México había sido una de las seis cunas de la civilización, y los aztecas habían sido el imperio más poderoso de América del Norte durante mil años. La parte norteamericana de la colonia española de Nueva España ya tenía

100 años cuando los peregrinos llegaron a Plymouth Rock, y cuando los colonos británicos en América todavía se aferraban a pequeños parches de tierra en la costa atlántica, Ciudad de México ya era una próspera metrópolis, presumiendo de uno de las catedrales más magníficas del mundo. En 1802, antes de la Compra de Luisiana de Jefferson a Napoleón, fue la Nueva España, y no Estados Unidos, la que parecía más claramente encaminada a la dominación mundial a finales del siglo XIX. Y ahora, ¿estos hipócritas advenedizos se pavoneaban por Tijuana, mostrando sus dólares, mirando a los mexicanos como campesinos sin educación, y moralizando sobre su comportamiento pecaminoso mientras se complacían en él? ¿Cuántas veces—Aaron Burr, los confederados derrotados, los filibusteros, los estafadores como Dick Ferris—han intentado los estadounidenses conquistar Baja California o México continental?

Para Estados Unidos, la guerra con México fue poco más que una nota al pie de página en los libros de historia escolar, mejor conocido como el campo de entrenamiento para los importantes generales de la Guerra Civil Americana. Pero en México, y ciertamente no menos importante en Tijuana, 120 años después, esa guerra se vino encima en grande y ocasionando una herida que no sanaría. Después del tratado de Guadalupe Hidalgo, México perdió la mitad de su tamaño, parte de su mejor territorio, y—incluyendo la fiebre del oro de California que estalló solo unos días después del tratado—mucha de su riqueza. No ayudó que incluso uno de los héroes estadounidenses de esa guerra, Ulysses Grant, admitiera más tarde al presidente mexicano Díaz que siempre había pensado que la guerra era injusta. En sus memorias, Grant llamaría a la guerra "una de las más injustas jamás libradas por una nación más fuerte contra una nación más débil", incluso admitiendo que creía que la Guerra Civil Americana era, en parte, el castigo de Dios por atacar a México.

Tampoco ayudó que los estadounidenses parecieran no saber nada de esta historia. Los turistas americanos pueden haber visto amplias sonrisas en los rostros de los tijuanenses con quienes se toparon, pero si los hubieran mirado a los ojos, probablemente habrían visto algo mucho menos acogedor.

Si el resentimiento orgulloso era el defecto mortal en la actitud de Tijuana hacia su vecino del norte, por parte de San Diego, el mayor impedimento para una relación auténtica era el prejuicio desdeñoso y despectivo. Claro, los sandieguinos estaban felices de comprar productos y mercancías a los agricultores y artesanos de Tijuana, así como sus servicios a bajo precio. Pero aparte de los muebles artesanales de México, los sandieguinos veían los productos manufacturados y terminados al sur de la frontera como poco más que chatarra. Esa actitud basada en la ignorancia, se extendió a la mayoría de los ciudadanos de Tijuana y México.

Las postales turísticas que se vendían en Tijuana muestran esta actitud, típicamente con dibujos animados en lugar de una imagen de la ciudad. El historiador Oscar Jáquez Martínez:

> La imagen más difundida es probablemente de un campesino recostado contra un saguaro con las rodillas recogidas contra su pecho y el sombrero inclinado sobre su cara mientras toma una siesta. Cuando se trata del retrato de una mujer, normalmente luce un peinado alto, de dama española, y lleva un vestido con holanes, de escote bajo y dejando los hombros al descubierto. Su cabeza está inclinada hacia atrás alegremente, y sí, tiene ojos oscuros "parpadeantes" y sostiene una rosa en la boca.

Hombres mexicanos perezosos y mujeres mexicanas sueltas, burros pintados con rayas de cebra, cactus y muros de adobe, esto es lo que el ciudadano estadounidense promedio imaginaba cuando pensaba en Tijuana. También pensaban—y no sin razón—en el vicio, el crimen, las drogas, la corrupción y el bandidaje. En cuanto a lo primero, históricamente Tijuana había sido una guarida del vicio (por no mencionar un lugar para conseguir divorcios y abortos rápidos), pero lo que los estadounidenses no recordaban y se negaban a admitir era que sus propios ciudadanos eran los principales financiadores y consumidores de esos servicios. Sin mencionar que Tijuana se ha transformado desde entonces en un lugar muy diferente. En cuanto al resto de las manchas en su reputación, México sin duda tuvo, en los últimos 100 años, una buena dosis de corrupción, asesinatos y violencia, pero aparte de los acontecimientos que rodearon la revolución de 1911, en Tijuana no había mucha más violencia organizada que en San Diego. Aun así, las redadas de bandidos, la Batalla de Tijuana, Richard Ferris, y las incursiones de Pancho Villa en Columbus, Nuevo México, casi todas en el siglo XX, no fueron olvidadas fácilmente por el vecino del norte.

Ambas ciudades ahora tenían mucho que perdonar, o más importante, olvidar. Ese proceso—dejar el pasado para buscar un nuevo camino común hacia el futuro—comenzó con una serie de relaciones personales y logros individuales que dependían de la ayuda de la gente del otro lado de la frontera. Durante 50 años, San Diego y Tijuana participarían en un baile, dos pasos adelante, uno atrás, antes de que su alianza emergiera en el escenario público.

Muchos consideran que la historia de la relación actual entre Tijuana y San Diego comenzó en el lugar menos esperado, en un rancho a poco menos de 65 kilómetros de Tijuana, en el pequeño pueblo de Tecate, en 1939.

RANCHO LA PUERTA

> No elegí estar allí. Mi marido tuvo que abandonar Estados Unidos porque era un extranjero ilegal. Un húngaro. Sus documentos migratorios húngaros no fueron renovados porque no fue a luchar del lado de Hitler. Hubo cientos de personas cuyos documentos no se renovaron y que tuvieron que abandonar Estados Unidos. Esta ocasionó una tremenda fuga de cerebros de EEUU, expulsando a todos los profesores universitarios como si fueran enemigos extranjeros. México recibió toda la energía de estos europeos, en su mayoría judíos, que fueron expulsados de Estados Unidos. Nadie se quedó en la frontera. Se fueron a Ciudad de México. Insistí en vivir en la frontera porque mis padres se mudaban a San Diego. Vimos Mexicali, y miramos a Tijuana, y ¡ay, Tecate! No teníamos otra opción.

Deborah Szekely tiene 98 años de edad. Ha visto toda la historia de Tijuana y San Diego cómo evolucionaron desde el Viejo Oeste

("No era realmente el Viejo Oeste, pero lo considerábamos así"), a través de la Depresión y el crecimiento explosivo de ambas ciudades durante la Segunda Guerra Mundial hasta las metrópolis gemelas de hoy. Pero, sobre todo, ella estaba ahí desde el inicio—de hecho, su rancho en Tecate, Rancho La Puerta, y cada vez más, su exclusivo destino turístico, Golden Door (Puerta Dorada), cerca de Escondido—son considerados por muchos observadores como las chispas de mucho de lo que vino después.

No empezó así. Debido a que su esposo Edmond, no llevaba ningún documento válido, fue considerado ilegal a ambos lados de la frontera. Concluyendo que en México tenía mejores posibilidades de evitar ser deportado, la pareja se buscó asentarse en una parcela de tierra que llamaron Rancho La Puerta. La propiedad se encontraba en las afueras de Tecate, en ese momento poco más que un conjunto de pequeñas casas y una población de solo cuatrocientos habitantes. Durante los próximos 9 años, el profesor Szekely se escondería en ese rancho, rara vez visitando Tecate, y mucho menos Tijuana. Solo después de la guerra, cuando ya no se le consideraba un combatiente enemigo, y para entonces ya era amigo de la policía local, se atrevió a aventurarse lejos. Así que le tocó a Deborah Szekely encontrar una manera de mantenerlos vivos en su santuario.

Afortunadamente, la ya extraordinaria experiencia de vida de Deborah Szekely la había preparado bien para la tarea. Había nacido en Brooklyn en 1922, de padres obsesionados con la salud. La familia era frutariana—es decir, solo comían frutas, verduras y nueces crudas—y su madre era vicepresidenta de la Sociedad Vegetariana de Nueva York (New York Vegetarian Society). Deborah pasó su infancia asistiendo a conferencias de salud entre semana y haciendo excursiones a campamentos de salud los fines de semana.

Después del desplome del mercado en 1929, cuando las verduras y frutas frescas se volvieron escasas y caras en Manhattan, sus padres decidieron trasladar a la familia, incluyendo a Deborah, de 7 años, y a su hermano, a un lugar donde ambas abundaran: Tahití.

Allí la familia conoció al erudito húngaro Edmond Bordeaux Szekely, un estudiante, relativamente ineficaz pero carismático, de las primeras civilizaciones, en particular de cómo la vida natural de esas culturas podía aplicarse al mundo antinatural de la vida moderna. Tan cautivada estaba la familia por sus enseñanzas que, incluso después de regresar a Estados Unidos, asistía regularmente a los campamentos de salud de Szekely en California y México. Para cuando tenía 16 años, Deborah era la secretaria del Dr. Szekely. "El profesor era irremediablemente incapaz de manejar los detalles prácticos del día a día", recordaría. A los 17 años se había casado con él.

Un año más tarde, Deborah se encontró viviendo en una pequeña casa de adobe con un suelo de tierra, casada con un hombre sin país, en un pueblo con menos residentes que un típico edificio de apartamentos de Manhattan. Pero sus años en Tahití la habían preparado para esto: "Cuando establecimos el rancho, no tuve que aprender de cero. No teníamos nada, pero yo podía arreglármelas. Si hubiera sido una niña de Brooklyn, no habría funcionado. Pero yo era la chica de Tahití".

El Dr. Szekely no podía arriesgarse a entrar en Tijuana o San Diego, al menos no hasta que la guerra terminara, porque podría ser arrestado y enviado de vuelta a Hungría, donde su vida estaría en peligro. No había mucha demanda de conferencias sobre historia antigua y nutrición entre los residentes en su mayoría analfabetos de Tecate, agricultores de subsistencia que pasaban sus días trabajando en la tierra.

Pero Edmond tenía seguidores fieles, y Deborah tenía conocimiento de negocios, habilidades organizativas, perspicacia comercial y una voluntad de hierro. Durante su primer verano en Tecate, la pareja invitó a los visitantes a montar una tienda de campaña en Rancho La Puerta, donde, por el precio de 17.50 dólares y 2.5 horas de trabajo a la semana, dormían bajo las estrellas, se bañaban en el río cercano y escuchaban las conferencias del profesor Szekely con linterna de queroseno. Sus charlas debieron parecer radicales en su momento, pero el tema es familiar hoy en día. Deborah: "Leímos y discutimos y probamos todas las disciplinas de la salud y las teorías sobre la dieta ... germinados de frijol y leche de acidófilos, ayuno total y ayuno intermitente, la cura con uvas, la dieta para para impedir la producción de moco, las caminatas matutinas y los baños de lodo".

Así como la Segunda Guerra Mundial había obligado a los Szekely a trasladarse a Tecate, indirectamente la guerra proporcionó el capital inicial que Rancho La Puerta necesitaba para expandir sus operaciones. Cuando el combate llegó a Java, la compañía británica de caucho Balfour, Guthrie & Co. evacuó a los cónyuges de sus empleados británicos. "Sus maridos se habían ido", explica Szekely. "Todos se convirtieron en prisioneros de guerra". Las mujeres no tenían nada, ni papeles, ni pasajes para viajar de vuelta a Inglaterra. Mientras la compañía resolvía los detalles en San Francisco, las mujeres "nos dejaron con el problema de las mujeres. Pero Balfour Guthrie pagó su alojamiento y comida, así que fue muy útil".

Bajo la guía de Deborah Szekely, Rancho La Puerta pasó de ser un lugar para montar una carpa en el verano, a un retiro durante todo el año, con alojamiento en estructuras militares de almacenamiento decomisadas, a un resort de clase mundial, uno de los primeros de su tipo en el norte de México.

No pasó mucho tiempo antes de que se corriera la voz sobre este exótico lugar de retiro justo al otro lado de la frontera. Gracias al venerable complejo Agua Caliente de Tijuana y sus aguas termales, los californianos del sur ya estaban acostumbrados a que México ofreciera balnearios de calidad superior. Rancho La Puerta, con su régimen más espartano de pescado y comida vegetariana alternando con ayuno, apeló al creciente número de fanáticos de la salud. Entre esos estadounidenses apasionados estaban las estrellas de cine de Hollywood. Algunos vinieron por recomendación de sus pares; otros fueron atraídos al sur de la frontera para disfrutar de otros pasatiempos.

Deborah se encoge de hombros:

> En aquellos días no teníamos un alcalde como tal. Pero teníamos a los funcionarios locales. Cualquier cosa que necesitáramos, cualquier cosa, lo facilitaban. A veces, una estrella de cine se emborrachaba y se encontraba en un banco en la estación de policía. Nunca los encarcelaban, ni siquiera los fichaban. Ni siquiera le preguntaban su nombre a la persona. Recibimos una llamada diciendo: "Tienes un invitado". Y eso fue todo.

Esa cálida relación con las fuerzas del orden tenía otros beneficios. En poco tiempo, el profesor Szekely pudo viajar por la región sin ser molestado. Todos reconocieron la importante contribución que los Szekelys estaban haciendo a la reputación y economía local.

En parte debido a sus circunstancias iniciales, así como a la filosofía personal de Deborah, Rancho La Puerta contrató casi exclusivamente a mexicanos locales para su personal. Al principio, casi todos eran analfabetas.

Deborah:

> Ni siquiera podían firmar con sus nombres. Estaban tan avergonzados. Si se les daba un cheque, tenían que poner sus huellas digitales [para su validación]. No querían que la gente lo supiera. A menudo estaba sentada en mi oficina haciendo algo y escuchaba: "equis persona está en la oficina de al lado. ¿Podría usted regalarle un momento?" Todo lo que quería esa pobre mujer era dejar su huella digital y tomar su cheque sin que nadie la viera. Así que la primera cosa que le enseñé a alguien fue a firmar su nombre.

En poco tiempo, Deborah había fundado una escuela. La primera escuela para adultos en Tecate, ofreció un programa de un año que enseñó a su creciente número de empleados a leer y escribir. Dos generaciones más tarde, los nietos y bisnietos de esos primeros estudiantes son casi todos graduados universitarios.

Una fuente de orgullo para la región, "el Rancho", como lo llama Deborah, continuó siendo una meca para celebridades de Hollywood y que, para muchas de ellas, fue su primer contacto con mexicanos ordinarios y trabajadores. El resultado fue una transformación en la actitud de muchos individuos al norte de la frontera.

Deborah supo personalizar las experiencias de estos huéspedes VIPs haciendo que sus visitas fueran inolvidables. Por ejemplo, para Burt Lancaster, un asiduo huésped, instaló un trapecio para que pudiera practicar la acrobacia a la que dedicó toda la vida. No fue tan lejos para otros, pero todos, ya fueran celebridades o turistas, regresaban con una experiencia casi inigualable en Estados Unidos. No pasó mucho tiempo antes de que los Szekely pudieran comprar el rancho, lo cual, debido a las leyes de México contra la propiedad extranjera de bienes dentro de 65 kilómetros de la frontera (la llamada Zona Prohibida), lo hicieron poniendo la escritura en nombre de uno de sus leales empleados mexicanos. (Los mexicanos que asumieron ese papel de presta nombres fueron llamados "Storm Men").

La tenacidad de Szekely impactó más que sus negocios. De hecho, fue su afición por identificar oportunidades donde menos se espera, lo que permitió al esposo de Deborah convertirse en ciudadano mexicano después de 9 años:

> Mi madre había estado enferma, y yo solía pasar la noche con ella [en San Diego], y luego temprano, temprano iba al rancho. Una mañana, muy temprano, como a las 6:30 o 7:00 de la mañana, pasé manejando por Rancho Florida, la casa donde se alojaba el presidente [Alemán], y ahí estaban todos los soldados. Por lo general, sabíamos de antemano cuándo iba a estar ahí. Mantenía la casa para sus fiestas; la gente venía de Hollywood. A Alemán le gustaba la buena vida. De todas formas, cuando estaba allí, todo el mundo lo sabía. Pero no habíamos oído nada [esta vez], y ahí estaba.
>
> Así que conduje hasta el rancho, y le dije a mi marido: "Vístete. Corbata y saco. El presidente está ahí". Se quejó y se quejó durante todo el camino, pero yo insistí: "Nadie sabe que está ahí".
>
> [Los soldados] vieron entrar nuestro auto. Nadie nos detuvo. Ellos asumieron que, a esa hora de la mañana, como las 7:15 o las 7:00, sabíamos lo que estábamos haciendo. Simplemente entramos por la cochera, que está justo enfrente del desayunador. Entramos, y ahí estaba él, tomando café solo.
>
> Resulta que mi marido había [escrito] dos libros sobre México, que él presentó, y hablamos y explicamos nuestra situación. Había un joven en la bodega, y [Alemán] mandó a llamarlo. Dijo: "Toma los nombres y las fechas y todo". El joven tomó la información y el presidente nos dio la mano y nos fuimos a casa, y mi marido se quejó y se quejó todo el camino de vuelta. Ya

sabes, porque tenía que vestirse de traje y corbata por la mañana.

Unas dos semanas después, nos llamaron de la oficina del alcalde. Necesitaban las huellas digitales [de Edmond]. Era ciudadano mexicano. Entonces la tierra podría ser nuestra. Lo primero que hizo fue conseguir una "tarjeta verde" (visa de inmigrante) para poder cruzar la frontera.

Aunque Deborah se refiere al evento como un "accidente feliz", parece tener una habilidad innata para hacer que ocurrieran tales accidentes.

Rancho La Puerta ha sido nombrado uno de los mejores spas de destino del mundo.

En los años 1950, Deborah y Edmond se habían distanciado. Él había continuado con sus investigaciones y conferencias, mientras que ella se había convertido en una de las primeras empresarias importantes a ambos lados de la frontera y, cada vez más, en una fuerza importante en numerosas iniciativas de desarrollo empresarial y sin fines de lucro tanto en Tijuana como en San Diego. Rancho La Puerta ya no era lo suficientemente grande para Deborah. Había capacitado a los nuevos directivos para dirigir el lugar, y se fijó como objetivo un sueño más grande: abrir el primer centro de fitness elegante del mundo. En 1958, se propuso hacer realidad ese sueño.

El elegante resort que desarrolló, situado justo al norte de San Diego en Escondido, fue llamado Golden Door por su hermoso portal de entrada. En un principio, era esencialmente un gran rancho con alojamiento para solo doce invitados (exclusivamente hombres o exclusivamente mujeres) por semana. Fue pionera en muchas de las experiencias que ahora se copian en todo el mundo: clases de yoga, instructores de ejercicios, entrenados en danza moderna, "días de fitness" y más. Clientes antiguos y nuevos, entre ellos los de Hollywood como Robert Cummings, Kim Novak y Zsa Zsa Gabor y, por supuesto, Burt Lancaster, cambiaron su preferencia a este nuevo resort.

Esta vez, no hubo un largo período de despegue como el que hubo en Rancho La Puerta. Golden Door fue un inmediatamente un éxito—y de tal manera, que Deborah fue capaz de reconstruir todo conforme a su sueño original de un refugio japonés, detrás de esas puertas ahora famosas. Es revelador que, aunque estaba a 80.5 kilómetros al norte de la frontera, Golden Door logró que su personal estuviera integrado completamente por ciudadanos mexicanos, diciendo que durante sus años en Tecate había llegado a admirar el trabajo duro, la dedicación y el espíritu empresarial del pueblo mexicano.

Hoy en día, a medida que se acerca a su centenario año, Deborah Szekely sigue ocupada trabajando. Vendió Golden Door en 1998 a un grupo de inversión, y entregó el control de Rancho La Puerta en 2011 a su hija, Sarah Livia Brightwood. (Dos días después de que Brightwood naciera en San Diego, Deborah registró su nacimiento en México). Aun siendo ciudadana mexicana, Sarah ahora es oficialmente socia de su madre en México). Deborah continúa visitando ambos sitios regularmente, impartiendo conferencias a los invitados).

Por su trabajo, Szekely ha ganado numerosos honores a ambos lados de la frontera. Fue la primera mujer en California (y la quinta en EEUU) en recibir el Premio de la Administración de Pequeñas Empresas. Durante un cuarto de siglo (durante las administraciones de Nixon, Ford, y Reagan) ella sirvió en el President's Council for Physical Fitness (Consejo Presidencial para la Aptitud Física). Todavía forma parte de numerosas juntas directivas, como la Federación Save the Children de México, la Claremont Graduate University y el National Council La Raza, así como otras numerosas organizaciones comunitarias. El Club Rotario de San Diego la ha nombrado Mrs. San Diego.

Tanto el Golden Door como Rancho La Puerta siguen siendo prósperas y celebradas operaciones. De hecho, en 2019, 60 años después de su fundación, el Golden Door fue nombrado el resort y spa número uno del mundo por Condé Nast Traveler.

Pero más que los spas y los premios, es probable que el futuro celebre como el mayor logro de Deborah Szekely, el haber demostrado a las personas de ambos lados de la frontera que podían trabajar juntas, aprovechando las fortalezas de cada una para crear algo prácticamente único en la tierra. Desde la Segunda Guerra Mundial hasta la Era de Internet, Rancho La Puerta y el Golden Door han sido ejemplos brillantes de lo que se puede lograr cuando las actitudes de superioridad y las quejas del pasado se ponen al servicio de una visión que beneficia a toda la región.

NACE UN MOVIMIENTO

Fue maravilloso. Todavía lo es. Pensé que todo el mundo tenía las oportunidades que yo tenía, donde se alcanza a experimentar las cosas maravillosas que México tenía para ofrecer a la vez que las cosas maravillosas que California tenía para ofrecer. Pasé 2 años desplazándome a una escuela privada en San Diego, para primer y segundo de primaria. Recuerdo que no sabía inglés cuando empecé la escuela allí. Pero cuando eres joven, solo aprendes, supongo. Es más fácil. También recuerdo haber ido a restaurantes, cuando era joven. Y Disneylandia. Y al San Diego Zoo.

Alejandra Mier y Terán nació en Tijuana, en 1971. Después de 2 años de estudios en San Diego, ingresó al sistema escolar en su ciudad natal, finalmente se graduó en el Instituto Tecnológico Autónomo de México (ITAM), ubicado en Ciudad de México. Hoy en día, es directora ejecutiva de la Otay Mesa Chamber of Commerce (Cámara de Comercio de Otay Mesa), un cargo que ha ocupado durante 20 años. Otay Mesa es uno de los distritos más al sur de San Diego, justo en la frontera. Mier y Terán también vive hoy en San Diego, donde su hijo Simón asiste al prestigioso colegio católico de San Agustín. Es un caso emblemático de la próxima generación de norteamericanos completamente binacionales que están surgiendo en la región.

Durante toda su vida, Mier y Terán ha vivido una vida transfronteriza, atravesando esta línea invisible con la facilidad que permiten las circunstancias políticas del momento. Durante toda su infancia, Tijuana fue el barrio donde ella y sus hermanos exploraban las calles cercanas y caminaban los 3 kilómetros para comprar conos de helado, nunca sintiéndose nada menos que seguros. San Diego, en comparación, era su patio de recreo. Mientras que Tijuana en esos días tenía pocos parques (hoy en día sigue esta situación), San Diego parecía tener más de la cuenta, incluso para una ciudad estadounidense. Y un zoológico. Y tiendas que venden artículos hermosos. Era una fantasía infantil, especialmente para la hija de un ciudadano de Tijuana cada vez más prominente.

Mier y Terán recuerda a su padre, Enrique Mier y Terán, como un hombre alegre, muy compasivo, de mente abierta y alegre, como la imagen de San Nicolás, que jugaba con sus hijos cada vez que tenía la oportunidad. También fue una figura importante en la historia de Tijuana. A finales de los años 1950, con tan solo 14 años de edad, llegó a Tijuana desde Ciudad de México. Un empresario natural, en un par de años había establecido una pequeña empresa de manufactura, que fabricaba bienes contratados para empresas locales. Entonces se dio un momento decisivo en su joven vida. A pesar de ser menor de edad, estaba sentado en un bar de San Diego y entabló una conversación con otro hombre, un estadounidense:

Mi padre aparentemente preguntó: bueno, ¿qué haces para vivir? Y el otro hombre, cuyo nombre era Ron Kalin, respondió: bueno, yo fabrico esto y aquello, incluyendo horquillas para el cabello.

Enseguida, mi padre le preguntó, ¿Cuánto te cuesta hacer tal y tal cosa?

Kalin le dijo sus costos de producción, y mi padre, sorprendido, le respondió, ¿en serio? Yo podría hacer eso para ti por mucho menos.

Así es como empezó todo, en un bar.

Sorprendentemente, lo que resultó de esa reunión, un contrato de fabricación entre una empresa en San Diego y una fábrica de proveedores en Tijuana, casi no tenía precedentes históricos en ninguna parte de la frontera entre EEUU y México. Esta innovadora relación incluso tiene su propio nombre: maquiladora (del vocablo que en español mexicano hoy se refiere al ensamble). Una maquiladora es una planta de ensamble en México, cerca de la frontera con Estados Unidos, donde las piezas se envían y se ensamblan, y luego el producto terminado se envía de vuelta a través de la frontera.

Para entonces, Enrique había estado en la ciudad solo 2 años. Era tan joven que los historiadores han acreditado a menudo la industria maquiladora a su padre, a quien Enrique traería a su negocio. Pero la verdad es que Enrique Mier y Terán, de 18 años, acababa de descubrir el futuro de Tijuana.

EL PADRINO BENÉVOLO

José Galicot ha vivido los cambios en Tijuana y San Diego, y ha sido parte del desarrollo de la relación entre ambas ciudades durante más de 70 años.

Llegó a Tijuana con su familia cuando era niño, en 1946. Galicot recuerda haber visto restos de la Segunda Guerra Mundial: redes de camuflaje colgadas en las carreteras de ambas ciudades para ocultarlas de posibles ataques aéreos, y señales de demarcación de las rutas de evacuación desde San Diego hacia el sur a través de Tijuana hasta

México. También recuerda su primera impresión de su nueva ciudad de residencia: asfixiantemente polvorienta por el descuido de la infraestructura de los años de guerra. En ese momento, la población de Tijuana había crecido a 20,000 personas y la ciudad estaba luchando para mantenerse al día.

La frontera de la infancia de Galicot era tan porosa que su familia pasaba a menudo entre ambos países para comprar alimentos básicos o simplemente por capricho. "Mi padre me dijo: 'No vayas simplemente por ir'. "Aprovecha los dos mundos". Incluso el tipo de cambio era relativamente inexistente: "Teníamos nuestras tarjetas [ración de tiempo de guerra] que podíamos usar en todas partes para comprar petróleo, mantequilla, zapatos . . . Si quería comprar algo, sencillamente iba hacia allá, como si fuera el centro de mi propia ciudad. La relación con la gente de San Diego era cómoda".

El padre de Galicot era un pequeño comerciante que vendía mercancías como hilo y forros de seda a la numerosa población de sastres de Tijuana (y Mexicali) que atendían a los clientes estadounidenses. Operaba su negocio desde su auto, llevando consigo a José, de 10 años, mientras vendía y hacía entregas, para enseñarle el oficio. La moneda siempre fue el dólar americano, el "oro".

A pesar de era valiosa la contribución de José como ayudante, el padre de Galicot insistió en que asistiera a la escuela. No fue una experiencia agradable para el niño: "eran escuelas muy duras. Y no tenían equipo ni materiales. Incluso necesitabas comprar tu propio escritorio y llevarlo a clase". Además, las aulas estaban llenas con hasta sesenta estudiantes por aula. Pero, sobre todo, el sistema educativo en sí estaba incompleto: la escuela primaria terminaba a los 9 años. Para la escuela secundaria, un niño tenía que dejar a la familia e ir a la escuela en Ciudad de México, donde José permaneció hasta la universidad, obteniendo un título en ingeniería civil. (Uno de sus amigos de esos años era Carlos Slim, que un día se convertiría en el hombre más rico del mundo). No fue hasta 1957 que Tijuana finalmente tuvo su propia universidad, donde Galicot obtuvo otro título, esta vez en economía. Entre tanto, Galicot fue presidente de una organización juvenil judía de América Latina, y presentó un discurso como delegado mexicano en la Primera Conferencia Mundial de Jóvenes Judíos.

José Galicot regresó a Tijuana a los 23 años para convertirse en un hombre de negocios. Eran los años 1960, y le iba bien a Galicot en su vida. Su primer empleo había sido trabajando para su tío en una pequeña tienda, ganando 18 dólares por semana. La esposa de José, Ana Raquel Levine Galicot, era profesora en las muy mejoradas escuelas de la ciudad, y ganaba 50 dólares por semana. Sus amigos bromeaban con que se había casado con ella por su dinero. Mientras tanto, los Galicot ahorraban asiduamente su dinero hasta que, en 1964, José pudo finalmente reunir 1,000 dólares y abrir un negocio propio. Trabajaba todo el día en su tienda, y por las noches cortaba las telas, según los patrones, que luego se coserían y venderían como prendas terminadas, tales como chaquetas.

Galicot se especializaba comprar perfumes y artículos de moda en Europa—algunos no disponibles en Estados Unidos, otros más baratos que en Estados Unidos—y los vendía en su tienda, principalmente a los sandieguinos. Eligiendo la mercancía adecuada, vendiéndola lo más rápido posible, y ofreciéndole a los estadounidenses las gangas que estaban buscando, Galicot rápidamente creció esos 1,000 a 10,000 dólares. No era el único que perseguía este modelo de negocio, solo que entre los más exitosos. En poco tiempo, Galicot abrió su propia fábrica de ropa.

Las fábricas estaban empezando a abrir en todas partes y pagando salarios muy bajos. Los estadounidenses comenzaron a apreciar que valía la pena empezar a fabricar su mercancía aquí. Muy pronto, casi en todas partes de Estados Unidos, la gente usaba artículos hechos en México. Galicot:

> Me di cuenta de que algo importante estaba pasando aquí. Estaban surgiendo fábricas por todas partes en Tijuana. Pero estaba cerrado el acceso a personas ajenas, con vigilancia contratada por las mismas. La gente que trabajaba en ellas no hablaba mucho, pero se podía sentir que se trataba de algo grande y yo estaba empeñado en saber más.

Tardó meses, pero Galicot pudo finalmente hacerse una idea de la magnitud de este nuevo mundo de la manufactura en Tijuana, gran parte del trabajo contratado por las empresas estadounidenses. Se propuso unirse a esta industria maquiladora. Pero él era un pequeño fabricante, y no sabía casi nada sobre la construcción de una fábrica a gran escala. Así que, en cambio, jugó con lo que era su mayor fortaleza: las ventas.

Galicot abrió una tienda de departamentos, vendiendo muchos de los productos hechos en esas fábricas, así como otros artículos de todo el mundo. Aunque sus ventas se dirigían a los estadounidenses ofreciendo precios de ganga por sus productos europeos, especialmente perfumes, la tienda también atrajo a un número creciente de tijuanenses que se estaban volviendo prósperos como dueños o empleados de esas nuevas fábricas locales. Esto tuvo dos efectos: Los estadounidenses aprendieron que podían visitar Tijuana no solo por las artesanías baratas y las corridas de toros, sino también por los artículos más lujosos, ahora disponibles en cualquier parte del mundo. Los tijuanenses también tenían una nueva fuente de orgullo: ya no tenían que viajar a San Diego para adquirir lo mejor; ahora podían disfrutar de su nuevo estilo de vida con artículos comprados en su propia ciudad.

Los grandes almacenes fueron un gran éxito. A finales de la década de 1960, José Galicot era uno de los hombres más ricos de Tijuana.

"Y luego en 1976 vino otra devaluación", recuerda Galicot con tristeza.

El empleo y la prosperidad a ambos lados de la frontera—pero especialmente en México—dependían desde hace mucho tiempo del valor relativo de las monedas de ambos países, que normalmente variaban con sus respectivas tasas de inflación. Cuando el peso se volvió demasiado caro frente al dólar, los estadounidenses dejaron de comprar al sur de la frontera, las economías de ciudades fronterizas como Tijuana se desplomaron y el desempleo se disparó. Lo mismo ocurría a la inversa, pero con menor impacto, excepto para los negocios a lo largo de la frontera. En 1976, más de dos décadas después del ajuste anterior, el gobierno mexicano, creyendo que el peso estaba demasiado inflado, devaluó la moneda en un 45 por ciento. Según los historiadores Louis Harrell y Dale Fischer:

> La magnitud inesperada de la devaluación de 1976 causó conmociones inmediatas y graves a las economías

fronterizas. Los bienes y servicios en Estados Unidos se volvieron prohibitivos para los consumidores mexicanos. La actividad de los compradores mexicanos se redujo drásticamente. Algunos condados de Estados Unidos a lo largo de la frontera fueron golpeados tan severamente que calificaron para recibir ayuda económica federal en casos de desastre.

Ningún comerciante de la frontera sintió el impacto de este desplome tan severamente como José Galicot. Estados Unidos ya estaba en recesión, reduciendo el número de sus valiosos clientes estadounidenses; ahora el colapso económico mexicano apretó los cinturones de los tijuanenses también. Aun así, instituyendo medidas de austeridad, Galicot decidió seguir adelante. Luego, en 1982, el gobierno devaluó el peso una vez más, esta vez en un 30 por ciento. Según Harrell y Fischer, "El precio equivalente en pesos de los bienes y servicios en Estados Unidos aumentó en un 70 por ciento, ocasionando una dolorosa conmoción a las economías fronterizas".

Esta fue la gota que derramó el vaso para José Galicot y sus grandes almacenes. "Perdí cada centavo que había ganado. Tuve que empezar de nuevo. Pero, ¿dónde?»

Encontró la respuesta en las telecomunicaciones. Tijuana se estaba convirtiendo en una comunidad global, y sus empresas (y ciudadanos) necesitaban conectarse a la red de comunicaciones internacionales. Con sus viejos vínculos con la industria en Europa, Galicot se propuso encontrar un proveedor que pudiera servir a su ciudad. Lo encontró en la compañía suiza, BBG Global AG, y Galicot logró lo que parecía imposible: fundó un segundo imperio, esta vez no solo en Tijuana, sino también en San Diego. A finales de la década de 2010, BBG Telecommunications manejaba cientos de millones de llamadas telefónicas y transferencias de datos cada mes.

Finalmente, dejando el negocio a sus dos hijos empresarios, Rafael y Gregorio, que ampliaron y diversificaron la empresa, José Galicot decidió, como veremos, dedicar el resto de su vida a las buenas obras y a fortalecer aún más el vínculo entre Tijuana y San Diego.

EL BICENTENARIO

Mientras que las relaciones comerciales transfronterizas empezaban a crecer, se estaba escribiendo otro capítulo de la historia de San Diego-Tijuana, lo que resultaba interesante, durante los preparativos para la celebración del bicentenario de la fundación de Estados Unidos.

La Dra. Mary Walshok, que en ese momento era profesora de sociología en la UC San Diego, desempeñaría un papel central en el inicio de la era transfronteriza. Walshok:

> Comenzó con un grupo de la élite de San Diego. Estamos en la década de 1970, así que esto era una especie de "Establishment, Inc." (refiriéndose a un movimiento de la élite del momento). Estas eran las personas que ayudaron a recaudar dinero para la orquesta sinfónica, las personas que integraban las comisiones de la biblioteca. Era la pequeña élite de una ciudad militar republicana. Pero había una conciencia, tanto de la frontera como de la historia. Entre sus miembros figuraban Bill Rick, cuya compañía, Rick Engineering, había diseñado y construido Mission Bay Park; Mickey Fredman, que era abogado de bienes raíces y tenía muchos clientes de ambos lados de la frontera; el general de marina Victor Krulak, que era comandante del Depósito de Reclutas del Cuerpo de Marines de San Diego (y cuyo hijo, Charles, mantendría el mismo puesto y se convertiría en el 31° comandante del Cuerpo de Marines en la década de 1990); Deborah Szekely; Jerry Warren, editor de la *Union-Tribune de San Diego*, y el principal columnista del periódico local, Neil Morgan.
>
> Muchas de estas personas vivían o trabajaban cerca de la frontera, y la mayoría conocía a Jack Killea, que había sido el cónsul general de EEUU en Tijuana. A través de él conocieron a Lucy Killea, que había trabajado en el servicio diplomático y que regresó a la UC San Diego (UCSD por sus siglas en inglés) para obtener un doctorado en historia de América Latina. Ella

estaba a menudo en la Francis Parker [Escuela], donde sus hijos iban a la escuela. Mis hijos también fueron allí, al igual que los hijos de la filántropa Yolanda Walther-Meade.

Así que ya había una serie de vínculos sociales establecidos.

Todos estos detalles son importantes, porque en 1975 todos ellos se unieron: todos nosotros conectados a la Escuela Francis Parker, Lucy viniendo a la UCSD, y los líderes de la ciudad de San Diego buscando una manera de celebrar el bicentenario, sin mencionar a los editores de los periódicos queriendo escribir más noticias y así vender más publicidad en la región transfronteriza.

Ahora, agreguemos a todo esto un entendimiento por parte de todos los involucrados de que no se podría celebrar la historia de la región sin incluir a Tijuana en la historia. Este grupo no solo era visionario, sino también oportunista, querían más negocios al otro lado de la frontera.

El resultado fue *Fronteras de las Californias*. En la persona de Lucy Killea tenían a alguien que contaba con los fundamentos intelectuales necesarios, por no mencionar que gozaba de relaciones importantes. Se acercó al que era mi jefe en ese entonces, el decano del programa de extensión, para desarrollar el contenido del programa del Bicentenario. Me asignó trabajar con ella. Así es como empezó.

En última instancia, Killea y Walshok, junto a Elsa Saxod, una líder civil en relaciones binacionales, organizaron una serie de eventos musicales y culturales para celebrar el bicentenario en 1976. Los eventos atrajeron a un gran público de ambos lados de la frontera.

También tuvo un impacto a largo plazo. Dice Walshok: "Había una conciencia más amplia sobre las raíces históricas de San Diego en México".

Elsa Saxod:

El programa *Fronteras de las Californias* estaba programado para cerrarse a finales de año. Pero Pete
Wilson estableció una oficina para que siguiera funcionando. No era parte de la estructura de la ciudad,
pero recibía dinero de la ciudad. Wilson dijo: "Nuestro
futuro está ligado a Tijuana, a Baja California y al resto
de México, y no a Los Ángeles". Fue el primer político
que dijo, "Esa es la dirección hacia donde tenemos que
voltear a ver, al sur". Por lo que escuché de Lucy, fue al
ayuntamiento y dijo: "esto es importante. Será un crecimiento para nuestra economía. Necesitamos mantenerlo, y necesitamos financiarlo".

Mirando hacia atrás, Mary Walshok dice: "Creo que este proceso
fue lo que nos diferencia profundamente de lugares como El Paso y las
otras ciudades fronterizas. En esos lugares las relaciones y el entorno
fronterizo eran principalmente transaccionales y de negocios. Aquí,
era un sentido cultural, social e histórico de una historia compartida.
Era *personal*. Y eso nos permitió desarrollar un nivel de confianza más
profundo".

Fronteras de las Californias llevaría, en pocos años, a la fundación
de San Diego Dialogue. Esa organización establecería la agenda fun-
dacional de la relación de San Diego con la frontera y Tijuana, una
agenda que duraría hasta el presente. Dice Walshok, "¿Quiénes fueron
los miembros fundadores de San Diego Dialogue a finales de los 80?
Las mismas personas que estuvieron con el foro de Fronteras de las
Californias en 1975, 1976 y 1977".

CRISIS, CORRUPCIÓN Y DESPLOME

El final de los años 1980 fue una época de transición dolorosa para
San Diego. La ciudad estaba acosada por escándalos en el gobierno que
enviaron a varios ciudadanos importantes a la cárcel. Aún más devastadores fueron los múltiples escándalos bancarios de la época—la
crisis de Charles Keating Savings and Loan, la estafa de US Financial,
el fraude de Dominelli, el esquema Ponzi de Pioneer Savings and

Loan—que juntos costaron a los depositantes y contribuyentes de todo EEUU cientos de millones de dólares.

Con sede en Irvine, uno de los bancos de Keating, Lincoln Savings, hizo negocios considerables en San Diego. Debido a que estaba en una fase de rápido crecimiento, la ciudad fue especialmente afectada, resultando en un colapso de las ventas de casas y de las nuevas construcciones. Todo esto reveló una debilidad que culminaría años después cuando San Diego se vio envuelta en una estafa del fondo de pensiones municipales, que casi llevó a la ciudad a la bancarrota y le puso a San Diego apodos como Enron junto al mar y la Capital del Fraude de América. El nombre de la ciudad se vio aún más mancillado por un escándalo judicial que dio lugar a la condena de tres de sus jueces del tribunal superior, por delito grave conforme a la Ley RICO (Ley de Chantaje Civil, Influencia y Organizaciones Corruptas, para combatir el crimen organizados), el único caso de este tipo en la historia de California.

Estas experiencias terminaban siendo lecciones de humildad para la ciudad, que solía mostrarse arrogante, excepto cuando se trataba de Los Ángeles. Entre los resultados positivos de tener que enfrentar el fraude en serie en su propia casa, fue un cambio de actitud: los líderes de opinión de San Diego se volvieron más comprensivos y tolerantes con los "defectos" de Tijuana que siempre habían identificado y condenado tan fácilmente.

Luego, a partir de 1989, con la caída de la Unión Soviética, la industria de la defensa de EEUU sufrió una reducción masiva, recortando el tamaño del ejército, redirigiendo fondos ("el bono de la paz"), y eliminando muchos contratos gubernamentales. San Diego, donde esta industria representaba casi el 50 por ciento de la economía, sufrió un duro golpe: en quince meses, la ciudad perdió 60,000 empleos, llevándola a una recesión. El desempleo subió al 10.5 por ciento. General Dynamics, un antiguo pilar de la economía local, cerró.

Walshok:

> La vieja economía local está implosionando y entonces todo el mundo dice, "¡Ay, Dios mío!, ¿qué vamos a hacer ahora?" Luego observan que todavía hay un crecimiento increíble en Otay Mesa y alrededor de la

frontera, así como un crecimiento simultáneo de la infraestructura manufacturera en Tijuana.

De repente, la gente decía: "¡Ay, Dios mío! Nuestro futuro es la tecnología. Nuestro futuro es la frontera. No es solo la contratación en la industria de la defensa".

Simultáneamente, para contribuir a la recuperación de la ciudad, UC San Diego convocó a un grupo de ciudadanos y educadores para hablar de la crisis de liderazgo en San Diego. En el proceso, Mary Walshok descubrió que tenía el don de reunir a la gente para discutir temas y planificar acciones. Decidió poner a trabajar esas habilidades.

EL AGUA ES IMPORTANTE

En retrospectiva, en ese momento se hizo evidente que las dos grandes ciudades del Valle de Tijuana podían trabajar juntas en la práctica y, con el tiempo, de manera efectiva, centradas en preocupaciones que siempre habían compartido: el agua y el medio ambiente.

Durante 200 años, las inundaciones, las sequías y la contaminación se habían resuelto en gran medida por cada ciudad por separado. Parece difícil ignorar estos hechos: Tijuana y San Diego comparten el mismo paisaje y clima; y el río Tijuana, en su paso por el valle, serpentea a través de ambos lados de la frontera. Sin embargo, durante dos siglos, eso es exactamente lo que hicieron ambas ciudades.

Pero a medida que el valle se poblaba por cientos de miles de ciudadanos mexicanos y estadounidenses, y a medida que los márgenes exteriores de las dos regiones metropolitanas se acercaban, se hacía cada vez más imposible ignorar el impacto que estaban teniendo entre sí. El reconocimiento de que San Diego y Tijuana compartían un mismo ecosistema, fue lo que, a partir de la década de 1980, abrió nuevos caminos para la comunidad transfronteriza.

Una figura clave en este esfuerzo pionero fue Paul Ganster, que había crecido en San Diego y se había incorporado al profesorado de San Diego State University (Universidad Estatal de San Diego) en 1984 como director de su Instituto de Estudios Regionales de las Californias, un centro de estudios enfocado en la frontera entre San

Diego y Tijuana. En los años siguientes, Ganster escribió varias docenas de artículos sobre la zona fronteriza entre EEUU y México, fue
reconocido como uno de los principales estudiosos de la política fronteriza y fue co-editor del *Journal of Borderlands Studies* (Revista de
Estudios Fronterizos). En el proceso, recaudó más de 15 millones de
dólares para la investigación científica y política en la región fronteriza
entre EEUU y México.

Más allá de su inigualable conocimiento del tema, Ganster aportó
una contribución singular a la discusión de la política fronteriza entre
Tijuana y San Diego: su interés por la flora y la fauna de la región. Con
el tiempo, llegó a presidir la Junta Ambiental del Buen Vecino, que asesora al presidente y al Congreso de EEUU sobre asuntos ambientales
fronterizos, para lo cual, el criterio del doctor Ganster fue decisivo.

A principios de la década de 1980, las preocupaciones en torno al
medio ambiente en el Valle de Tijuana eran anecdóticas, enfocadas
principalmente a quejas de los bañistas de San Diego por la basura y
los residuos tóxicos que fluían por el río Tijuana, contaminando las
playas locales. Estas quejas fueron en gran medida ignoradas hasta
junio de 1988, cuando Ganster celebró una conferencia en San Diego
State University, titulada "Problemas de calidad del agua de la región
fronteriza de California-Baja California".

La conferencia fue, en parte, el resultado de la desesperación. Las
dos ciudades ya no podían ignorar la situación del agua. El exceso de
aguas de drenaje sin tratar que corrían por el río Tijuana, producto de
la sobresaturación del antiguo sistema de tratamiento de aguas residuales de Tijuana, estaba alcanzando niveles peligrosos. Las charlas
presentadas fueron un gran avance por sí mismas: *Funciones y responsabilidades de las dependencias en relación con cuestiones de calidad
del agua en la frontera; El tratamiento y reuso de aguas residuales; La
reserva del estuario del Río Tijuana; El reuso de aguas residuales y las
cuestiones relativas a las aguas subterráneas; Los factores oceanográfi-
cos y la contaminación marina.* Un hecho inusitado para esa época fue
que Ganster invitara tanto a científicos como a funcionarios gubernamentales de ambos lados de la frontera a hacer presentaciones.

La conferencia puso en alerta tanto al público como a sus funcionarios. Los gobiernos en ambos lados de la frontera sabían poco
acerca de lo que estaba haciendo cada uno. Los asistentes mexicanos

no estaban informados sobre las iniciativas que se estaban llevando a cabo en el lado estadounidense, las herramientas de las que podían disponer, o incluso la profundidad de la preocupación norteamericana por el deterioro del medio ambiente. Los asistentes estadounidenses se sorprendieron de que la comunidad tijuanense, que habían supuesto era indiferente al problema, estuviera en realidad seriamente preocupada por la situación y ya estaba trabajando, aunque invariablemente limitada por los desafíos políticos y financieros.

Para finales de los años 1980, Ganster y su instituto trabajaban estrechamente con individuos y organizaciones de los sectores público y privado mexicanos, como dice Ganster, "para ver la cuenca del río Tijuana como un ecosistema unificado, que lo es".

> Solo está dividido por una frontera internacional y sistemas administrativos sociales muy diferentes. Durante años, hemos abogado para que se aborden los problemas de la cuenca hidrográfica, sobre todo los que son más evidentes, como la contaminación en el extremo inferior del valle, y también en el medio marino cercano a la costa, lo que resulta en cierres de playas en la ciudad de Imperial Beach, o en la ciudad de Coronado.

Esto último es importante, dice Ganster, porque "cuando las aguas contaminadas fluyen en dirección norte hacia Coronado, es cuando los efluentes se encuentran con los afluentes. Y la gente de Coronado nunca está contenta [cuando la contaminación] ocasiona el cierre de las playas".

El momento de la conferencia de 1988 fue propicio. En el plazo de un año, la situación del agua se había vuelto tan grave que el Congreso de Estados Unidos autorizó la creación de la International Wastewater Treatment Plant (Planta Internacional de Tratamiento de Aguas Residuales IWTP, por sus siglas en inglés) en un terreno de poco más de 30 hectáreas al oeste de San Ysidro. Estas instalaciones con un costo de 250 millones de dólares fueron oficialmente un esfuerzo conjunto de los dos países, pero el gobierno de EEUU acordó pagar la mayor parte de la construcción. La firma del acuerdo tuvo lugar en julio de

1990 y no cabe duda que la labor del Instituto de Estudios Regionales de las Californias de Ganster, con sus conferencias, documentos y reuniones, desempeñó un papel fundamental para suavizar el camino de lo que podrían haber sido negociaciones polémicas. La planta inició operaciones en mayo de 1997 y es propiedad de la sección estadounidense de la Comisión Internacional de Límites y Aguas.

Con la IWTP se había logrado una solución provisional. Sin embargo, el reto de hacer extensivo este éxito y seguir trabajando juntos para solucionar futuros desafíos medioambientales, continuó. Así que, durante gran parte de la próxima década, Ganster y su equipo capturaron datos geográficos de ambos lados de la frontera, un proceso arduo cuando incluso las mediciones estaban en diferentes unidades de medida: pies y metros.

> A principios de la década de 2000, emprendimos un trabajo con la Junta Regional de Control de Calidad del Agua y el Condado de San Diego para llevar a cabo un proyecto de investigación aplicada, con el fin de desarrollar una visión conceptual para la gestión de la cuenca binacional del Río Tijuana. Hicimos investigaciones científicas básicas, reuniendo los datos y la información que pudimos, y después involucramos a la comunidad mediante foros en diferentes áreas dentro de la cuenca.

Muchos de esos foros se celebraron en el lado mexicano. Uno de ellos, en Tecate, fue especialmente interesante, recuerda Ganster, "porque asistieron representantes de grupos indígenas de Baja California, areneros, ganaderos, activistas ambientales"—individuos de sectores muy diferentes, y con intereses muy diferentes, hasta propietarios de viviendas suburbanas de San Diego.

El resultado de toda esta investigación y estas reuniones fue un documento de visión. ¿Su conclusión? La única forma de hacer frente a futuras emergencias era crear algún tipo de mecanismo permanente para facilitar la gestión binacional de la cuenca hidrográfica. El hecho de que no hubiera nada que se prestara para eso en aquel momento, condujo a la modificación del tratado sobre agua de 1944 entre las dos ciudades para aumentar la autoridad de la Comisión Internacional de Límites y Aguas, establecida en 1889. Incluso se les dio a los comisionados un estatus diplomático para que pudieran hablar entre ellos directamente, y evitar los protocolos burocráticos habituales de ambos lados.

Posteriormente, vino la política. Ganster y su equipo trabajaron con sus contrapartes mexicanas para que aceptaran formalmente la nueva regulación. Mientras tanto, la senadora del estado de California (y ex asambleísta del estado) Denise Ducheny, que representaba a San Diego en la frontera y gran parte del Valle Imperial, se encargó de trabajar con éxito la regulación a través de Sacramento.

Otro pionero del medio ambiente fue Gastón Luken Aguilar, cuya familia desempeñaría múltiples papeles a lo largo de los años en el desarrollo de la historia transfronteriza. Luken Aguilar recuerda: "Hace unos 20 años, me encontré con unos amigos en México, en la capital, que eran socios en mis negocios, y me introdujeron el concepto del medio ambiente". En ese momento, Luken Aguilar era presidente de GE Capital Bank México, una subsidiaria de General Electric, pero su interés en el medio ambiente había despertado:

> Decidí que iba a dejar los negocios por completo, excepto para sentarme en algunos Consejos, e iba a tratar de concentrarme en algo sobre lo cual era totalmente ignorante, que es el entorno en el que vivía. Mis amigos me dijeron: "¿Sabes? Vives en una zona única en el mundo. Se llama Mar de Cortés, el que Jacques Cousteau calificó como el acuario del mundo". Quiero decir, esta cosa está en la pantalla alrededor del mundo. Bueno, ya sabes, viví aquí toda mi vida, y no lo sabía. Pescaba, cazaba, pero no era consciente de lo que había ahí, excepto que trataba de atrapar algo. Esto me intrigó, y después, a través de ellos, pude conocer personas del sector científico y académico, y comencé a involucrarme gradualmente.

En sus esfuerzos por crear conciencia sobre los problemas ambientales en la región fronteriza, Luken Aguilar se unió a otro pionero del medio ambiente, Enrique Hambleton, uno de los miembros fundadores de Pronatura Noroeste, una organización de conservación pionera que movilizó la acción casi paralelamente a los estudios reveladores del equipo Ganster.

Luken Aguilar se lamenta, "¿Sabes?, somos unos terribles hijos de la madre naturaleza. Nos da el agua y la tomamos toda, y la matamos de hambre. ¿Pero sabes algo que es irónico? Moriremos primero".

También fue clave para los esfuerzos regionales Mick Hager, entonces recién instalado como presidente del San Diego Natural History Museum (Museo de Historia Natural de San Diego). Hager orientó minuciosamente, y no sin controversia, la misión de esa venerable institución para que tomara en cuenta a Tijuana y Baja California como intrínseca y eternamente conectadas a San Diego y al sur de California. De hecho, muchos de los individuos de EEUU que figurarían enormemente en los desarrollos por venir, tendrían su primer vistazo de Tijuana y sus alrededores en los célebres Baja Tours patrocinados por el museo de Hager y la Pronatura de Hambleton.

Lo que Ganster aprendió de su experiencia se convertiría en la idea distintiva de la futura cooperación entre las dos ciudades: "necesitamos encontrar respuestas que realmente reflejen los intereses de la región, no solo los estrechos intereses de cada comunidad individualmente. Es decir, necesitamos soluciones que beneficien a ambos lados de la frontera, con un sentido de beneficio mutuo y equidad entre todos los participantes".

Añade, como todo un académico, "La frontera es una fabulosa oportunidad de investigación".

LA CENA

Si pudiera hablarse de un solo evento que haya juntado a líderes de Tijuana y San Diego para reunirse como iguales en un terreno común, fue, de todas las cosas, una cena en una casa en Tijuana, organizada por la filántropa y catalizadora comunitaria Yolanda Walther-Meade. En ese momento, parecía un evento casual, de una sola vez, pero en los años siguientes, los invitados mirarían hacia atrás en "la cena" y se darían cuenta de que algo profundo había ocurrido esa noche, el primer paso en un nuevo camino para las dos ciudades.

El esposo de Walther-Meade, Jorge, era un hombre de negocios cuyo trabajo lo llevaba regularmente no solo al otro lado de la frontera entre Tijuana y San Diego, sino también a Ciudad de México. Con cinco hijos y una riqueza considerable, la pareja decidió mantener residencias en los tres lugares. Además, debido a las escuelas privadas de alto nivel al norte de la frontera, a partir de 1982 inscribieron a sus hijos en la escuela Francis Parker, una institución para alumnos desde pre-primaria hasta preparatoria que había sido un pilar de San Diego para niños de familias privilegiadas a ambos lados de la frontera desde 1912.

Los Walther-Meade mantuvieron un hogar en La Jolla por muchas razones, entre ellas, evitar el reto de tener que cruzar la frontera para llevar a sus hijos a la escuela. De hecho, en ese momento, debido a los crecientes tiempos de espera, a la frontera se le había empezado a llamar el cruce de la tortuga. Yolanda y sus hijos solían levantarse en las oscuras horas de la mañana para asegurarse de que llegaran a tiempo a la escuela. Algunas mañanas el pasaje tomaba cuestión de minutos, otras veces horas. Con el tiempo, Yolanda desarrolló varias estratagemas para acelerar el paso:

> Solíamos llegar casi hasta el frente de la línea y luego tratábamos de meternos en la fila. A veces un conductor nos veía a todos y nos dejaba entrar. Otras veces salía y le daba dinero al conductor para que nos dejara entrar. Otras veces, los guardias fronterizos (los de US Immigration con sus camisas blancas, o los de US Customs con camisas azules) abrían un carril e incorporaban a cualquiera que hubiera logrado obtener un pase del gobierno. Esos fueron los mejores viajes.

A menudo, por haber llegado temprano, y con muchos de sus cinco hijos inscritos en programas extraescolares, Yolanda pasaba un tiempo considerable en Francis Parker. Siendo una persona naturalmente amistosa y platicadora, pronto conoció a los otros padres ahí, en particular, a la madre de una compañera de clase de uno de sus hijos, Mary Walshok.

Fue una conexión afortunada. Las dos entablaron una amistad, hablando de sus hijos, pero también de sus respectivas vidas. Yolanda inscribió a sus hijos mayores en un programa de verano organizado por la UCSD Extensión, un programa que ahora dirige Mary. Yolanda comenzó a apreciar sus amistades, así como su vida de medio tiempo en San Diego.

A través de Mary, Yolanda escuchó hablar del Junior League de San Diego (una organización de voluntariado y liderazgo femenil). En ese momento, este capítulo en particular dentro de la organización era bastante activo y ofrecía clases de liderazgo cívico local. Yolanda le preguntó a Mary si podía nominarla como miembro y Mary aceptó de inmediato. Ambas siguen siendo miembros hoy en día.

Debido a su ya comprometida participación en ambas comunidades, pronto se le pidió a Yolanda que asumiera responsabilidades cada vez mayores en la Junior League a cargo del seminario de liderazgo. Fue a partir de este trabajo, y de sus conversaciones con Mary Walshok, que se dio cuenta de que había que hacer algo para vincular a los líderes sandieguinos con sus homólogos en el otro mundo de Yolanda: Tijuana.

Por la misma época, el 1 de abril de 1988, Yolanda sufrió un horrible shock: su marido murió repentinamente. Sus hijos tenían 8, 11, 15, 17 y 19 años de edad. "Recé el rosario todos los días durante 13 años a mi marido, ya sabes, y solía sentir, 'No estás aquí, pero tienes que ayudarme'".

Parece que lo hizo. Las conexiones que Yolanda Walther-Meade había establecido a lo largo de la carrera de Jorge ayudaron a sentar las bases de su futuro compromiso cívico. Mientras criaba a sus cinco hijos por su cuenta, intensificó sus esfuerzos para promover su comunidad transfronteriza.

La cena, a pesar de todo su impacto posterior, fue solo otro evento en un torbellino de trabajo filantrópico y relaciones sociales, en las que Yolanda participó durante esos años.

> Mary sabía que era fácil para mí ir y venir entre los
> dos países y pertenecer a todo tipo de organizaciones

diferentes. Así que un día preguntó: "¿Cómo podemos reunir a empresarios y otras personas de ambos lados de la frontera?"

Este era un nivel más allá del que estaba acostumbrada, no solo amigos, sino gente influyente que nunca se había conocido. Dije: "Bueno, podemos cenar en mi casa". Así que Mary invitó a gente de San Diego, y yo invité a gente de Tijuana a cenar y a conocer a sus contrapartes del otro lado de la frontera.

Mi esposo había sido un hombre de negocios toda su vida, especialmente en Tijuana y en toda Baja, así que había conocido a mucha gente—en el gobierno, pero especialmente en los negocios—a través de los años. Todos me conocían porque era su esposa. Así que sabía a quién invitar y cómo contactarlos.

Empecé a hacer llamadas telefónicas. A todos les gustó la idea. Lo mismo pasó en el lado de Mary. Decidimos que la cena sería al aire libre afuera de mi casa porque el clima era agradable. Puedo poner unas cien personas en el área entre mi casa y mi piscina, así que era un lugar perfecto y casual donde la gente podía cenar y hablar y estar cómoda.

Recuerda a Gastón Luken Aguilar:

Fue un buen evento. Fue una emocionante reunión de personas de dos ciudades que en muchos sentidos a lo largo de los años habíamos sido vecinos cercanos, pero deseábamos darnos la mano como aliados. Esto no pretende ser una generalización, ni que no se hayan hecho otros esfuerzos con esto en mente. Solo se reconoció que simplemente tiene sentido asociarse, estar mejor informado, tener una comprensión más profunda, evitar los estereotipos, vivir con un amplio sentido de la comunidad, construir una región más competitiva, crear relaciones de beneficio mutuo, fortalecer los vínculos para hacer frente a las tormentas (como la que tenemos ahora), que van y vienen naturalmente. En resumen, para ser buenos vecinos.

No había ninguna agenda en la cena, ni tampoco salió de ella ninguna estrategia. Más bien, fue simplemente una reunión de hombres y mujeres exitosos de dos mundos diferentes que se reunieron y se vieron a sí mismos en el otro: profesionales serios que construían sus empresas frente a los desafíos políticos, culturales y económicos. Puede que hayan necesitado traductores para hablar entre ellos, pero usaron las mismas palabras.

Cuando los invitados salieron de la casa de Yolanda Walther-Meade esa noche, se dieron la mano, intercambiaron *abrazos* y tarjetas de presentación. Nadie sabía qué saldría de este primer encuentro, pero sabían que algo había cambiado.

LA CONCIENCIA DE SAN DIEGO

En el siglo XX, los grandes diarios estadounidenses tenían invariablemente un columnista que servía de voz, y a menudo de la conciencia, de su ciudad. En California, estaba Herb Caen en el *San Francisco Chronicle*: Leigh Weimers, en el *San José Mercury News*; Jack Smith, en el *Los Ángeles Times*; y Neil Morgan, en el *San Diego Tribune*. A diferencia de sus colegas reporteros de chismes varios y descontextualizados, Morgan era mucho más un estilista de la prosa, a menudo escribiendo sobre su día en un estilo personal y límpido. Como escribió en su libro de 1963 sobre San Diego, amaba a su ciudad adoptiva:

> San Diego es la ciudad occidental más transformada por sus oleadas de colonos.
>
> Al convertirse de repente en un área metropolitana, San Diego ha aceptado el misil, el átomo, el laboratorio, el campus, e incluso una sofisticación casual de California, que los visitantes de la Segunda Guerra Mundial pensaron ajenos a su naturaleza.
>
> Su incomparable zoológico, sus bahías y mar, y México son tan atractivos como siempre. En todas

partes hay frescura, ocio, un aire de dulzura, una dignidad benigna que parece decir: "ponemos la vida primero".

Nótese la presencia de México en esta oda a la amada ciudad de Morgan. Como muestra un estudio de sus columnas: México, y Tijuana en particular, siempre estuvieron en el fondo de la mente de Morgan. A partir de finales de la década de 1990 usaría su columna (inicialmente titulada "Crosstown" pero con el tiempo, reconociendo su estatura, que solo llevaba su nombre) para ser pionero en una nueva forma de ver a los vecinos transfronterizos de San Diego no como una sociedad ajena sino como parte de la cultura común más amplia de una sola región.

Morgan nació en Carolina del Norte y vio por primera vez a San Diego, como tantos otros jóvenes de la época, como marinero durante la Segunda Guerra Mundial, y como muchos de su generación que habían sido embarcados al Pacífico, cuando regresó decidió quedarse. Aceptó un trabajo en el *San Diego Daily Journal* en 1946. El periódico descubrió sus dones de prosa y lo hizo su columnista de la ciudad en 1946. Cuando el periódico fue absorbido por el *San Diego Evening Tribune* 2 años más tarde, fue invitado a trasladar su columna a un espacio más grande.

En poco tiempo, Neil Morgan era la voz más influyente de la ciudad. No todas sus columnas eran benignas y optimistas sobre los eventos de la vida diaria de San Diego. Podría ser controvertido, incluso activista, como cuando en 1952 se empeñó en exhibir los intentos de un mafioso local por obtener una licencia de venta de licor. Como escribió el periódico en su esquela: "era un escritor elegante que tenía el ojo discernible de un perro guardián".

Otra de esas polémicas columnas se produjo en 1981 cuando Morgan propuso que se incorporara a Tijuana en toda la planificación futura de la región de San Diego. "Fue criticado por ser herético; ahora esa noción es comúnmente aceptada", recordaría Karin Winner, ex editora del periódico.

Morgan siguió su propio consejo. Para 1989, estaba incluyendo regularmente una sección en su columna, "Ciudad Fronteriza", con noticias sobre Tijuana. Igualmente importante, es que lo que escribía ahí trataba a esa ciudad, no como un lugar distante y exótico, sino como algo más cercano a un suburbio de San Diego, con muchos de los mismos problemas cotidianos. Aquí están las observaciones que Morgan señaló en 1989:

> Algunos precios de bienes raíces en el centro de Tijuana son ahora más altos que en el centro de Phoenix y se acercan al nivel del mercado de San Diego. El precio de los estacionamientos públicos ciertamente lo es. Estacionarse durante una mañana en un edificio de torres gemelas en Tijuana ahora cuesta más de 5 dólares . . .
>
> Desde las oficinas del piso 19 en una de las torres gemelas que se han convertido en hitos de la nueva Tijuana cosmopolita, el abogado Gonzalo Gómez-Mont, representa a 20 de las 23 empresas japonesas que han construido fábricas a lo largo de la frontera. Mira su ciudad adoptiva y medita: "ustedes, los de San Diego, miran al norte, obsesionados con Los Ángeles, olvidando que un pequeño gigante ha nacido a sus espaldas. Ustedes aprecian Camp Pendleton como un muro entre ustedes y Los Ángeles, y piensan en la frontera como si fuera un muro poroso a sus espaldas. Pero ahora los hombres de negocios de San Diego vienen aquí todos los días, ansiosos de compartir el futuro de Tijuana. Creen como yo que el futuro de San Diego no está ligado a Los Ángeles, sino a Tijuana".

No se trataba de lo que escribiera un sandieguino mirando las torres de oficinas hacia el sur a través de un telescopio, sino de alguien que, viviendo en Tijuana, viendo sus cambios, reconociendo el futuro común de las dos ciudades, y tratando de llevar ese mensaje a sus vecinos.

Ese año, 1989, a Morgan se le presentó la mayor plataforma para exponer su caso sobre las dos ciudades cuando *National Geographic* le asignó la redacción de un ensayo para su artículo de portada especial sobre San Diego. *National Geographic* había dado una cobertura similar a San Diego 20 años antes y dedicó solo dos párrafos a Tijuana. Ahora, el corazón de la historia de la portada de treinta y seis páginas fue una exploración de la a menudo escabrosa y "creciente relación simbiótica"—en particular las maquiladoras y plantas de montaje— entre las dos ciudades.

En su ensayo, Morgan celebró los logros de Tijuana y su reciente auge. Pero también era inquebrantable—como lo era en su columna— en cuanto al desafío de la región, gran parte del cual se centraba en la cada vez más polémica frontera. Contó la historia de una fogata a un lado de la barda fronteriza y de los migrantes—incluido un joven mexicano con "enormes ojos color marrón" llamado Carlito—que esperaba para cruzar, y de una mujer sollozante vestida de rojo que acababa de ser arrestada con un camión lleno de marihuana, y de "prostitutas del crack" que ejercían su oficio en el lado norte de la frontera. *National Geographic* había temido que "Mr. San Diego" sería demasiado para su ciudad—en cambio, cautivó el ojo resuelto de un reportero que celebraba las glorias de las dos ciudades al mismo tiempo que se negaba a apartar la mirada de sus lados oscuros.

En la década de 1990, y con la fusión del *Tribune* con el *Unión*, la presencia de Neil Morgan en el nuevo periódico se expandió. Ahora su columna se convirtió más en un tema único con historias enteras dedicadas a las relaciones transfronterizas. Una de las más tempranas se refería a los primeros estudiantes de MEXUS, que, como su nombre indica, era un programa de intercambio internacional de universidades entre los dos países, en el que los graduados obtendrían títulos tanto por San Diego State University como por una universidad mexicana. En el ensayo, Morgan hizo una predicción audaz:

> Lo que los directivos de MEXUS prevén es que los graduados serían líderes locales potenciales en ambos lados de la frontera. Estarán unidos por las experiencias compartidas de ir no solo a la escuela y a la biblioteca, sino también a los cafés, a la playa y a los lugares de entretenimiento juntos, y a las casas de los demás.
>
> Habrá un choque cultural en ambos lados . . . pero gracias a ello los graduados de MEXUS podrán superar mejor los abismos culturales cuando negocien los asuntos transfronterizos.

No es sorprendente que Morgan haya sido un defensor desde hace mucho tiempo de una política racional de migración fronteriza. Encontró un alma gemela en el nuevo zar fronterizo del presidente Clinton, Alan Bersin, y le dedicó una columna. Observó con aprobación que, en relación con la travesía marítima de refugiados cubanos que partieron desde el puerto Mariel, Bersin había enviado un fax a un amigo en la Procuraduría General de EEUU encabezada por Janet Reno, diciendo: "No exageremos la crisis en Cuba". Eso equivaldría a solo dos semanas de trabajo para nosotros aquí en la frontera mexicana". Morgan continuó señalando que:

> Bersin cree que, si los estadounidenses se tomaran en serio la aplicación de la ley a lo largo de nuestra frontera sur, habría que usar alta tecnología, encontrar incentivos para alentar la cooperación del gobierno mexicano y, sobre todo, llegar a un consenso nacional sobre lo que pretendemos lograr nuestras políticas fronterizas.

En otra columna sobre Bersin, Morgan señaló que recientemente había pasado la noche a caballo con la Border Patrol (patrulla fronteriza):

> La gente de la Border Patrol viene a trabajar cada noche sabiendo que perderán. A menos que un migrante les lance una pedrada o haga un intento flagrante de eludirlos, son amables con su presa.
>
> Saben que esta frontera implica un choque entre de las economías del primer y el tercer mundo, y los inmigrantes, generalmente dóciles y obedientes cuando son capturados, rara vez les dan problemas.
>
> Después de todo, la mayoría de los estadounidenses descienden de inmigrantes de otra generación, y no hay voluntad de dispararles en Estados Unidos. Sin embargo, hasta ahora, el gobierno no ha encontrado una técnica exitosa para detenerlos.
>
> Bersin pasa muchas mañanas desde temprano en el cruce fronterizo de San Ysidro, con sus largas filas

hacia el norte, principalmente de quienes trabajan en San Diego.

"Vamos a hacer de esto un puerto de entrada predecible para que las personas puedan planear sus vidas . . . Estamos progresando con una vigilancia policial más eficaz de la frontera".

En el futuro, espera Bersin, los mexicanos avanzarán hacia la discusión de una autoridad binacional que sirva de centro de intercambio de información para los asuntos fronterizos. Eso significaría más que todos los muros fronterizos.

A principios de la década de 2000, Morgan fue uno de los primeros en observar que la floreciente economía de Tijuana—especialmente las fábricas de maquiladoras—también estaba enriqueciendo a San Diego:

El último recuento de fábricas de maquiladoras de Tijuana es de quinientos cincuenta. La revista *Forbes* estima que la población de Tijuana es de 1.5 millones con una proyección de tres millones para 2008. El libre comercio "ha transformado un lugar que alguna vez estuvo destartalado, en una ciudad que puede crecer tan grande como lo es Chicago hoy". Así como a menudo lo argumentan la alcaldesa Golding y otros, cuando conversan con ciudadanos que están demasiado enojados por la frontera para escuchar, San Diego se beneficia con miles de millones cada año del comercio de Tijuana, intensificado por este auge.

Neil Morgan continuaría escribiendo su columna hasta 2004, siendo el mayor impulsor de San Diego, y siendo una espina clavada en el costado del liderazgo de la ciudad, así como escribiendo sobre la vida en, y más allá de, la frontera. Acumuló numerosos honores por sus escritos, desde el título "Mr. San Diego 1999" hasta un premio Ernie Pyle. Cuando murió en febrero de 2014 a la edad de 89 años, fue reconocido como el individuo que más hizo en la segunda mitad del siglo XX para mostrarle a los sandieguinos quiénes eran, para establecer la identidad de la ciudad y el verdadero significado de su relación con sus vecinos del sur.

Tal vez la declaración más importante de Neil Morgan sobre sus sentimientos sobre el destino compartido de San Diego y Tijuana se encuentre en una columna de agosto de 1994, donde describe la frontera entre ellos, como donde se "arremolinan mareas culturales traicioneras":

> Aquí, se tocan incómodamente dos metrópolis, tan contrastantes como pueden llegar a ser un par de ciudades, lanzadas una contra la otra por la historia y la geografía.
>
> Aunque estamos separados por un muro, también estamos cada vez más conscientes de nuestra interdependencia. En ambos lados los agitadores parlotean, obsesionados con sus propios motivos miopes, explotando los prejuicios de la gente para engendrar la hostilidad y posponer la gracia de la comprensión. Pero en ambos lados, miles de personas de buena voluntad se esfuerzan más que nunca por conocerse y escucharse.

LA GRAN CONVERSACIÓN

Los muchos hilos—individuales, institucionales, políticos—que habían estado atando a San Diego con Tijuana, finalmente, e inevitablemente, se unieron en 1991, con San Diego Dialogue. Era una colaboración descrita por las historiadoras de la UC Berkeley (universidad de California Berkeley), Karen Christensen y Jane Rongerude como "una colaboración única que vinculó a la UC San Diego, a los líderes empresariales emergentes en el mundo de la alta tecnología de la región de San Diego y a los líderes empresariales del sector bancario, inmobiliario y turístico de San Diego".

Los estatutos de San Diego Dialogue eran ambiciosos en un momento en que la frontera seguía siendo, en el mejor de los casos, ignorada en gran medida por la mayoría de los habitantes de San Diego y, en el peor de los casos, considerada como una posible amenaza de la delincuencia, la corrupción y el creciente número de inmigrantes ilegales. El objetivo declarado por San Diego Dialogue era "promover una renovación de la discusión cívica, la investigación reflexiva y la creación de consenso sobre el futuro de la región de San Diego . . . y comprometer al público en general y a los funcionarios electos en torno a un programa de iniciativas regionales". Como era característico en esos tiempos, y consistente con la históricamente limitada interacción entre ambas ciudades, no se invitó a nadie del lado mexicano a participar en la conversación en un principio, contrario a lo que enfatiza el nombre del programa.

UC San Diego demostró ser la clave para abrir una conversación transfronteriza sostenida. Sin embargo, centrada en su propio desarrollo como universidad de clase mundial, la UCSD en esos años tenía muy poca conexión con la ciudad de San Diego. De hecho, no había ningún vínculo de transporte entre la universidad y la ciudad que lleva su nombre, ni siquiera una extensión del campus en el centro de la ciudad, hasta bien entrado el siglo XXI.

Aun así, el lanzamiento de San Diego Dialogue fue un momento histórico. Nunca antes, en ninguna parte de la frontera de Estados Unidos, se habían unido los miembros influyentes miembros de una gran ciudad para abordar los desafíos presentes y futuros no solo de esa ciudad y su área metropolitana sino de toda una región, incluida una ciudad de otra nación. De hecho, San Diego Dialogue llegaría a darse a conocer principalmente por sus iniciativas transfronterizas, especialmente por haber logrado identificar la verdadera naturaleza del cruce fronterizo entre San Diego y Tijuana, y por desarrollar la primera respuesta práctica. En el proceso, al tratar el Valle de Tijuana como una región y no solo como dos naciones diferentes, San Diego Dialogue transformó el pensamiento de los líderes de ambos lados.

Una vez más, una figura clave en la creación del San Diego Dialogue—que había participado en la cena de Yolanda Walther-Meade dos décadas antes—era Mary Walshok, la socióloga y directora del programa de extensión de la UCSD. Como diría más tarde un integrante de San Diego Dialogue, "Mary Walshok jugó un papel decisivo y creativo. Creo que, en el ámbito de la divulgación comunitaria sustantiva, es la líder más imaginativa y eficaz que he visto transitar por las universidades".

Para Walshok, San Diego Dialogue fue la culminación de años de construir una red inigualable de líderes comunitarios de San Diego, tanto a través de sus esfuerzos para establecer la UC San Diego y sus programas de extensión comunitaria, así como por medio de sus contactos personales con las principales familias de Tijuana. Además, la formación profesional de Walshok en el campo de la sociología—en particular con el modelo de las comunidades de aprendizaje suecas—le había enseñado el poder de sacar de sus nichos profesionales a figuras importantes para entablar verdaderas conversaciones, abordar problemas comunes y utilizar sus talentos singulares para lograr una solución. Walshok quizá era la única persona en San Diego que contaba con esta mezcla de talentos, y dado su papel al comienzo del San Diego Dialogue, es posible que nunca hubiera comenzado sin ella.

Las semillas de San Diego Dialogue se plantaron en 1984, cuando San Diego se vio sumido en la recesión nacional. Los precios de las propiedades inmobiliarias se habían derrumbado y los bancos tenían problemas financieros. Al parecer, las industrias tradicionales de la región—el turismo, la defensa y la agricultura—también estaban en problemas, amenazando la vida económica de la ciudad. La única esperanza parecía estar en la nueva economía de la zona, la alta tecnología y la biotecnología, pero aún estaban en la adolescencia. Peor aún, las economías nuevas y tradicionales de la zona parecían no tener contacto entre sí. Por lo tanto, había pocas posibilidades de que los viejos y los nuevos trabajaran juntos por una causa común.

Ante esta crisis, Walshok se acercó a Dick Atkinson, entonces rector de UC San Diego, con una idea: ¿Por qué no crear una nueva organización para involucrar a los principales representantes de ambas economías a trabajar juntos en soluciones? Contando ya con la luz verde para el plan, Walshok reunió, según Christensen y Rongerude:

> [Un] número de interesados del centro de la ciudad y un puñado de científicos e ingenieros que estaban iniciando pequeñas empresas cerca de la universidad para hablar de empleos, desarrollo y crecimiento

económico. Su objetivo era crear una nueva red de líderes y voces en San Diego.

El resultado fue UCSD CONNECT. No solo reunió a los diversos líderes de San Diego, sino que, con el paso de los años, creó una cohorte de individuos poderosos dedicados a un futuro exitoso para la ciudad y sus alrededores. A principios de los años 1990, algunos de estos miembros creían haber identificado una nueva y apremiante necesidad que involucraba no solamente a la ciudad de San Diego sino a toda la región, incluyendo a Tijuana, y tenía que ver con el liderazgo. Se acercaron a Mary Walshok, quien los recuerda diciendo: "Has hecho tan buen trabajo organizando a los grupos de interés que pueden afectar la dirección de la economía regional. ¿Por qué no empiezas a centrarte en algunos de los retos de liderazgo y de asuntos de interés público que enfrentamos en la región?"

La respuesta de Walshok fue San Diego Dialogue. La forma en que se estructuró San Diego Dialogue ha sido un modelo para otras ciudades, y probablemente seguirá siéndolo en los años venideros. En particular, según lo que Christensen y Rongerude, escribieron en ese momento, la estructura organizacional del Dialogue "hace hincapié en las relaciones por encima de la jerarquía y en la flexibilidad por encima de la continuidad".

> Los miembros son seleccionados meticulosamente, y la lista de miembros exclusivos es representativa del posicionamiento al que aspira la organización en la región, y de la forma en que realiza su trabajo. Una estructura flexible permite a la organización cambiar según lo requieran las circunstancias, y decidir abordar problemas o dejarlos a un lado a medida que se presentan las oportunidades.

Walshok fue descaradamente elitista en el reclutamiento de los integrantes de San Diego Dialogue para lograr lo que vino a llamarse "la Lista". En las palabras del hombre que se convertiría en el líder reconocido de San Diego Dialogue y la fuerza motriz de su éxito, el Dr. Charles E. ("Chuck") Nathanson:

Cuando miras la lista de miembros, la gente dice: "Es una lista maravillosa, es un grupo de gente estupendo". Esta es la gente que construyó San Diego o que construyó Baja California o que construyó la industria maquiladora. Tienen una reputación cívica.

Es importante destacar que la Lista estaba compuesta por personas poderosas y exitosas que habían demostrado un profundo compromiso con la salud y el éxito de la región y que eran líderes consumados con un historial de colaboración, conciliación y creación de consenso. Lo que la Lista no reflejaba, eran prejuicios con respecto a raza, género o, incluso, orientaciones políticas. De hecho, si había alguna queja sobre la composición del Dialogue, era su sesgo hacia la edad. Al parecer, el reclutamiento había hecho hincapié en la experiencia y la sabiduría, como la que se encontraba en los hombres y mujeres que habían pasado años en la región y vivido sus cambios, pero que también tenían la edad y el éxito suficientes para no estar preocupados por afirmar sus egos o buscar el prestigio personal en el Dialogue. De hecho, San Diego Dialogue, a pesar de todo su impacto, funcionó casi de manera invisible durante muchos años.

La membresía original del San Diego Dialogue en 1991 era solo de sesenta personas. El participante más importante—tan importante que se le considera como co-fundador junto con Mary Walshok—fue el sociólogo Chuck Nathanson, que se convirtió en la personificación de San Diego Dialogue. Como lo describiría Steve Erie, director del Programa de Estudios y Planificación Urbana de la UC San Diego:

Chuck fue el modelo mismo del empresario con valor cívico y promotor del tan necesario diálogo, entre una serie de actores regionales, sobre importantes cuestiones de política en San Diego y al otro lado de la frontera. Hizo de UCSD tanto un foro como un socio en estas extraordinarias conversaciones. Fue un tesoro regional.

Nathanson nació en Detroit, obtuvo su licenciatura en Harvard y su doctorado en Brandeis, y luego pasó gran parte de su carrera como académico en Brandeis y el Conservatorio de Música de Nueva Inglaterra. Trabajo como periodista en Washington, DC, y como asistente de editor de la ciudad en el *Detroit Free Press*, antes de establecerse en San Diego como profesor de sociología en UCSD. Profundamente comprometido con el servicio a la comunidad, Nathanson pronto ocupó cargos en numerosos consejos de organismos civiles locales, desde el San Diego Convention & Visitors Bureau (Centro de Convenciones y Agencia de Visitantes de San Diego) hasta el Museum of New Americans (Nuevo Museo de los americanos), y el Port of San Diego (Puerto de San Diego). Su enorme erudición—Walshok lo llamó "un verdadero intelectual público"—y su extensa y creciente red de conexiones, así como su atractiva e incluyente personalidad, lo convirtieron rápidamente en el líder reconocido del floreciente emprendimiento transfronterizo.

Robert Dynes, rector de UCSD llegó a decir: "él estableció el estándar de oro para la conversación directa, el orgullo cívico y la planificación con visión de futuro". Su contraparte, Augustine P. Gallego, canciller del San Diego Community College District y presidente del San Diego Dialogue, hizo eco de estas palabras: "Chuck era profundamente respetado por sus colegas de ambos lados de la frontera. Él veía una imperiosa necesidad de unir a la gente, y lo hacía muy bien".

Entre las tareas que Nathanson se reservó para sí mismo fue seleccionar a quién reclutar para San Diego Dialogue Muchos de los nombres que reclutó son los que ocuparían un lugar destacado en la historia relatada por este libro, entre ellos José Galicot, Malin Burnham, Enrique Mier y Terán, Salomón Cohen, Deborah Szekely, Raymundo Arnaiz, Alan Bersin, José Fimbres Moreno, Héctor Lutteroth, José Larroque, y Gastón Luken Aguilar. Para muchos de estos distinguidos ciudadanos que viven al otro lado de la frontera, era la primera vez que se conocían y, para muchos, era la primera vez que consideraban la política regional.

Los estatutos de San Diego Dialogue dicen lo siguiente:

1. El propósito de San Diego Dialogue es promover una renovación de la discusión cívica, la investigación reflexiva y la creación de consenso sobre el futuro de la región de San Diego.

2. Se hará todo lo posible por contratar a participantes distinguidos con formaciones profesionales diversas, con especial competencia en los asuntos que se pondrán a discusión y una reputación de apertura a distintos puntos de vista y servicio a la comunidad.

3. Para fomentar el debate a fondo de nuevas ideas y el pleno intercambio de opiniones, las reuniones iniciales serán privadas, se limitará el tamaño del grupo y se evitará la publicidad.

4. Sin embargo, en última instancia, San Diego Dialogue buscará involucrar al público en general y a los funcionarios electos en un programa de iniciativas regionales.

5. El programa de extensión universitaria, de UCSD desempeñará la función de convocante de San Diego Dialogue.

En la práctica, había otras reglas. Una de ellas era que los funcionarios electos no podían ser miembros, a fin de mantener a la política fuera del proceso. Además, como norma no escrita, los recién llegados a la comunidad, los activistas y líderes comunitarios, y los representantes de organismos gubernamentales, normalmente no fueron invitados a unirse. Por otro lado, San Diego Dialogue fue diseñado para ser pragmático, es decir, no solo se organizó para reunir información sobre la dinámica de la región, sino también para utilizar ese conocimiento como catalizador del cambio. Como explicó Nathanson en su momento: "Nuestros criterios son para las personas que puedan trascender sus intereses especiales y pensar en la región como un interés y pensar en el bien común". Además, para las personas que tienen una reputación por practicar la equidad". Podría haber mencionado que los reclutados también ofrecían una experiencia o habilidad especial, conexiones únicas, o satisfacían una necesidad de diversidad. En búsqueda de esos objetivos, Nathanson entrevistó a cada uno de los nominados.

Además, a pesar de su imagen cordial y privada, en la práctica San Diego Dialogue era todo menos democrático. Francamente, era totalmente secreto. Nathanson era un líder políticamente adepto y amigable, pero después de escuchar a todos, gobernaba con mano firme. Según escribían Christensen y Rongerude, en ese momento:

El papel de Nathanson como facilitador de la organización es fundamental. Su trabajo tras bambalinas
y sus conversaciones uno a uno crean un proceso de
toma de decisiones fluido y una atmósfera de colegial-
idad en la que el consenso interno parece lograrse casi
sin esfuerzo. Su inteligencia política logra potenciar a
esta red de relaciones convirtiéndola en una oportunidad para el cambio regional.

En realidad, Nathanson organizó a San Diego Dialogue para la
toma de decisiones y la acción, no solo como una sociedad de debate o
un foro académico. Se estructuró esencialmente como tres anillos con-
céntricos. En el anillo exterior estaba el público en general que podía
ayudar a apoyar a la organización con sus donaciones—200 dólares
anuales—y a cambio recibir un informe mensual e invitaciones a las
sesiones plenarias mensuales de San Diego Dialogue.

En el círculo intermedio estaban los miembros que habían sido
invitados a unirse y participaban en todos los debates e investigaciones, pero que en última instancia solo se les permitía una influencia limitada en cualquier toma de decisiones sobre nuevas iniciativas.
Christensen y Rongerude:

> Estos miembros informaron que no sabían cómo se
> tomaban las decisiones porque estaban excluidos de
> las decisiones. Las únicas reuniones a las que fueron
> invitados fueron las sesiones plenarias trimestrales.
> No se les incluía en las consultas individuales con
> Nathanson. No se les pidió que ayudaran a desarrollar
> nuevos proyectos o que participaran en los comités de
> supervisión de los proyectos existentes.

Finalmente, estaba el anillo interior, el "Círculo (Bill) "McGill",
llamado así por el presidente fundador del San Diego Dialogue. Los
miembros del Círculo, que nunca llegaron a ser más de una docena
de individuos, ya estaban entre las figuras más poderosas de la región.
También se les exigía que donaran al menos 5,000 dólares al año
durante 3 años. A cambio, los miembros del Círculo recibieron un

estatus especial: no solo se sentaron en múltiples comités de San Diego Dialogue, sino que participaron en foros regulares que los conectaron con los responsables regionales de alto nivel y, sobre todo, trabajaron estrechamente con Nathanson para elegir las posturas oficiales de la organización, así como las nuevas iniciativas que la organización emprendería.

Estar en el Círculo McGill tenía también muchos otros beneficios, incluyendo profundas relaciones personales—amistades que a la larga jugarían un papel importante en el futuro de la ciudad. Como dijo un miembro: "La gente se conoce ahora. Van a las bodas y a los bar mitzvahs de cada uno. Nunca ha estado mejor". No es de extrañar que la membresía en San Diego Dialogue no solo se convirtió en un objetivo para todas las figuras importantes de San Diego (y Tijuana), sino que los eventos de San Diego Dialogue con el tiempo volvieron muy populares con las personas privilegiadas y los aspirantes a líderes de la región.

Tal vez el miembro más joven del Círculo McGill en años posteriores fue José Larroque, un profesional inmobiliario destinado a convertirse en socio de Baker-McKenzie, el primer bufete de abogados genuinamente global en abrir una oficina en Tijuana. Larroque no solo aportó a San Diego Dialogue su papel de líder mexicano de la nueva generación, sino también una historia única: su bisabuelo, entonces alcalde de Tijuana, había sido asesinado en la Batalla de Tijuana durante la Revolución Mexicana.

> Al principio, los demás me miraban, como diciendo: "Este es el *San Diego* Dialogue. ¿Tú para qué estás aquí?» Pero muy rápidamente, la frontera se convirtió en un tema importante para el grupo, y ahí es donde encontré mi papel.

En los años siguientes, Larroque se hizo amigo de importantes sandieguinos como Neil Morgan y Malin Burnham, que resultaron ser importantes para el futuro de su carrera. Con el tiempo, el propio José se convirtió en una de las figuras líderes en el desarrollo transfronterizo, las alianzas entre las empresas y las inversiones. También se convirtió en una figura importante en el sucesor de San Diego Dialogue,

Smart Border Coalition, de la que es copresidente en Tijuana (junto a Steve Williams como presidente de San Diego). De hecho, la mayoría de los líderes de San Diego Dialogue que aún viven, son ahora parte de la junta directiva de la Smart Border Coalition.

Uno de las personas reclutadas más importantes de Nathanson del otro lado de la frontera fue el magnate de las tiendas del departamento de Tijuana, Salomón Cohen.

Cohen:

> No recuerdo cómo conocí a Chuck Nathanson, pero sí recuerdo que me dijo que estaba pensando en reunir a un grupo de Tijuana para que formara parte de San Diego Dialogue para ver cómo podríamos ayudar a ambos gobiernos a entender la frontera. Después me preguntó si podía ayudar, si podía reunir a las personas más prominentes de Tijuana para que se hicieran miembros de San Diego Dialogue.
>
> En ese momento, pensé que la única forma de hacerlo era celebrar una cena en mi casa. Invité a todas las personas del San Diego Dialogue a unirse a nosotros en Tijuana. Luego invité a las personas más prominentes que conocía en Tijuana a que conocieran a Chuck Nathanson y sus colegas. Fue una noche inolvidable. Pensamos que sus planes eran excelentes. Y ese momento fue el comienzo de nuestra participación en San Diego Dialogue. Fue un gran comienzo para que las dos ciudades trabajaran juntas en proyectos comunes, en particular el cruce de la frontera, que nos pareció muy importante.

San Diego Dialogue por fin estaba haciendo honor a su nombre.

EL INFORME

Cabe imaginar que la organización jerárquica de San Diego Dialogue habría provocado fricciones y resentimientos, especialmente entre los

miembros a quienes se les había negado la participación en la toma
de decisiones del círculo íntimo. Sin embargo, más allá de las quejas
ocasionales de que sus intereses particulares no se hubieran tomado
en cuenta, parece no haber sido así. Probablemente hay varias razones
para esto. Una de ellas es que todos los miembros eran personas ocu-
padas y de gran éxito y estaban encantadas de ser miembros sin asumir
el compromiso de tiempo asociado a la toma de decisiones.

Pero quizás aún más importante fue el liderazgo de Chuck
Nathanson, en quien confiaban completamente. Puede que haya sido
un defensor enérgico y apasionado, pero sobre todo era un defensor
iluminado. Era cortés y afable, y trataba a todos los miembros, incluyendo a los suscriptores, con dignidad y respeto. También era evidente
que estaba profundamente comprometido con el éxito de la región y
que estaba dispuesto a sublimar su propio ego (por ende, la prohibición
de la publicidad) con ese fin.

Finalmente, era obvio que San Diego Dialogue lograba resultados.
Tuvo un impacto real, tanto en el cumplimiento de su misión principal
y también en formas menos tangibles (por ejemplo, con el desarrollo
creciente de amistades entre los líderes de la región.) Es un testimonio
del liderazgo y tenacidad de Nathanson que, desde el principio, haya
logrado acortar la distancia (entonces todavía amplia) entre UC San
Diego y la ciudad de San Diego, de modo que casi siempre hablaban
como si fueran uno solo.

Puede ser que San Diego Dialogue haya funcionado más como
un negocio que como una sala de maestros o un organismo sin fines
de lucro, pero eso probablemente le ahorró reuniones interminables,
rencillas y políticas internas que solo hubieran resultado en que no se
lograra nada.

Con el ánimo de lograr resultados, Chuck Nathanson contrató a
Alejandra Mier y Terán. Su padre, Enrique, había estado en la cena
de Yolanda Walther-Meade años antes, fue miembro fundador de San
Diego Dialogue y había pasado de dirigir empresas transfronterizas a
construir los parques industriales que ahora albergaban a las maquiladoras en Tijuana. Así que cuando llegó la llamada de Nathanson,
Alejandra, que acababa de regresar de Ciudad de México, ya sabía
mucho sobre San Diego Dialogue y su propósito.

Nathanson trajo a Mier y Terán a bordo en relación con un proyecto específico de San Diego Dialogue relacionado con la frontera: la evaluación por perfiles de los individuos que estaban cruzando, algo que, sorprendentemente, nunca se había realizado antes. La tarea de Alejandra era hacer un seguimiento y analizar las entrevistas realizadas a las personas en el propio cruce: "qué tipo de nivel educativo tenían, por qué estaban cruzando, ese tipo de cosas".

Inicialmente los sujetos eran personas que habían sido detenidas en el cruce de San Ysidro por utilizar documentos fraudulentos. Pero los datos recogidos fueron tan inesperados que el San Diego Dialogue pronto amplió su encuesta a todos los que cruzaban la frontera. El estudio se denominó *¿Quién cruza la frontera?* y no solo resultaría ser la obra más famosa e influyente de San Diego Dialogue, sino que cambiaría las relaciones entre Tijuana y San Diego—y toda la región—de manera permanente e irrevocable.

Como ocurre en muchas instancias de gran discernimiento, la revelación fue clara y directa. ¿Cuál fue el descubrimiento más importante en relación a *¿Quién cruza la frontera?*: contrariamente a la opinión popular, la mayoría de personas que cruzaban la frontera—en ambos sentidos—no eran visitantes ocasionales ni trabajadores migrantes, sino viajeros, personas que cruzaban casi todos los días de la semana. Además, la experiencia de cruzar la frontera, que podía llevar horas cada vez, no solo era un enorme impedimento para la vida laboral diaria, sino que también era profundamente perjudicial para la productividad de las empresas y las comunidades de San Diego y Tijuana.

¿Qué tan grande era el impacto de esta experiencia? Por casualidad, un atlas económico recién publicado ofrecía una respuesta oportuna. Este atlas declaraba que el nexo San Diego-Tijuana era la mayor área metropolitana binacional y zona económica del mundo. Ahora todo el mundo sabía lo que estaba en juego. Y el resto del mundo estaba igualmente interesado en la noticia: la Cámara de Comercio se encontró inundada de pedidos para obtener el atlas, desde empresas, gobiernos y despachos de consultores internacionales como Deloitte.

Mientras tanto, San Diego Dialogue había contratado a una economista, la Dra. Millicent Cox, que ahora dirigía la publicación trimestral del San Diego Dialogue, *San Diego/Tijuana Economic Review*, que profundizaba aún más sobre la econometría de la región y específicamente sobre la frontera. Añadió más peso al argumento de que la relación entre las dos ciudades era más profunda y mucho más complicada de lo que nadie había sabido. Alejandra Mier y Terán:

> Realmente creo que San Diego Dialogue fue la primera entidad en establecer una conexión significativa entre las comunidades empresariales de ambos lados. Y con *¿Quién cruza la frontera?* y toda la investigación que San Diego Dialogue hizo después, finalmente se le dieron datos reales a ambas ciudades para que pudieran actuar, e igual de importante, para que vieran cuánto dependían la una del otra para su éxito.

Uno de los efectos más inmediatos y duraderos de *¿Quién cruza la frontera?* fue un nuevo énfasis centrado en la frontera y su cruce. Mier y Terán cree que fue el propio Nathanson a quien primero se le ocurrió una posible solución: la creación de un carril separado para quienes cruzan regularmente la frontera. Sería el primer paso hacia una transformación de la experiencia fronteriza que continúa hasta hoy.

A lo largo del siglo XX, individuos de ambos lados de la frontera—refugiados, propietarios de pequeñas empresas, profesionales—habían llegado por su cuenta a comprender con mayor profundidad la verdadera naturaleza de la relación entre San Diego y Tijuana y la frontera que los dividía. Ahora, por fin, una organización (compuesta por muchos de esos individuos) no solo había hecho pública esa sabiduría, sino que la había respaldado con evidencia empírica y con el apoyo de muchos de los individuos más poderosos de la comunidad.

San Diego Dialogue llevaría a cabo otros trabajos importantes bajo el liderazgo de Chuck Nathanson, pero nada sería tan importante como su primera iniciativa. *¿Quién cruza la frontera?* aterrizó como una bomba. Los sandieguinos y los tijuanenses ya no podían ver la frontera a través de la lente de los mitos y prejuicios. Ya no podían ignorarse ni tampoco argumentar que tenían poca necesidad el uno del otro. La verdad estaba ahí frente a ellos, en las columnas de cifras y en los testimonios personales.

Cualquiera que haya participado en San Diego Dialogue dirá que no fue lo mismo después de la prematura muerte de Nathanson por una rara forma de cáncer en 2003. Al carecer del apoyo de UC San Diego (debido a limitaciones presupuestales), la organización pronto se desvaneció. Dice Salomón Cohen: "Cuando falleció Nathanson, San Diego perdió presencia. Afortunadamente, la Smart Border Coalition, amparada por Malin Burnham y otros incondicionales de San Diego Dialogue, (eventualmente) lidió con las consecuencias". Se unió a este esfuerzo el México Business Center (Centro de Negocios de México) de la San Diego Regional Chamber of Commerce (Cámara Regional de Comercio de San Diego).

Pero la contribución de San Diego Dialogue a la comprensión de la región sobre la frontera, fue suficiente para ser celebrada aún ahora. La organización—y Chuck Nathanson—demostró a San Diego y a Tijuana que no solo compartían la frontera, sino también la responsabilidad y la capacidad de cambiarla. El reto ahora era que las dos ciudades tomaran este nuevo entendimiento y desarrollaran una estrategia para hacer que la frontera funcionara para todos.

CAPÍTULO SIETE

Líneas y flujos— la seguridad de la frontera y su funcionalidad

El 18 de agosto de 1971, la primera dama Pat Nixon viajó a la frontera de San Diego-Tijuana para inaugurar Friendship Park (Parque de la Amistad), donde el extremo suroeste de Estados Unidos colinda con el punto más lejano del noroeste de México.

Friendship Park, antes conocido como Border Field State Park, es una superficie de 0.2 hectáreas que se extiende a ambos lados de la frontera donde topa con el Océano Pacífico. Incorpora un área de pícnic en el lado de San Diego y una sección de Playas de Tijuana en el otro, conocida como Parque de la Amistad. Es el sitio del Monumento No. 258, un marcador de piedra colocado en 1851 de acuerdo con el Tratado de Guadalupe Hidalgo, que delimita la frontera entre México y Estados Unidos, desde El Paso-Ciudad Juárez hasta San Diego-Tijuana.

Como símbolo de la amistad internacional entre los dos países, en 1971, el parque solo contaba con una simple valla de alambre de púas para delimitar la frontera; la idea era que los habitantes de las dos naciones pudieran reunirse y estrecharse la mano a través de la valla, todo ello bajo la benevolente mirada de la Border Patrol de EEUU. En los primeros años, el Friendship Park parecía estar cumpliendo su propósito. Numerosos eventos sociales y culturales—misas, bodas, bailes, bautismos, incluso clases de yoga—se llevaron a cabo ahí. La Sra. Nixon incluso hizo que su equipo de seguridad cortara simbólicamente una apertura en la valla para poder cruzar y encontrarse con los ciudadanos de Tijuana que estaban del otro lado.

Luego, en 1994, los temores de los estadounidenses en torno al cruce ilegal de migrantes desde México, propiciaron que la Border Patrol de EEUU comenzara a construir un muro fronterizo de 22.5 kilómetros de largo desde el Océano Pacífico, irónicamente, atravesando el Friendship Park. Más allá del parque se construyó el muro, colocando y soldando placas de lámina acanalada. Las láminas eran excedentes militares que habían servido como pistas de aterrizaje de helicópteros durante la Guerra de Vietnam. Dentro del parque, la barrera era una valla de malla ciclónica a través de la cual los visitantes de ambos lados todavía podían verse, tocarse dedo con dedo e incluso pasar objetos pequeños. Siete años más tarde, después de los ataques del 11-S, la valla fue reforzada para evitar cualquier contacto físico o intercambio.

En 2009, el US Department of Homeland Security (Departamento de Seguridad Nacional de EEUU, DHS por sus siglas en inglés) cerró el Parque de la Amistad. Además, instaló una segunda valla paralela que incluía alambre de púas, sensores y cámaras de vigilancia. Construyó también un camino de 6 metros de ancho para uso de la Border Patrol y añadió una tercera barrera, un muro de 6 metros hecho con postes de acero.

En 2012, bajo la presión social de la comunidad local, el Department of Homeland Security reabrió el parque. Pero antes de hacerlo, añadió una valla perimetral exterior para impedir el acceso del público al parque, salvo con permiso de la Border Patrol. La nueva valla consistía en una densa malla de acero que rellenaba los espacios entre los postes de acero.

Hoy en día, los visitantes del Friendship Park, si se acercan para asomarse, pueden ver a quien esté del otro lado y tratar de tocar las puntas de sus dedos. No se permiten más de diez visitantes a la vez en el espacio entre las vallas paralelas.

EL AÑO DECISIVO

En la larga y tumultuosa historia de la relación San Diego-Tijuana, puede ser que el año de1994 sea visto como el año de mayores consecuencias.

Ese año, las décadas de conexiones privadas y personales entre las dos ciudades finalmente empezaron florecer. Al mismo tiempo, tanto en Estados Unidos como en México surgieron fuerzas mayores, algunas positivas y otras profundamente angustiosas, que exigieron a ambas ciudades dejar de lado sus animosidades históricas, celos y prejuicios y buscar una paz separada y un futuro compartido.

Ambas ciudades, y las dos naciones que tienen soberanía sobre ellas, aún viven con las secuelas de ese año, bajo la forma de una nueva relación que alberga algunas cicatrices dolorosas.

El trabajo de San Diego Dialogue había abierto los ojos de los ciudadanos en ambos lados de la frontera a la interdependencia entre las economías mexicana y estadounidense, así como a la necesidad de resolver de forma más pragmática y eficiente el movimiento de personas y mercancías a través de esa frontera.

Esta necesidad resaltaba aún más, debido a la creciente industria maquiladora. Ahora docenas de empresas estadounidenses y extranjeras estaban contratando trabajo industrial, especialmente para la manufactura de componentes y ensamble de productos terminados, a decenas de empresas mexicanas. Sin embargo, había una multitud de regulaciones y obstáculos para el cruce transfronterizo en ambos lados, lo que le costaba a esas empresas incontables millones de dólares (y pesos) en pérdidas de ingresos y utilidades.

Por fortuna, Estados Unidos ya había abordado situaciones similares que afectaban al comercio en su frontera septentrional con Canadá. En 1988 las dos naciones firmaron el Tratado de Libre Comercio entre Canadá y Estados Unidos (CFTA por sus siglas en inglés). Este acuerdo eliminó gradualmente una serie de restricciones comerciales onerosas instituidas en el curso de los dos siglos anteriores. También redujo la cantidad de documentación, liberó las inversiones transfronterizas, impuso la competencia leal y estableció organismos para la resolución de disputas en las fronteras.

El impacto de este acuerdo fue tan impresionante como inmediato: el comercio transfronterizo entre EEUU y Canadá se disparó sustancialmente, en beneficio significativo de ambos países. No pasó mucho tiempo antes de que ambos países miraran hacia el sur, con la vista puesta en un posible acuerdo similar con México que abarcara a todo el continente en una sola zona comercial: el Tratado de Libre Comercio de América del Norte (TLCAN). En 1977, el profesor de derecho Bayless Manning acuñó un término que describiría el resultado: "Nuestras relaciones con Canadá y México no son internacionales ... ni domésticas (nacionales) ... Nuestra relación es "interméstica".

La creación de esta zona de libre comercio tardó tres administraciones presidenciales de EEUU El acuerdo canadiense fue emprendido por el presidente Ronald Reagan, quien lo había impulsado como parte de su plataforma presidencial de 1980 ("Dejemos de referirnos a los mexicanos y canadienses como extranjeros; son vecinos"). Las negociaciones con el presidente mexicano Carlos Salinas de Gortari tuvieron lugar con el presidente George H. W. Bush y el primer ministro canadiense Brian Mulroney. Finalmente, se completó un acuerdo en 1993, que firmaría el presidente Bill Clinton y que entraría en vigor el 1° de enero de 1994.

Una de las razones por las que el acuerdo—el primer acuerdo de libre comercio entre dos economías desarrolladas y una en gran parte subdesarrollada—tardó tanto tiempo, era porque resultaba controvertido para cada uno los tres países, por razones muy diferentes. Inicialmente el presidente Salinas se había acercado al presidente Bush buscando ayuda para sacar a su país de la crisis de la deuda latinoamericana, e intensificar el programa de liberalización del comercio que él había instituido en México. Salinas esperaba que un aumento sustancial en el comercio con las dos naciones más ricas del norte, fuera una pieza central de la recuperación de México y de un progreso sostenido. Pero las principales industrias de su país, protegidas durante mucho tiempo por los aranceles, temían la invasión del mercado por sus contrapartes estadounidenses.

En Estados Unidos, los políticos y las pequeñas empresas temían estar aliándose con un competidor de bajo costo justo en el momento en que la nación estaba sumida en su propia recesión. El candidato presidencial H. Ross Perot caracterizó el acuerdo como un "gigantesco sonido de succión" evocando la imagen de una fuga de empleos de EEUU hacia el otro lado de la frontera sur. En Canadá, al Primer

Ministro Mulroney le preocupaba que el TLCAN borrara todos los logros que había obtenido al negociar el CFTA por separado con Estados Unidos.

Así, la firma definitiva del TLC (Tratado del Libre Comercio) fue una extraordinaria hazaña diplomática de las tres naciones. Sus resultados serían aún más dramáticos, más pródigos y de mayor alcance que incluso el Acuerdo entre el Canadá y Estados Unidos.

El TLCAN, de hecho, cambió contundentemente las reglas del juego. En los años venideros, las tres naciones reconocerían los beneficios del acuerdo. Un estudio realizado en 2012 encontró que, como resultado de la reducción de los aranceles comerciales instituidos por el TLCAN, el comercio entre México y Estados Unidos se disparó en un 118 por ciento (de México a EEUU) y en un 41 por ciento (de EEUU a México) en los 18 años transcurridos. En cuanto Canadá, su comercio agrícola con Estados Unidos se triplicó.

En muchos sentidos México fue el mayor beneficiario del TLCAN, ya que las maquiladoras se expandieron para alojar las operaciones de manufactura y ensamble de empresas estadounidenses que se desplazaron hacia el sur en busca menores costos de producción. Como resultado, las maquiladoras, que hasta entonces habían ocupado un lugar interesante pero secundario en la economía de Tijuana y otras ciudades fronterizas, empezaron a jugar un papel central en la economía mexicana para convertirse en un motor principal de su crecimiento, ya que cientos de miles de mexicanos de las zonas más pobres del país se trasladaron al norte para encontrar trabajo.

A pesar de todo, debido al acuerdo, el comercio mexicano dio un salto de 8.6 por ciento del PIB del país en 1993 a 37 por ciento en 2013. Esencialmente, la crisis de la deuda de México se evaporó. Además, miles de millones de dólares de inversión fluyeron hacia México, permitiendo al país competir con mayor ventaja en el escenario mundial. El éxito de México con el TLCAN podría haber sido aún mayor—y más generalizado—si hubiera invertido más en carreteras y otros tipos de infraestructura durante los primeros años del acuerdo.

Sin embargo, el acuerdo demostró ser una espada de doble filo para México. Si bien los ingresos aumentaron y los niveles de pobreza disminuyeron en las regiones más desarrolladas del norte del país, esos beneficios no se distribuyeron de manera uniforme. Muchas regiones agrícolas, particularmente en el sur, se empobrecieron aún más, ya que las regulaciones de libre comercio permitían a los agricultores estadounidenses subvencionados inundar los mercados mexicanos con productos más baratos. Muchos campesinos mexicanos abandonaron el campo donde sus familias habían vivido y trabajado durante siglos. Este resultado, una consecuencia clásica de la creciente industrialización, golpeó con especial dureza y rapidez a las comunidades campesinas de México.

Un impacto inmediato del TLCAN en México fue el levantamiento Zapatista en Chiapas, el estado más meridional y pobre del país. Como parte del acuerdo comercial, México tuvo que modificar el Artículo 27, que había sido el corazón de la lucha de Emiliano Zapata durante la Revolución Mexicana 70 años antes. Según el artículo 27, las tierras comunales de los pueblos indígenas (*ejidos*) estaban protegidas contra la privatización o la venta, una garantía reverenciada por los campesinos pobres pero contraria al espíritu y la realidad del libre comercio. El resultado fue el surgimiento del Ejército Zapatista de Liberación Nacional, compuesto en gran parte por indígenas campesinos mayas, que declararon que el TLCAN era una "sentencia de muerte" para los pueblos indígenas. El Ejército Zapatista declaró la guerra a México el 1 de enero de 1994, el día en que entró en vigor el TLCAN. La tensión generada por este conflicto, siempre una amenaza más simbólica que real para el gobierno, continúa resonando hasta el día de hoy.

A pesar de esta acción de retaguardia, en otros lugares, donde reinaba la prosperidad, los consumidores mexicanos desarrollaron un mayor gusto por alimentos y una amplia gama de otros artículos de consumo producidos al norte de la frontera y que ahora están a su disposición. Esto generó una afinidad por el TLCAN, pero también una vulnerabilidad ante el mismo. En México, especialmente en las ciudades del norte, como Tijuana, siempre se habían sufrido las crisis económicas de EEUU, pero esta mayor dependencia de los productos y bienes estadounidenses vinculaba a México, aún más, a los ciclos económicos de EEUU.

En última instancia, la mayoría de las investigaciones económicas han descubierto que el TLCAN ha aportado un beneficio neto significativo a México. Una encuesta encontró que el ochenta por ciento del comercio de la nación se realizaba ahora con Estados Unidos. Si

México sufrió las ocasionales recesiones de EEUU—enfermándose cuando el coloso del norte estornudaba—también se las arregló para vincularse inextricablemente a la economía más poderosa de la tierra. Un resultado, visto todos los días en los centros comerciales en San Diego, ha sido el ascenso de una clase media mexicana, una fuerza política estabilizadora en una nación muy a menudo atormentada por la violencia y la corrupción que conlleva la enorme desigualdad de ingresos. De hecho, como veremos, gran parte de la nueva riqueza se ha invertido en educación: México ahora gradúa más ingenieros cada año que Alemania o Estados Unidos, este último un país con casi tres veces su población.

Uno de los fenómenos culturales más interesantes es cómo el TLCAN cambió la orientación de los profesionistas mexicanos. Durante siglos, los mexicanos siempre habían mirado hacia el sur, identificándose con América Latina. Pero ahora, a partir de mediados de los 80, estos mismos individuos comenzaron a verse a sí mismos como norteamericanos, un cambio que continúa hasta nuestros días. Jorge Castañeda, un ex ministro de Relaciones Exteriores, ha comentado: "Como mexicanos . . . nuestros corazones siguen siendo decididamente latinos, pero nuestras carteras se han vuelto puramente norteamericanas". Esto, a su vez, según el politólogo de la universidad de Tufts, Daniel W. Drezner, permitió a México no solo trabajar en una mayor cooperación con Estados Unidos, sino que, en última instancia, comenzó el proceso de transformación en una auténtica democracia.

Mientras tanto, en EEUU, el consenso entre los economistas es que el TLCAN ha sido una bendición neta para la economía de la nación, al menos en general. En el lado negativo, hasta 850,000 trabajadores, 700,000 de ellos en la industria manufacturera, perdieron sus empleos en Canadá o, más a menudo, en México. Exacerbado por otras tendencias globales, esto contribuyó a crear el Cinturón del Óxido en partes ahuecadas del medio oeste americano. Además, el déficit comercial de Estados Unidos con México y Canadá creció de 17,000 millones de dólares en 1993 a 177,000 millones de dólares en 2013, lo que representa el 27 por ciento del déficit comercial total de EEUU.

Dicho esto, el Congressional Research Service (Servicio de Investigación del Congreso) en 2017 le atribuyó al TLCAN la adición de un total de 80,000 millones de dólares (o 0.5 por ciento del PIB) a la economía de EEUU desde su firma. La US Chamber of Commerce (Cámara de Comercio de EEUU) estimó que el comercio de bienes y servicios con Canadá y México había aumentado de 337,000 millones en 1993 a 1.2 billones de dólares en 2011. Además, en 2009, el sector privado de EEUU ya había invertido 328,000 millones de dólares en México y Canadá, lo que mejoró la vitalidad económica en ambos países.

Menos obvio, pero en muchos aspectos más importante, fue la forma en que el TLCAN, al permitir a EEUU reducir sus costos laborales, le ayudó a seguir compitiendo en la economía mundial. Según el economista de UC San Diego Gordon Hanson, aunque el TLCAN puede haber costado algunos empleos a EEUU en el largo plazo, habrá salvado mayor cantidad de empleos netos que los que pudo haber perdido, al mejorar la capacidad de Estados Unidos para competir con una China en ascenso. Cita el ejemplo de la industria automovilística estadounidense:

> Lo que hizo el TLCAN fue permitir que EEUU se aliara con México, expandiera lo que se podría considerar como el complejo automotriz norteamericano, y eso permitió que la alianza entre ellos pudiera hacer frente a la competencia de China y el resto de Asia mucho más vigorosamente. China no ha desarrollado un sector automovilístico de clase mundial, lo cual se explica en parte, por el hecho de que Estados Unidos, Canadá y México hayan trabajado tan estrechamente.

El TLCAN seguiría definiendo las relaciones entre EEUU y México—e influyendo profundamente en la vida de Tijuana y San Diego—a través de cinco administraciones presidenciales de Estados Unidos, durante más de 3 décadas, incluida la presidencia de Donald Trump, que haría de la renegociación del TLCAN, que consideraba perjudicial para EEUU, una parte fundamental de la plataforma política de su administración. Sin embargo, incluso entonces, y aunque llevaba un nombre diferente (el Acuerdo México-Estados Unidos-Canadá), se mantuvo el principio básico del TLCAN: reconocer el valor y agilizar el proceso del libre comercio entre las tres naciones principales de

América del Norte (cada una de las cuales dio un nombre diferente al pacto revisado).

Irónicamente, a pesar de que el TLCAN fuera una relación de nación a nación, rápidamente enfocó sus reflectores sobre esa línea infinitamente estrecha que divide jurídicamente a Estados Unidos y México: la frontera, la línea.

Hubo dos razones para ello. En primer lugar, pronto se hizo evidente que el comercio verdaderamente "libre" entre las dos naciones, si llegaba a ser exitoso, multiplicaría la magnitud e intensidad del comercio transfronterizo (y lo mismo ocurriría, aunque en menor grado, en la frontera con Canadá). De ello se desprende que el movimiento y transferencia de carga y mercancías, en ambas direcciones, tendría que ser más eficiente. De lo contrario todo el proceso producir embotellamientos paralizantes. Era obvio que los principales puestos de control, los cruces fronterizos del sur en Tijuana-San Diego y Juárez-El Paso, y al norte en Detroit-Windsor, por ejemplo, ya experimentaban grados de saturación extremos. A medida que la situación empeoraba, si estos cruces fronterizos no se hacían más eficientes pronto, los beneficios potenciales del TLCAN se desacelerarían y podrían perderse.

La segunda razón para adoptar un nuevo enfoque en torno a la frontera fue cultural, con importantes trasfondos e implicaciones políticas. En Tijuana, la industria maquiladora ya había puesto nerviosos a algunos ciudadanos, ya que alimentaba el temor centenario de una invasión del norte, solo que esta vez no sería militar sino económica. ¿Qué impediría que los yanquis ricos llegaran, como siempre, pero esta vez en masa, a comprar todo al sur de la frontera, manteniendo pobres a los locales, pagándoles por debajo del valor de su trabajo, y a la vez (irónicamente, en base a experiencias pasadas) inundando México con productos malbaratados?

Al norte de la frontera, los sandieguinos observaban al creciente número de mexicanos que ahora se escabullían ilegalmente a través de la frontera, se quedaban, les quitaban el empleo a los estadounidenses, se negaban a asimilarse y (se creía) aumentaban el índice de criminalidad. Además, los habitantes de San Diego (y el resto de EEUU) observaban con temor las noticias sobre la creciente violencia en México, especialmente cerca de la frontera, por parte de los agresivos y crecientes cárteles de la droga. ¿Realmente querían abrir sus fronteras a ese nivel de delincuencia y caos social, solo por el bien de un mejor comercio? Mientras Estados Unidos estaba cada vez más preocupado por la seguridad de la frontera, no ayudaba la percepción de que a México le importaba mucho menos esta cuestión. Lo que sí preocupaba a México sobre la porosidad de su frontera, era el contrabando de armas de fuego y dinero en efectivo que fluía hacia el sur del país desde Estados Unidos, para dar más poder a los cárteles de la droga.

Para los pensadores más previsores de ambos lados de la frontera, incluyendo los miembros de San Diego Dialogue, la solución a largo plazo era evidente, incluso mientras se firmaba el TLCAN. El informe seminal de San Diego Dialogue *¿Quién cruza la frontera?* subrayó esta creencia: el mejor camino para el éxito de las futuras relaciones entre los dos países—y las dos ciudades—era hacer más difícil el cruce de la frontera rumbo al norte para las personas indocumentadas y las mercancías ilícitas, y al mismo tiempo hacer cada vez más fácil para el comercio y los viajes lícitos pasar por una frontera "más inteligente" y más eficiente en los puertos oficiales de entrada.

En teoría, esto sonaba fácil. Pero en la práctica, se necesitaría un cuarto de siglo para progresar significativamente—con mucha miseria humana y miles de millones de dólares en fondos gastados—e, incluso mientras se escribe este libro, queda mucho trabajo por hacer.

El primer y más apremiante obstáculo para una asociación entre Tijuana y San Diego era que, a pesar de que compartían la geografía y gran parte de la historia, y aunque miles de sus residentes cruzaban de ida y vuelta entre las dos ciudades como ciudadanos binacionales de facto, no existía casi ninguna relación oficial establecida entre ambas. En la práctica, la vida compartida de muchos de sus ciudadanos puede haber sido cómoda y respetuosa, pero en sus respectivos ayuntamientos no escaseaban la ignorancia y la desconfianza. Cualquier acercamiento formal entre las dos ciudades iba a tener que empezar con pequeños pasos. Además, dado que la seguridad fronteriza, es exclusivamente un asunto de jurisdicción federal según las constituciones de ambos países, Tijuana y San Diego requerirían el apoyo, político y financiero de Ciudad de México y de Washington, DC. En el pasado, excepto en tiempos de crisis y conflictos agudos, la frontera había sido ignorada en su mayor parte, por ambas capitales. Permanecía como un hijastro no reclamado, de las dos naciones.

Según lo descrito por el futuro zar fronterizo estadounidense Alan Bersin:

> Conocido durante el siglo XIX como "Badlands", la [frontera se caracterizaba] por la ilegalidad desafiante y la violencia. Permaneció siendo una provincia y un patio de recreo para los forajidos y el lugar de trabajo de los bandidos y contrabandistas. Los ciudadanos de México y Estados Unidos estaban a su merced, ya que los bienes y personas se desplazaban a través de la frontera en ambas direcciones, en gran medida sin regulación. Si bien el contrabando cambió a lo largo de los decenios—de licor a cigarrillos, y luego a drogas y armas de fuego—la cultura de la ilegalidad y la permisividad permanecieron constantes. Los problemas fronterizos se consideraban inextricables y demasiado alejados del centro del poder en el caso de ambos países, como para ser motivo de preocupación, excepto en ocasiones aisladas de crisis.

En retrospectiva, el año que marcó de manera importante un cambio histórico de statu quo, una vez más y no casualmente, fue 1994. En ese año, según los historiadores de la política, Guadalupe Correa-Cabrera de la Universidad George Mason y Evan McCormick de la Universidad de Texas en Austin:

> Los gobiernos de Estados Unidos y México comenzaron a considerar la seguridad fronteriza como una responsabilidad compartida. El surgimiento de este marco de cooperación fue posible gracias a dos amplias transformaciones en los enfoques sobre la frontera. El primero fue un cambio [gradual en el tiempo] en la forma en que las fronteras eran vistas por ambos lados: alejándose de la noción [tradicional] de líneas que demarcaban las soberanías, y moviéndose más hacia una concepción de [las fronteras, que abarcara la noción] de flujos de bienes y personas entre las

economías y los mercados laborales. El segundo fue la sustitución de la antigua creencia de que asegurar la frontera y facilitar el transporte a través de ella eran motivaciones excluyentes entre sí, por un paradigma diferente: que la seguridad y el comercio [lícito acelerado] eran dimensiones complementarias de la gestión de la frontera.

Estas nuevas concepciones no fueron fáciles de comprender por muchos líderes de opinión, y mucho menos por el gran público del interior de los dos países. Tanto los sandieguinos como los tijuanenses aprenderían la dolorosa lección de que cuanto más lejos de la frontera estuvieran sus conciudadanos, más confundidos se sentirían al respecto. De hecho, las vidas y experiencias de personas que cruzan diariamente la frontera en San Diego-Tijuana eran profundamente diferentes de lo que imaginaba el resto del mundo. Era sumamente difícil superar el desafío de generar un enfoque común para abordar los problemas de seguridad y migración en la frontera, ante la gran resistencia de los respectivos países. Era difícil conseguir métricas confiables que midieran la seguridad fronteriza, y las anécdotas—que casi siempre representaban eventos extremadamente negativos—convirtiéndose en la ruina de la política fronteriza y ocasionando muchos contratiempos en el camino.

A partir de 1994, las posibilidades de cooperación en cuanto al cumplimiento de la ley en la frontera entre las dos naciones parecían más remotas que nunca. Peor aún, en 1985, el agente de la Oficina para la Administración y Control de Drogas, Enrique "Kiki" Camarena fue brutalmente torturado y asesinado por el cartel de Guadalajara, mientras se encontraba en México. El comisionado de Aduanas de EEUU William von Raab respondió a la protesta del público estadounidense ordenando el cierre completo de la frontera. Una de las razones para tomar esta medida draconiana fue la supuesta complicidad del gobierno mexicano en el asesinato de Camarena. La ausencia de comunicaciones oficiales efectivas sobre el asunto, hizo difícil encontrar una solución.

Sin embargo, la orden de Von Raab fue rescindida rápidamente por el gobierno de Reagan, sobre todo porque los intereses comerciales estadounidenses le recordaron a Washington cuánto dependía la economía de EEUU—incluso antes del TLCAN—del comercio con México.

Esta debacle transmitió un claro mensaje a los funcionarios de los gobiernos de EEUU y México, y sobre todo a Tijuana y San Diego: antes de que pudieran aprender a trabajar juntos, primero tendrían que saber cómo comunicarse entre sí. Los padres de los tijuanenses y sandieguinos podían hablar todos los días en las canchas de deportes o en los estacionamientos de las escuelas de San Diego, y los empresarios sandieguinos podían reunirse semanalmente en las torres de oficinas de Tijuana con sus socios mexicanos, pero en los pasillos del poder político a ambos lados de la frontera, bien podría haber sido el final del siglo XIX, en lugar del XX.

En la década siguiente, gracias al trabajo de varios funcionarios dedicados en ambos países, algunos trabajando de forma independiente, otros en concierto, todo eso comenzó a cambiar.

Ninguno de estos cambios ocurrió en un vacío. El TLCAN no fue el único acontecimiento novedoso bilateral importante de la época. México, en particular, estaba atravesando por un período de enorme agitación. El PRI, que se había perpetuado en el gobierno mexicano durante siete décadas, enfrentaba el primer desafío serio a su dominio, y se desquitó, a menudo sin piedad, para mantener su poder. Entre 1993 y 1995, no solo se puso de manifiesto la corrupción masiva y generalizada en el partido, sino que durante la campaña presidencial de 1994 ocurrieron una serie de asesinatos—incluido el del candidato presidencial del PRI Luis Donaldo Colosio en la colonia de Lomas Taurinas en Tijuana—que hicieron temer que el país se deslizara hacia la anarquía. El aumento de la violencia entre los crecientes cárteles de la droga, exacerbaron este temor entre los ciudadanos: un tiroteo entre cárteles rivales en Guadalajara había matado de manera inadvertida al cardenal Juan Jesús Posadas Ocampo, víctima de un fuego cruzado.

Como si eso no fuera suficiente, pocas semanas después de que el nuevo gobierno de Zedillo tomara posesión en 1994, el peso mexicano se colapsó, debido en parte a una creciente falta de confianza en el futuro de México por parte de los bancos, que no fueron capaces de comprender la promesa que ofrecía el TLC a la economía mexicana. El resultado fue el retiro en masa de cuentas bancarias, y una explosión inflacionaria que anuló sustancialmente el valor de los ahorros de la población mexicana.

Tan preocupado estaba Washington DC por el caos que se perfilaba en la frontera sur, que, a diferencia de sus intervenciones de mano dura en el pasado, la administración de Clinton ofreció sabiamente al gobierno de Zedillo un rescate financiero de 20,000 millones de dólares, considerándolo una ganga en comparación con el costo potencial de que se derramara, por la frontera, el colapso mexicano. La oferta fue controvertida tanto en Estados Unidos—*¿Por qué enviar miles de millones para apoyar un estado fallido?*—y en México—*¿Por qué estamos nosotros, una nación orgullosa, aceptando caridad de los gringos?*

Al final, el rescate tuvo un impacto notablemente positivo en la estabilización del peso y, por lo tanto, de la economía mexicana. Pero también tuvo una serie de efectos secundarios. Por un lado, según Correa-Cabrera y McCormick, "tuvo el efecto de vincular estrechamente a la administración Clinton con las fortunas económicas del México de Zedillo". Asimismo, los mexicanos apreciaban cada día más el valor que representaba Estados Unidos para el futuro económico del país. Esto, a su vez, contribuyó a que el gobierno de Ciudad de México finalmente prestara mayor atención a su frontera norte y ciudades como Tijuana. Por primera vez, las ciudades fronterizas mexicanas fueron bien vistas por sus relaciones transfronterizas con sus ciudades gemelas estadounidenses, por las maquiladoras con su rápido crecimiento y atracción de la inversión norteamericana y de otras naciones, y por la relativa estabilidad de la región fronteriza en comparación con otras partes del país.

Pero si una ciudad como Tijuana iba a convertirse en un brillante ejemplo de un México saludable y en el rostro de la nación que da la bienvenida a cada vez más negocios y capital al país, la frontera tendría que limpiarse y hacerse más segura, eficiente y productiva. Una mayor seguridad sería el eje de un mayor progreso.

Mientras tanto, Washington, DC, al darse cuenta de que ahora tenía un interés directo en el futuro de México, sintiendo la presión del sector empresarial para agilizar el proceso del cruce transfronterizo, y enfrentándose al rechazo de los votantes temerosos de hordas de "extranjeros ilegales" que cruzan la frontera, también comenzó a prestar más atención que nunca a la frontera sur.

De esta mezcla de confusión, intereses encontrados y desesperación, surgió en ambos lados una nueva noción llamada por los
mexicanos "El Tercer País". Esto se refería a las tierras inmediatamente
colindantes con la frontera, históricamente tratadas (excepto dentro
de las ciudades fronterizas) como tierras de nadie. A partir de ahora,
este tramo se percibiría, en palabras de Alan Bersin, como "un ter-
mostato para las relaciones bilaterales". Este tramo de poco más de
3,200 kilómetros de territorio se convertiría en el enfoque, tanto de
la oportunidad para el libre comercio del TLCAN, como de la aplicación de la ley, así como el foco de preocupación por los crecientes
niveles de migración indocumentada, tráfico de drogas y otros delitos.
La frontera entre México y Estados Unidos, donde el llamado primer
mundo se encuentra con el tercer mundo, estaba a punto de cambiar
para siempre. Muchos de estos cambios serían "hechos en San Diego-
Tijuana" antes de ser exportados a otros lugares.

LA GRAN MIGRACIÓN Y SUS EFECTOS SECUNDARIOS

El TLCAN ya había empezado a generar prosperidad y atraer la atención
al norte de México. De repente, Tijuana ofrecía empleos y prosperidad, y más allá, en Estados Unidos, las calles eran percibidas por los
mexicanos empobrecidos como si estuvieran pavimentadas con oro.
No es sorprendente que, para millones de campesinos mexicanos, la
migración hacia el norte—a pesar de sus riesgos y privaciones—tuviera
un enorme atractivo después de un siglo de revolución, asesinatos,
corrupción y la creciente desigualdad de ingresos detonada por el
TLCAN. La evidencia temprana de esta creciente ola de migrantes fue
lo que Alejandra Mier y Terán, de San Diego Dialogue, vio de primera
mano siendo una joven viviendo en Tijuana a finales de los años 1980,
en el contexto de la Ley de Reforma y control de la migración de 1986
(Immigration Reform and Control Act):

> Había una carretera que corría a lo largo de la fron-
> tera [EEUU], con dirección a la playa. Veías a cientos
> de personas arrimándose a lo largo en esa carretera
> al atardecer, preparándose para cruzar la frontera

ilegalmente. Esto sucedía todos los días. Había algunas pequeñas tiendas en el lado estadounidense, pero no mucho más. Supongo que había una valla, pero no pudo haber sido gran cosa.

La Border Patrol de EEUU también estaría allí, esperando. Cuando había suficiente gente reunida en el lado de Tijuana, todos se lanzaban a la vez. La idea era que la Border Patrol no pudiera atraparlos a todos. Por lo general, solo capturaban una [pequeña fracción] de los migrantes ilegales. El resto lograría llegar al otro lado.

Mark Reed, ejecutivo principal del servicio de inmigración y naturalización y director del puerto de San Diego durante los años 1990, explica:

Entre 1986 y 1994, hubo pocos esfuerzos serios para asegurar la frontera o impedir que se empleara a los trabajadores no autorizados. Con la aprobación de [varias] leyes, se instalaron reflectores, cámaras y se aumentó la cantidad de personal que asegura la frontera. [Eso era] suficiente para efectos de imagen pública, pero no suficiente para detener el flujo ilegal de migrantes. Al principio hubo una pausa, pero pronto el número de indocumentados se multiplicó exponencialmente. Al mismo tiempo, se dejaron sin personal las operaciones enfocadas en hacer cumplir la ley al interior del país, desplegándolo para apoyar el programa de "amnistía", y a los pocos oficiales que quedaron se les asignó que educaran a los empleadores de EEUU acerca de sus nuevas obligaciones para establecer la identidad legal y la elegibilidad de los trabajadores para ser empleados legalmente en el país. Desapareció el cumplimiento de la ley en el lugar de trabajo, y el proceso correspondiente al Formulario I-9 se convirtió en una broma.

Durante la década de 1990, el flujo migratorio se convirtió en una inundación. Algunos migrantes se quedaron en Tijuana donde encontraron trabajo. Pero la ciudad, que seguía creciendo e instalando más maquiladoras y construyendo infraestructura no podía ofrecer vivienda o empleo a más de una fracción de esta avalancha de migrantes. El resto merodeaba por la ciudad o acampaba en el lecho del río durante algunos días, tramando su entrada a Estados Unidos, a menudo con contrabandistas conocidos como "coyotes". El TLCAN, aún en su infancia, vino a reforzar esta dinámica. Correa-Cabrera y McCormick:

> El modelo económico establecido bajo el TLCAN, permitía el libre movimiento de mercancías, pero no de mano de obra; [fue diseñado] para concentrar el desarrollo en torno a las industrias de maquila a lo largo de la frontera norte de México, permitiendo a las empresas transnacionales estadounidenses acceder a una mano de obra más barata mientras los empleos permanecieran en México.

En otras palabras, al haber llegado tan lejos sin haber encontrado su sueño, los migrantes tenían razones de sobra para seguir de frente, incluso si eso significaba enfrentarse a criminales y coyotes abusivos, luego de agentes fronterizos y la amenaza de detención y deportación.

Mark Reed describió la escena:

> La frontera estaba abierta, y miles de personas desafiaban la frontera diariamente. Solíamos llevar a numerosas delegaciones del Congreso a un mirador cerca de [el puerto de entrada] San Ysidro, con vista al campo donde literalmente miles de personas se reunían a plena vista durante el día en preparación para brincarse la barda fronteriza por la noche. Lo llamábamos "el campo de fútbol" porque, para pasar el tiempo durante el día, muchos jugaban fútbol. Cuando atardecía, hordas de personas se apresuraban hacia la frontera. Esto sucedía noche tras noche. La magnitud de personas superaba nuestros recursos.

Alan Bersin, recientemente nombrado Fiscal de Estados Unidos en San Diego, también vio el resultado de primera mano; de hecho, esto se convirtió en su problema, ya que las multitudes de migrantes inundaban la frontera todas las noches:

> Había tan pocos agentes de la Border Patrol de guardia [en 1993 y 1994] en los lugares de cruce habituales, como "el campo de fútbol", que cuando los migrantes corrían en masa por la frontera simplemente pasaban por encima de los agentes. Lo único que podían hacer los agentes de la Border Patrol era agarrar un migrante en cada mano. Por la mañana, los agentes procesaban los pocos cientos que podían atrapar y organizaban su regreso voluntario a México. El resto se había ido. Esto empezó a suceder en cada turno.
>
> En esa época, quienes cruzaban ilegalmente eran principalmente varones adultos que viajaban con otros hombres desde sus pueblos en México donde dejaban a sus familias. Sabían que, si los arrestaban, serían devueltos a México y podrían regresar al campo de fútbol en un día o dos para intentarlo de nuevo, hasta tener éxito.

Mientras tanto, en San Ysidro, cientos de migrantes se concentraban en torno a la garita desde donde se abalanzaban en oleadas por la autopista de la Interestatal 5.

A principios de la década de 1990, apareció una nueva señalización de tráfico en San Diego, cuya imagen fue tan impactante y conmovedora que, para toda una generación de estadounidenses, se convirtió en un símbolo del trágico dilema de la inmigración ilegal a través de la frontera. Solo diez de estas señales se instalaron discretamente cerca de la garita de San Ysidro y a poco más de 80 kilómetros al norte en el puesto de control de la Border Patrol de San Clemente en Camp Pendleton, pero la noticia de su presencia se extendió rápidamente por todo el mundo.

Los rótulos rectangulares tenían un fondo amarillo con la palabra *PRECAUCIÓN* en mayúsculas en la parte superior. En ese sentido, eran similares a las señales anteriores, solo que aquellas únicamente llevaban texto: "Precaución/Personas/Cruzando/la Carretera".

En esta nueva señalización, debajo de la palabra de advertencia, "Caution" (precaución), aparecía la imagen con la silueta de tres personas corriendo, un hombre, una mujer y una niña. El trío, presumiblemente una familia, corre hacia la izquierda, el padre delante, aparentemente agachando la cabeza, la madre al lado, extendiendo la mano por detrás para jalar a la hija, que corre casi despegando los pies del suelo, con sus coletas volando. De alguna manera, esta imagen, con las posturas de las figuras, capturó su ánimo, el propósito de su apremio y su terror. Incluso para los viajeros que pasaban en sus autos, el mensaje simbolizaba algo poderoso e inconfundible.

El departamento de tránsito había erigido esta señalización, con un sentido de desesperación distinto. Durante 3 años, en estos dos sitios, más de 100 peatones inmigrantes, a menudo en familia, habían muerto en colisiones de tráfico, y las cifras aumentaban cada año.

No había duda sobre la causa de esta carnicería, pero tampoco se tenía preparada una solución. Habiendo cruzado con éxito la frontera con su carga humana, a los traficantes aún les faltaba arriesgar ser descubiertos por los oficiales en el puesto de control más al norte de la Interestatal 5. Para eludir estos obstáculos, los traficantes se detenían en el acotamiento de la autopista y donde hacían que se apearan los migrantes, para luego recogerlos justo más allá del puesto de control. Los migrantes debían pasar a pie frente a los guardias fronterizos para reencontrarse con los coyotes que los recogerían.

El problema era que los puntos de control presentaban graves obstáculos a los viajeros a pie. En Camp Pendleton, el puesto de control se localiza sobre los carriles con dirección al norte, lo que obliga a los migrantes a cruzar la autopista hacia el acotamiento con dirección sur para evitar ser detenidos, un total de hasta diez carriles de tráfico ocupado. Alejarse del puesto de control era aún peor: el terreno rocoso y el patrullaje regular de oficiales de la Marina hacían que el recorrido a pie fuera aún más peligroso.

La Border Patrol, Caltrans (Departamento de Transporte de California) e incluso el Cuerpo de Marines sintieron impotencia al tratar enfrentar el problema, apegándose al cumplimiento de la ley, por lo que recurrieron a instalar la señalización de advertencia en la autopista, con pocas esperanzas de que eso hiciera una gran diferencia.

La imagen que aparece en la señalización fue diseñada para Caltrans por un artista gráfico llamado John Hood. Resultó ser la elección perfecta. Hood, de origen Navajo y veterano de la guerra de Vietnam, Hood se basó en su experiencia con refugiados de guerra desesperados y en sus propias historias tribales en torno a la larga marcha de los indígenas navajos en 1864. Más adelante Hood diría que se inspiró en el activista laboral César Chávez como modelo para el perfil del padre y eligió incluir a una niña en la imagen para apelar al sentimiento paternal de los padres hacia sus hijas:

> Los casos de éxodo masivo, especialmente con familias enteras presentaban un serio problema. Cuando se habla de familias, se habla de niños. Los estaban masacrando en las autopistas. Los niños no saben qué está pasando, ni por qué están ahí, o por qué sus padres actúan así. Solo saben que este no es su hogar. La señal transmite que están lejos de casa. Y los niños preguntan: "¿Por qué estamos corriendo?" Hoy, incluso cuando veo a padres caminando en centros comerciales con sus hijos, es como si los arrastraran. Esa era la idea: sujetar con fuerza algo que amamos profundamente.

En los años siguientes, la imagen creada por Hood, convertida en meme, sería adoptada y adaptada para un sinfín de caricaturas políticas, camisetas y otros productos culturales. Pero ninguno provocaría la conmoción que se produjo la primera vez que apareció esa imagen en la señalización de la carretera. No existen pruebas de que hayan tenido un efecto sustancial en la disminución de las muertes cerca de los dos puestos de control. Pero el símbolo representado tuvo un resultado significativo: la inolvidable imagen de la familia migrante vulnerable y aterrorizada no deja de estar presente la mente de quien haya visto el letrero. Las reacciones variaban entre la compasión y el miedo, a menudo ambas en la misma persona. Uno por uno, los letreros finalmente desaparecieron, algunos retirados oficialmente, algunos

robados por coleccionistas (hoy, solo uno de los letreros con la imagen
creada por John Hood permanece en su lugar, protegido como sitio
histórico. Un único recordatorio restante de tiempos más oscuros en la
historia de la frontera Tijuana-San Diego). En última instancia, lo que
finalmente redujo las muertes de migrantes por atropellamientos por
el tráfico fue el éxito de los esfuerzos por lograr mayor seguridad fronteriza, en particular, la Operación Guardián (Operation Gatekeeper).
Pero eso estaba aún por venir. Esto fue en 1994, mientras el miedo
cundía a ambos lados de la frontera.

En Estados Unidos, especialmente en los estados fronterizos,
el creciente temor de los votantes a que ocurriera una invasión de
migrantes mexicanos, a través de una frontera prácticamente fuera
de control, obligó a un cambio en la política regional. Los estadounidenses vieron un incremento en el número de políticos que centraban
sus campañas políticas en poner fin a la inmigración ilegal, e incluso
en reducir la inmigración legal. Sus posturas abarcaban una gama que
iba desde aprovechar la "heterofobia", hasta querer imponer el inglés
como lengua oficial, (inclusive en las escuelas, entre nuevos inmigra-
dos); castigar a empleadores que contrataban a "ilegales"; hacer cumplir más estrictamente las leyes respecto a la deportación; y construir
muros fronterizos más fortificados (hasta el punto de considerar algo
bastante más político que practico de construir un muro de más de
3,000 kilómetros en la frontera entre EEUU y México).

Ningún evento ejemplificó mejor el elevado nivel de rechazo contra los migrantes que la reelección del actual gobernador republicano
Pete Wilson en 1994. Wilson fue legislador del estado de California y
recientemente había sido alcalde de San Diego durante 11 años. Sus
éxitos, que incluyeron revitalizar el centro urbano de la ciudad, retener
al equipo de béisbol de los Padres de San Diego en la ciudad y reestruc-
turar el cabildo de la ciudad, contribuyeron a la gran popularidad de
Wilson en San Diego. Esto le permitió ganar las elecciones para sus tres
mandatos por un margen de dos a uno, o más. Wilson aprovechó esta
popularidad para ser elegido senador de California, cargo que ocupó
durante 8 años, hasta 1991, año en que renunció para postularse como
candidato a la gubernatura.

Incluyendo sus 8 años como gobernador (1991–1999), Wilson pasaría finalmente más de tres décadas, como figura central de la vida

pública de San Diego y, en última instancia, de la vida política de California. Socialmente, Wilson gobernó como un liberal, aunque fue conservador en materia fiscal, y sus dos administraciones son generalmente consideradas como exitosas. Logró manejar los cambios culturales que se estaban produciendo en el estado, mantener el presupuesto bajo control y sacar al estado de su mayor crisis económica desde la Gran Depresión. Pero otra clave de la duradera popularidad de Pete Wilson fue que sus muchos años en el escenario político de su estado le concedieron una profunda comprensión de las cambiantes actitudes del votante promedio de California. Uno de esos cambios, impulsado por las reacciones ante la presencia de cientos de miles de nuevos inmigrantes mexicanos en el estado, fue un creciente ánimo contra la inmigración, especialmente la ilegal, proveniente del otro lado de la frontera sur.

Por esa razón, en 1994, como parte de su campaña para un segundo mandato, Wilson usó la Proposición 187 como pieza central de su plataforma. La Proposición 187, también conocida como Salva nuestro estado (Save our State o SOS, por sus siglas en inglés), fue creada por petición ciudadana, e incluída en la boleta electoral de ese año. Establecía un programa estatal de detección ciudadana que, cuando se implementara, prohibiría a los inmigrantes hacer uso de los servicios de salud, educación pública y otros servicios sociales de California.

De hecho, fue la idea misma de la Proposición 187 y la creciente cobertura mediática sobre el descontrol incesante en la frontera—combinada con la expectativa de que el prometedor candidato republicano, Wilson, anunciaría su candidatura presidencial en la convención republicana de 1996 en San Diego—lo que impulsó a la administración del presidente Clinton a apresurar la aplicación de su programa de seguridad fronteriza, la Operación Guardián. El presidente Clinton no quería que la crisis en torno al control de las fronteras se usara como arma contra su reelección.

VIGILANDO LA ENTRADA

El 17 de septiembre de 1994, la administración Clinton anunció la Operación Guardián, con su objetivo declarado, en palabras de la

Procuradora General Janet Reno, "de restaurar la integridad y la seguridad en la frontera más concurrida de la nación". El programa fue muy controvertido, con un particular rechazo por parte de los activistas estadounidenses defensores de derechos humanos y de los inmigrantes, a quienes la estrategia les pareció represiva. Uno de los críticos más elocuentes fue el académico y activista Noam Chomsky, quien declaró que la Operación Guardián era una "militarización de la frontera entre Estados Unidos y México" diseñada para hacer frente al aumento de la inmigración ilegal impulsada por la implementación del TLCAN nueve meses antes y por el colapso monetario del peso que la acompañó.

La Operación Guardián representó el primer esfuerzo serio para manejar la seguridad fronteriza entre Estados Unidos y México en la nueva era de cooperación binacional. También representaba un reconocimiento de que la inmigración ilegal, el tráfico de personas y de drogas y la violencia de los cárteles representaban una nueva y grave amenaza para la salud de ambos países. En los próximos años, bajo el régimen de la Operación Guardián, el presupuesto para la seguridad de las fronteras aumentaría a 800 millones de dólares. Con la Operación Guardián, se duplicó el número de agentes de la Border Patrol; se instalaron kilómetros de vallas y barreras, y las carreteras iluminadas que se construyeron se duplicaron con creces, y casi se triplicó el número de sensores subterráneos para detectar cruces de frontera.

Operación Guardián fue implementado por la Procuradora General Janet Reno y Doris Meissner, comisionada del Servicio de Inmigración y Naturalización (INS por sus siglas en inglés), que entonces formaba parte del Departamento de Justicia. Tanto Reno como Meissner viajaban frecuentemente a San Diego en esos primeros años, para llamar la atención a los esfuerzos de su administración por ejercer control de la frontera. De vuelta en Washington, DC, movilizaban los recursos y procuraban apoyo político al esfuerzo. Pero las caras locales del liderazgo de Operación Guardián en San Diego eran Gustavo "Gus" De La Viña, jefe del sector de la Border Patrol en San Diego, y Alan Bersin.

Bersin, nacido en Brooklyn, Nueva York, jugador de fútbol americano en Harvard y abogado corporativo formado en Yale que ejerció en Los Ángeles antes de entrar al servicio público, fungía como Procurador de EEUU en San Diego, y como nuevo representante de la frontera suroeste del procurador general, era el llamado zar de la frontera. Su trabajo era coordinar la aplicación de la ley federal en la frontera estadounidense: desde California hasta Texas, y como enlace principal de Janet Reno en el día a día, fomentar la cooperación entre las fuerzas del orden federal y los funcionarios locales de las ciudades y condados, entre ellos y con México. Como recién llegado a San Diego-Tijuana, Bersin pudo comenzar una nueva cuenta en cuanto a las relaciones fronterizas México-EEUU, sin el bagaje de una participación previa, pero aun así tendría que lidiar con el peso de dos siglos de fricción y animosidad.

De La Viña fue el cerebro y la fuerza motriz detrás de la Operación Guardián. Nacido y criado en Edinburg, en la frontera del lado del Valle del Río Grande en Texas, Gus era un estratega brillante que llegaría a liderar la Border Patrol a nivel nacional. Como Doris Meissner lo describió: "Gus creció en la frontera suroeste y conocía bien su carácter especial y su territorio, como la palma de su mano. Viajar por la frontera con él significaba reunirse no solo con agentes y líderes de la Border Patrol, sino también con funcionarios locales, grupos comunitarios y contrapartes mexicanas. Reconocía que la aplicación de la ley en materia fronteriza es una característica central en la vida de las regiones fronterizas que incluye rendir cuentas a muchos agentes y corrientes diferentes. La suya era una mano firme en el timón, trayendo un sentido de equilibrio y calma en medio de situaciones a veces caóticas en nuestras fronteras".

Con una altura de 1.70 metros, usando sus botas de vaquero Lucchese, con un cigarrillo en la boca, De La Viña era un genuino hombre Marlboro. Bersin era abogado corporativo y becario Rhodes. Los dos hombres no podrían haber venido de rincones más lejanos de la experiencia americana. Pero desarrollaron un respeto duradero y una profunda amistad que logró servir bien a la frontera, gracias también al inquebrantable estímulo y apoyo de Reno y Meissner.

El objetivo de la Operación Guardián se basaba en una política de prevención mediante la disuasión, que trataba de limitar la migración ilegal mediante el despliegue de agentes, vallas y otras barreras físicas, y de tecnología. Correa-Cabrera y McCormick describen la estrategia a través de las palabras de David Aguilar, un protegido tanto de De La Viña como de Silvestre Reyes, el notable líder de la Border Patrol que

encabezaba el sector de El Paso en ese momento (Aguilar sucedería a
De La Viña como jefe nacional de la Border Patrol de EEUU durante la
administración de Bush):

> Este fue el comienzo de una estrategia de disuasión que
> más tarde se convertiría en la estrategia predominante
> en toda la frontera sur. [Fue] el esfuerzo de "obtener,
> mantener y expandir": proporcionar recursos sufici-
> entes para *alcanzar* el control de una zona; continuar
> proporcionando recursos para apoyar y *mantener*; y
> luego *expandir* las operaciones linealmente a través de
> la frontera. En lugar de dedicar recursos para detener
> [a cada individuo] que cruzaba la frontera, transpor-
> tarlo a la estación, procesarlo y alimentarlo, y luego
> devolverlo al otro lado de la frontera (lo que implicaba
> sustraer personal y recursos de la frontera), era mucho
> más eficiente y eficaz impedir que entraran los indocu-
> mentados en primer lugar, teniendo una presencia vis-
> ible y prominente en las zonas fronterizas clave.

Sin embargo, establecer la estrategia fue tan solo el comienzo del
problema. El verdadero reto sería su aplicación efectiva. Esto requeriría
forjar relaciones a lo largo de los años entre los organismos encargados de hacer cumplir la ley que operan en la práctica. Esas relaciones
no existían en 1994. De hecho, nunca habían existido realmente de
manera sistemática, ni entre los organismos federales ni entre éstos
y las fuerzas del orden locales. Bersin cuenta acerca de aquellos días
en que los agentes de la Border Patrol atrapaban a una o dos personas
mientras la multitud de migrantes los sobrepasaba corriendo a través
de la frontera:

> Incluso cuando los agentes llevaban al puñado de per-
> sonas que habían capturado a la estación para su pro-
> cesamiento, no había equipo biométrico disponible
> para identificar a esas personas o ningún otro sistema
> automatizado incluso para registrar su detención.
> Los agentes guardaban sus propias fichas de archivo

manuscritas en tarjetas de siete por 12 centímetros, pero esa era una solución pobre. Cuando se le preguntaba su nombre a un migrante, obviamente no se recibía una respuesta honesta. La única manera de identificar a alguien habría sido tomar nota sobre tatuajes de pandillas o algún otro rasgo distintivo. Era un completo desastre, y todos, en ambos lados, lo sabían.

Había poca coordinación entre los diferentes organismos encargados de hacer cumplir la ley estadounidense. Así que Bersin trajo a William Esposito, el agente especial a cargo del FBI en San Diego (que pasaría a convertirse en subdirector del FBI de Louis Freeh a nivel nacional), a la frontera para reunirse con el jefe De La Viña. No se conocían. Bersin:

> Demostró lo lejos y aislado que estaba el control fronterizo del resto de las fuerzas del orden. La brecha comenzó a cerrarse ese día. Un resultado inmediato fue que Bill [Esposito] puso a disposición de Gus un aparato de registro de huellas dactilares tecnológicamente primitivo para que los delincuentes criminales entre los migrantes, pudieran ser identificados por primera vez (llevaba ocho horas) y luego procesados, en lugar de ser puestos en libertad.
>
> Se logró transformar el volumen de casos federales que habia estado dominado por juicios por delitos menores contra "migrantes económicos", en un volumen ahora dominado por miles de enjuiciamientos por delitos mayores [Sección 1326], con el mayor número de casos penales de la nación, dirigidos contra criminales peligrosos que habían sido previamente condenados y deportados y que trataban de volver a entrar en Estados Unidos.

La compilación única, de datos biométricos computadorizados de personas sospechosas que cruzan la frontera, evolucionaría a lo largo de los años siguientes hasta convertirse en el protocolo IDENT, un sistema en línea que creó una base de datos masiva de todos los migrantes que cruzan la frontera. Podía hacer una identificación casi instantánea de miles de personas por hora. Hoy, IDENT, ha evolucionado de nuevo, esta vez hacia el uso de capacidades más rápidas y predictivas de datos masivos y el aprendizaje automatizado. Puede identificar la criminalidad potencial con base en millones de registros de comportamientos de migrantes en el pasado. El nuevo sistema es tan poderoso y generalizado que ha provocado importantes interrogantes en torno a la libertad civil y privacidad que aún queda por resolver.

Mientras tanto, en San Diego y en otros lugares de la frontera, iban surgiendo otras crisis que amenazaban la creciente relación entre ambos países. En más de una ocasión, los migrantes de un lado de la valla lanzaban piedras a los agentes de la Border Patrol, hiriéndolos, a veces seriamente. En algunas situaciones, los agentes, temiendo enfrentar una amenaza de muerte—varios agentes fronterizos golpeados con piedras habían perdido la vista—desenfundaron sus armas y contestaron con disparos, no pocas veces con resultados fatales en México.

Estas amenazas desde el otro lado de la frontera, combinadas con el uso indebido de la fuerza por parte de la Border Patrol, inevitablemente se convirtieron en fuente de amargas recriminaciones y acaloradas controversias en ambas partes. La falta absoluta de cooperación entre los diferentes organismos de aplicación de la ley en EEUU y sus homólogos en México, exacerbaba la situación.

Tampoco ayudaba el hecho que ambas partes simplemente no se tenían confianza. Bersin:

> No te puedes imaginar cuánta antipatía había en esos días entre las fuerzas del orden estadounidenses y las mexicanas. Los oficiales de ambos países no se trataban profesionalmente entre ellos porque, por lo regular, no confiaban ni se interesaban los unos respecto a los otros. Nada simbolizaba mejor la tensión en la relación que el asesinato de Enrique Camarena, que había despertado en las autoridades estadounidenses, mayor aprehensión y hostilidad contra las fuerzas del orden mexicano que nunca. En el lado mexicano, las autoridades observaban la arrogancia de los gringos

y cómo muchos de ellos trataban a los mexicanos y a México con condescendencia y desdén, y eso los hacía aún menos dispuestos a ayudar.

En cuanto a los narcóticos, la situación era peor. Las fuerzas del orden estadounidenses veían a sus homólogos mexicanos como si fueran indiferentes al asunto—después de todo, los mexicanos discutirían con disgusto que eran los yanquis los que estaban creando la enorme demanda de esas drogas—o aceptando sobornos para luego mirar hacia otro lado. Peor aún, más que unos pocos policías mexicanos, y a menudo sus superiores, estaban trabajando estrechamente con los cárteles.

Esta situación tendría que cambiar si se quería que imperara la legalidad y el orden en lo que era una frontera caótica y sin ley. La Operación Guardián, y todo lo demás que querían para su región, los ciudadanos reflexivos, dependía de eso.

UN ENCUENTRO TRASCENDENTAL

El gran logro se produjo a mediados de 1995 en el más improbable de los lugares: un cuartel de bomberos cerca de la pequeña ciudad fronteriza de Campo, a cuarenta y ocho kilómetros al este de San Diego, en el sudeste del condado de San Diego. Fue un momento histórico: la primera vez que un cónsul general mexicano, Luis Herrera-Lasso, se reunía oficialmente con funcionarios del orden publico estadounidenses en un evento público para discutir la seguridad fronteriza. Es significativo el hecho de que las autoridades del gobierno federal en Ciudad de México le hayan autorizado a hacerlo. La importancia de esta reunión no fue subestimada por los medios de comunicación: los equipos de cámara se agolparon en el rústico edificio, semejante a un granero con su larga mesa central y ventilador de techo alto.

Bersin, que desempeñaría un papel decisivo en la evolución del paso fronterizo en las próximas 2 décadas y en la creciente cooperación entre las 2 grandes ciudades y sus respectivos países, fue el

principal representante estadounidense en la reunión. Había venido
con una agenda: hacer que los representantes mexicanos reconocieran
la creciente crisis en la frontera y entendieran hasta qué grado podría
sabotear el recién firmado acuerdo del TLCAN.

La elección de la pequeña ciudad de Campo (tan pequeña que
la ciudad se vendería eventualmente como una sola parcela) no fue
una coincidencia. Esa porción del condado de San Diego había sido
destrozada en los últimos años por la violencia transfronteriza que
finalmente se había extendido a la frontera de la propia ciudad de San
Diego.

Entre los representantes estadounidenses que acompañaron
a Bersin en la reunión estaba Johnny Williams, un veterano jefe de
la Border Patrol que sucedería a De La Viña en San Diego y manejaría brillantemente gran parte de la implementación operativa de la
Operación Guardián. También estaba presente Bill Kolender, entonces
sheriff del condado de San Diego, que había sido jefe de policía de la
ciudad de San Diego durante una larga temporada. Kolender estaba ahí
no solo por el puesto que ocupaba, sino porque tenía más experiencia
que nadie en el manejo de crimen fronterizo y porque estaba cerca
de Jerry Sanders, su sucesor y entonces, actual jefe de policía de San
Diego. Aunque la jurisdicción de Sanders no se extendía hasta Campo
en la parte sureste del condado, su respaldo sería crucial para cualquier
cooperación sostenida en materia de aplicación de la ley transfronteriza con México. Para Sanders, como para Kolender, la frontera seguía
siendo una herida abierta que se había negado a sanar.

Hoy en día, Otay Mesa, una meseta plana que se extiende a través
de la frontera, está cubierta de miles de hogares, pero a finales de los
años 1980 y principios de los 1990, era en gran medida estéril, con
su superficie nivelada marcada por cañones poco profundos. Los
migrantes que cruzaban la frontera solían elegir este camino debido
a su proximidad tanto a Tijuana (para un rápido retorno a México si
fuera necesario) como a San Diego (para escapar rápidamente a la ciudad y desaparecer). Los bandidos, en su mayoría mexicanos, pero de
ambos lados de la frontera, también lo sabían, y se escondían en los
cañones para tenderles una emboscada a los migrantes (y a las mulas
de drogas) para robar, violar y ocasionalmente matarlos. El caos era
tan peligroso y violento que el escritor Joseph Wambaugh escribiría

un libro bestseller, *Líneas y sombras*, que lo describía. A medida que aumentaba el número de víctimas, el Jefe Kolender llegó a la conclusión de que la única respuesta era establecer un escuadrón de agentes de policía experimentados y especialmente entrenados, para enfrentarse a los bandidos y proteger a los migrantes, aunque la proximidad de la actividad policial estadounidense, incluyendo el uso frecuente de la fuerza, pusiera nerviosas a las autoridades mexicanas.

Cuando sucedió a Kolender, Jerry Sanders no solo continuó este programa, sino que lo amplió para incluir todas las operaciones policiales de su departamento en la frontera. Estas operaciones se llevaron a cabo en estrecha coordinación con las autoridades federales, que tenían jurisdicción primaria en materia de seguridad fronteriza. En el proceso, los oficiales de policía de San Diego comenzaron a interactuar y cooperar cada vez más no solo con sus colegas federales sino también con sus contrapartes de Tijuana cada vez.

Frente a la mesa de Kolender y Bersin ese día estaba el Cónsul General Luis Herrera-Lasso, un funcionario muy distinguido, respetado y bien conectado en México, que había sido enviado por su gobierno para calmar las aguas en preparación para la nueva era de amistad binacional indicada por el TLCAN. Él y Bersin se reunían semanalmente en una cafetería en el barrio de Little Italy en San Diego, frente al Consulado de México, para acordar un enfoque común. Herrera-Lasso comprendió muy bien que las relaciones transfronterizas nunca iban a mejorar mientras EEUU acusara a México de laxitud en relación con los migrantes mexicanos indocumentados y los traficantes de drogas que se escabullían a través de la frontera. Como observó más tarde:

> La ilegalidad, la falta de control y la falta de una gestión fronteriza eficaz para regular la inmigración y garantizar la seguridad afectaron gravemente a las comunidades fronterizas, a la gente de la frontera y a la seguridad y los Derechos Humanos de los migrantes. [Por consiguiente], era necesario hacer algo efectivo para tomar el control de la frontera, y la cooperación bilateral era un elemento clave para lograr esta tarea.

La actitud y las declaraciones públicas del Cónsul General Herrera Lasso difirieron enormemente de todo lo que el público estadounidense había escuchado antes, que en su mayoría se refería a historias sobre el apoyo del gobierno mexicano al movimiento, legal e ilegal, de sus ciudadanos al norte de la frontera.

Ahora, se había roto el hielo. Era un comienzo. Las crecientes relaciones profesionales y personales entre las fuerzas del orden público a ambos lados de la frontera resultarían particularmente importantes. Estas se profundizaron después de esa reunión en la estación de bomberos de Campo. Bersin:

> Solo tener a Luis [Herrera-Lasso] presente y el hecho de que estábamos abordando un problema compartido juntos fue increíblemente productivo en términos de poder decir finalmente: está bien cooperar. Aquí estaban los oficiales mexicanos con los que podíamos trabajar. Incluso terminamos creando grupos de trabajo conjuntos para abordar toda una serie de cuestiones de seguridad pública y transfronterizas. Comenzamos a construir lazos de conocimiento personal y luego de confianza entre los oficiales encargados de hacer cumplir la ley para que pudiéramos empezar a cerrar la brecha entre nosotros y a sellar la peligrosa costura que representaba la frontera como puerto seguro y refugio para criminales graves.

Gran parte del crédito por el éxito de la reunión se puede atribuir al cónsul general Herrera-Lasso y sus colegas mexicanos. El cónsul general trabajó incansablemente para salvar la brecha cultural y política de manera que ambos países pudieran ver que les convenía encontrar áreas de interés común y trabajar juntos para abordarlas. Para los estadounidenses, el desafío era lidiar con la inundación de inmigrantes mexicanos indocumentados. Pero para los mexicanos, se trataba de un país que posiblemente se deslizaba hacia una crisis fatal. El país no solo se enfrentaba a graves problemas económicos, sino que los cárteles de la droga, y la violencia que traían a la nación, iban en aumento.

En este momento de vulnerabilidad nacional, habría sido razonable que los gobiernos locales y nacionales mexicanos se refugiaran en una postura defensiva, considerando las respuestas agresivas que habían recibido en el pasado por parte de Estados Unidos, en relación a esos períodos en la frontera. Sorprendentemente, ocurrió justo lo contrario: los funcionarios de Tijuana comenzaron a contactar regularmente a sus contrapartes de San Diego para que les ayudaran a vigilar la frontera. Mientras tanto, el ministro de Relaciones Exteriores mexicano José Ángel Gurría y la Procuradora General de EEUU Janet Reno se mantuvieron en estrecho contacto a medida que se desarrollaban los acontecimientos posteriores. El presidente mexicano, Ernesto Zedillo, elegido en 1994, mantuvo conversaciones regulares con el presidente estadounidense Bill Clinton sobre la cooperación en materia de seguridad fronteriza, así como sobre el TLCAN.

UNA ERA DE BUENA FE CON BUENOS RESULTADOS

La buena noticia de toda esta mejora de la comunicación era que, en la práctica, en lugares como Otay Mesa, la interdicción y la seguridad de los migrantes estaban dando resultados positivos. Los oficiales federales fronterizos de EEUU y México, y la policía de San Diego y Tijuana, trabajaban juntos y en el proceso aprendían a verse mutuamente con creciente respeto. Era un trabajo en progreso, por supuesto, pero resultaría ser una plataforma para los grandes cambios que vendrían.

Sin minimizar sus diferencias, ni la corrupción continua del lado mexicano, los funcionarios encargados de hacer cumplir la ley aprendieron a mirar más allá de esos impedimentos del pasado para centrarse en aspectos de la seguridad pública regional y mutua. Lejos de tener bases sentimentales, la colaboración se basó en cálculos fríos de interés propio de ambos lados de la frontera. Fue resultado de la comprensión, fruto de la experiencia, de que—al menos en el contexto de la aplicación de la ley—México y Estados Unidos eran iguales en la frontera como en ningún otro lugar en la relación; por lo demás, asimétrica, entre los dos países.

De esas actividades conjuntas surgieron importantes avances en la colaboración, entre ellos una alianza contra las drogas, esfuerzos públicos coordinados para advertir a los migrantes que se alejaran de las zonas peligrosas de la frontera, el bloqueo para impedir los migrantes que se precipitaran a través de las garitas hacia la autopista, el intercambio de información para identificar y desmantelar las redes de contrabando de migrantes y una estrecha consulta en relación con los informes sobre violaciones de los derechos civiles.

Un caso concreto fue una serie de tiroteos transfronterizos desde Tijuana, dirigidos a agentes de la Border Patrol de EEUU situados en la zona de Imperial Beach de San Diego, que ocurrió en mayo y junio de 1996. Estos violentos ataques representaron un giro dramático. La mayoría de los incidentes anteriores de violencia fronteriza fueron ocasionados por bandidaje fronterizo o enfrentamientos "transaccionales" entre agentes de la Border Patrol y traficantes de migrantes o drogas. En esos casos, la violencia estaba contenida, era dirigida contra una víctima concreta o contra el infractor.

Los tiroteos de Imperial Beach, provocados primero por un francotirador transfronterizo y luego por pistoleros que disparaban desde vehículos en la carretera de Tijuana paralela a la valla fronteriza, fueron diferentes. Estos ataques se dirigieron al azar a oficiales estadounidenses, que devolvieron el fuego a través de la frontera en defensa propia. El episodio tenía una cualidad terrorista y parecía calculado para desafiar e interrumpir la actividad binacional de colaboración que estaba ocurriendo en la frontera Tijuana-San Diego.

Alan Bersin:

> En el pasado, un tiroteo transfronterizo de este tipo habría provocado una crisis internacional con recriminaciones de ambos lados y un furor mediático. En lugar de ello, las autoridades fronterizas de ambos países se reunieron rápidamente después de los tiroteos para formular un plan de acción coordinado. Los funcionarios estudiaron conjuntamente la escena del crimen desde el lado estadounidense en Imperial Beach donde el agente recibió un disparo, luego viajaron juntos a Tijuana al lugar en la carretera desde donde se dispararon las armas contra el agente de EEUU. El FBI y la policía mexicana investigaron conjuntamente,

compartiendo el acceso a testigos, pruebas y lugares en San Diego y Tijuana.

También hubo comunicación entre funcionarios públicos de ambos países. Incluso celebraron una conferencia de prensa conjunta, a la que asistieron representantes de la prensa y los medios de comunicación de México y EEUU, para expresar su preocupación mutua por la amenaza a la seguridad pública regional. En resumen, el "Síndrome de Camarena", había llegado a su fin. El juego había cambiado, y el mensaje se había transmitido.

Estos acontecimientos podrían no haber ocurrido si Herrera-Lasso, Bersin, De La Viña, Williams, Kolender, Sanders, Esposito, y sus colegas (incluyendo a Paul Pfingst, el procurador del distrito de San Diego, y Richard Emerson, jefe de la policía en la vecina ciudad de Chula Vista) no hubieran establecido primero las bases para la cooperación entre las operaciones de aplicación de la ley en la frontera. Como Bersin diría más tarde de estos líderes locales:

> Fueron decisivos para apoyar el reforzamiento federal, que en el curso de 4 o 5 años pasó de 300 agentes de la Border Patrol en San Diego a más de 3,500. Y hubo una verdadera coordinación y cooperación con México entre la policía estatal y local y las autoridades federales que no tenía precedentes. Jerry Sanders y Rick Emerson no solo apoyaron completamente los esfuerzos de aplicación de la ley federal, sino que también estaban completamente dispuestos a desplegar más de sus propios oficiales de policía en la frontera, en los lugares de su jurisdicción. La oficina del Fiscal de Distrito de DA Pfingst procesó en el tribunal estatal a cientos de "mulas de drogas" descubiertas contrabandeando marihuana en los puertos de entrada, lo que permitió a las autoridades federales concentrar sus recursos en la investigación y el enjuiciamiento de los cárteles que traficaban con heroína, cocaína y metanfetaminas.

Este espíritu de cooperación entre los empleados y funcionarios del gobierno de las dos ciudades se extendió también a otros organismos. En 1997, durante la temporada de fuertes vientos de Santa Ana, un importante incendio forestal estalló en las afueras de Tecate y rápidamente se dirigió hacia el norte, hacia la frontera, en el condado este de San Diego. Los funcionarios locales de Tijuana y Tecate pidieron ayuda. En respuesta, los departamentos de bomberos de San Diego y Tijuana decidieron ignorar los protocolos para las interacciones transfronterizas y coordinar sus esfuerzos, aunque ello significaba cruzar de un lado al otro de la frontera.

Bersin describe lo que habría pasado si los dos departamentos de bomberos hubieran decidido pasar por los canales oficiales:

> Los protocolos en ese momento, en términos de derecho internacional y relaciones entre México y Estados Unidos, eran que la autorización formal de Washington, DC y Ciudad de México era necesaria para que los oficiales estadounidenses entraran en México. Así que mientras el fuego ardía, tendría que haber una llamada a Ciudad de México para explicar la situación, lo que llevaría muchas capas de discusión dentro del gobierno mexicano.
>
> Mientras tanto, tendríamos que llamar a la sede del Departamento de Justicia en Washington, DC, que, a su vez, tendría que trabajar con el Departamento de Estado allí. Después de agotar sus procesos, nos llamaban por teléfono a San Diego diciendo: "Está bien, está bien hacer eso".
>
> Ante una emergencia extrema, todos, tanto los funcionarios locales mexicanos como los estadounidenses, decidimos ignorar todo eso. Es decir, decidimos no pedir permiso, sino trabajar juntos y pedir perdón después, cuando el fuego se hubiera apagado finalmente.

Otro ejemplo del esfuerzo conjunto entre las fuerzas del orden a ambos lados de la frontera surgió del creciente número de denuncias presentadas por México sobre el abuso de migrantes por agentes de la Border Patrol de EEUU. Esto llevó a la creación de un grupo de trabajo conjunto entre los dos países, con sede en el consulado mexicano a cargo de Luis Herrera-Lasso en San Diego. Como resultado, se produjo la primera acusación reciente contra un agente fronterizo estadounidense por la violación de los derechos civiles de un migrante, presentada por la procuradora adjunta de EEUU (ahora Juez) Amalia Meza.

En última instancia, a pesar de haber surgido por conveniencia política, la Operación Guardián y la cooperación binacional que generó, obtuvieron el apoyo de ambos partidos políticos estadounidenses, y resultó ser un auténtico comienzo para mejorar la seguridad fronteriza. La Operación Guardián ha continuado a través de cuatro administraciones, bajo los presidentes Clinton, Bush, Obama y Trump, operando durante años con un presupuesto anual constante de 18,000 millones de dólares.

La Operación Guardián sobrevivió porque funcionó, y funcionó porque se construyó sobre los sólidos cimientos creados por oficiales de ambos lados de la frontera entre San Diego y Tijuana, en particular, sobe los protocolos y precedentes para trabajar juntos sin problemas.

LAS CONSECUENCIAS POLÍTICAS

Políticamente, el éxito de la Operación Guardián desactivó gran parte del debate sobre la inmigración indocumentada durante la campaña presidencial de 1996. Nunca se concretaría lo que había preocupado al gobierno de Clinton, que la popularidad del gobernador Pete Wilson lo llevara a una nominación en la convención presidencial republicana de 1996, en San Diego. Los avances de la seguridad en la frontera no solo permitieron retirar de la mesa el tema (temporalmente), sino que la cirugía de garganta de Wilson y las semanas de recuperación descarrilaron la campaña para gobernador. En cambio, durante el debate de Clinton en la University of San Diego con el actual candidato republicano, el senador Bob Dole de Kansas, en octubre de ese año, sorprendentemente no se planteó ni una sola pregunta sobre inmigración o seguridad fronteriza.

En cuanto a la Proposición 187, ésta demostró ser una experiencia singularmente destructiva para todos los interesados. El 8 de noviembre de 1994, la proposición fue aprobada de manera decisiva (al obtener casi 60 por ciento de los votos y 1.5 millones de votos más a favor que en contra) por los votantes de California, en un referéndum. Al día siguiente, fue impugnada mediante una demanda, y solo cuatro días después un tribunal federal de distrito la declaró inconstitucional. 5 años después, el nuevo gobernador de California, Gray Davis, detuvo todas las apelaciones estatales del fallo.

Las repercusiones de la Proposición 187 se siguen sintiendo hasta el día de hoy. En consecuencia, los votantes de California que habían apoyado la medida se sintieron traicionados. Habían creído que, al igual que con el controvertido impuesto sobre la propiedad de 1978, la Proposición 13 (y todas las demás proposiciones estatales hasta esa fecha), una proposición exitosa se convertiría automáticamente en ley.

Mientras tanto, entre gran parte de la población hispana de California, el sentimiento de haber sido traicionados era mucho mayor. No estaban solos. En el período previo a las elecciones, el presidente mexicano del PRI, Carlos Salinas de Gortari, e incluso algunos prominentes republicanos estadounidenses (incluyendo el ex Secretario de Vivienda y Desarrollo Urbano, Jack Kemp), condenaron la propuesta. Tres semanas antes de la votación, más de setenta mil personas marcharon en protesta en Los Ángeles.

Este sentimiento de traición se extendió a toda la gente de color y sus aliados, pero tuvo mayor impacto en la comunidad latina, que se estaba convirtiendo en el bloque electoral más numeroso del estado. La movilización hacia el activismo político de una multitud nunca antes vista de hispanos californianos, ha sido atribuida a la aprobación de la proposición. De hecho, algunos le atribuyen a la Proposición 187 el cambio en California, de un estado nominalmente republicano a uno confiablemente demócrata, razón por la cual, con la excepción de Arnold Schwarzenegger, California no ha vuelto a elegir un gobernador republicano.

Ciertamente, la Proposición 187 puso de relieve la creciente desconfianza entre los pueblos, perjudicando a lo que había sido media década de creciente amistad y cooperación entre los "pioneros" transfronterizos de San Diego y Tijuana. Afortunadamente, esos lazos fueron demasiado fuertes para romperse. Durante el resto del decenio de 1990, las fuerzas del orden de ambas ciudades seguirían colaborando cada vez más y en un ámbito de actividades más amplio, en particular con respecto a los cárteles de narcotráfico que habían echado raíces en Tijuana.

OFA

Contrariamente al mito popular, el crimen y la violencia de los cárteles no solo fluía desde el centro de México hacia Estados Unidos. En la década de 1990, surgió en Tijuana un tristemente célebre cartel de la droga, la Organización Arellano-Félix, descrita por el *Arizona Daily Star* como "uno de los grupos criminales más grandes y violentos de México". Irónicamente, llegó al poder porque los cárteles de drogas colombianos de Cali y Medellín estaban siendo expulsados de su corredor de acceso marítimo tradicional de Florida, por agentes antidrogas de EEUU y otras fuerzas del orden público, y estaban buscando nuevos socios en otros lugares para penetrar Estados Unidos. Los colombianos vieron con buena disposición de asociarse a Ramón y Benjamín Arellano Félix, quienes habían empezado con cocaína en la plaza de Tijuana a través de Miguel Ángel Félix Gallardo, jefe del Cartel de Guadalajara y padrino del narcotráfico en México.

A medida que crecía su riqueza y poder, hasta llegar a controlar finalmente todo el noroeste de México, el Cártel Arellano-Félix (CAF), también conocida como el cártel de Tijuana o la pandilla de Tijuana (nombres repudiados por los tijuanenses porque perjudican la imagen a su ciudad, y los líderes de los cárteles provenían de otros lugares), avanzaba con su reclutamiento en ambos lados de la frontera. En Tijuana, los narcotraficantes cada vez más arrogantes y ostentosos comenzaban a frecuentar los clubes nocturnos y otros lugares concurridos por gente adinerada, atrayendo y reclutando a los jóvenes aristócratas de la ciudad. Estos hijos de familias ricas finalmente formaron su propia facción en el CAF, los llamados "narco juniors", y utilizaron su gran facilidad de acceso transfronterizo para transitar a la distribución de heroína, además de los productos básicos como la cocaína y la marihuana.

Los "narco juniors" también usaron su creciente celebridad para hacer contacto con pandillas en el lado estadounidense de la frontera, en particular la pandilla Logan Heights, una pandilla callejera latina con sede en el sudeste del condado de San Diego. Pronto la Organización Arellano-Félix reclutó a miembros de la pandilla Logan Heights como sicarios (asesinos y guardaespaldas) para llevar a cabo su trabajo más violento.

No pasó mucho tiempo antes de que los hermanos Arellano-Félix desataran a estos sicarios sobre sus enemigos, no solo los miembros de cárteles rivales, sino también sobre líderes civiles y funcionarios en ambas ciudades. Uno de esos objetivos fue Gonzalo Curiel, un procurador adjunto estadounidense en San Diego, quien se vio obligado a abandonar la ciudad y trasladarse a un lugar más seguro durante más de un año. (Curiel se convertiría en juez federal en San Diego y más tarde se vería envuelto en un notorio episodio con respecto a la Universidad Trump durante la campaña presidencial de 2016).

En México, el principal blanco del CAF era el cártel de Sinaloa, dirigido por Héctor Luis Palma Salazar y Joaquín Archivaldo Guzmán Loera ("El Chapo"). En venganza por el despliegue de los soldados de Salazar para asesinar a los dos hermanos (su intento falló, pero sin embargo ocho miembros del CAF murieron), Benjamín y Ramón ordenaron un golpe a los líderes de Sinaloa y le asignaron el trabajo a la pandilla Logan Heights. El ataque fallido, llevado a cabo en el aeropuerto de Guadalajara, resultó en la muerte de seis civiles, entre ellos el Cardenal Posadas Ocampo.

El CAF tenía en mente otros objetivos mexicanos también. Una gran fuente de vergüenza para la pandilla fue el heroísmo y activismo de la revista *Zeta*. Fundada en 1980, la revista dedicó muchas de sus páginas a exponer el crimen organizado local, el narcotráfico y la corrupción gubernamental. Uno de sus fundadores, Héctor Félix Miranda, ya había sido asesinado en 1988, por los guardaespaldas de un político local. Ahora, otro fundador y editor, Jesús Blancornelas, se convirtió en blanco del CAF y estuvo a punto de ser asesinado por el líder de Logan Heights David Barrón, quien murió en el tiroteo.

Con la falta de control sobre la situación de la narcoviolencia, los organismos encargados de hacer cumplir la ley en ambos países sabían que tenían que colaborar, pero sería una medida arriesgada. Los respectivos organismos temían la resistencia y las posibles reacciones violentas en ambos países. Bersin: "Todos estaban tan nerviosos por el peligro, y que se fuera a crear un alboroto, que toda la operación se mantuvo en silencio y sin publicidad".

El grupo de trabajo conjunto—encabezado por Chuck La Bella, el primer asistente de Bersin en la Procuraduría general de EEUU, y Samuel González, un procurador y defensor mexicano—se creó un equipo de colaboradores improbables. No solo estaban trabajando juntas las agencias federales estadounidenses y mexicanas, sino que, en el lado de Estados Unidos, la Agencia de Control de Drogas y el FBI (a pesar de su rivalidad histórica en el Departamento de Justicia de EEUU) se unieron. Los diversos organismos del grupo de trabajo conjunto compartieron información, personas y recursos. Los miembros del grupo de trabajo mexicano cruzaban de un lado a otro de la frontera participando en acciones de vigilancia y redadas coordinadas. Los resultados fueron espectaculares.

Con la muerte final de los miembros más violentos de la pandilla y una impresionante serie de condenas muy publicitadas obtenidas por las procuradoras Cindy Millsaps, Laura Birkmeyer, Cindy Bashant, y Laura Duffy de la oficina del Procuraduría de EEUU, el grupo de trabajo binacional logró romperle la espalda al CAF. (Birkmeyer y Duffy son ahora jueces de la corte superior del condado de San Diego, y Bashant es un juez de distrito de EEUU). Por primera vez, México incluso extraditó a un líder del cártel tijuanense, sentando las bases para un destino similar del notorio "El Chapo" Guzmán, décadas más tarde. Según los politólogos Emily Edmonds-Poli y David Shirk:

> Los funcionarios estadounidenses y mexicanos pudieron construir gradualmente relaciones de trabajo basadas en el respeto mutuo y la cooperación. Por ejemplo, México demostró su buena voluntad y su deseo de trabajar con Estados Unidos para combatir el narcotráfico en 1997 cuando [el gobierno mexicano] aprobó la solicitud de Estados Unidos de detener y extraditar a Everardo Arturo "Kitty" Páez, uno de los principales tenientes de la Organización Arellano-Félix, posiblemente el cártel de la droga más poderoso

de México en ese momento. Las autoridades mexicanas arrestaron a Páez en Tijuana, pero su extradición
fue bloqueada por impugnaciones legales que cues-
tionaban la constitucionalidad de la extradición de ciudadanos mexicanos. En enero de 2001, la decisión de
la Suprema Corte de Justicia de México, que confirmó
la constitucionalidad de la extradición de ciudadanos
mexicanos, allanó el camino para el traslado de Páez a
Estados Unidos solo cuatro meses después.

El AFO y su músculo, la pandilla Logan Heights, volvería una
década después con un nuevo liderazgo y nuevas ambiciones. Pero se
enfrentarían a una realidad de aplicación de la ley muy diferente—con
cooperación transfronteriza y apoyo mutuo—y nunca volverían a ser
tan poderosos.

PELIGRO Y OPORTUNIDAD

La Operación Guardián logró un éxito duradero, reduciendo rápidamente, si no eliminando del todo, los cruces de migrantes ilegales en la
frontera entre Tijuana y San Diego. Hasta ahí, al menos, se resolvió la
"crisis de la frontera".

Pero todo éxito tiene sus buenos resultados y sus malas consecuencias (en su mayoría imprevistas). Si la Operación Guardián había
logrado convertir aquella señalización con su imagen de "Cruce de
migrantes" en San Diego en un anacronismo curioso, también trasladó
gran parte de ese horror a otros lugares. A medida que a los migrantes
se le dificultaba cada vez más cruzar al otro lado por la ciudad de
Tijuana, se desplazaban a tramos menos poblados de la frontera hacia
el este: al peligroso e inhóspito desierto de Sonora. Esto, a su vez, los
obligó a hacer un cambio fundamental en su estrategia. Mark Reed:

> En ese tiempo, en la frontera San Diego -Tijuana [se]
> forjó el marco para la Operación Guardián y las mod-
> ernas tácticas fronterizas. La aplicación de la ley era
> eficaz en las zonas seleccionadas. Pero los migrantes

seguían viniendo. Caminaban, trepaban escalaban
y se arrastraban para poder entrar al país. Excepto
que ahora, el paso no era seguro, y el terreno era
amenazante. Ahora los migrantes tenían que pagar a
un contrabandista para cruzar y además a un vend-
edor de documentos falsificados para tener acceso al
mercado laboral. Aparecieron negocios caseros organizados por contrabandistas y falsificadores.

Operación Guardián cambió la naturaleza de la
inmigración ilegal a través de la frontera. Los elevados precios aumentaron el costo de cruzar al otro lado,
a tal grado que los migrantes no podían costearse el
regreso a casa. Así es que los migrantes optaban por
un gran gasto único y mandaban traer a sus familias
. . . Y el aumento de la seguridad que había instituido la
Operación Guardián hizo que fuera mucho más difícil
cruzar de ida y vuelta de lo que había sido en los tiempos del "campo de fútbol". Así es que se quedaron. No
regresaron.

La seguridad fronteriza seguiría siendo un tema perenne y polar-
izador en la política estadounidense. Hoy, el público estadounidense se
sorprendería con las interminables historias de migrantes abandonados por los "coyotes", que mueren de exposición al sol y sed, pandilleros
que se dirigen al norte para desaparecer en ciudades tan lejanas como
las de Nueva Inglaterra, y la amenaza de terroristas internacionales
que entran a escondidas por la puerta trasera de EEUU.

En San Diego-Tijuana, sin embargo, el tema los había unido, y con
éxito. Así es que los líderes de estas dos ciudades, ahora más cercanas
que nunca, podrían centrar su atención y energía en la otra cara de la
moneda de la gestión de la frontera: hacer que la frontera fuera eficiente para el comercio y los viajes legales.

CAPÍTULO OCHO

El meollo del asunto— El traslado de personas y carga a través de la frontera de manera eficiente

Con la Operación Guardián, San Diego finalmente comenzó a tomar el control sobre los flujos migratorios indocumentados fugitivos.

Pero paradójicamente, incluso cuando las autoridades estaban ralentizando un tipo de cruce fronterizo, trataban de acelerar otro: los cruces legales, a menudo varias veces al día; de los residentes de San Diego y Tijuana; las visitas de turistas y empresarios de fuera de la región; y el tráfico comercial que cruza la frontera constantemente en ambas direcciones.

El estudio de San Diego Dialogue había sido una revelación. Lo que durante décadas se había considerado un asunto menor, anecdótico—los tiempos de espera en la frontera—se entendía repentinamente como algo monumentalmente costoso, profundamente contrario a ambas ciudades. La productividad individual perdida cada día, por las horas desperdiciadas esperando cruzar la frontera, tenía que ser atendida. Al igual que el impacto económico adverso de estas pérdidas en Tijuana y San Diego, y en sus respectivas economías nacionales.

Alan Bersin:

Se nos hizo evidente que a menos que las personas y los bienes pudieran moverse de manera eficiente y más rápida a través de la frontera, el valor empresarial de la asociación entre Tijuana y San Diego, y el vínculo más amplio entre sus dos países, se vería gravemente comprometido. El "Cruce de Tortuga", como Yolanda Walther-Meade lo había descrito, si se dejaba intacto, condenaría al comercio, los negocios, las visitas sociales y a las compras, y perjudicaría a los viajeros, los turistas y a los escolares por igual.

Pero, ¿qué se podía hacer? Washington, DC, se centró plenamente en la protección de la frontera, y gastó miles de millones de dólares en el proceso. Aunque Ciudad de México estaba interesada en mejorar el cruce legal en la frontera, el esfuerzo era, como en la mayoría de los asuntos relacionados con Tijuana, todavía de baja prioridad. En la década de 1990, como hemos visto, México se enfrentaba a problemas mucho más grandes. Por lo tanto, si alguna entidad gubernamental fuera a abordar la frontera en términos de eficiencia, tendría que ser la ciudad y el condado de San Diego trabajando con el gobierno federal en Washington, DC. Además, los líderes del sector privado de ambas ciudades tendrían que inspirar, presionar, alentar y apoyar a los líderes del sector público de todos los niveles de gobierno para que prestaran atención. No sucedería por sí solo. Sin el impulso para avanzar en una dirección diferente, la inercia tomaría el control y el status quo se mantendría firmemente en su lugar.

En el transcurso de 25 años, la frontera San Diego-Tijuana se transformó de una vergüenza reconocida a un modelo internacional de cooperación y eficiencia binacional. ¿Cómo? El proceso involucró a múltiples actores institucionales e individuales a ambos lados de la frontera, así como innovaciones que ahora están siendo estudiadas por ciudades fronterizas contiguas de todo el mundo. Esta es una historia digna de una investigación más profunda.

Después de los esfuerzos pioneros de San Diego Dialogue, ninguna organización fue más importante para este trabajo—y sigue siendo más importante—que San Diego Association of Governments (Asociación de Gobiernos de San Diego) SANDAG, por sus siglas en

inglés. Creado para tratar temas e intereses comunes entre las ciudades del Condado de San Diego, SANDAG asumió la cuestión del
cruce fronterizo congestionado casi por defecto, y terminó, en beneficio de la salud económica de sus miembros, liderando la evolución de
la relación económica entre sus ciudades y las del área metropolitana
de Tijuana. Por lo tanto, mientras que la organización sigue manteniendo su nombre centrado en EEUU, al igual que San Diego Dialogue,
sus intereses se extienden ahora a través de la amplitud binacional de
la llanura costera de San Diego-Tijuana. SANDAG tiene en cuenta la
frontera, pero, a diferencia del pasado, no permite que La Línea acorte
la discusión. Ahora está incorporado en el ADN de la organización que
San Diego y Tijuana constituyen una región, una sola área metropolitana en dos países.

SANDAG fue fundada en 1966 como la Comprehensive Planning
Organization (Organización de Planificación Integral, CPO por sus
siglas en inglés), un pequeño departamento dentro del gobierno del
condado de San Diego bajo un acuerdo de poderes conjuntos autorizado por el estado de California. Su estatuto era llevar a cabo una
planificación a largo plazo para el condado. Al final de la década, sus
funciones fueron ampliadas por el gobernador Jerry Brown durante su
primer mandato, para incluir la planificación de esfuerzos coordinados
entre todas las ciudades de la región y actuar como un recurso técnico
e informativo para todos los gobiernos locales. Esas funciones se
ampliaron aún más para incluir la gestión de la planificación de todo el
transporte regional y el uso del suelo en los aeropuertos, y actuar como
centro de información para las subvenciones federales y estatales.

Para 1975, CPO se había convertido en una fuerza importante
en el condado, la agencia gubernamental clave en lo que respecta a
la planificación y el crecimiento regional. Demostró su capacidad al
embarcarse en un gran proyecto: el primer plan de transporte regional
integral de la historia. Lo que surgió de la investigación de ese plan
obligó al condado de San Diego a enfrentar la verdad de que las carreteras que se acercaban a la frontera desde el lado de EEUU eran totalmente inadecuadas para el tráfico diario allí. Pasarían otros 15 años
antes de que el informe de San Diego Dialogue *¿Quién cruza la frontera?* proporcionara finalmente números precisos y caracterizaciones

de la experiencia del cruce fronterizo. Pero el plan de transporte de CPO ofreció un vistazo de lo que estaba por venir.

En 1980, CPO pasó a llamarse Asociación de Gobiernos de San Diego. Durante la siguiente década, la Asociación se dedicó a desarrollar una estructura financiera para hacer algo más que escribir informes, pero en realidad para crear un verdadero cambio estructural en el condado. Así, en 1987, dio un amplio apoyo a la Propuesta A, una medida local de impuesto sobre las ventas de transporte del 0.5%. Ese mismo año fundó TransNet, un programa de 3,300 millones de dólares y a 20 años para apoyar las autopistas locales, el tránsito, las carreteras locales, los carriles y caminos para bicicletas. Estos esfuerzos, inevitablemente, llevaron a SANDAG a programas en la frontera y a contactarse con Tijuana. Al igual que su designación por parte de California en 1990 como Grupo de Trabajo de Gestión Integrada de residuos. Su primer gran reto: lidiar con las aguas residuales y los residuos tóxicos que emanan de Tijuana y que pasan por el río Tijuana para fluir a través del sur del condado de San Diego y hacia sus playas más meridionales. Este trabajo dio lugar, en 1999, a la construcción de la International Wastewater Treatment Plant (PITAR) en South Bay, a un costo de 250 millones de dólares, cerca de la garita de San Ysidro. Por primera vez, las instalaciones financiadas y construidas en Estados Unidos estaban orientadas a resolver un problema regional que se originó en Tijuana y terminó afectando a San Diego.

Así, mientras los esfuerzos de SANDAG en estos años, impulsados por el profundo conocimiento y la amplia visión de su talentoso director, Gary Gallegos, estaban dirigidos a mejorar la calidad de vida, especialmente en el transporte en todo el condado—desde proyectos de construcción de autopistas hasta la restauración de playas erosionadas y trenes ligeros—no pudo evitar encontrarse constantemente con los problemas que San Diego compartía con Tijuana y el estado de Baja California. En 1990, tras investigaciones y entrevistas a ambos lados de la frontera, se elaboró un informe trascendental sobre el abastecimiento de agua de San Diego-Tijuana que desempeñaría un papel fundamental en la colaboración entre las dos ciudades para preservar un suministro de agua compartido y seguro (y, en última instancia, en la planta de tratamiento de South Bay). Finalmente, en 1998, la organización reconoció lo inevitable, y estableció el Committee on Binational

Regional Opportunities (Comité de Oportunidades Regionales Binacionales) COBRO, por sus siglas en inglés, cuya misión es "proporcionar foros públicos para la planificación transfronteriza en el ámbito del transporte, la gestión ambiental, la educación, el abastecimiento de agua y el desarrollo económico".

En 2003, SANDAG adoptó un nuevo Plan Regional de Transporte de 42,000 millones de dólares a 30 años, centrado en un sistema de transporte masivo. Esta vez la conexión con Tijuana y sus alrededores fue explícitamente una parte crucial del plan. También lo fue el lugar de Tijuana en el Plan Integral Regional de la Asociación, terminado en 2004. Este plan abordó el desafío de reducir la expansión urbana y la congestión del tráfico, aumentar la vivienda asequible, salvar el hábitat y reforzar la economía local, todo ello con un guiño a la interacción de la ciudad con su vecino de rápido crecimiento: Tijuana. El plan también centró la atención en las consecuencias de las largas esperas para cruzar la frontera.

Bersin:

> El estudio SANDAG hizo para la carga y el comercio lo que San Diego Dialogue había logrado para los pasajeros y las personas. Demostró que las demoras transfronterizas nos estaban golpeando duramente en el bolsillo, por un monto de más de 7,000 millones de dólares anuales. En última instancia, estos dos estudios crearon la voluntad política, a través de un impulso económico, para hacer el cambio. La coalición cívica y empresarial de San Diego-Tijuana es lo que convenció a las autoridades gubernamentales a nivel federal, estatal y local de ambos lados de la frontera compartida de que era esencial un cambio significativo y que su ausencia sería inaceptablemente costosa.

Para 2007, la relación de una década entre SANDAG y el Instituto Municipal de Planeación de Tijuana se había fortalecido, de tal manera que la Asociación y la ciudad aprobaron un proyecto conjunto para crear un Plan Estratégico del Corredor Binacional Otay Mesa-Mesa de Otay para esa región geográfica común que estaba creciendo rápidamente, especialmente en el lado de San Diego. Lo que hizo que este proyecto no tuviera precedentes fue que no se trataba simplemente de estadounidenses entrevistando a mexicanos sino de un verdadero proyecto de planificación binacional que solicitaba aportaciones de las partes interesadas de ambas partes. Por primera vez el plan también necesitaba ser aprobado por el Ayuntamiento de Tijuana.

El plan conjunto de la Mesa de Otay produjo finalmente un llamado a la cooperación internacional como nunca antes se había visto a lo largo de la frontera México-Estados Unidos. Entre sus múltiples iniciativas, incluía la coordinación entre CBP y la aduana de México para financiar capital a corto plazo y mejoras operativas en la garita comercial y en la de pasajeros, de Otay Mesa-Mesa de Otay.

La pieza clave de la economía de San Diego-Tijuana: carga entrando a EEUU en Otay Mesa.

Más allá de la creación de estos planes de participación a largo plazo, el resultado inmediato, en 2008, fue un permiso presidencial que otorgaba el derecho a construir en Otay un segundo punto de cruce fronterizo entre Estados Unidos y México, a 3.2 kilómetros de la garita existente. Esta garita, que se llamaría Otay II, se uniría a Otay I y a San Ysidro (la más concurrida del mundo), para crear tres puntos de cruce en el condado de San Diego. Este esfuerzo, concebido y dirigido por la entonces senadora del estado de California Denise Ducheny y Gary Gallegos, presentaba una técnica revolucionaria de financiamiento: por primera vez, se utilizarían los peajes estatales, en lugar del financiamiento federal, para construir la nueva garita.

Gallegos recuerda:

> La ciudad de San Diego, el condado de San Diego, Caltrans, [y] ciudad de Tijuana habían firmado [un memorándum de entendimiento] buscando conseguir otro cruce fronterizo. Así que ya estaba en el candelero que necesitábamos un nuevo cruce fronterizo. Con el estudio económico [de SANDAG] en la mano, entonces hicimos además un estudio de viabilidad. ¿Sería factible un nuevo cruce fronterizo? En este caso trabajamos muy estrechamente con mi buena amiga, la senadora Denise Ducheny. Cuando comenzamos a trabajar con ella, odiaba las carreteras de peaje.

Ducheny:

> Gary Gallegos viene y me dice que necesitamos un nuevo cruce fronterizo. Nos dirigíamos a la recesión de 2008 en ese momento. No estamos viendo el dinero procedente de los federales. Vamos a luchar solo para conseguir el dinero para San Ysidro que técnicamente ya han comprometido. Aún estamos construyendo la 905 [la autopista que conecta Otay I con la interestatal 5] con fondos federales y estatales. Tenemos que empezar a pensar en el nuevo cruce de la frontera, y no vemos ese dinero en el futuro cercano. Así que estamos tratando de ser creativos. Quieren establecer peajes. Siempre me he resistido a la idea de los peajes en la frontera. Recuerdo haber ido a almorzar con [el ex tesorero del estado de California] Kathleen Brown y Gary en un momento dado. Trataron de convencerme de todo este asunto del peaje. Fuimos de un

lado a otro durante un tiempo, y finalmente me convencí. Comprendí que [el cruce] no podía construirse
lo suficientemente rápido si no encontrábamos alguna
forma creativa de hacerlo. Así que me convencí al verlo
como se ve a los puentes de la bahía. Podríamos pedir
prestado el dinero para construir el cruce, y el peaje
pagaría la fianza. En teoría, no estábamos cobrando el
cruce; estábamos cobrando la autopista que te lleva al
cruce.

Esta sería la primera vez, en cualquier lugar a lo largo de las fronteras de EEUU, que los peajes estatales se utilizarían para construir
una garita federal.

El apoyo de Ducheny era esencial, pero Gallegos tenía más trabajo
que hacer:

El desafío para los cruces fronterizos es que los funcionarios electos, para bien o para mal, realmente traten
de reflejar lo que sus electores les dicen. Tienen que ir
a pedirle a la gente que vote por ellos cada 2 o 4 años.
La mayoría de los bienes y servicios que cruzan la
frontera no votan. Un montón de camiones no otorgan
votos. Ahora bien, si podemos vincular los trabajos en
Carlsbad [una ciudad lejos de la frontera], entonces tal
vez sea un argumento totalmente diferente. Pero también es otro nivel de complejidad.

Así pues, al examinar las oportunidades económicas que se estaban perdiendo en la región y al utilizar el hecho de que esta carretera podía pagarse a
sí misma mediante el peaje—no competiría necesariamente con cualquier proyecto individual en alguna
ciudad—pudimos conseguir que la junta de SANDAG
apoyara unánimemente el proyecto. Teníamos la
Cámara de Comercio impulsándolo, Denise llevó el
proyecto de ley.

Al verdadero estilo San Diego-Tijuana, el plan maestro era un esfuerzo binacional, que incluía, según Ducheny, "algo así como diecisiete agencias a cada lado de la mesa".

Pero el esfuerzo transfronterizo no se detuvo ahí. "Francamente", dice Gallegos, "he descubierto que muchas, muchas veces, el camino más fácil a Washington es a través de Ciudad de México, o el camino más fácil a Sacramento es a través del estado de Baja (California)".

Gallegos:

> Tenemos la sensación de que una vez que el proyecto de ley se aprobó en la legislatura, el gobernador [Schwarzenegger] estaba considerando rehacer el proyecto de ley, porque algunos de sus asesores le decían: "Esto realmente no es tan bueno como parece". Arnold en ese momento estaba muy involucrado en la Conferencia Binacional de Gobernadores, donde todos los gobernadores [de los estados fronterizos de México y EEUU] se reunían. El gobernador de Baja California en ese momento era Eugenio Elorduy Walther. Aprovechamos nuestra relación con el gobernador de Baja California para llegar al gobernador Schwarzenegger, y convencerlo de que necesitaba firmar este proyecto de ley.

Por ahora, el nuevo cruce permanece en la etapa de diseño, aunque el estado de California ya ha pagado a San Diego 45 millones de dólares para comprar los terrenos en el sitio propuesto.

Mientras tanto, Ducheny le da crédito a SANDAG por proveer los datos que ella y políticos de ambos lados de la frontera necesitaban llevar a sus capitales federales, para cabildear las necesidades de la región fronteriza. Dice: "La lección—y esto es aplicable al caso de la cuenca, y a la cuestión del transporte—es: si nos reunimos y decidimos como región lo que queremos, entonces estamos en posición de ir con fuerza a los gobiernos federales cuando necesitemos su ayuda".

SANDAG también participó intensamente en la construcción de South Bay Rapid, una ruta de tránsito de 42 kilómetros que inicia en

el cruce fronterizo de Otay y está diseñada para transportar pasajeros entre el cruce fronterizo y Chula Vista, así como al centro de San
Diego. A lo largo de estos años, incluso mientras mejoraba la infraestructura de transporte en todo el condado, SANDAG continuó trabajando en las carreteras que llevan a los cruces fronterizos, haciendo
mejoras masivas en los accesos de la Interestatal 5/Ruta Estatal 805 y
las Rutas Estatales 125 y 905.

Sin embargo, no todo este trabajo en la frontera estaba orientado
comercialmente. Con el tiempo—y la influencia de las investigaciones
y los estudios de seguimiento de San Diego Dialogue, impulsados
por Cindy Gompper-Graves al frente del South County Economic
Development Council (Consejo de Desarrollo Económico del Sur del
Condado)—también se fue reconociendo lentamente la importancia de
la zona transfronteriza para los ciudadanos comunes. Finalmente, en
2016, SANDAG comenzó a planear una nueva ciclovía de 13.7 kilómetros desde la frontera hasta Bayshore para permitir a los ciclistas ir
desde Imperial Beach hasta San Ysidro y su garita. Se prevé que la construcción se termine en 2021.

Claramente, llegar y cruzar la frontera fue reconocido ahora como
parte integral del presente y futuro de San Diego. Esta nueva reali-
dad—una relación binacional entre SANDAG y el gobierno federal de
México—fue reconocida formalmente en 2018 con la primera visita de
un diplomático mexicano, el Secretario de Relaciones Exteriores Luis
Videgaray, para asistir a una reunión de la Junta Directiva de SANDAG.
La ocasión fue una celebración de la asociación que SANDAG (con el
Departamento de Transporte de California) ha formado con sus organizaciones homólogas de México, en el proyecto de la garita de Otay
Este. Esto marcó un punto de inflexión decisivo, no solo con SANDAG,
sino también de manera significativa en el reconocimiento del gobi-
erno mexicano de la importancia crucial de Tijuana en la relación
EEUU-México y su papel fundamental y regional con San Diego.

INTEGRACIÓN DE LA SIMPLIFICACIÓN DE LOS VIAJES Y EL COMERCIO CON LA SEGURIDAD

Desde el principio, nunca vimos la seguridad y la agilización del comercio y los viajes legales como algo mutuamente exclusivo e irrevocablemente en conflicto. Desde el principio, nuestra idea era que para que la frontera funcionara correctamente, necesitábamos ambos elementos. Necesitábamos seguridad y necesitábamos acelerar el tráfico—el tráfico legal de pasajeros y carga—de manera expedita.

Lo que resultó de la experiencia en San Diego-Tijuana con el tiempo, fue el concepto de que la agilización del comercio y los viajes lícitos es necesariamente parte del régimen de seguridad. Esto se debe a que, si se hace un arreglo para que los viajeros de confianza y de bajo riesgo, a los que se ha investigado previamente, pasen rápidamente por la frontera, se pueden concentrar los recursos restantes en otros tipos de tránsito. Esto incluye a los que cruzan la frontera sobre los que se tiene información negativa que demuestra que son de alto riesgo, o aquellas personas y cargamentos sobre los que se carece de información suficiente para emitir un juicio sobre el grado de riesgo que representan. En cualquiera de esos casos, usted quiere que sus oficiales miren más de cerca y pueden hacerlo mejor si no dedican su escaso tiempo a personas y bienes que sabemos que no representan una amenaza.

Como fiscal de Estados Unidos para los condados de San Diego e Imperial, y representante del fiscal general en la frontera suroeste de 1995 a 1998, Alan Bersin, había desempeñado un papel fundamental en la coordinación de la aplicación de la ley en la frontera entre EEUU y México. Fue uno de los primeros funcionarios de EEUU en desarrollar una relación con sus homólogos al otro lado de la frontera para coordinar la lucha contra la actividad delictiva transfronteriza durante la Operación Guardián y la lucha contra el cártel Arellano-Félix. Además, había establecido una estrecha amistad de trabajo con Jerry Sanders, el jefe de policía de San Diego y con otros oficiales de la ley local, que sentaron las bases para una relación ciudad-condado-federación muy mejorada. Esos vínculos mejoraron enormemente el cumplimiento de las normas fronterizas con resultados beneficiosos para la seguridad pública regional en general. La tasa de criminalidad de San Diego bajó un 40 por ciento durante estos años, en gran parte debido a la Operación Guardián y a las iniciativas de "policía comunitaria" de Sanders, por las que obtuvo la atención nacional.

Ahora, una década después, ambos funcionarios han tomado otros caminos. Sanders había dejado el departamento de policía en 1999 para convertirse en presidente y director general de United Way. Después, en 2005, en una segunda vuelta electoral, fue elegido alcalde de San Diego, cargo que ocuparía durante los 7 años siguientes. Después de rescatar valientemente a la ciudad de sus problemas de pensiones municipales autoinfligidas, Sanders se convertiría en el presidente de San Diego Regional Chamber of Commerce. Así, la frontera, que había sido una preocupación de las fuerzas del orden para Sanders como jefe de policía, se convirtió en su reto económico, político y cultural como alcalde y más tarde al liderar la Cámara.

En cuanto a Alan Bersin, después de su mandato de 5 años como Fiscal de EEUU, fue nombrado superintendente de educación pública en las escuelas de la ciudad de San Diego, el octavo distrito escolar urbano más grande de Estados Unidos, un trabajo que incluía ocuparse de miles de niños migrantes (principalmente de México), así como de los cientos de niños tijuanenses que se calcula que estudian en las aulas de San Diego. Después de 7 tumultuosos años reformistas en el trabajo, Bersin fue llamado a Sacramento por el gobernador Schwarzenegger, quien lo nombró secretario de educación de California y miembro del consejo estatal de educación.

Pero Bersin echaba de menos a San Diego, y también a Tijuana, ciudad de la que se había enamorado. Regresó de Sacramento en 2006 y fue nombrado presidente de la junta de la Autoridad aeroportuaria regional del condado de San Diego por el alcalde Jerry Sanders. Circulaban rumores de que estaba contemplando presentarse para fiscal de la ciudad de San Diego. En su lugar, en abril de 2009, Janet

Napolitano, la Secretaria de Homeland Security, nombró a Bersin como Secretario Adjunto de (International Affairs) Asuntos Internacionales y representante especial de Border Affairs (Asuntos Fronterizos) en el Department of Homeland Security en Washington. Napolitano dijo:

> Alan aporta años de experiencia vital con socios locales, estatales e internacionales para ayudarnos a enfrentar los desafíos que enfrentamos en nuestras fronteras. Dirigirá el esfuerzo para hacer nuestras fronteras seguras mientras trabaja para promover el comercio y la comercialización.

Bersin fue entonces nominado por el presidente Barack Obama como comisionado de US Customs and Border Protection. Pero era un nombramiento en receso, solo efectivo hasta el final de la siguiente sesión del Congreso, a menos que fuera formalmente confirmado por el Senado de EEUU. El Senado liderado por los republicanos, en disputa con un presidente demócrata, retrasó la confirmación y en diciembre de 2011, Bersin se vio obligado a dimitir como comisionado de CBP. Sin embargo, la secretaria Napolitano lo instaló inmediatamente como Secretario Adjunto de Asuntos Internacionales y también lo nombró jefe diplomático del Department of Homeland Security. El sucesor de Napolitano como secretario, Jeh Johnson, mantuvo a Bersin en estos puestos, pero también lo hizo jefe de la Oficina de Política del departamento. Bersin permaneció en el DHS hasta el final de la administración de Obama en enero de 2017.

Su secuencia de puestos colocó a Alan Bersin directamente en el espacio político entre los gobiernos federales de México y Estados Unidos. Este cargo le dio casi 8 años para aportar toda su experiencia en las relaciones fronterizas—la aplicación de la ley, la seguridad nacional, la educación y la política—para asumir y construir un equipo que pudiera provocar un verdadero cambio al unir la visión local y el poder federal. En el centro de sus esfuerzos estaría la filosofía—nacida muchos años antes, del informe de San Diego Dialogue—de que la situación en la frontera no solo presentaba un problema de delincuencia y seguridad, sino que también implicaba un rompecabezas logístico gigante con implicaciones económicas y sociales enormes. El reto supremo era racionalizar el cruce fronterizo, teniendo en cuenta todos estos factores. Esto liberaría y capitalizaría los valores que una frontera más eficiente podría aportar a todos: desde la gente común hasta las empresas mundiales. Esto se lograría aumentando la eficiencia de los cruces para la gran mayoría de las personas de ambos lados de la frontera, que tienen un propósito y una necesidad legítima de ir y venir entre Tijuana y San Diego.

Bersin sabía que tenía que trabajar rápido.

La frontera México-Estados Unidos en 2011 era un lugar considerablemente diferente del que Bersin, como Fiscal de EEUU, había dejado una década antes. La buena noticia: una iniciativa que había tenido éxito en la mejora de la eficiencia de la frontera, que se había introducido en San Diego-Tijuana en la década de 1990, ahora se había aplicado ampliamente a lo largo de toda la frontera. La SENTRI, había sido ampliada en toda la frontera por un equipo conjunto compuesto por miembros de los United States Immigration and Naturalization Service, (Servicios de Nacionalización y Naturalización), INS por sus siglas en inglés, CBP, y varios otros organismos de EEUU antes de que se fusionaran con el Department of Homeland Security en 2003, tras el 11-S.

La innovación creó un carril separado en los cruces fronterizos de México y EEUU, que permitiría a los viajeros preaprobados y de bajo riesgo cruzar la frontera manejando, y evitar las habituales inspecciones de aduanas e inmigración en Estados Unidos, que llevan mucho tiempo (las inspecciones en los cruces de la frontera de México son aleatorias y muy poco frecuentes). Para obtener la aprobación de SENTRI, un viajero tiene que someterse a una rigurosa verificación de antecedentes (en las bases de datos penales, de aduanas, de terrorismo y policial), una verificación biométrica mediante la toma de huellas dactilares y una entrevista en persona con un funcionario de CBP. El viajero también tiene que registrar su auto y pagar una cuota de afiliación. Los participantes mantendrían la condición de SENTRI por un período de 5 años, a menos que se revoque por una infracción, antes de la renovación. Cuesta 125 dólares (o más dependiendo del número de miembros de la familia) durante los 5 años, pero es una bagatela dados los beneficios—que valen su peso en oro—que SENTRI trasfiere:

reducir el tiempo para cruzar la frontera, generalmente a menos de 15 minutos.

El primer sistema SENTRI fue activado en 1997 en la garita de Otay. La elección de este sitio era una prueba de cómo Washington, DC, que veía la frontera con México en San Diego-Tijuana como el modelo a seguir para el resto de la frontera sur, y los cruces de ahí como los sitios de proyectos pilotos para nuevos procedimientos y tecnologías que eventualmente se aplicarían en otros lugares.

No faltaron los escépticos de SENTRI, preocupados de que el sistema se derrumbara, de que se abusara de él, de que los delincuentes encontraran una forma de burlar sus protecciones, o incluso de que fuera tan popular que se viera rápidamente rebasado. Sin embargo, bajo el hábil (y valiente) liderazgo de Mark Reed y Rudy Camacho, que dirigían las funciones federales de inmigración y aduanas, respectivamente, en San Diego en ese momento, la innovación se introdujo y cobró impulso inmediatamente.

Bersin:

> La tensa situación de seguridad de la época en lo que respecta a la migración irregular y el tráfico de drogas fue el contexto en el que se desarrolló este notable logro cívico. Fue un gran mérito de Rudy y Mark y sus empleados, y sus superiores de los departamentos de Justicia y del Tesoro en Washington, que el programa dejara la etapa de proyecto y entrara en funcionamiento. La defensa y el apoyo de la comunidad local en San Diego fue esencial. La doctrina estratégica de la gobernanza de las fronteras fue crucial. Tuvimos que persuadir, y luego demostrar, que la seguridad y la agilización del comercio y los viajes lícitos no estaban en conflicto como siempre se había supuesto.

De hecho, aparte de su rápida y enorme popularidad, ninguno de los temores de comprometer la seguridad fronteriza se hizo realidad. Por el contrario, SENTRI demostró ser tan popular y eficaz en la reducción de los tiempos de espera que los otros puntos de entrada a lo largo de toda la frontera mexicana solicitaron la oportunidad de activar ese sistema. Mientras tanto, en Otay Mesa, CBP utilizó el nuevo portal como un sitio beta, probando varias tecnologías—algunas de las cuales, como el reconocimiento facial y la biométrica en los vehículos, se incorporarán eventualmente al programa a medida que se vaya desarrollando.

Un año después, en 1998, se inauguró el sistema SENTRI en El Paso, Texas. También tuvo éxito, aunque el plan inicial de dedicar un carril especial resultó imposible debido al tráfico en el Puente Internacional, la arteria principal, y en cambio tuvo que operar en otro puente cercano. Este ajuste necesario no auguraba nada bueno para la aplicación prevista en el siguiente punto de entrada, la prueba definitiva, San Ysidro, el cruce fronterizo más transitado de la tierra.

El desafío que presentaba el cruce de San Ysidro no era solo el mero volumen del tráfico diario a través de la frontera, sino la naturaleza relativamente restrictiva de su ubicación. Al final, en otro hito en la historia de las relaciones San Diego-Tijuana, numerosas organizaciones privadas y agencias gubernamentales de ambos lados de la frontera trabajaron juntas para encontrar los terrenos, cambiar las regulaciones de zonificación y crear espacio para el nuevo carril SENTRI. Funcionó, y en el año 2000, SENTRI abrió en San Ysidro con una aclamación casi universal. Por fin, tras décadas de confrontación, debate y negligencia, los viajeros habituales entre dos ciudades podrían tratar la frontera como cualquier otro cruce de peaje: un pequeño retraso en su viaje diario hacia y desde el trabajo y la escuela. La frontera, por primera vez en más de un siglo, se hizo fácil de cruzar para las personas que cumplieron los requisitos de SENTRI.

Desde 2003 hasta hoy, SENTRI continúa bajo los auspicios Customs y Border Protection agency del Department of Homeland Security. Los titulares de la tarjeta SENTRI representan el 40% de los cruces fronterizos diarios.

UN MUNDO AL REVÉS

El 11 de septiembre de 2001, el ataque al Pentágono y al World Trade Center puso a Estados Unidos en pie de guerra perpetua, esperando ansiosamente el próximo ataque terrorista.

En los días siguientes, todos los puntos de entrada a Estados Unidos fueron asfixiados, ya que se iniciaron esfuerzos masivos de seguridad e inspección que se mantuvieron hasta que se estableció un aparato de seguridad más sistemático para proteger a una nación temerosa.

En la frontera, el impacto de este cierre fue catastrófico. Los embotellamientos se extendieron en cada dirección desde los cruces fronterizos y se extendieron hasta 32 kilómetros, es decir, más allá de los límites municipales de San Diego y Tijuana. Como resultado, el comercio entre las dos naciones, que había estado creciendo constantemente durante casi dos décadas, se paralizó.

Tras el pánico inicial, durante las semanas y meses siguientes se hizo evidente para los líderes de ambos lados de la frontera que había que poner en marcha una nueva filosofía operativa, que reconocía, paradójicamente, tanto la nueva realidad de un nivel de alerta perpetuamente elevada como la necesidad de hacer a los cruces fronterizos cada vez más eficientes. Resolver esto sería el mayor desafío que Alan Bersin enfrentaría durante su segundo período de servicio en la frontera.

Bersin:

> Finalmente descubrimos que la clave para resolver este dilema residía en entender no solo que la seguridad y la agilización del comercio y el movimiento transfronterizo de viajeros no eran variables mutuamente excluyentes, sino que, de hecho, eran dos caras de la misma moneda. No era necesario "equilibrarlas" como habíamos pensado antes, en los primeros días de SENTRI, sino que debían aplicarse juntas simultáneamente como un único proceso. Al aumentar drásticamente la cantidad de comercio y viajes lícitos cuyo cruce podría agilizarse—es decir, no gastar los escasos recursos de la aplicación de la ley en sujetos de bajo riesgo— podríamos dedicar recursos sustancialmente mayores a los cruces de alto riesgo conocidos y a aquellos cruces sobre los que carecemos de información suficiente de antemano para emitir un juicio fiable sobre el grado de riesgo que presentan. Demostramos que el

aumento de la seguridad no significaba que tuviéramos que reducir el tráfico para inspeccionar cada pasajero y cada envío de carga, ni la facilitación del comercio y los viajes significaba que tuviéramos que comprometer, y mucho menos sacrificar la seguridad.

¿Pero cómo se explicaría eso en un ambiente de híper-seguridad? SENTRI estaba ahora bajo el mando del Department of Homeland Security, una burocracia masiva que no existía cuando Bersin era fiscal de EEUU. Ahora el equipo de Bersin—incluyendo a Chappell Lawson, un experto nacional en selección de objetivos y profesor con licencia del Instituto Tecnológico de Massachusetts (MIT, por sus siglas en inglés), sus colegas Nate Bruggeman y Ben Rohrbaugh, y posteriormente Seth Stodder—se basaría en el trabajo innovador que el DHS había realizado durante la administración de Bush. Se les ocurrieron cuatro escenarios diferentes y expusieron las soluciones potenciales que cada uno implicaba. Usaron la analogía de encontrar una aguja (los malos) en un pajar (todos los que cruzan la frontera). ¿Cómo encuentras esa aguja?

1. *Quemas el pajar.* En otras palabras, cierras la frontera. Esta solución fue rápidamente descartada como contraproducente e inviable.
2. *Revisas cada pieza de heno individualmente.* Es decir, vuelves a la solución inmediatamente posterior al 11-S de inspeccionar cuidadosamente a cada pasajero y abrir la cajuela de cada auto. ¿Volver a los embotellamientos de 32 kilómetros? Qué desastre. Esta solución haría retroceder décadas el comercio transfronterizo.
3. *Te enfocas en la búsqueda de la aguja.* En este escenario, CBP obtendría información específica que permitiría a sus oficiales llegar al pajar y sacar la aguja infractora. Bersin dice, "Esta habría sido la solución ideal, pero no teníamos acceso rutinario a tal información [detallada] y procesable".
4. *Inviertes el proceso y haces el pajar más pequeño.* En este escenario, no te centras exclusivamente en la

identificación de los delincuentes, sino que dedicas la misma atención a la identificación de los viajeros legítimos. Después, el resto de la población, más pequeña, de los cruces fronterizos potencialmente peligrosos se somete a una intensa inspección y atención.

Bersin:

Fue esta última opción en la que encontramos nuestra salvación. Al identificar y acelerar el comercio y los viajes legales, descubrimos que podíamos tenerlo todo a la vez. Cuanto más pudiéramos identificar y mover rápidamente el tráfico legítimo a través de la línea fronteriza, mayor sería el perfil de seguridad que podríamos lograr en cualquier nivel de asignación de recursos para la aplicación de la ley. En efecto, agilizar el comercio y los viajes lícitos se convirtió, en la práctica, en otra política de seguridad.

La aplicación de esta cuarta opción de política tendría un número extraordinario de consecuencias a largo plazo que continúan hasta hoy. Lo que comenzó con SENTRI y su éxito poco después del cambio de siglo se ha convertido en un abanico de programas de "entrada global" que ahora no solo abarcan una gama de diferentes actividades privadas y comerciales, sino que también se extienden más allá de México (y Canadá) a otras naciones. Los programas de viajero de confianza dentro del DHS incluyen SENTRI, NEXUS (Canadá) y FAST (Programa de Comercio Libre y Seguro, para camiones), así como Global Entry (internacional) y TSA PreCheck (nacional).

Ninguno de estos programas transformadores se habría producido sin fuertes defensores en Washington, DC, particularmente al principio, de la adopción e implementación de SENTRI. San Diego encontró a esos defensores legislativos en un momento crucial en un improbable dúo de representantes del Congreso y su personal: la representante demócrata Lynn Schenk y su asistente, Rochelle Bold, y el representante republicano Brian Bilbray y su personal. "Improbable" porque estos miembros del Congreso no solo pertenecían a diferentes partidos políticos, sino que también expresaban filosofías políticas totalmente antitéticas, compitiendo entre sí en el mismo distrito del Congreso de San Diego.

La congresista demócrata Schenk era una hija de sobrevivientes del Holocausto nacida en el Bronx y una liberal centrista conocida por romper la barrera de género en el restaurant Grant Grill, del hotel U. S. Grant, en el centro de San Diego. Ya se había postulado para el Congreso una vez, pero perdió en una elección dudosa. Se postuló de nuevo en 1992, en un distrito 49 reordenado de San Diego, y ganó el escaño previamente ocupado por un congresista republicano por seis periodos. Solo serviría en el Congreso por un periodo antes de firmar como jefa de gabinete del gobernador de California Gray Davis durante 5 años, donde ganó la reputación de directa, práctica y poco paciente.

Schenk fue derrotada en las elecciones de 1994 por Brian Bilbray, un republicano muy conservador. Bilbray era un muchacho local, nacido en Coronado. Creció surfeando, una actividad que comparó con la política. Como alcalde de Imperial Beach de 1978 a 1985, fue más conocido por su intento fallido de construir un puerto deportivo para yates en el estuario de Tijuana y un rompeolas en Imperial Beach, ambos esfuerzos fueron detenidos por los ecologistas locales.

A diferencia de Schenk, Bilbray era enérgica y vocalmente anti-inmigración ilegal. Pero también era un serio defensor del libre comercio. De alguna manera, en este nexo de visiones del mundo político que competían entre sí, Schenk y Bilbray encontraron una causa común en el apoyo a mejorar la eficiencia de la frontera entre San Diego y Tijuana. Los líderes civiles de ambas ciudades les atribuyen haber llevado el caso a Washington, haber conseguido fondos y haber hecho posible el programa SENTRI. Sin sus esfuerzos—principalmente los de Lynn Schenk, sin los cuales la legislación original nunca habría sido aprobada—es probable que los diversos componentes de los programas de viajero de confianza hayan tardado años, incluso más décadas.

A medida que SENTRI, y los programas que surgieron de él, demostraron ser cada vez más exitosos—e influyentes—comenzaron a tener efectos secundarios.

Una de ellas fue la aceptación general de la cuarta estrategia—ahora llamada oficialmente Doctrina (Estratégica) de la Gobernanza Crucial de la Frontera—que sostenía que la seguridad/la facilitación del comercio y los viajeros eran dos caras de la misma moneda. El compromiso con uno, hecho correctamente, debería resultar en una gran eficiencia en el otro.

El equipo de implementación de SENTRI, a pesar de ser un proyecto americano, incluía representantes de las comunidades cívicas de ambos lados de la garita de San Ysidro. Esto tendría importantes repercusiones a largo plazo porque, una vez que se inauguró oficialmente SENTRI (que, curiosamente, no tiene traducción al español), se ofreció posteriormente a los ciudadanos mexicanos la posibilidad de ser miembros del programa internacional de Global Entry, la primera vez que se les permitió inscribirse en una certificación de este tipo del gobierno de EEUU.

Bersin, era Fiscal de Estados Unidos cuando se implementó SENTRI y Comisionado de Aduanas y Fronteras durante la posterior puesta en marcha de Global Entry a México y otros países, considera que ésta es una de las labores más importantes que él y sus colegas han logrado en la frontera:

> SENTRI condujo directamente a Entrada Global, que hoy en día cuenta con más de seis millones de miembros, y está creciendo diariamente. La frontera entre Tijuana y San Diego fue el primer éxito. Demostró que el cálculo de reducir el pajar se aplicaba en todo el mundo y que no hay que ser estadounidense para ser considerado de bajo riesgo. La gestión de riesgos es absolutamente ciega a los colores; la nacionalidad y el origen étnico son completamente irrelevantes cuando se dispone de suficiente información anticipada sobre los individuos.

No es una coincidencia que SENTRI empezara en el cruce de Tijuana-San Diego. Después de todo, era la frontera binacional más activa, una con más de un siglo de movimiento de individuos y bienes a través de la frontera internacional entre las dos ciudades. Esos millones de cruces habían afectado profundamente a cada ciudad más de lo que cualquiera estaba dispuesto a admitir. Ni siquiera el 11-S pudo detener por mucho tiempo el crecimiento que se estaba produciendo en la placa de petri de la política fronteriza que San Diego-Tijuana había creado.

LIBERAR EL COMERCIO

La amplia gama de programas de Trusted Travelers Programs (Programa de Viajero de Confianza), orientados a las personas que iniciaron con el SENTRI en los años 1990, tomaron su lugar junto con Customs Trade Partnership Against Terrorism (Asociación de Aduanas y Comercio Contra el Terrorismo o CTPAT, por sus siglas en inglés), que tuvieron sus raíces en el 11-S. Este programa de Comerciante de Confianza—diseñado para agilizar el proceso para que los importadores muevan las mercancías a través de la frontera—es la encarnación, y fue la génesis, de la estrategia de gestión de riesgos que ahora se aplica en todo el gobierno federal. De acuerdo con la política federal:

> El programa Comerciante de Confianza (Trusted Trader Program) [fortalece] la seguridad, identifica las entidades comerciales de bajo riesgo y aumenta la eficiencia general del comercio, segmentando el riesgo y el procesamiento por cuenta . . . El programa Comerciante de Confianza tiene como objetivo avanzar hacia un enfoque gubernamental completamente [nuevo] en la seguridad de la cadena de suministro y el cumplimiento del comercio mediante el fortalecimiento de la colaboración del gobierno [y el sector privado].

Lo que comenzó para los comerciantes de confianza a través del programa FAST evolucionó a CTPAT después del 11-S, demostrando que incluso un evento de esa magnitud no podía frenar por mucho tiempo la vasta expansión de las relaciones comerciales de América del Norte generadas por el TLCAN. De hecho, el 11-S y la crisis que produjo impulsó la implementación de un amplio programa de gestión de riesgos comerciales en la frontera. El hecho de que la CTPAT fuera instigada por una llamada telefónica del director general de General

Motors, G. Richard Wagoner Jr., al presidente de Estados Unidos George W. Bush dice mucho sobre lo crucial que se ha vuelto el comercio transfronterizo entre Estados Unidos y México (y Canadá).

Lo que Wagoner le dijo al Presidente Bush fue que la desaceleración de emergencia en la frontera inmediatamente después del ataque de Al-Qaeda había interrumpido de tal manera la cadena de suministro interna de GM que la empresa tendría que cerrar las plantas de fabricación y despedir a los trabajadores. Era un recordatorio de la famosa frase de Charles Erwin Wilson de 70 años antes: "Lo que es bueno para General Motors es bueno para el país".

El comisionado de aduanas de Bush, Robert Bonner, supervisó el desarrollo del CTPAT. No hace falta decir que el programa de Comerciante de Confianza no fue diseñado teniendo en cuenta a los exportadores de artesanía tradicional mexicana, sino a las poderosas empresas y clientes corporativos de EEUU que mueven miles de millones de dólares de componentes, sistemas y productos terminados de alta gama a través de la frontera no solo de México (y Canadá), sino de los socios comerciales de EEUU en todo el mundo. El objetivo era, en palabras oficiales de la gaceta de EEUU *Registro Federal*, "salvaguardar la fuerte industria comercial del mundo de los terroristas, manteniendo la salud económica de Estados Unidos y sus vecinos. La asociación desarrolla y adopta medidas que añaden seguridad, pero que no tienen un efecto paralizante sobre el comercio".

Una vez más, en los años siguientes, los cruces fronterizos de Tijuana-San Diego se convirtieron en el principal pionero y banco de pruebas de nuevos procesos y procedimientos innovadores, esta vez con relación al paso internacional de carga. Las comunidades empresariales de San Diego y maquiladoras de Tijuana fueron cruciales para este desarrollo, motivado en parte por el influyente estudio de SANDAG sobre el impacto económico de los tiempos de espera en la frontera. En cuanto a los camiones, el informe había encontrado que los retrasos en Otay y San Ysidro le estaban costando a la economía regional 60,000 empleos y más de 7,000 millones de dólares al año. La oportunidad de capturar algunos de esos ingresos y empleos perdidos ayudaría a impulsar todas las iniciativas de transporte y carga que siguieron.

Entre estas iniciativas se encontraba el programa de Cargo Pre-Inspection Program (Programa de Pre-inspección de Carga), probado por primera vez en el Cruce Comercial de Otay (y recíprocamente por la Aduana Mexicana en el aeropuerto de Laredo en Texas). En un ejemplo asombroso de cooperación policial transfronteriza, los funcionarios del CBP se colocaron en la parte mexicana de la garita comercial de Otay para llevar a cabo la pre-inspección de las mercancías mientras aún estaban en el lado mexicano de la frontera, lo que les permitió evitar la inspección en el lado estadounidense. Pero como CBP no permitiría que sus oficiales estuvieran destacados en ningún lugar, y mucho menos en México, sin llevar sus armas de fuego para su protección y defensa propia, México tendría que conceder a las fuerzas del orden estadounidenses permiso para cruzar la frontera con armas.

Este fue un asunto increíblemente sensible, con raíces históricas polémicas que se remontan a la Guerra de Estados Unidos-México.

No es sorprendente que cambiar la ley en México haya sido una tarea monumental, siendo la mayor parte del crédito para el jefe del Servicio de la Administración Tributaria de México, Alfredo Gutiérrez Ortiz Mena (quien, después se convirtió en ministro de la Suprema Corte de Justicia de México) y Gastón Luken Garza, diputado federal por Tijuana y un *fronterizo* influyente (cuyo padre, Gastón Luken Aguilar, fue uno de los pioneros de Tijuana-San Diego en la década de 1970 y una influencia mayor desde entonces). Estos dos funcionarios guiaron la medida a través del Congreso de México. Pero no podría haber sucedido en 2015 sin un impulso final y el apoyo inquebrantable del Ministro de Relaciones Exteriores José Antonio Meade, quien había sido el jefe de Ortiz Mena en la Secretaría de Hacienda cuando la propuesta fue concebida por primera vez en 2012. Bersin:

> A los que trabajamos en este asunto en ambos lados nos llamaron, no tan en broma, "Don Quijote" porque, como en el *Hombre de la Mancha*, estábamos "soñando un sueño imposible". Pero en nuestro caso, el sueño se hizo realidad—y lo hizo primero en Tijuana-San Diego—marcando perfiles de valentía política en México tanto a nivel nacional como local.

El congresista Luken Garza tenía la tarea de conseguir la aprobación de la legislación:

El propósito de la modificación de la legislación era mejorar el grado de cooperación en los puestos de control fronterizos de ambos lados, a fin de mejorar la circulación y, al mismo tiempo, aumentar la seguridad. Permite a los inspectores de la CBP trabajar conjuntamente con los inspectores de la Aduana de México en las instalaciones aduaneras mexicanas situada en el lado sur de la frontera. Los oficiales de EEUU están limitados a las instalaciones de la Aduana de México, pero no pueden ir más allá de esas instalaciones mientras estén armados o en servicio oficial. Lógicamente no fue fácil aprobar esta legislación, porque ningún país quiere tener agentes armados de otro país en su territorio. La idea obviamente generó mucha tensión. Pero creo que tuvimos la suerte de poder explicar el contexto y la razón de esto . . . Evita duplicidades, ahorra dinero y tiempo. Esto se traduce en un mejor flujo de bienes con un mayor nivel de seguridad.

Entre las manifestaciones posteriores de pre-inspección de carga estuvo el Programa Unificado de Procesamiento de Carga, ahora en vigor en la mayor parte de la frontera EEUU-México. En este esfuerzo, iniciado en San Diego-Tijuana, las autoridades aduaneras mexicanas cruzan a EEUU y trabajan codo a codo con los oficiales de CBP inspeccionando el mismo cargamento, al mismo tiempo y al unísono.

Pete Flores, nacido y criado en la frontera, en el condado de Imperial, ha estado asignado con CBP en San Diego desde 2006 y ha dirigido la oficina de campo ahí desde 2012, lo que lo convierte en el jefe de operaciones de pasajeros y carga en el cruce más concurrido del mundo. En el año fiscal 2019, supervisó la importación desde México de 53,000 millones de dólares en mercancías y el procesamiento de 1.4 millones de camiones (sin mencionar a 45 millones de personas). Describe cómo el trabajo de su agencia con México ha dado sus frutos:

Aquí hemos podido trabajar en inspecciones conjuntas con la Aduana de México para [el tránsito] de
camiones e incluso para el ferroviario a través de la
frontera terrestre. En lugar de que la Aduana mexicana
haga una inspección independiente y luego nosotros
hagamos una inspección [separada] de ese mismo
camión, hemos consolidado esas inspecciones aquí en
California. Estamos haciendo esas inspecciones conjuntamente para evitar que los envíos sean inspeccio-
nados dos veces por los dos gobiernos, a fin de crear
facilitación y eficiencia para los involucrados en el
comercio.

Cada vez que se crean nuevas asociaciones, siempre
hay un poco de nerviosismo [sobre] cómo va a actuar la
gente en conjunto y cómo va a funcionar. Puedo decirte
que, hasta ahora, la asociación ha sido genial. La interacción entre los empleados también ha sido excelente,
al compartir información y trabajar juntos en inspecciones conjuntas. Realmente ha creado mucha más
capacidad para tener conversaciones en tiempo real
sobre problemas o preocupaciones acerca de un envío,
una inspección de un envío y los resultados en tiempo
real de la inspección, negativos o positivos. Una interacción más inmediata mejora nuestra comunicación y
nuestra capacidad de hacer el trabajo. Esto tiene absolutamente un impacto [positivo] en [ambas] la seguridad y la eficiencia.

En el siglo XXI, las innovaciones de carga y transporte incubadas
en la frontera Tijuana-San Diego se han extendido mucho más allá de
la región, no solo en la frontera entre EEUU y México, sino en todo el
mundo. En retrospectiva, sin las relaciones de larga duración entre los
líderes de Tijuana y San Diego—dentro y fuera de las agencias gubernamentales—estos logros históricos tal vez nunca hubieran ocurrido.

COMPARTIENDO LOS CIELOS

El espectacular crecimiento de San Diego, que comenzó en los años 1960 y ascendió a 1.5 millones de habitantes en 2018, expuso una debilidad fundamental del sistema de transporte de la ciudad: su aeropuerto.

La ciudad y el condado habían actualizado constantemente su sistema de carreteras para satisfacer las necesidades de su creciente población. El sistema ferroviario, por su situación topográfica tener una ruta transfronteriza, seguía siendo problemático. Mientras tanto, la expansión de las autopistas permitió que el transporte por camión respondiera a algunas de las necesidades de entrega de volumen a la ciudad. Y por supuesto, el puerto marítimo de San Diego era uno de los mejores del mundo (aunque su uso se reservaba sobre todo para fines militares más que comerciales).

Pero fueron los viajes aéreos, esa forma característica de viajar a finales del siglo XX, lo que fastidió a San Diego. Esto fue particularmente irónico debido a la relación histórica de la ciudad con el desarrollo del avión. Algunos locales aún llaman al Aeropuerto Internacional de San Diego por su nombre original: Lindbergh Field. De hecho, el nombre original podría haber sido más apropiado, dado que el aeropuerto, incluso con las mejoras regulares, todavía se parecía al de algunas metrópolis medianas del Medio Oeste, en lugar del aeropuerto de la octava ciudad más grande de EEUU (y la segunda de California).

El problema, como ha ocurrido a menudo en la región, no es la falta de ambición, sino de terrenos. En pocas palabras, no hay suficiente espacio para una instalación de clase mundial en el aeropuerto internacional de San Diego. En 1928, cuando era el que pronto sería llamado Lindbergh Field, había suficiente espacio—casi 2.8 kilómetros cuadrados rodeados de campos de cultivo a 4.8 kilómetros al norte del centro—para manejar el par de docenas de salidas y llegadas de biplanos cada día. Pero a principios de siglo, el aeropuerto atendía hasta cincuenta mil pasajeros por día en quinientos vuelos programados—en una sola pista. De hecho, San Diego tiene la dudosa distinción de ser el aeropuerto internacional de una sola pista más concurrido de EEUU, y el tercero más frecuentado después de Gatwick en Londres y de Mumbai, India.

Este futuro cuello de botella no fue olvidado por los líderes de San Diego en los años posteriores a la Segunda Guerra Mundial. De hecho, condujo a un debate de 50 años: ¿Debería ampliarse el aeropuerto? ¿Moverlo? Pero, ¿a dónde?

Bersin:

> Antes de unirme a la administración de Obama, fui nombrado por el alcalde Jerry Sanders como presidente de la junta directiva de la Autoridad Aeroportuaria, con la tarea de diseñar y obtener la aprobación de un plan de expansión tras el rechazo de los votantes en 2004— en una elección celebrada durante la Guerra de Irak— de un traslado propuesto a la base aérea de la Marina en Miramar. Entonces se nos ocurrió, bajo el liderazgo del alcalde y de la directora general del Aeropuerto Internacional de San Diego Thella Bowens, el plan B: un plan de renovación y expansión de 2,000 millones de dólares in situ, junto con una reavivación de los estudios sobre una posible relación con el Aeropuerto [Internacional de Tijuana] Abelardo L. Rodríguez.

Como suele ocurrir, no fueron los políticos sino los ciudadanos desesperados quienes encontraron primero la solución. Debido a que viajar a las ciudades de México era mucho más fácil de hacer volando dentro del país, se estima que el 45 por ciento de todas las personas que van a México desde el sur de California simplemente conducen hasta el aeropuerto internacional de Tijuana y toman un vuelo hacia el sur. Ese viaje por lo general no tenía problemas. La pesadilla era el regreso a casa: la demora en cruzar la frontera en San Ysidro o en Otay a menudo llevaba más tiempo que el vuelo anterior a través de México.

Mientras tanto, como San Diego había crecido, rodeando el aeropuerto con centros comerciales, edificios de oficinas y urbanizaciones, las perspectivas de expansión del aeropuerto internacional de San Diego eran esencialmente nulas. Como resultado, aunque el aeropuerto ofrecía las principales aerolíneas (Southwest, American, United, Delta, y Alaska) y algunos destinos internacionales (incluyendo Japón, Alemania, y Reino Unido), la operación se había visto comprometida desde hace mucho tiempo. Igualmente, dada la larga historia de San Diego a la sombra de Los Ángeles, la ciudad se vio enfrentada a un número creciente de sus visitantes—y de sus propios ciudadanos—que eligieron dar un salto rápido hacia y desde un verdadero aeropuerto internacional, el de Los Ángeles (LAX), para tomar vuelos largos a sus destinos lejanos.

Por si fuera poco, el centro de la ciudad se había convertido en un bosque de rascacielos, la ruta de aproximación final de los vuelos a San Diego daba a los aviadores nerviosos la desconcertante impresión de que estaban aterrizando entre torres de oficinas. Los pilotos veteranos saludaban a la ventana y bromeaban con sus compañeros de asiento diciendo que habían visto a uno de sus amigos en una oficina cercana, justo más allá de la punta del ala.

La verdad era mucho más inquietante, como se comprobó trágicamente el 25 de septiembre de 1978, cuando un avión de pasajeros de PSA chocó con una avioneta Cessna 172 sobre la ciudad, matando a los 144 pasajeros que iban a bordo.

El aeropuerto international de San Diego experimentó una gran expansión en 2013. Ese proyecto añadió una segunda terminal, caminos de acceso, diez puertas más para pasajeros y más estacionamiento—todo a un costo de casi 1,000 millones de dólares—para hacer la instalación más atractiva y eficiente. Solo esto requirió los esfuerzos combinados de Jerry Sanders y Thella Bowens que celebraron un año de reuniones a las 7:00 am con representantes de 40 jurisdicciones diferentes para conseguir la ratificación. Al final, aunque hizo al aeropuerto de San Diego más amigable y eficiente, la limitación de la autopista única no pudo y probablemente nunca será superada.

En comparación, Tijuana no tenía tal problema inmobiliario con su aeropuerto. Para una ciudad que siempre se había visto obligada a transigir debido a limitaciones geográficas—y que fue fundada casi un siglo después que su vecina del norte—esta vez Tijuana disfrutó de una ventaja geográfica y en la que llegar tarde a la fiesta resultó ser una gran ventaja.

Tijuana había disfrutado de su propio pequeño aeropuerto, situado en el bulevar Agua Caliente, en las afueras de la ciudad, desde la década de 1930. Pero el primer aeropuerto "real" de la ciudad, el Aeropuerto Federal de Tijuana, fue inaugurado el 1° de mayo de 1951. Fue nombrado oficialmente en honor al General Abelardo L. Rodríguez, gobernador de Baja California de 1923 a 1929 (y durante una parte de 1932).

Inicialmente, el Aeropuerto Rodríguez de Tijuana era también de una sola pista (1,981 metros) con una terminal, que durante la década de 1950 manejaba principalmente vuelos entre Tijuana y Ciudad de México. Pero a medida que Tijuana crecía en la década de 1960 y aumentaba la demanda de vuelos a múltiples lugares, el aeropuerto dio dos pasos importantes: reorientó la pista existente para eliminar la necesidad de invadir el espacio aéreo de EEUU sobre San Ysidro (y volar sobre una montaña de 600 metros, lo que, debido a la inclinada aproximación, hacía imposible el aterrizaje por instrumentos) y añadir una segunda pista de aterrizaje de 2,750 metros. Estos fueron pasos cruciales, porque ahora no solo el Aeropuerto Internacional de Tijuana tiene dos pistas, una lo suficientemente larga para manejar los aviones más grandes, sino que ahora puede operar incluso con mal tiempo.

El crédito de estos cambios históricamente importantes pertenece a Gilberto Valenzuela Ezquerro, el secretario de Obras Públicas de México. En 1965 el entonces presidente de México, Gustavo Díaz Ordaz, le ordenó modernizar todos los aeropuertos y sistemas de transporte de México. Al considerar la situación en Tijuana, Valenzuela Ezquerro encontró una solución innovadora: ¿Por qué no proponer a San Diego la creación del primer aeropuerto binacional del mundo que se construiría en la transfronteriza Mesa de Otay que comparten las dos ciudades? Se acercó al alcalde de San Diego, Frank Curran, con la propuesta, pero fue rechazado. El alcalde Curran creía que el sitio propuesto estaba demasiado lejos de su ciudad. (No hace falta decir que hoy, medio siglo después, el lado americano de la Mesa de Otay es un vecindario muy poblado de San Diego.)

Sin inmutarse, Valenzuela Ezquerro se dedicó él solo a reconstruir el aeropuerto de Tijuana. Por suerte para el futuro de San Diego, el aeropuerto, que ya estaba situado en la Mesa de Otay, no se movió. Además de añadir una segunda pista y modernizar las instalaciones, Valenzuela amplió el sitio, de solamente 128 a 448 hectáreas. De esta manera, el secretario con visión de futuro sentó las bases para una posible solución al mayor dolor de cabeza del transporte de San Diego en el futuro.

Durante los siguientes 20 años, los dos aeropuertos de las dos ciudades se desarrollaron a lo largo de sus propios caminos separados.
Durante ese tiempo, el concepto de aeropuerto transfronterizo permaneció en gran parte inactivo, pero no olvidado. Entonces, en 1987, la
victoria del regatista sandieguino Dennis Conner en la Copa América
prometió traer decenas de miles de visitantes a San Diego para ver el
siguiente desafío de la Copa. El empresario británico de aerolíneas
económicas Sir Frederick (Freddie) Alfred Laker vio una oportunidad
de negocio para su aerolínea Laker Airways. Se acercó al magnate mexicano de las aerolíneas chárter Rodolfo Ramos Ortiz y le propuso construir una empresa conjunta transfronteriza. Desafortunadamente, el
trato fracasó.

Pero la idea siguió intrigando a los empresarios tanto en Estados
Unidos como en México. En 1990, uno de los participantes en las
negociaciones de Freddie Laker, el promotor inmobiliario mexica-
no-estadounidense Ralph Nieders de San Diego, se acercó a la empresa
aeronáutica de Ciudad de México, Mexicana de Aviación, SA con una
propuesta similar. Esta vez la propuesta fue aceptada y avanzó a través
de una carta de intención.

El escenario de Nieders esta vez era comprar el Rancho Martínez
en Otay y usarlo como sede del nuevo aeropuerto. También se acercó a
SANDAG con sus planes. SANDAG aún no había superado el fracaso
de su propio plan binacional de aeropuertos, que había sido frustrado
por la ciudad de San Diego el noviembre anterior cuando levantó la
prohibición de construir en la Mesa, lo que desencadenó una fiebre por
tierras residenciales. SANDAG firmó el plan de Nieders.

El plan Nieders-Mexicana de Aviación era ambicioso. Solo en el
lado estadounidense, el aeropuerto ofrecería tanto una terminal de pasajeros como una de carga ligera: la primera, conectada por un puente
de pasajeros a la terminal de Tijuana. Mientras tanto, un sistema de
transporte subterráneo movería la carga ligera entre los almacenes de
aduanas de cada país y a transportistas privados como DHL, UPS y
FedEx. También se iba a establecer una zona de libre comercio en la
frontera para manejar cargas más grandes.

Este plan también fracasó, en parte porque SANDAG había pasado a la propuesta de otra aerolínea, una para convertir el Depósito
de Reclutamiento del Cuerpo de Marines o la Estación Aérea Naval de

Miramar en un reemplazo del Aeropuerto de San Diego. El Pentágono rechazó ambas propuestas. SANDAG lo intentó de nuevo con una segunda propuesta de aeropuerto binacional, incluso hasta el punto de visitar Ciudad de México armado con un folleto de ocho páginas titulado "Aeropuerto Internacional de Tijuana-San Diego", lleno de ilustraciones del aeropuerto propuesto con sus tres pistas.

Infortunadamente, esta propuesta habría requerido mover la terminal de pasajeros del aeropuerto de Tijuana y una de sus pistas. Eso era algo que el gobierno mexicano no estaba dispuesto a hacer, después de todo, ya tenía un excelente aeropuerto. ¿Por qué debería ser castigado por el fracaso de los estadounidenses en planear el futuro?

El gobierno mexicano hizo una contrapropuesta: ¿Por qué San Diego no desarrolla una terminal transfronteriza con un puente de enlace al aeropuerto de Tijuana? SANDAG rechazó la idea por ser demasiado limitada.

Llegaría a lamentar esa decisión.

Más tarde ese año, en 1990, habría un último intento de construir un aeropuerto binacional Tijuana-San Diego. Esto fue dirigido por el regidor de San Diego Ron Roberts, que resultó ser un arquitecto. Por iniciativa propia, también desarrolló un plan para construir un aeropuerto binacional en la frontera mexicana. La propuesta de Roberts de aeropuertos gemelos también implicaba construir en la Mesa de Otay, pero esta vez justo al oeste del cerro de Otay de 1,089 metros. En el lado de EEUU, San Diego construiría una pista de 3,658 metros que correría paralela a la larga pista existente en el lado de Tijuana, con pistas de rodaje y torre de control compartidas. En la visión de Roberts, el complejo resultante funcionaría como un gigantesco aeropuerto internacional, con pasajeros de EEUU que aterrizarían en la pista mexicana y luego se desplazarían a la terminal de EEUU.

Como siempre, la respuesta en San Diego fue entusiasta y, como sucede a menudo, fracasó. Pero en el proceso, lo hizo, en palabras de la revista *City Beat* de San Diego, "atrajo la ira de algunos líderes locales, decididos a impulsar sus propios aeropuertos". Tampoco fue bien recibida por las autoridades federales de Ciudad de México, que se irritaron ante la falta de memoria y la percibida arrogancia por parte de sus proponentes.

Roberts diría más tarde: "De todas las cosas en las que he trabajado que no ocurrieron, probablemente la más decepcionante sería el plan de los Aeropuertos Gemelos, porque creo que el futuro de esta comunidad va a ser impactado en gran medida". Sin embargo, en retrospectiva, incluso si el plan hubiera sido más realista y hubiera ganado apoyo político en ambos países, el 11-S y la lucha contra la inmigración ilegal en el nuevo siglo lo habrían finalizado.

Algunas de las ideas alternativas para un sitio aeroportuario, entonces y en los años siguientes, eran cosa de ciencia ficción. *City Beat*:

> "Una extraña propuesta de los años ochenta", recuerda el congresista Bob Filner [entonces miembro del Consejo de la Ciudad de San Diego y posteriormente un deshonrado alcalde de la ciudad condenado por agredir sexualmente a mujeres], "era que alguien sugería que los aviones aterrizaran en el campo de Lindbergh y despegaran en North Island. Nunca explicaron cómo se iría de un lugar al otro". Otra sugerencia citada con mayor frecuencia en la lista de lo descabellado [era] la idea de un aeropuerto flotante—apodado "isla de la fantasía" por algunos legisladores—frente a la costa de Point Loma.

La naturaleza ridícula de estas propuestas subraya la desesperación de San Diego por encontrar una solución a su creciente necesidad de un verdadero aeropuerto internacional. Como *City Beat* escribió en su momento: "un aeropuerto, como muchos de los grandes proyectos de planeación, se convierte en un asunto emocional tanto como un asunto de planificación". También reflejaba la falta de voluntad de los residentes de la ciudad de tener un aeropuerto en sus patios traseros. Además, capturó algo más: el orgullo cívico y el peso de la historia. Los sandieguinos, desde los líderes de la ciudad hasta los ciudadanos comunes, podrían imaginar compartir un aeropuerto con Tijuana, pero no podían imaginar usar un aeropuerto que estuviera solamente en Tijuana—y fuera propiedad de Tijuana. Eso todavía, en sus mentes, era dar un paso demasiado lejos.

UNA SOLUCIÓN EQUITATIVA

Pero para 2006, el mundo había cambiado. Tijuana no solo había crecido hasta convertirse en una ciudad con casi la población de San Diego, sino que las relaciones entre ambas ciudades—políticas, comerciales y culturales—eran mejores que nunca. Mientras tanto, incluso cuando el Aeropuerto de Tijuana había prosperado, ampliando sus instalaciones en 2002, pasando a formar parte del Grupo Aeroportuario del Pacífico (GAP) con doce aeropuertos, y añadiendo vuelos internacionales a Japón y China, el aeropuerto de San Diego, a pesar de mejorar continuamente su eficiencia, solo estaba pasando apuros. Además, el éxito de los nuevos programas de cruce de pasajeros en los puntos de entrada de la frontera estaba demostrando diariamente que el movimiento de los ciudadanos a través de la frontera podía ser eficiente y seguro.

San Diego tendría que tragarse parte de su orgullo y aceptar primero que el Aeropuerto Internacional de Tijuana desempeñaría un papel importante en su futuro y segundo que era hora de desempolvar la vieja solución mexicana, que ahora cuenta con lo último en transporte aéreo y tecnología transfronteriza.

Este nuevo programa, que por fin lograría el adorado sueño de San Diego de disfrutar de los beneficios de un verdadero aeropuerto internacional, se llamaría finalmente Cross Border Xpress (CBX, por sus siglas en inglés). El proyecto comenzaría con un anuncio de bajo perfil en 2006 (el año en que SANDAG había previsto—en 1988—que el Aeropuerto de San Diego alcanzaría su plena capacidad) de parte de la Autoridad del Aeropuerto de San Diego de que investigaría la construcción de una terminal aeroportuaria transfronteriza para dar acceso a los pasajeros al Aeropuerto Internacional de Tijuana y aliviar así la presión en Lindbergh Field.

Eso fue todo. Parecía una propuesta más en décadas de esfuerzos fallidos. Pero por humilde que sea su comienzo, esta iniciativa tuvo éxito, sobre todo porque era el momento adecuado. San Diego estaba desesperada, Tijuana triunfante, y el trabajo en equipo entre las ciudades fue el mejor de todos los tiempos. Líderes civiles como Malin Burnham, acostumbrados a pensar en grande y audazmente, apoyaron sólidamente la propuesta, líderes comunitarios como Cindy Gompper-Graves la impulsaron, y el veterano defensor de la frontera Alan Bersin fue presidente de la Autoridad Aeroportuaria. La visión tardaría casi una década en realizarse, pero cuando estuviera completa CBX se convertiría en un hito histórico, convirtiendo al Aeropuerto Internacional de Tijuana en el primer aeropuerto binacional funcional del mundo, con una terminal en San Diego, Estados Unidos, y su principal terminal de pasajeros y pistas en México.

Terminal de Cross Border Xpress (CBX) San Diego y puente al Aeropuerto Internacional de Tijuana.

Dicho esto, el Aeropuerto Internacional de San Diego todavía no tiene ninguna conexión física o financiera con CBX. Ni siquiera hay servicios de transporte organizados entre los dos lugares, lo que impide que los dos aeropuertos alcancen su potencial como centro de conexión para los viajeros mexicanos y latinoamericanos al norte de California, Las Vegas y el noroeste del Pacífico. El próximo sueño de los visionarios es construir una conexión monorriel entre el aeropuerto de San Diego y CBX, y por lo tanto al aeropuerto de Tijuana. El tiempo lo dirá, pero la historia de la aviación comercial en San Diego no lleva a mucho optimismo de que esto suceda pronto.

ACTORES PRIVADOS

Una vez que los habitantes de San Diego aceptaron la idea de utilizar el aeropuerto de Tijuana como propio para los vuelos al sur hacia México y América Central y del Sur (y cada vez más al oeste sobre el Pacífico hacia Asia), el siguiente reto fue encontrar el capital y obtener el visto bueno del gobierno para construir una terminal y un puente de pasajeros sin precedentes. Después de todo, a pesar de la casi insoportable congestión en el aeropuerto de San Diego, los ciudadanos de San Diego habían demostrado hace mucho tiempo su cautela a la hora de pagar por cualquier cosa con fondos públicos. Décadas de rechazar las emisiones de bonos extinguieron cualquier esperanza de que el público financiara una instalación que probablemente costaría más de 80 millones de dólares. Como instalación transfronteriza propuesta, era una responsabilidad federal de todos modos, y no era probable que el gobierno federal pagara por una nueva clase de cruce fronterizo en un sitio que ni siquiera figuraba en su lista de prioridades de infraestructura.

Luego, un gran avance: las autoridades federales parecían estar abiertas a una asociación público-privada y viendo una oportunidad de negocio en CBX, un consorcio de inversores de ambos lados de la frontera—incluyendo al magnate inmobiliario y de los periódicos de Chicago, Sam Zell—formaron una nueva compañía, Otay-Tijuana Venture LLC. La compañía compró el terreno en el lado norte de la frontera por 30 millones de dólares y se dispuso a recaudar fondos para la construcción. Al darse cuenta de que su viejo sueño podría hacerse realidad, finalmente, la ciudad de San Diego se lanzó de lleno, embarcándose en una gran campaña de promoción tanto en Ciudad de México como en Washington, DC, para obtener apoyo para la iniciativa. El mayor desafío, en parte porque la mayor parte de la CBX estaría del lado de EEUU, pero también por la preocupación permanente por el terrorismo internacional, era con el gobierno de EEUU.

El momento resultó ser perfecto. Las relaciones entre EEUU y México, tensas unos años antes (y destinadas a volver a serlo unos años después), estaban experimentando una relajación, y ambas partes buscaban asociaciones distintivas para promover la renovada amistad. CBX encaja en el proyecto de ley, y para sorpresa de muchos, el Departamento de Estado de EEUU estuvo de acuerdo. Aprobó el proyecto en 2010 y concedió el permiso presidencial necesario para las instalaciones transfronterizas. Demostrando lo ansiosa que estaba San Diego por hacer las cosas. La ciudad tardó solo 2 años, hasta 2012, en conceder todos los permisos para el uso de la tierra y la construcción en el lugar. Las negociaciones con el gobierno federal sobre las operaciones y los costos fueron arduas, por cierto, pero manejadas hábilmente por Enrique Valle, director general de Otay-Tijuana Venture, y Ben Rohrbaugh de Customs and Border Protection (trabajando bajo la dirección de Alan Bersin, quien era entonces comisionado de CBP). Apenas 2 años después, en 2014, comenzó la construcción.

La construcción de un puente transfronterizo tendría sus propios desafíos. Valle explica: "La longitud del puente mexicano desde el aeropuerto de Tijuana hasta la frontera es de 46 metros". Esa porción sería construida por un equipo de Tijuana. "Y hay otra porción, de 183 metros adicionales, para llegar al edificio del lado de EEUU". Esa porción sería construida por un equipo de San Diego. Esto no solo significaba convertir todos los planos del sistema de medición americano al sistema mexicano, sino que el equipo mexicano tendría que construir su parte del puente compartido con los códigos de construcción de California, unos de los reglamentos más estrictos del mundo. Pero los desafíos no se detuvieron ahí.

Cuando se trataba de ensamblar las vigas estructurales en el lado mexicano de la frontera, dice Valle, "No había espacio para eso". La estructura cruzaría "una de las arterias principales de Tijuana". Cerrar la carretera crearía demasiada perturbación. Autorizar a trabajadores mexicanos y a una empresa mexicana a trabajar en el lado estadounidense de la frontera habría sido una pesadilla burocrática. Así que Valle buscó una tercera opción poco probable: "Hablamos con CBP y CBP accedió a mover la frontera". Un testimonio de la amistad de esos tiempos, EEUU accedió a mover 137 metros de la cerca fronteriza unos 4.6 metros hacia territorio de EEUU, para que el equipo de Tijuana pudiera construir su lado del puente en lo que ahora era, temporalmente, suelo mexicano.

Increíblemente, en diciembre de 2015, apenas 3 años después de la aprobación del gobierno de EEUU, Cross Border Xpress abrió para los primeros pasajeros de EEUU que cruzaron hacia México y volaron desde el Aeropuerto Internacional de Tijuana. Fue el primer puente al oeste de Texas, donde los puentes y los peajes a través del Río Bravo son comunes, que cobraba una tarifa para atravesar por la frontera. El acuerdo CBX era una nueva forma de asociación público-privada, en la que todo el capital de construcción y los gastos de funcionamiento se financiaban de forma privada (incluido el costo de los oficiales de CBP), pero era operado por el Servicio de Aduanas y Protección Fronteriza como un punto oficial de entrada y salida entre México y Estados Unidos.

Al corte de listón o inauguración oficial, en abril de 2016, asistieron los alcaldes de Tijuana y San Diego. En ese momento el nombre de la instalación fue oficialmente cambiado de la Terminal Transfronteriza de Tijuana a CBX (Cross Border Xpress). La galardonada instalación postmoderna (que finalmente había costado 120 millones de dólares debido a los sobrecostos) fue creada, una vez más en el espíritu de la amistad transfronteriza, por el famoso arquitecto mexicano Ricardo Legorreta, que trabajó con una importante firma de arquitectos, Stantec Inc. de Canadá. Desde el principio, la instalación CBX fue elogiada no solo por su diseño simple y elegante sino también por su idoneidad: su ligereza y su jardín, con plantas del desierto, evocando el antiguo valle de Tijuana de la época de la misión, antes de su urbanización.

Pero lo más importante es que el CBX fue diseñado para ser eficiente, eventualmente para atender hasta 2.5 millones de pasajeros por año, más de un tercio del tráfico total del aeropuerto de Tijuana. Para ello, cada componente de la instalación de CBX tenía que funcionar bien y en armonía. En la descripción oficial:

> Los pasajeros que salen del parque de EEUU en la propiedad CBX, entran en el edificio, se registran, caminan sobre la frontera usando el nuevo puente, y literalmente descienden al [aeropuerto de Tijuana] para tomar sus vuelos. Los pasajeros que regresan aterrizan en [el aeropuerto de Tijuana], toman el puente que cruza la frontera, entran a EEUU a través de las nuevas instalaciones de [US Customs and Border Protection], y salen del CBX para tomar su forma de transporte preferida.

Esta descripción formal no captura la experiencia sin igual de usar CBX. En la práctica, los viajeros se estacionan en un terreno en la zona suburbana de Mesa de Otay contigua al aeropuerto de Tijuana y, mostrando sus tarjetas de embarque y pasaportes (y pagando 16 dólares a los inversores privados por la posibilidad), pasan por la terminal de EEUU de 6,039 metros cuadrados. Luego cruzan el distintivo, puente púrpura de 119 metros sobre la frontera, con su valla negra, y luego bajan a la terminal del aeropuerto de Tijuana. Todo parece sencillo, pero la estructura entera fue algo así como un prodigio de ingeniería, incluyendo una extensa remodelación de la terminal del lado de Tijuana para que sirviera como soporte al puente y como un portal para cinco mil o más recién llegados que cruzan la frontera cada día. Estos viajeros del lado estadounidense llegan tanto de día como de noche. A diferencia de su contraparte en San Diego, que está sujeta a un horario limite, el aeropuerto de Tijuana está abierta las 24 horas del día. Sin mencionar que el costo de los boletos de avión saliendo de Tijuana puede ser hasta un tercio más barato que saliendo de San Diego.

La nueva instalación ha recibido críticas muy favorables, incluso de Ron Roberts, el concejal que propuso la solución de los aeropuertos gemelos. Después de haber utilizado CBX varias veces, ha declarado públicamente que está "funcionando súper".

El CBX ha tenido tanto éxito en sus pocos años de existencia que ya está experimentando problemas de desarrollo. El mayor problema es el estacionamiento: la capacidad original de estacionamiento de la CBX se desbordó en cuestión de meses, obligando a una rápida expansión. Pero ni siquiera eso ha sido suficiente; así que la ciudad de San Diego, siempre ansiosa por mantener esta salida en crecimiento, ya ha aprobado los permisos para un nuevo estacionamiento—e incluso un hotel—adyacente a las instalaciones de CBX.

Irónicamente, dada la preocupación del lado de EEUU de entregar el futuro de la aviación comercial del área a otra ciudad en otro país, la presencia de CBX y su conexión con el aeropuerto de Tijuana no ha reducido el uso del aeropuerto de San Diego. Por el contrario, la demanda de los pasajeros en la región ha crecido tanto que el uso del aeropuerto de San Diego ha continuado expandiéndose—aunque quizás un poco menos de lo que podría haberlo hecho. Por supuesto, el Aeropuerto Internacional de San Diego (el nombre se cambió de Lindbergh Field en 2003) apenas puede manejar el tráfico de pasajeros y vuelos que tiene ahora.

Todo esto prueba que, más que una amenaza al programa de aviación comercial de San Diego, la nueva conexión con el aeropuerto de Tijuana probablemente evitó una catástrofe de transporte aéreo. Los viajeros ahora tienen la opción de elegir entre dos aeropuertos desde los que viajar, con muchos más destinos a los que pueden volar sin escalas. Una vez más, Tijuana ayudó a salvar a San Diego de las consecuencias de sus propias limitaciones, y en el proceso había encontrado otra manera de hacerse rico con dólares estadounidenses. El tráfico aéreo hacia Tijuana desde CBX ha aumentado un 33 por ciento.

Como el alcalde de San Diego, Kevin Faulconer, que presidió la gran inauguración de CBX junto con el alcalde de Tijuana, Jorge Astiazarán Orcí, le diría a la revista Político: "Respiramos el mismo aire, usamos la misma cuenca . . . La historia de San Diego es la historia de su relación con México". Le queda a San Diego averiguar cómo capitalizar el CBX de su parte.

ALGUIEN QUE GENERA NEGOCIOS

Carlos Bustamante, 74, es alguien que logra que las cosas se hagan. Tuvo una temprana posición de ventaja. Su padre, Alfonso, ha sido llamado el fundador de la Tijuana moderna: sus torres gemelas, a las que solo recientemente se han unido otros rascacielos, definieron la silueta de Tijuana durante una generación.

Carlos estudió buena parte en Estados Unidos, asistiendo a la escuela secundaria en la Academia del Ejército y la Marina en Carlsbad y a la University of San Diego. De joven, trabajó como distribuidor estatal en Baja California para la compañía de derivados del petróleo y gas propano de su familia. A los 28 años fue elegido presidente de la Cámara de Industria de Baja California. También ayudó en la construcción de las torres gemelas de su padre en 1981:

> A mi padre le gustaba el negocio de los hoteles. Ya había
> construido un hotel; ahora, cruzando la calle, quería

construir otro más grande. Se suponía que fueran 200 habitaciones. Terminaron siendo 430.

No se detuvo ahí. Con una torre, quería construir otra, una llena de oficinas e instalaciones médicas para lo que predijo que sería una importante industria médico-turística aquí. Esa torre tardó un poco más porque México empezó a tener problemas en su industria bancaria y el gobierno nacionalizó los bancos.

Carlos no se limitó a seguir con el negocio familiar. Incluso, en sus veintes, su creciente participación en varias asociaciones de la industria le había dado un gusto por la política local, y comenzó a involucrarse. "Me di cuenta de que a mucha gente le gusta quejarse de las cosas. Pero nadie trata de arreglar esas cosas".

Bustamante había sido durante mucho tiempo partidario del PRI. Ahora el gobernador, un compañero del partido, le pidió que formara un consejo empresarial para promover la región internacionalmente. En el proceso, Carlos hizo buenos amigos en China: "Terminaron haciendo negocios conmigo en el centro que tenemos en el aeropuerto de Tijuana".

A partir de ahí, su carrera seguiría dos caminos. Por un lado, el PRI le pidió que se convirtiera en candidato a la alcaldía de Tijuana en 2010. Carlos entró en la carrera veintiún puntos por detrás. Mientras tanto, su oponente del PAN fue el novio en una boda muy publicitada en Tijuana, a la que asistió el presidente mexicano Felipe Calderón. Sin embargo, unas semanas más tarde, Bustamante ganó la elección por cinco puntos. ¿Cómo? "Solo Dios sabe", dice con una risa. "Me gusta pensar que fue mucho trabajo duro. Pero tal vez solo era que la gente estaba harta de toda la corrupción y la violencia—recuerden, esto fue durante las guerras del narcotráfico—y pensó que tal vez un hombre de negocios podría arreglar las cosas. Al final, si arreglamos muchas cosas".

De hecho, a menudo se atribuye a la permanencia de Bustamante la reducción de la tasa anual de asesinatos de Tijuana—de ochocientos a cuatrocientos—y el lanzamiento de la ciudad en su actual era de prosperidad. Eso lo ha convertido en uno de los alcaldes de Tijuana más importantes de la era moderna. Carlos está orgulloso de ese logro, pero nota con tristeza que no fue algo permanente: al momento de escribir esto, Tijuana está más sangrienta que nunca.

Al mismo tiempo, Bustamante se propuso vender Tijuana al mundo. Trabajó su red en el Lejano Oriente para la inversión, y animó a las empresas estadounidenses a participar en la industria maquiladora. Se hizo muy amigo del alcalde de San Diego, Jerry Sanders, estableciendo la relación entre alcaldes más fuerte en la historia de las dos ciudades. Lanzaron juntos la Asociación de Alcaldes Fronterizos de EEUU-México, fueron anfitriones de las reuniones inaugurales en Tijuana y San Diego para desarrollar plataformas de políticas de consenso, y apoyaron su expansión para incluir nuevas funciones, hoy en día Carlos y Jerry siguen siendo buenos amigos. Bustamante construyó una amistad similar con el comisionado de CBP, Alan Bersin, quien le propuso la idea de una asociación de alcaldes fronterizos para abogar por la frontera tanto en Ciudad de México como en Washington. "Todos estuvimos de acuerdo en que lo que es bueno para Tijuana es bueno para San Diego, y viceversa; y lo mismo ocurre a lo largo de toda la frontera", dice Bustamante con un destello en los ojos.

Esas amistades resultaron cruciales porque, durante el mandato de Bustamante como alcalde, EEUU se embarcaron en una renovación masiva, de 750 millones de dólares, de su cruce fronterizo en San Ysidro, y México construyó una instalación completamente nueva de su lado. "Obviamente iba a afectar al tráfico, así que trabajamos muy de cerca para asegurarnos de no obstruir los horarios de construcción, al tiempo que dejábamos a los autos y a la gente pasar".

Esas mismas amistades fueron fundamentales para la creación del CBX. Bustamante, que ya tenía un próspero negocio en el aeropuerto de Tijuana, se resistió inicialmente al plan. Como alcalde, no quería enemistarse con los taxistas de Tijuana que perderían el negocio de transportar pasajeros del aeropuerto a los cruces fronterizos de EEUU si se construía el CBX. "Pero Alan dio un argumento muy convincente de que funcionaría", recuerda Bustamante.

> Dijo: "No creo que haya otro como este en el mundo".
> Y me mencionó: "Rara vez sucede que el presidente de EEUU y el presidente de México estén de acuerdo en algo así en la frontera". Esa importancia me hizo

reflexionar un poco. Y eso es principalmente por lo que lo hice.

Al final, Bustamante se convirtió en un gran partidario. "Me alegro de que haya cambiado de opinión, porque realmente ha sido una bendición para todos. Incluso yo lo uso".

Paralelamente a todo esto, Carlos perseguía el sueño que se convertiría en Tijuana Matrix, la nueva operación de carga aérea de Tijuana. Le tomó 30 años.

> Había un caballero británico llamado Len Dunning que vivía en Hong Kong y era director del Consejo de Desarrollo Comercial de Hong Kong. Nunca he olvidado lo que dijo cuando aterrizó en Tijuana: "Dios mío, esto es un campo de oportunidades. ¿Dónde más puedes encontrar un aeropuerto que esté a un tiro de piedra de Estados Unidos?"
>
> Me acerqué al gobierno mexicano del presidente Carlos Salinas Gortari y los convencí de que me dieran una concesión de 24.3 hectáreas dentro del aeropuerto para crear una operación de mantenimiento de aviones, porque así es como empezaron en el aeropuerto [de Hong Kong]. El presidente Salinas estuvo de acuerdo, y abrimos las instalaciones en 1995. También añadimos lentamente servicios de transporte de carga aérea.
>
> Luego, unos años más tarde, el gobierno federal privatizó el aeropuerto de México. Ahora el nuevo operador (GAP) quería quitarme la concesión. Los llevé a juicio.
>
> Me llevó 11 años, pero gané y puse en marcha la terminal de carga aérea. Tiene un nombre muy largo en español, pero lo llamamos Matrix.

La instalación, que se conocerá como Parque de Carga Aérea y Logística Matrix Tijuana, comenzaría a funcionar en el hangar de reparación de aviones de Bustamante. Según lo previsto, incluiría una zona de inspección de la Aduana Mexicana in situ y un centro de distribución de aduanas, con planes ya en marcha para añadir una instalación de la Aduana de EEUU. La estrategia de Bustamante era captar primero la carga aérea que se procesaba actualmente en el aeropuerto y luego capturar a los transportistas y agentes de carga de EEUU que encontrarían que el rápido cruce de la frontera era mucho menos costoso y lento que su práctica actual de utilizar el Aeropuerto Internacional de Los Ángeles.

En junio de 2018, Bustamante anunció públicamente Tijuana Matrix. Dado que el aeropuerto Abelardo L. Rodríguez de Tijuana ya es un importante centro de pasajeros en el área de Tijuana, Bustamante y su hijo, el presidente de Matrix, Carlos Bustamante Aubanel, procedían ahora a convertirlo en el centro de carga dominante también, tanto para las rutas nacionales como para las internacionales. Incluso el *San Diego Union-Tribune*, que antes desconfiaba de la vida al otro lado de la frontera, ahora aclamaba el lugar:

> Justo al oeste de la instalación de carga está el Cross Border Xpress, un pasaje elevado privado entre San Diego y el aeropuerto de Tijuana. A unos 3 kilometros al este se encuentra la proyectada la garita Otay Este, prevista como una instalación de peaje planeada y operada conjuntamente por Estados Unidos y México. Más al este, en Tecate, hay un proyecto para un futuro cruce ferroviario comercial transfronterizo.

Matrix es algo revolucionario para la carga y el comercio en la región. Casi desde el día de su anuncio, Bustamante fue inundado con contactos cercanos y lejanos. Cerca de allí, en Tijuana y en el norte de Baja California, las maquiladoras buscaban una fuente fiable de entrega de los componentes—de médicos a aeronáuticos—que necesitaban de Asia, Europa y Estados Unidos para mantener sus líneas de montaje en movimiento. Desde Asia, el interés era conseguir una fuente de entrega rápida y fiable de productos agrícolas y pescado frescos de Baja California y otros lugares de México.

Del lado de EEUU ya se habla de recrear el éxito del puente CBX con un sistema de tranvías aéreos, un "transbordador de carga", que se originaría en un revitalizado aeropuerto municipal de Brown Field, que está situado en la Mesa de Otay a unos 2.4 kilómetros de la frontera, y trasladarían contenedores de carga a través de la frontera hasta las instalaciones de Matrix.

En cuanto a los escépticos (de ambos lados de la frontera) sobre sus planes, Bustamante dijo al *San Diego Union-Tribune* en palabras que podrían servir como el epitafio de la historia del transporte y mucho más que ha sucedido en el Valle de Tijuana: "Soy obstinado. Dije que lo voy a cumplir, aunque me dijeron que estaba loco".

Bustamante sonríe con la remembranza. Todo lo que predijo se ha hecho realidad. "Hoy, recibimos a UPS, FedEx, DHL y a todos los transportistas mexicanos. Y estamos a punto de transportar mercancías a Oriente. La Aduana Mexicana también se ha trasladado a nuestra terminal. Así que el futuro parece bastante prometedor".

Se ve muy bien para Tijuana también, Bustamante cree:

> Si miras alrededor de Tijuana, verás muchos condominios en construcción. *Muchos* de ellos. ¿Por qué? Porque en San Diego un apartamento de dos habitaciones te costará 3,000 dólares al mes. ¿En Tijuana? 800 dólares. Por eso los estadounidenses, en particular los méxico-estadounidenses, se mudan aquí—sobre todo si la frontera es más fácil de cruzar, para poder llegar a sus trabajos en San Diego. La fuerza de trabajo capacitada está aquí, con acceso al mercado de EEUU. Es por eso que compañías de otras partes de México se están mudando aquí.
>
> Fue Jerry Sanders el primero en llamarnos "dos ciudades, una región". Creo que ahí es donde estamos ahora, y es genial para ambas. Nos estamos convirtiendo en verdaderas ciudades hermanas. ¿Y por qué no? Respiramos el mismo aire; miramos el mismo océano. Cada vez más compartimos el mismo futuro.

"Por supuesto, siempre soy optimista", dice Bustamante con una amplia sonrisa y ojos brillantes. "Así es como hago las cosas".

HISTORIAS DEL TRANVÍA-TREN LIGERO

En comparación con las múltiples victorias en el transporte terrestre y aéreo en Tijuana, la tercera forma de transporte—el ferrocarril—ha tenido un éxito mixto, a pesar de que, como ya se ha señalado, San Diego había estado persiguiendo el sueño de una conexión ferroviaria continental durante más de un siglo.

Una forma de transporte ferroviario que ha demostrado ser muy exitosa es el tren ligero: el legendario tranvía de San Diego.

San Diego Trolley Inc. es una subsidiaria del Sistema de Tránsito Metropolitano de San Diego (SDMTS, por sus siglas en inglés) y ha estado en servicio desde julio de 1961, convirtiéndolo en el sistema de "segunda generación" más antiguo de EEUU. Pero, de hecho, ha existido durante mucho más tiempo, como descendiente del Ferrocarril Eléctrico de San Diego, que fue instalado en 1891 por el líder civil y empresario John Spreckels. Antes de eso, a partir de 1886, un tranvía tirado por caballos y descubierto recorría la Quinta Avenida, eventualmente reemplazado por un tranvía eléctrico.

El tren eléctrico original, del siglo XIX, el primero en el oeste de EEUU, inicialmente daba servicio tanto al nuevo como al viejo centro de San Diego con solo cinco rutas que totalizaban unos 19 kilómetros de vía. En los años siguientes se colocaron más vías, con el número y la longitud de las rutas aumentando después de 1905, cuando Spreckels construyó una nueva planta de energía eléctrica para apoyar a la línea de transporte. En 1910, después de una iniciativa electoral que le dio el control del ferrocarril durante otro cuarto de siglo, y la construcción de una segunda central eléctrica, Spreckels se embarcó en otra expansión, hasta un total de 135 kilómetros de tren ligero en la ciudad y en sus suburbios. La Exposición Panamá-California de 1915 impulsó otra expansión, en particular al Parque Balboa.

Pero la Primera Guerra Mundial detuvo la edad de oro del Ferrocarril Eléctrico de San Diego. Los costos de construcción casi se triplicaron, las inundaciones arrasaron con parte de la línea y los primeros autobuses de gasolina llegaron a escena como competencia. Para 1920 la situación se había vuelto terrible, lo que llevó a Spreckels a cerrar líneas y vender una de sus plantas de energía. Para 1930, los autobuses reemplazaban las rutas de playa, siempre populares, de las líneas ferroviarias.

Sin embargo, incluso cuando las compañías de ferrocarriles ligeros se retiraban, y sus vías reemplazadas por carreteras en ciudades de todo Estados Unidos, el Ferrocarril Eléctrico de San Diego de alguna manera aguantó, siempre al borde de la quiebra, el tiempo suficiente para ver una segunda vida.

Esa resurrección llegó en 1942 con la Segunda Guerra Mundial. De repente, entre marineros y trabajadores de la defensa, San Diego era una de las ciudades más concurridas del país—y todos estaban en movimiento, ya sea de permiso y queriendo ir a la ciudad, o yendo a trabajar al puerto o a las fábricas de la industria de defensa. Los pasajeros aumentaron un 600 por ciento durante esos años. Solo en 1942, las líneas combinadas de tranvía y autobús transportaban 94 millones de pasajeros y en 1944, 146 millones. El Ferrocarril eléctrico estaba tan desesperado por material rodante que trajo en préstamo decenas de vagones de lugares tan lejanos como Nueva York y Pensilvania.

Estos tiempos de auge no duraron mucho después del Día de la victoria sobre Japón. Ya en 1946, solo quedaban tres líneas de tranvía. Los nuevos propietarios, a partir de 1948, se centraron en los autobuses en lugar de los ferrocarriles. De hecho, en mayo de ese año, los equipos comenzaron a retirar los cables eléctricos aéreos y a quitar las vías. A finales de 1949, San Diego fue la primera gran ciudad del suroeste de EEUU en eliminar todos sus tranvías, muchos de los cuales fueron vendidos a ciudades mexicanas (aunque no a Tijuana) o donados a museos.

Pero para los años 1980, el mundo había cambiado de nuevo. A medida que la congestión del tráfico y los tiempos de desplazamiento crecían, el interés por el transporte masivo volvió. A pesar de su reputación conservadora en este caso, San Diego abrió el camino, siendo conocida en años posteriores como la ciudad que lanzó la moda del tren ligero en Estados Unidos.

El tren ligero de San Diego, impulsado por el senador James Mills, comenzó a funcionar en julio de 1981. Con el tiempo se expandiría a un total de 89 kilómetros y 53 estaciones, y sigue creciendo rápidamente 40 años después.

Desde el principio, los sandieguinos se tomaron en serio el Tranvía, y su empresa matriz, SDMTS, se esforzó mucho para asegurarse de que así fuera. No solo instaló los tranvías europeos de última generación en sus tres líneas primarias (Azul, Naranja y Verde) sino que también restauró trenes históricos para uso especial, en particular en la Línea Plata del centro de la ciudad, que funciona los fines de semana y los días festivos.

Hoy en día, el tranvía de San Diego es una parte vital de la red de transporte de la ciudad. En el último trimestre de 2014, con 120,000 pasajeros cada día, fue el quinto sistema de tren ligero más utilizado en Estados Unidos. Aparentemente, eso es solo el comienzo. Trabajando con las ciudades de SANDAG, se está construyendo una extensión de la Línea Azul del Tren ligero en los 17.7 kilómetros entre el Centro de Tránsito de la Ciudad Vieja de San Diego y la UC San Diego al norte. Se espera que esté terminada en 2021 y vinculará más estrechamente a la universidad y sus vecindarios con el centro de la ciudad. En una interesante ironía, actualmente se están llevando a cabo estudios para restaurar el tren eléctrico desde el centro de la ciudad hasta el Parque Balboa, posiblemente utilizando tranvías antiguos. Otro plan extendería la Línea Naranja desde el centro de la ciudad hasta el Aeropuerto Internacional de San Diego.

Pero el plan futuro más interesante para el Tranvía de San Diego tendría lugar a lo largo de lo que se está llamando la Línea Púrpura. Esta línea de tranvía correría desde Kearny Mesa, un poco más tierra adentro de Old Town San Diego, hacia el sur 37 kilómetros hasta el cruce fronterizo de San Ysidro. Solo eso sería una medida de cuánto se ha integrado la frontera en la vida cotidiana de San Diego. Pero la planificación no se detiene ahí. Esta visión ya incluye planes para continuar la Línea Púrpura a través de la frontera internacional—con un programa de cruce rápido de aduanas, similar al SENTRI—y hacia Tijuana. Esto quitaría una presión considerable al interminable tráfico que abarrota las carreteras a través de la frontera.

Si tal línea se completara—y no hay razón para dudarlo—la línea de tranvías de San Diego-Tijuana, como tantas otras colaboraciones binacionales entre las dos ciudades, sería el único sistema de este tipo en el mundo.

VÍAS DE LÁGRIMAS

Infortunadamente, las mismas buenas noticias y optimismo no se extienden al otro sistema de transporte masivo de la región, el Ferrocarril Binacional.

Debido a su ubicación compartida en la llanura costera de Tijuana, San Diego y Tijuana siempre han encontrado el transporte masivo de mercancías y personas inusualmente complejo. Los interminables y frustrantes intentos de construir una verdadera vía férrea desde los cañones y mesetas hacia el norte hasta Los Ángeles y más allá fueron descritos anteriormente en este libro. John Spreckels puede haber sido brillante en la construcción de una línea de tranvía, pero incluso él fracasó constantemente en la creación de una línea de ferrocarril permanente y rentable fuera de su ciudad.

Así ha sido desde entonces. Las recurrentes inundaciones y la compleja topografía del norte hacen que la construcción de una línea de ferrocarril fiable sea una propuesta costosa y desalentadora. Más prometedor es la ruta hacia el este, pero debido a la ubicación de las cordilleras allí, cualquier vía de este tipo no solo tendría que salvar los valles escarpados de los ríos, sino que—y éste ha sido el mayor obstáculo—cualquier línea de este tipo tendría que oscilar inevitablemente de un lado a otro de la frontera, con todas las cuestiones de soberanía, propiedad, seguridad y derechos de aduana que ello conlleva.

Como resultado, San Diego y Tijuana están entre las pocas ciudades importantes de la tierra que no son centros de vastas redes de ferrocarril. Dado que el ferrocarril sigue siendo el medio más eficaz para transportar grandes cantidades de productos manufacturados y alimentos en volumen, esto impone una importante limitación a las dos ciudades. Por lo tanto, el sueño de un ferrocarril sigue vivo hoy en día.

Actualmente ese sueño toma la forma de una propuesta del Ferrocarril de Baja California (BJRR) para construir una línea de ferrocarril binacional de última generación. La Línea del Desierto saldría al este del valle de Tijuana, cruzando la frontera cerca de Campo, California, y conectando con la Union Pacific en el condado de Imperial. ¿Finalmente sucederá? Tal vez, aunque las probabilidades son probablemente peores de lo que eran hace una década.

Aun así, Roberto Romandía, director general de BJRR, no se rinde:

> Estamos buscando hacer una empresa conjunta con una compañía bien establecida. Ya nos estamos acercando a una empresa de Utah y estamos en conversación con otras dos. Una de las estipulaciones que estamos haciendo es que manejan diferentes mercancías—como el gas natural, el gasóleo y el queroseno— que pueden ser el ancla de la Línea del Desierto.
>
> Al mismo tiempo, todas las grandes maquiladoras—Toyota, Samsung, Sanyo y Hyundai—han firmado cartas de intención para traer las materias primas a la región por ferrocarril cuando esté terminado. El Puerto de Ensenada quiere usar el ferrocarril para transportar las materias primas que llegan por barco.

Romandía admite que mucha gente llama a esa línea de ferrocarril imposible—de hecho, su apodo durante más de un siglo ha sido el de ferrocarril imposible—pero sostiene que los últimos estudios y tecnologías sugieren que ahora puede hacerse.

El año crítico, dice, es el 2020. Todos los actores—los gobiernos de México y de EEUU, la BJRR y quienquiera que se convierta en su socio, las empresas de ingeniería y todos los demás interesados en el proyecto—celebrarán reuniones periódicas para determinar lo que hay que hacer, quién lo hará y quién pagará por ello. Si todos están de acuerdo, la construcción de la Línea del Desierto comenzará. Hasta entonces, sigue siendo el ferrocarril imposible.

Mientras tanto, la falta de un gran sistema ferroviario hacia San Diego y Tijuana seguirá siendo un defecto congénito, centenario en las economías de ambas ciudades. Uno que ni siquiera Matrix Tijuana, el Puerto de San Diego, la enorme red de carreteras de la región y la gigantesca flota de camiones, podrán sanar.

CAPÍTULO NUEVE

Haciéndolo personal— El surgimiento de la comunidad transfronteriza más dinámica del mundo

Una de las características más importantes de la garita de San Ysidro son los cruces peatonales en los lados oeste y este de los carriles de automóviles, una empresa masiva de 741 millones de dólares terminada en 2019. Gracias en gran parte a Jason Wells, director general de la San Ysidro Chamber of Commerce (Cámara de Comercio de San Ysidro), los carriles peatonales cuentan con su propio programa SENTRI/Global Entry para viajeros de confianza que cruzan la frontera a pie. Esto ha demostrado ser excepcionalmente útil para los compradores de Tijuana, que cruzan la frontera por miles cada día para aprovechar las numerosas tiendas minoristas que han abierto en las cercanías para atenderlos. El resultado es una mezcla singular de las dos culturas que solo puede existir en la región fronteriza.

Iris y José están casados y viven en Tijuana. Han venido a Las Americas Premium Outlets para comprar unos pantalones de Aéropostale. De color azul oscuro. ¡Ah! y hemos ido a la Gap y a la Old Navy. "Venimos a comprar para la familia", dice Iris en español. Iris es una contadora pública certificada; José, un ingeniero. Estiman que hoy han gastado 200 dólares.

Los automóviles hacen fila en el cruce fronterizo terrestre más concurrido del mundo.

¿Por qué vinieron a este centro comercial en particular, en lugar de manejar más al norte? "Está más cerca de nosotros, y por la calidad y los precios. También estamos registrados en las tiendas de aquí, así que recibimos cupones de descuentos por correo en Tijuana. Como un 20 por ciento de descuento en un artículo o incluso en toda la compra. A veces venimos aquí cada semana; y en otras épocas del año, una vez al mes".

La pareja dice que tienden a comprar el mismo tipo de artículos en ambos lados de la frontera, pero normalmente cruzan a San Diego para comprar aquí. "Por ejemplo, si voy a Nike en Tijuana, el precio es el doble por los mismos zapatos que aquí. Y ambas tiendas están a la misma distancia de donde vivimos: a unos 3 kilómetros". Sin embargo, admiten que hacer el cruce añade otros cuarenta minutos; pero, por ahora, vale la pena. También vale la pena venir a San Diego, incluso para los imprevistos del hogar. Y efectivamente lo necesitan, ya que Iris y José tienen 5 hijos: de 13 años a 6 meses.

Estefanía Gonzáles, de 22 años, y su hija Ximena, de 4 años, son de Rosarito, la vecina costera de Tijuana. Estefanía lleva una chamarra de esquí de Tommy Hilfiger; Ximena, lleva una sudadera rosada de Old Navy con un moño en el pelo que le combina. Estefanía es estudiante de negocios en la Universidad de Mexicali y trabaja para el gobierno.

"Hoy estoy aquí para comprar regalos de Navidad para un intercambio de regalos", dice Estefanía en español. "También vine a comprar algo de ropa para Navidad". El montón de bolsas al lado de la carriola de Ximena confirma que ha comprado en Burlington, Ross, Marshalls, Gap y Old Navy. Estefanía estima que hasta el momento ha gastado 500 dólares el día de hoy.

"Vengo a comprar aquí regularmente, porque está justo al otro lado de la frontera y también es el centro comercial más cercano. Vine en carro, pero se queda al otro lado porque es más fácil cruzar a pie. Vengo más o menos cada mes. En estas fechas vendré más seguido, por la temporada". En este viaje, dice que ha comprado, sobre todo, calcetines, suéteres y otras prendas de invierno.

Estefanía dice que en otros viajes de compras a EEUU también compra juguetes, zapatos e incluso comida. ¿Por qué, cuando los mismos artículos se pueden comprar en Tijuana? "Creo que la calidad es mucho mejor aquí. Y los precios son mejores, también. Por ejemplo, puedo comprar dos artículos aquí por el precio de uno allá. En Rosarito casi siempre compro comida".

Curioseando por el centro comercial, hablando en otro idioma, e interactuando con una cultura diferente, ¿será que en ocasiones Estefanía no se siente bienvenida?

Riéndose, ella dice, "En realidad es más cómodo aquí. En México te tratan como un delincuente cuando estás de compras. [Los encargados de seguridad] te siguen constantemente y vigilan cada movimiento. Ir de compras en México es muy incómodo, especialmente cuando te quieres probar ropa. Entiendo que la tasa de criminalidad es un poco más alta allá, pero no *tanto*. Es mejor comprar aquí".

Pero después, considera un ángulo diferente: "uno se siente más seguro en México que en San Diego cuando está de compras". ¿Cómo es eso? Bueno, dice, porque, aunque los encargados de seguridad de las tiendas en México la fastidian, se siente nerviosa en San Diego donde hay menos oficiales de la ley visibles. "Creo que los estadounidenses no creen que la gente se vaya a robar cosas" Se ve entretenida por la aparente contradicción de lo que acaba de decir.

Se encoge de hombros, agregando que los vendedores mexicanos son más agradables, mientras que los estadounidenses son más serios y profesionales. "Los mexicanos tratamos de ser alegres en todo momento, y siempre saludamos a los demás con alegría".

UNA INUNDACIÓN DE BIENVENIDA

Con el desarrollo de nuevos programas públicos y privados a comienzos del siglo XX, cruzar la frontera entre San Diego y Tijuana se hizo mucho más fácil. De hecho, para los residentes de ambos lados de la frontera, la ciudad opuesta se convirtió en "el otro lado", el otro lado de la ciudad. Los sandieguinos, al igual que los tijuanenses, comenzaron a tratar el cruce, alguna vez una odisea sin fin, como poco más que otro tramo de congestión vial.

En un comienzo, esta experiencia binacional estaba reservada principalmente para personas acomodadas que se desplazaban entre sus residencias principales y sus casas vacacionales, sobre todo los fines de semana, o entre la casa y la escuela durante la semana. Pero en pocos años, el cruce fronterizo se incorporó al estilo de vida de la gente común, e incluso del personal militar de EEUU, que vive a un lado de la frontera y trabaja en el otro. En el lado de Tijuana, las mayores atracciones para los ciudadanos mexicanos (y cada vez más, para los estadounidenses) eran los precios altamente competitivos de bienes raíces, muy cerca de los trabajos profesionales mejor pagados al norte, en San Diego. En el lado de San Diego (donde un número creciente de mexicanos cada vez más prósperos también tenían sus casas), el atractivo equivalente era una mayor seguridad y la atracción de una infraestructura superior y productos, precios y servicios de primera calidad.

El resultado era una mezcla cotidiana de habitantes y culturas que nunca antes se había experimentado en las dos ciudades, incluso en los días en que cruzar la frontera era casi ilimitado. Ahora, ni siquiera el imponente muro que proyecta su sombra sobre la frontera podría detener esta creciente interpenetración de las dos sociedades.

Por supuesto, esta mezcla produjo algunos fenómenos poco probables. Por ejemplo, el gobernador de Baja California tenía su casa en Chula Vista. Mientras tanto, todos los días, los médicos de California hacían el viaje a Tijuana a sus oficinas y clínicas, donde a menudo les brindaban atención médica a pacientes de Estados Unidos. Los estudiantes que vivían en apartamentos en un lado de la frontera cruzaban cada día para asistir a las universidades del otro lado. En ambos lados de la frontera la gente escuchaba programas de radio que emanaban del otro lado. Lo que San Diego Dialogue descubrió en la década de 1990 es que el número de habitantes, particularmente aquellos que constituyen la gran mayoría de los que cruzan la frontera, ha crecido más allá incluso de las predicciones más descabelladas de los pronosticadores: cada día, casi setenta mil autos pasan por la garita de San Ysidro y 32 millones de peatones hacen el cruce cada uno año.

Una fracción considerable de este extraordinario número tampoco viaja lejos. Las zonas colindantes con la frontera, en ambos lados, han experimentado el mayor crecimiento desde el año 2000, de tal manera que casi medio millón de personas, en 150,000 hogares, viven ahora a menos de 16 kilómetros de la garita de San Ysidro. Al igual que las familias que compran en Las Americas Premium Outlets, limitan gran parte de sus compras a tiendas cercanas, dejando una derrama económica de 5,000 millones de dólares al año. En un giro revelador, la cantidad de compras de los tijuanenses en las tiendas de San Diego ahora supera por mucho a la de los sandieguinos en Tijuana. Alan Bersin:

> Una vez que fuimos al meollo del asunto y creamos un medio seguro y eficiente y, en su mayoría, un tiempo predecible de cruzar la frontera en los puertos de entrada, se hizo posible el potencial de "una comunidad en dos países". Después de todo, es difícil manejar las relaciones y calendarios profesionales o personales, al igual que sociales, si se pierden reuniones debido a las demoras de varias horas en el cruce fronterizo. Hacer la frontera predecible alteró totalmente el cálculo en este respecto para cientos de miles de personas que respondieron en consecuencia. Al controlar los corredores fronterizos, y al mejorar la seguridad en ellos, se tuvo la posibilidad de crear barrios en lo que antes era "tierra de nadie". Se construyeron casas, escuelas y centros comerciales, y la gente vino.

Del esfuerzo por abrir las ciudades entre sí, dice C. Samuel Marasco, presidente de LandGrant Development y desarrollador de La Plaza de las Américas: "Estamos convirtiendo dos puertas traseras en dos puertas delanteras dignas para celebrarse".

A pesar de todos estos avances, la situación transfronteriza sigue siendo frágil. Aunque es poco probable que se regrese a los difíciles días de las dos ciudades mirándose con cautela a través de su frontera común, el auge actual seguirá siendo vulnerable a algunas de las mismas fuerzas que han amenazado la amistad entre las dos ciudades en el pasado: el crimen en México, las recesiones económicas en Estados Unidos, y quizás sobre todo, el persistente problema de las enormes fluctuaciones en los tipos de cambio que han perturbado por siempre a los dos países, así como las fortunas empresariales, profundamente afectadas por esas fluctuaciones.

Incluso cuando Tijuana y San Diego empiecen a parecerse cada vez más a una sola metrópoli, y el idioma se convierta, lentamente, en menos barrera, el hecho de que se sigan operando sistemas monetarios separados representará un riesgo gigante. Sin embargo, incluso eso está empezando a cambiar, ya que Tijuana se está "dolarizando", con algunas instituciones financieras, minoristas (como José B. Fimbres en Calimax) y propietarios (como Lorenzo Berho, promotor de los parques industriales Vesta) que aceptan el pago en ambas monedas, incluso otros tantos que todavía comercian (y, cuando es apropiado, ofrecen acciones) en pesos.

MR. SAN DIEGO

Malin Burnham puede ser el ciudadano privado más importante en la historia de una sola gran ciudad estadounidense del siglo pasado. Es imposible entender San Diego—y su relación con Tijuana—sin apreciar su papel en las dos ciudades en los últimos 40 años. A los 92 años, sigue tan activo como siempre.

Burnham nació en San Diego, y le ha dedicado sus tres vidas a hacer grande la ciudad. En su primera vida, a pesar de tener un título en ingeniería industrial de la Universidad de Stanford, trabajó para su padre como desarrollador en bienes raíces, prestamista hipotecario y banquero. Trabajó laboriosamente en su puesto hasta que su padre, abruptamente, a los 56 años de edad, anunció su retiro y el nombramiento de Malin, con solo 32 años de edad, como el nuevo director general de la empresa. 3 años después, el padre de Malin, que había ascendido a presidente, se retiró por completo del mundo de los negocios para pasar el resto de su vida navegando un barco con la madre de Malin.

Malin estaba aturdido: "su retiro fue una sorpresa para la compañía e incluso para mí. Nunca creímos que lo haría. Pero siempre había sido un hombre de palabra, y esta vez no fue diferente".

Ahora, con solo 35 años edad, Malin Burnham se encontró dirigiendo una empresa multimillonaria, uno de los financieros más jóvenes de la región. Dicha experiencia lo llevó a la primera de sus famosos aforismos: comienza temprano.

De hecho, Burnham ya había vivido ese lema durante mucho tiempo. Cuando Malin era un niño de 10 años, su madre solía llevarlo a él y a su hermano a la playa en la bahía de San Diego. Malin se sentaba durante horas, fascinado por la vista de los veleros "junior" de 4.9 metros que pasaban de ida y vuelta. Entonces, en un día inolvidable, uno de esos veleros se acercó a la orilla, y el joven piloto gritó: "Oye, ¿quieres ir a navegar?"

"Salí como rayo subirme al barco", recuerda Malin. "Mis padres, benditos sean, vieron mi entusiasmo y sacaron una membresía familiar en el San Diego Yacht Club (Club de Yates de San Diego)".

En poco tiempo, el pequeño Malin pasaba cada momento libre navegando un velero. Rápidamente se obsesionó:

> Cuando estás navegando, y estás lejos de la orilla y en mar abierto, no hay garantía de que regreses. No tienes motor, y volver al muelle depende de tu habilidad con la vela y el timón. Una vez que tienes éxito en esa tarea veinte o treinta veces, siempre tendrás plena confianza de poder navegar a casa. Eso es algo muy importante para un chico de 13 años. Es una creencia en [tus] propias habilidades que llevas a lo largo de tu vida.

Con esta nueva confianza, el joven Malin comenzó a participar en las regatas de veleros con sus compañeros, y pronto los estaba venciendo a todos. A los 15 años, se le promovió a la categoría Estrella, de veleros de 6.9 metros de largo, y comenzó a vencer a los adultos. En poco tiempo, incluso San Diego se había vuelto demasiado pequeño para su talento como navegante. Así que, en agosto de 1945, el joven de 17 años de edad, graduado de la preparatoria, junto con su tripulante de 15 años de edad, se dirigieron en tren a Stamford, Connecticut, para el Campeonato Mundial de la categoría Estrella.

Malin regresó como el campeón mundial más joven de esa categoría. Es un récord que aún mantiene.

A su regreso a San Diego, Burnham había planeado ingresar a la Marina. Pero en el viaje de regreso a casa, el tren de repente se detuvo en un lugar solitario en medio del estado de Kansas, y la tripulación y los pasajeros saltaron fuera del tren y celebraron. La noticia había llegado del Día de la Victoria sobre Japón, anunciando que la Segunda Guerra Mundial había terminado. Cuando Malin llegó a la Union Station de Los Ángeles (el dilema del tren de San Diego también existía en ese entonces) y le contó a su padre sus planes, el mayor los rechazó. "La guerra ha terminado", le dijo a su hijo. "No habrá futuro en la Marina. En cambio, he hecho los arreglos para que seas admitido en la Universidad de Stanford".

Una semana después de graduarse de la universidad en 1949, Malin estaba de vuelta en San Diego, trabajando para su padre y a punto de casarse. Tenía mucha prisa para alguien que perseguía una carrera tan estable. Pero Malin tenía otros planes privados. Incluso mientras aprendía a ejercer su profesión, no solo seguía navegando en velero cada vez que tenía oportunidad, sino que estaba también probando las aguas en su tercera carrera al unirse a las juntas directivas de varias organizaciones sin fines de lucro alrededor del área de San Diego.

Por el lado de la navegación, la vida de Burnham se tornó casi un mito. Un joven que había conocido en el club náutico desde finales de la década de 1950, Dennis Conner, se había convertido en un excelente marinero, uno que tripulaba con Malin en varias carreras. Inmediatamente se habían convertido en buenos amigos; Conner, el estudiante ávido; y Burnham, su mentor. Conner navegó en la Copa América para veleros, el trofeo deportivo más antiguo del mundo todavía en competición. Pero un día ocurrió un desastre. En 1983, el equipo estadounidense perdió la Copa ante Australia, la primera pérdida de este tipo en más de 150 años para el Club Náutico de Nueva York.

Al darse cuenta de que los australianos habían ganado usando una revolucionaria tecnología de quilla, Burnham, de 62 años de edad, intervino y se hizo cargo del equipo de Estados Unidos, resolviendo enfrentarse a los australianos en sus propios términos. Tuvo éxito y, representando al Club Náutico de San Diego, el equipo Conner-Burnham ganó la Copa América de veleros en 1987. Invitado a la Casa Blanca para celebrar la victoria, Malin recibió un recuerdo de cristal grabado del presidente Reagan que decía:

A Malin Burnham:
No hay límite a lo que un
hombre puede hacer o a donde puede ir
si no le importa quién se lleva el crédito.

Este consejo ha demostrado ser la filosofía que guía a Malin Burnham. Un año más tarde, su equipo lideraría al equipo de nombre Stars and Stripes (de las estrellas y las barras) a una segunda victoria en la Copa América de veleros, y con esa victoria atrayendo la atención internacional a su amado San Diego. Por esos éxitos, fue elegido para el Salón de la Fama de la Copa América de veleros.

Desde entonces, Burnham nunca ha estado lejos del océano ni de la navegación. Sorprendentemente, dos semanas antes de su cumpleaños número 88, Malin entró en la Regata Internacional de Masters, y ganó. Al hacerlo, se convirtió en el campeón mundial de vela más joven y más viejo, con el intervalo más largo entre las victorias.

En 1981, después de haber navegado con éxito su empresa contra la llegada de los bancos nacionales y las compañías hipotecarias tratando de capturar el floreciente mercado de San Diego, Malin Burnham, cuando pudo haber estado disfrutando de los frutos de su longevidad y de su éxito, hizo lo inesperado: entregó la empresa a sus subordinados, y, como su padre, se retiró. ¿Por qué retirarse cuando solo estaba a pocos años de cumplir sesenta? Había encontrado su tercera carrera, una que definiría el resto de su vida: la filantropía.

Burnham siempre había dado dinero y energía a la caridad y al mejoramiento cívico. Ya en 1965, se había unido a un consorcio de cinco inversionistas que crearon la San Diego Transit Corporation (la Corporación de Tránsito de San Diego) para comprar la compañía para la ciudad. Con el tiempo se convertiría en el San Diego Metropolitan Transit District (Distrito Metropolitano de Tránsito de San Diego), que construiría la célebre línea de tranvías de la ciudad.

Ahora, al amanecer de los años ochenta, Malin quería dedicarse a la filantropía de tiempo completo.

Se propuso cambiar la cara de San Diego, para dejar una huella positiva en su ciudad natal. Al principio, casi estaba demasiado entusiasmado: en un momento dado, se sentó con un bloc de papel y enumeró todas las organizaciones sin fines de lucro con las que tenía relación. Le llevó cuatro días recordarlas todas, y cuando terminó, las contó:

> La lista tenía un total de treinta y cinco organizaciones de las cuales presidí, y catorce que copresidí. Francamente estaba en shock. Sabía que estaba muy

comprometido, pero no tenía idea de que estaba tan comprometido. Mirando la lista me pregunté cómo me las arreglaba para hacerlo todo.

La verdad era, y lo reconocí, que no lo podía hacer todo solo. Ningún ser humano podría hacerle justicia a ese tipo de carga.

Malin llegó a la conclusión de que tenía que priorizar sus compromisos, seguir involucrado con las organizaciones en las que podía tener un impacto, dejar a un lado aquellas donde ya no podía, y dejar el trabajo a alguien que sí lo podía hacer. También se dio cuenta de que la mayoría de sus contribuciones no solo eran demasiado pequeñas para tener un gran impacto, sino que cuando lo tenían, no había manera de medir su impacto real. Luego, gracias a una antigua inversión que les devolvió diez veces más la inversión original, Malin y Roberta, su esposa, se encontraron con una nueva fuente inesperada de riqueza.

Los Burnham decidieron crear su propia fundación. Además, acordaron dedicarle tiempo y dinero únicamente a iniciativas en las que desempeñarían un papel decisivo en su éxito. Eso significaba algo más que dinero; a menudo, significaba la participación directa de Malin en la cima de los asuntos.

En los últimos 40 años, Malin Burnham ha ejecutado esta estrategia y en el proceso ha cambiado la cara de San Diego más profundamente que nadie, desde Alonzo Horton y John Spreckels. Sorprendentemente, ha hecho mucho de esto con el dinero de otras personas. Tal vez nadie en Estados Unidos moderno ha tenido más éxito en utilizar el poder de la palanca para aprovechar recursos. Malin, un hombre rico, pero nunca un verdadero magnate, aprendió desde el principio que, si estaba dispuesto a ser el primero en poner el dinero en un proyecto, y seguir la afirmación de Reagan sobre mantener su ego fuera del camino, casi siempre podría encontrar a alguien mucho más rico que él para poner muchas veces esa cantidad. También aprendió a no involucrarse nunca en ninguna iniciativa en la que no tuviera algún control práctico sobre su dirección y operaciones.

Lo que nunca menciona, ni siquiera en su autobiografía, *Community Before Self,* es otro factor que lo distingue: es un hombre de integridad y justicia inquebrantable. Su palabra es su juramento, y su apretón de manos su garantía. Cuando Malin invita a un multimillonario a unirse a él en un proyecto, ese inversionista sabe que el proyecto se llevará a cabo con buen uso del presupuesto, y con el nombre del inversionista, si él o ella lo desea, como parte del inmueble.

A lo largo de las décadas, este proceso ha permitido a Malin Burnham hacer un impacto decisivo en una lista alucinante de mejoras importantes en la vida y la cultura de San Diego: ayudó a salvar al equipo de béisbol: Los Padres. Trajo el portaaviones USS *Midway* (Museo del USS Midway) para convertirse en un museo en el puerto, construyó un nuevo centro de vela para el San Diego Yacht Club, participó en varios comités de las tres grandes universidades de la ciudad: UC San Diego, San Diego State University y University of San Diego (donde estableció el Centro Burnham-Moores de Bienes Raíces), lideró la creación del First National Bank of San Diego (Primer Banco Nacional de San Diego), y ayudó a construir el elegante Hotel Le Meridien en Coronado.

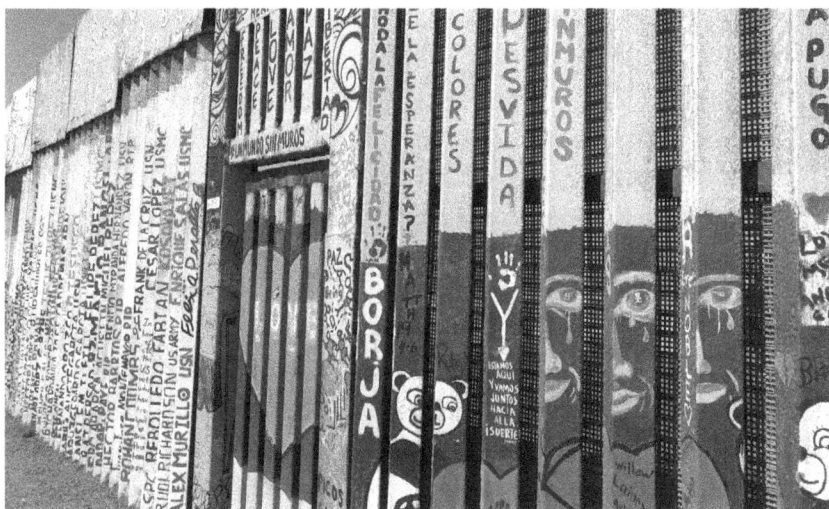

El graffiti creativo marca el lado mexicano de la valla fronteriza en el Parque de la Amistad.

Pero quizás la mayor contribución de Burnham a su ciudad ha sido en las áreas de medicina y biotecnología, en las que ha ayudado a hacer de San Diego un líder mundial. El nexo de este trabajo se encuentra en la cima de una colina en La Jolla—en Torrey Pines—que colinda el campus de la UC San Diego, y que, debido a su conexión con este y otros centros relacionados, se ha convertido en un líder mundial.

Comenzó con el establecimiento, en 1976, de lo que entonces se llamaba la Fundación para la Investigación del Cáncer de La Jolla (ahora el Instituto del Descubrimiento Médico Sanford Burnham Prebys). En efecto un laboratorio, el Instituto ocasionalmente elaboraba una nueva tecnología que se llegaba a comercializar. El Instituto tuvo un éxito moderado hasta que, en 2004, Malin se puso en contacto con un colega corredor de bienes raíces que había conocido en su carrera anterior:

> Recibí una llamada telefónica de Bob Klein, en Palo Alto. Bob tuvo la loca idea de emitir una gran emisión de bonos a nivel estatal para apoyar la investigación de células madre. Sin saber si esa idea estaba descabellada o no, al final de la llamada telefónica, sabía que esto era algo que tenía que investigar más a fondo.
>
> En ese entonces, la investigación con células madre era relativamente controvertida, y varios estados llegaron a prohibirla, entre otras cosas porque en ese entonces solo se podía hacer con células fetales. [Pero] mientras más investigaba, más me aseguraba que dicho programa no solo beneficiaría a la humanidad, sino que también complementaría en gran medida el escenario de la investigación médica de San Diego.

Burnham convenció al Instituto de convertirse en el primero de su tipo en California en apoyar la iniciativa. Después formó un consorcio de todos los actores claves en biotecnología en San Diego para respaldar la emisión de bonos. Por coincidencia, haciéndolo más fácil, todos estaban ubicadas en la mesa de Torrey Pines: el Sanford Burnham Prebys Medical Discovery Institute (Instituto de Descubrimiento Médico Sanford Burnham Prebys), el Scripps Research (Centro de Investigación de Scripps), el Salk Institute (Instituto Salk), y el UCSD Medical (Centro Médico de UCSD). Su objetivo era que el Estado reservara 50 millones de dólares para la construcción de nuevos laboratorios de investigación.

Pero para ganarse ese apoyo, el consorcio tendría que recaudar un 20 por ciento en donaciones privadas. En esas cuestiones, Malin Burnham se sentía en casa. Se puso en contacto con un amigo en Dakota del Sur, Denny Sanford, también un filántropo, y le pidió ayuda. Debido a que el estado natal de Sanford había rechazado la investigación de células madre, accedió a unirse a los esfuerzos de Burnham. El resultado fue un regalo de 30 millones de dólares para lo que pronto se convertiría en el Consorcio Sanford para la Medicina Regenerativa. La emisión de bonos pasó, y San Diego recibió sus fondos.

En pocos años, gracias a la visión de Burnham y a su talento para lo que él llama explotar "puntos de influencia", San Diego fue líder en investigación de células madre en Estados Unidos. En 2011, el Instituto de Alergia e Inmunología de La Jolla se convirtió en el quinto miembro del consorcio. Para entonces, se habían encontrado fuentes menos controvertidas de células madre en el tejido adulto.

En 2014, la influencia de Malin dio frutos de nuevo: Denny Sanford donó 100 millones de dólares para financiar el Sanford Stem Cell Clinical Center at UC San Diego Health (Centro Clínico de Células Madre de Sanford en el Sistema de Salud de UC San Diego). Sanford también aumentó su apoyo al Instituto, que ahora se llamaba—porque Malin siempre daba la mayor facturación al mayor donante—el Sanford Burnham Prebys Medical Discovery Institute.

Hoy en día, esos laboratorios, todos con un diseño arquitectónico innovador, y de un color blanco que tiende a cegar bajo el sol brillante, están ubicados sobre la mesa de una colina, dominando el paisaje de abajo al igual que el campo internacional de la regeneración de tejidos. Burnham:

> Lo que veo es una cadena de 20 años de puntos de ventaja, cada uno de los cuales identifica una oportunidad única para mejorar el status quo, para construir algo cinco o diez veces más grande, y para hacerlo una y otra vez.

En marzo de 2020, con noventa y 2 años de edad, Malin Burnham anunció su regreso a las regatas de veleros en aguas azules. El evento sería la Carrera Oceánica 2021.

Esta vez, al igual que con sus victorias en la Copa América de veleros, Malin participaría no como marinero, sino como copropietario del balandro de casi 20 metros, *Viva México*, y como inversionista en la campaña. Junto a él estarían los otros dueños del balandro, incluyendo al buen amigo y socio de Burnham, Lorenzo Manuel Berho Corona, fundador y director de la multimillonaria Corporación Inmobiliaria Vesta SAB, líder en México en el desarrollo de parques industriales clave en Tijuana y otros lugares.

La entrada de *Viva México* representó una histórica cooperación binacional entre los Clubes Náuticos de Acapulco y San Diego. También se conmemoró el aniversario 50 del triunfo de un yate mexicano en la primera Whitbread Round the World Race (el nombre original de la Carrera Oceánica patrocinada por la Volvo). Berho aprovechó para decir, "Compartimos un océano y necesitamos compartir más soluciones, y esta es una gran oportunidad".

Y Malin Burnham agregó, siempre el hombre en medio de una iniciativa de este tipo entre los dos países, "Fortalecer la relación entre los dos clubes, los dos países, y luego poder navegar—por eso estoy ayudando. Es algo absolutamente natural para nosotros por nuestra historia".

SEGUNDA CIUDAD

Una faceta quizás sorprendente de la notable carrera de Malin Burnham es que, para alguien tan completamente identificado con la ciudad de San Diego, tiene un gran amor por México. Es dueño de una casa en Los Cabos, en la punta sur de Baja California, y navega allí a menudo, pero tiene una particular afinidad por Tijuana. De hecho, ha sido un catalizador crucial en el acercamiento de cuatro décadas entre las dos ciudades.

Al igual que algunas personas de su edad en San Diego, Malin comenzó a visitar Tijuana antes de la Segunda Guerra Mundial, y como la mayoría de los jóvenes de esa época, sus viajes eran con chaperón. Pero, aun así, se sentía cada vez más a gusto en el lado sur de la frontera. Cuando era joven, navegaba a menudo por la costa y se hacía amigo de sus compañeros marineros mexicanos.

Dado su afecto por México, tiene sentido que la filantropía de Malin también se extendiera al lado sur de la frontera. Inició, y luego presidió el Simposio de San Diego del Premio de Kyoto, el premio internacional por logros globales, fundado en 1985. Cada año, el capítulo de San Diego otorga seis becas universitarias de un año a estudiantes de preparatoria, tres de cada lado de la frontera. Malin y Roberta han estado tan impresionados con los ganadores del lado de Tijuana que han seguido apoyando a muchos de ellos durante el resto de sus carreras universitarias, e incluso, para los ganadores más necesitados, han apoyado personalmente con los viáticos y gastos de manutención.

Además, Burnham fue socio fundador de San Diego Dialogue de Chuck Nathanson y, fiel a su naturaleza, socio del círculo que se encargaba de decisiones políticas internas. En 2007, James Clark, en ese entonces Director del Mexico Business Center en la San Diego Regional Chamber of Commerce, propuso revivir el papel de San Diego Dialogue en el avance de la calidad del movimiento de personas que cruzan la frontera y reiniciar su innovador trabajo de medir, y caracterizar con precisión, a los millones de personas que cada año cruzan la garita de entrada. Malin se entusiasmó con la idea.

Clark, ex editor de revistas y ex director ejecutivo de la United States-Mexico Chamber of Commerce, California Chapter (Cámara de Comercio México-Estados Unidos, Capítulo de California, USMCOC por sus siglas en inglés), con sede en Los Ángeles, inauguró una oficina en San Diego/Tijuana, en 1999. Había dedicado años a desarrollar lo que todavía está entre las redes más extensas (creadas por un estadounidense) de contactos entre los corredores de poder de San Diego y Tijuana. Estas conexiones se destacaron por primera vez en el año 2000, cuando el USMCOC organizó, en San Diego y Los Ángeles, tres debates entre los tres principales partidos que competían por la presidencia de México (PAN, PRD y PRI), para un público de ciudadanos y empresas estadounidenses y mexicanas.

En 2003, Clark, que había sido socio del Comité Internacional de la San Diego Regional Chamber of Commerce, fue contratado por la Cámara para establecer el México Business Center (MBC por sus siglas en inglés), con el fin de mejorar el alcance a las comunidades académicas, empresariales y cívicas de las áreas metropolitanas de San Diego-Tijuana. También obtuvo la residencia permanente en México, y fue nombrado director general del MBC y socio del personal ejecutivo de la SDRCC. Ahora comenzó a unir ambos lados de la frontera con tremenda pasión. En el lado mexicano, se unió a todas las principales organizaciones de desarrollo económico de Tijuana, añadiéndolas a su creciente lista de sus contrapartes de San Diego. También comenzó a organizar eventos culturales, como los premios anuales International Tribute Awards, que honraban a un importante líder mexicano, como un miembro del gabinete presidencial, así como premios transfronter- izos para el desarrollo empresarial y la cultura, y un premio Ciudadano del Año San Diego-Tijuana. (La primera galardonada con el premio Ciudadano del Año fue Yolanda Walther-Meade). Con la Cámara tam- bién ayudó a dirigir misiones políticas anuales a Ciudad de México y a Washington, DC, para discutir cuestiones transfronterizas con fun- cionarios gubernamentales de ambas capitales. Al final de la década, James Clark, con su red de poderosas conexiones empresariales y políticas sin igual en ambos países, se había convertido en el punto de referencia para casi cualquier cosa con respecto a la evolución de la relación entre las dos ciudades. Ahora era el momento de hacer el movimiento más audaz hasta la fecha.

En 2007, Clark y Burnham formaron la Smart Border Coalition San Diego-Tijuana. Algunos de los nombres de las personas que se unieron a ellos en la fundación de la Coalición les sonarán conocidos: Salomón Cohen, José Larroque, Steve Williams, José Galicot, Mary Walshok, José B. Fimbres, Jeff Light, Rafael Carrillo, Dave Hester, Francisco ("Frank") Carrillo y Russ Jones, entre otros. Su objetivo oficial era "con- vocar a los líderes empresariales, gubernamentales, de agencias y de la sociedad civil de San Diego y Tijuana para abogar por una frontera efi- ciente y acogedora en nuestros puertos de entrada tanto para personas como para mercancías".

Diseñada para ser la sucesora de San Diego Dialogue, la SBC se distinguía por una diferencia muy importante: sería binacional desde el principio, con la presencia de líderes destacados de ambas ciudades con puestos en todos los niveles de la organización, otorgando así al Tijuanense, por primera vez, una alianza cívica completa y formal con su contraparte el sandieguinos. Malin Burnham y Salomón Cohen fueron nombrados como los primeros copresidentes de la Smart Border Coalition. Les siguieron Steve Williams y Ascan Lutteroth, hijo de

Héctor, un destacado y profundamente respetado pionero de los años de San Diego Dialogue, que falleció en febrero de 2020. La Coalición de Fronteras Inteligentes alternó las reuniones bimensuales de la junta directiva y de las partes interesadas entre las dos ciudades.

En los años siguientes, la Smart Border Coalition, junto con la San Diego Regional Chamber of Commerce, organizó la primera North American Competitiveness and Innovation Conference (Conferencia de Competitividad e Innovación de América del Norte) en San Diego, con asistentes canadienses y mexicanos. También se formó un comité de trabajo de las partes interesadas para reunir a las principales ONGs tanto de Tijuana como de San Diego para coordinar los apoyos a las iniciativas binacionales. En las palabras de José Larroque, copresidente en Tijuana de la SBC:

> Somos ágiles. No creamos estas estructuras masivas. Somos muy flexibles, y lo que esencialmente tratamos de hacer es construir puentes para que pueda haber un compromiso de comunicación transfronterizo. Si la gente ve que los líderes se comprometen, entonces es más fácil que otras organizaciones se comprometan.

En 2014, la Smart Border Coalition, una organización independiente y binacional, dejó la San Diego Regional Chamber of Commerce y se mudó a su nuevo hogar en la San Diego Foundation (Fundación de San Diego). Tres años más tarde, Clark renunció a su cargo de director ejecutivo de la Coalición, pero permaneció en su junta directiva como socio honorario (junto con los cónsules generales de México y Estados Unidos, así como los alcaldes de San Diego y Tijuana).

Clark fue sucedido por Gustavo de la Fuente, que en muchos sentidos encarna la nueva relación entre las dos ciudades. De la Fuente nació en Nogales, Sonora, México y se educó tanto en la Universidad de Stanford como en la Escuela de Negocios de Harvard. Ex empresario y banquero, de 2001 a 2010 se desempeñó como director ejecutivo de Omnicable, una empresa privada mexicana de telecomunicaciones. Es un líder que se mueve sin esfuerzo a través de la frontera, sintiéndose completamente en casa en ambos lados, verdadera y apropiadamente, un ciudadano transfronterizo: *un Fronterizo Norteamericano!*

CONSTRUCTOR DE IMPERIO

Cuando la gente llama a Salomón Cohen el "Malin Burnham de Tijuana", rápidamente descarta la idea: "No, no", dice. "Sí, hago muchas de las mismas cosas, pero no soy tan grande como él. Creo que Malin es una fuerza vital de San Diego, y uno de los mejores hombres que he conocido".

Pero las similitudes son difíciles de descartar. Al igual que su amigo de San Diego, Salomón se convirtió en un hombre rico y luego se jubiló a temprana edad para servir a su amada ciudad. Durante décadas, ha liderado los consejos de las instituciones culturales y políticas definitorias de su ciudad, y su reputación es la de un hombre que hace las cosas.

A lo largo de 60 años, Cohen construyó el mayor imperio minorista en el noroeste de México. Por ahora, como su antiguo competidor y buen amigo José Galicot, dedica sus años de jubilación a mejorar la vida de Tijuana, así como su frontera con Estados Unidos. De hecho, en ese trabajo, se ha convertido en un socio clave de la junta directiva de la organización de Galicot: Tijuana Innovadora.

Cohen llegó a Tijuana desde Mexicali cuando era niño, recién salido de la escuela secundaria, en 1953. Tenía 17 años y era aprendiz de un comerciante. Cuando su propio padre abrió una pequeña tienda de artículos textiles en la ciudad, el joven Salomón se fue a trabajar para él.

Su padre murió joven, en 1957, y Salomón se hizo cargo de la tienda. Resultó que tenía un don natural para la venta al por menor. Así que, solo 2 años después, fue invitado a unirse a un consorcio para fundar la primera tienda departamental de Tijuana: Dorian's.

> ¿Por qué me uní [al equipo fundador]? Porque me pareció una buena idea. Mis antecedentes trabajando con mi padre era en la venta al por menor, sobre todo de ropa, y no solo teníamos la tienda, sino que también íbamos de puerta en puerta vendiendo cobijas y ropa.
>
> Lo que vi fue que la mayoría de la gente en Tijuana, cuando querían ir de compras, tenía que cruzar la frontera e ir a San Diego. Tijuana sencillamente no tenía suficiente para ofrecer. Así que vimos la oportunidad

de abrir una tienda departamental. Y no era una tienda pequeña, sino lo que parecía algo enorme para ese entonces: 929 metros cuadrados. Claro, en esa época la población de Tijuana no alcanzaba las cien mil personas.

El momento no pudo haber sido más perfecto. Durante el próximo medio siglo, la población de Tijuana crecería a casi dos millones de ciudadanos. Dorian's se convirtió, y seguiría siendo, la tienda departamental de mayor importancia de la ciudad. (En 2004 fue adquirida por Carlos Slim y renombrada como Sears. Sears en México sigue siendo mucho más prestigiosa y financieramente estable que el grupo Sears en Estados Unidos, que no ha logrado adaptarse y ha caído en tiempos difíciles.)

Dorian fue solo el comienzo: entre 1959 y 2005, el imperio del equipo creció de una sola tienda a setenta tiendas de tres tipos diferentes: tiendas departamentales, tiendas especializadas y tiendas de suministros de belleza, bajo varios nombres como La Bola, MAS, SAM, DAX, Extra y Solo un Precio. "Estábamos haciendo bastante buen negocio", dice Cohen, diciendo lo obvio. De hecho, las tiendas de Salomón Cohen representaban una fracción considerable de todas las ventas al por menor en Baja California.

Pero llegó un día, en el apogeo de su carrera, que Cohen decidió que ya no quería continuar con sus negocios. "Mis dos parejas habían fallecido, así que estaba solo. Decidí vender el negocio en 2005".

Aunque sigue muy involucrado en su otro negocio de bienes raíces: comprar y vender tierras y desarrollar pequeños centros comerciales (no menciona que ha jugado un papel central en el desarrollo del nuevo World Trade Center de la ciudad), el enfoque principal de su vida en los últimos 15 años ha sido la filantropía.

En esto se le unió María Juana Cohen, su difunta esposa, una figura importante en Tijuana por derecho propio. Juntos, convencieron al Festival Mostly Mozart de San Diego para que viniera a Tijuana, algo que ha continuado durante 15 años. Este programa sirvió como plataforma de lanzamiento para que los Cohen apoyaran otros programas musicales en la ciudad, en particular a los coros infantiles, que ahora

operan en más de veinte escuelas de Tijuana, entrenando a mil estudiantes anualmente. Cohen continúa suscribiéndolos a todos.

Además de programas musicales, participa en muchas otras
organizaciones benéficas, como Cruz Roja Mexicana, Fundación
Castro-Limón, Museo Interactivo El Trompo y, por supuesto, Tijuana
Innovadora.

Cohen fue el actor clave en traer a la comunidad empresarial de
Tijuana al San Diego Dialogue, y su compromiso con la relación entre
ambas ciudades y la frontera sigue siendo profunda. Hoy en día, sigue
involucrado en la Smart Border Coalition que él ve como la continuación del trabajo del San Diego Dialogue. Cohen:

> La frontera es la clave. Siempre ha sido la clave de las
> relaciones entre las dos ciudades. Así que tenemos
> que seguir trabajando para mejorar el cruce. Estamos
> mucho mejor, pero también hay el doble de personas
> que cruzan hoy que hace 30 años.
>
> Esa es la razón por la cual estaba tan interesado
> en unirme a Smart Border Coalition. Creo que hemos
> avanzado mucho. Pero no podemos detenernos. Las
> fronteras siempre van a tener problemas, y seguiremos
> trabajando para resolverlos.
>
> Eso significa trabajar con los gobiernos de ambos
> lados de la frontera para ayudarles a entender tanto los
> problemas como las soluciones.
>
> A medida que la población aumenta, los prob-
> lemas también van a aumentar. Por ejemplo, San Diego
> hizo un gran trabajo con el programa SENTRI y las
> vías rápidas del lado de EEUU. Pero en nuestro lado,
> aún no hemos construido tal carril, a pesar de que
> nuestra población es ahora más grande que la de San
> Diego. Esta es nuestra responsabilidad, y va a costar
> dinero. Tenemos que convencer a nuestro gobierno
> de que pague por ello, o volveremos a la misma cri-
> sis de tráfico en la frontera que tuvimos hace 20 años.
> Necesitamos tener un plan, y luego trabajar para lograr
> sus objetivos.

Llevará algún tiempo. El gobierno mexicano no suele ser tan rápido como el de EEUU, que tampoco es tan rápido. Así que tenemos que ponernos en marcha, y tenemos que insistir. Para persistir.

Más allá de la frontera, Cohen ve el tema de la inseguridad como el otro gran desafío que enfrenta Tijuana:

El gobierno federal siempre piensa que todo está bien, pero no es así. Si no aseguramos nuestras áreas industriales, no tendremos inversiones a futuro de Estados Unidos y de otros países. Ya creo que muchas compañías extranjeras están frenando sus inversiones hasta que vean ciertas partes de Tijuana más seguras.

Aun así, todavía tenemos muchos inversionistas que vienen a Tijuana a construir fábricas, ¿no? Solo creo que, si les damos áreas más seguras, ampliarían aún más sus operaciones aquí. Después de todo, tenemos una buena mano de obra aquí. Tenemos que presionar a nuestro gobierno para que haga más.

Cohen reflexiona sobre sus seis décadas trabajando en Tijuana, desde sus inicios como un joven aprendiz hasta convertirse en uno de sus líderes más poderosos:

¿Mi sueño para Tijuana? Esperamos tener una vida mucho mejor. Tenemos que trabajar para que sea una ciudad más segura. Necesitamos tener calles y ciudades más seguras. El crimen es muy alto en Tijuana, como sabes. Todos solo queremos tener un buen lugar para vivir.

¿En cuanto a nuestra relación con San Diego? Tenemos que estar más cerca de ellos. Ambos necesitamos las mismas cosas. Creo que las organizaciones en San Diego son muy buenas. Ellos son capaces de armar cosas con nuestras organizaciones aquí. Tenemos que hacer eso también. Tenemos que estar dispuestos a trabajar con ellos, todo el tiempo. Tenemos un vecino fuerte en San Diego; ellos necesitan un vecino fuerte en Tijuana.

En el San Diego Dialogue y en la Coalición para la Frontera Inteligente he aprendido lo bien que las cosas están funcionando aquí frente a lo que se lee en los principales medios de comunicación en EEUU, donde todo lo que la gente escucha es sobre los conflictos. Tenemos que contar las historias positivas de Tijuana y de San Diego: y enfatizar que nunca hemos estado más cerca ni más fuertes que hoy.

Creo que tenemos una relación muy singular con las dos naciones, entre Tijuana y San Diego. Tenemos que aprovechar eso.

La gente de Tijuana es diferente a la gente del resto de México. Tenemos nuestro propio mestizaje, tenemos una mezcla, ¿no? Y siempre luchamos por ser una buena ciudad. Claro que tenemos problemas como cualquier otra ciudad del mundo, pero trabajamos muy duro para tener un lugar mucho mejor donde vivir para nosotros y para nuestros hijos y para la gente que nos visita.

Somos un lugar de oportunidad, donde puedes empezar, como lo hice yo. ¿Sabes que hoy en día en Tijuana no tenemos desempleo? Necesitamos más mano de obra que cualquier otro lugar en México. Necesitamos que la gente venga a trabajar aquí. Los trabajadores no tienen que salir de nuestro país y cruzar la frontera ilegalmente: pueden quedarse aquí y encontrar un trabajo.

EL FIN DE LA DEPENDENCIA

Érase una vez, la historia de Tijuana era una historia de dependencia, de una ciudad que se esmeraba por satisfacer las necesidades y los deseos de los estadounidenses, especialmente de los sandieguinos, y en particular, aquellas necesidades y deseos que no podían saciar en casa, legal o ilegalmente. Aquello fue notable en las tiendas de curiosidades y en las corridas de toros a principios del siglo XX, a través de la Prohibición y la Segunda Guerra Mundial, también con la mano de obra barata de las maquiladoras a finales del siglo.

A principios del siglo XXI, Tijuana se enfrentó a un nuevo reto: ¿Qué querían los estadounidenses ahora? La mayoría de los servicios que la ciudad había prestado durante el siglo anterior—desde la venta del alcohol y las drogas hasta brindar servicios de aborto y divorcio— habían sido adoptados y legalizados en los últimos años en EEUU, reduciendo la demanda de todos ellos. Las maquiladoras contribuyeron enormemente a la economía y el empleo de Tijuana, y vincularon a la ciudad aún más a Estados Unidos.

"¿Pero será suficiente?" se preguntaban los líderes de la ciudad. ¿Cuánto tiempo debe depender su ciudad de su vecino del norte? ¿Cuántas décadas más debe conformarse con las sobras de San Diego y servir a sus vicios? ¿No habría nada que Tijuana pudiese hacer mejor que San Diego, algo que hiciera que los gringos miraran hacia el sur con admiración?

Lo que estaba quedando claro era que Tijuana era un lugar de innovación. En palabras de José B. Fimbres, director general de la cadena de supermercados Calimax que dominan Tijuana y el noroeste de México:

> Creo que Tijuana siempre ha sido una especie de incubadora. Siempre ha sido así, y si intentas las cosas aquí, y sobre todo en el comercio, y especialmente en la venta al por menor, si las intentas aquí, podrían funcionar en el resto de México. No del todo cierto, pero la mayoría de la gente aprovecha esta región [de esta manera]: "Si se puede lograr aquí, estoy bastante seguro de que se puede lograr en otro lugar de México y América Latina". Siempre ha sido como un laboratorio; siempre hemos sido el conejillo de indias en cierto modo.

Calimax es en sí un ejemplo mismo de esta filosofía. Fundada en 1939 por el padre de José, José Fimbres Moreno, es hoy, con 117 tiendas, y con una empresa en conjunto con la cadena estadounidense Smart & Final, una de las mayores empresas de la región. El concepto diseñado por la familia Fimbres—para traer productos alimenticios de EEUU y venderlos en México—volteó de cabeza el modelo habitual de negocio fronterizo. La idea era sencilla, pero su aplicación práctica a escala requería un profundo conocimiento de las fronteras, sobre todo para hacer frente a la interminable montaña rusa del tipo de cambio peso-dólar. No es sorprendente que el joven José Fimbres haya seguido los pasos de su padre (que fue un miembro pionero del San Diego Dialogue), convirtiéndose en un líder clave de la próxima generación de San Diego-Tijuana.

Describe los altibajos de hacer negocios en la frontera:

> Hay ciclos económicos y devaluaciones, por lo que hay que adaptar los negocios de uno para poder sobrevivir. Mi padre siempre bromeaba con que [mi generación] se había criado en una crisis. Nací en 1970. Tuvimos una crisis bancaria en 1976 y otra en 1982 y luego tuvimos la crisis del peso en la década de 1990 y luego viví la enorme recesión de 2008. Así que es una crisis tras otra, las mexicanas y las globales. Nos criamos en situación de crisis, y la adaptabilidad es parte de nuestro ADN. Somos luchadores. Al final de cuentas, para sobrevivir en los negocios de la frontera, hay que ser fuerte además de inteligente.

SANTA BETTY

Una de las historias más notables del ascenso de la Tijuana moderna e independiente se encuentra en el lugar más improbable: una pequeña clínica hospitalaria en la zona industrial de la ciudad, a pocos metros de la frontera, dirigida por una inmigrante canadiense, que era enfermera y ahora es doctora.

En 1955, una joven de veintiún años de Calgary, Elizabeth "Betty" Jones, decidió celebrar su graduación de la Universidad de Alberta, como licenciada en nutrición, tomándose unas vacaciones en la soleada cuidad de San Diego. Allí, un día, se unió a una cacería de pez gruñón, que consiste en atrapar a los peces plateados que se varan en la playa para desovar. Se unió a ella en la cacería un joven veterinario, Robert Jones.

Los dos se enamoraron, y Betty se mudó a San Diego. "Vine a averiguar si era de verdad y decidí que sí, que era de verdad", dijo a *Banderas News* en 2007. En los años siguientes, obtuvo títulos de postgrado en San Diego State University y en la University of San Diego. Posteriormente, en 1976, la ahora doctora Betty Jones, fue abordada por una monja de una organización llamada Project Concern invitándola a trabajar como voluntaria en una pequeña clínica pediátrica a pocos kilómetros al sur de Tijuana. Su trabajo sería impartir cursos en nutrición no solo para los pequeños pacientes y sus padres, sino también para los médicos.

La doctora Jones se enamoró por segunda vez, esta vez de México. Dice: "una vez que me mordió México, me contagié. Es la sensación de que, en muchos sentidos, puedes marcar la diferencia".

En los dos días a la semana que se ofrecía como voluntaria en la clínica, la doctora Jones no se conformaba simplemente con enseñar nutrición, también comenzó a introducir técnicas revolucionarias de cuidado infantil, la más famosa siendo la del "cuidado canguro", una técnica en la que se envuelve a los bebés en una manta y se les abraza fuertemente contra el pecho de sus padres (o de los médicos y las enfermeras) para tener contacto directo con su piel. El procedimiento demostró ayudar a los bebés con bajo peso y poco saludables a sobrevivir. Se corrió la voz, y pronto las madres de Tijuana estaban llevando a sus bebés a la clínica. Los profesionales médicos al norte de la frontera también se dieron cuenta que algo interesante estaba pasando en una choza convertida en clínica en el paisaje árido de la parte más remota del Valle de Tijuana.

La doctora Jones continuó como voluntaria en la clínica hasta principios de los años 1980, cuando la crisis económica mexicana obligó el cierre de sus puertas. Fue donada al gobierno del estado de Baja California, que la convirtió en una clínica médica completa. De repente, los niños de Tijuana y sus alrededores tuvieron que ir de nuevo al hospital general de la ciudad, una instalación que regularmente carece de suministros, equipo y enfermeras. "Pensábamos que eso era terrible. Los niños no recibían nada", recordó la doctora Jones.

Junto con un socio mexicano, el doctor Gabriel Chong King, la doctora Jones se dispuso a construir una nueva clínica, un proceso que la llevaría a pasar una década en el mundo de la recaudación de fondos, un campo sobre el que no sabía nada al principio, pero sobre el que sería una experta al final. Finalmente, el estado de Baja California donó un terreno baldío y lleno de grava en el distrito industrial de Tijuana. Mientras tanto, la doctora Jones logró recaudar 50,000 dólares de donantes estadounidenses. No era mucho dinero, pero fue lo suficiente para construir una clínica de consulta externa de 186 metros cuadrados (el tamaño de una casa suburbana en San Diego) en el terreno.

La doctora Jones tenía su clínica de nuevo, pero no se conformó con detenerse allí. *Banderas News*:

> Ella tenía planes más grandes, una instalación aún más amplia que pudiese proporcionar de todo: desde atención dental hasta servicios de oftalmología y cirugía ortopédica. Así que comenzó a tocar las puertas de los californianos ricos, y a menudo conducía a ejecutivos a México para ver el hospital de primera mano.

Finalmente, después de un proceso que ella describió como "mucha sangre, sudor y lágrimas", encontró el apoyo de John Moores, propietario de los Padres de San Diego, y de Toshiba y Mattel, que operaban fábricas en un parque industrial no muy lejos de la clínica. Algunas de sus técnicas de recaudación de fondos en estas primeras etapas de construcción eran poco ortodoxas:

> Para recaudar dinero, conseguimos treinta y ocho tambos grandes de aceite y los pintamos con "Cómprame una sonrisa" y los colocamos por toda la ciudad. Recaudamos dinero para el día, y teníamos una conexión con la Red Televisa. Gran parte de nuestro éxito

es gracias a Televisa. Fue el primer teletón en México. Durante todo el día lo anunciaron. La gente ponía dinero en botes y venía a la estación con sus pesos. Un banco envió cajeros, y ellos contaron los pesos en vivo por televisión. Recaudamos 100,000 dólares en dinero donado por ciudadanos comunes en un día.

También encontró donantes de su antiguo país de origen, con lo que la nueva clínica de 2.4 millones de dólares y 1,858 metros cuadrados, que abrió en 2001, se convirtió en el único centro médico "trinacional" de México, con fundaciones de apoyo en Canadá, Estados Unidos y México. La doctora Jones le encargó el diseño del edificio a un arquitecto canadiense y recibió una donación de la Universidad de McGill para hacerlo "verde". Incluso sus antiguos compañeros de clase de la Universidad de Alberta formaron una dotación para apoyar la clínica. Como le dijo a la revista de ex alumnos de la Universidad de Alberta, "Es una colaboración de tres países trabajando juntos, lo cual para mí es asombroso y maravilloso".

El Hospital Infantil de las Californias demostró ser un éxito instantáneo y duradero. Para el 2010 había atendido a más de 250,000 pacientes y había realizado quinientas cirugías, todo aquello con un presupuesto anual de menos de 2 millones de dólares. Uno de cada diez pacientes era tan pobre que el hospital le proporcionaba atención médica de forma gratuita; otros pagaban solo 15 dólares por una consulta. ¿Cómo fue esto posible? Solo el 25 por ciento del personal del hospital recibe un pago. La mayoría del personal de 250 personas de asistentes, enfermeras y médicos ofrecieron sus servicios voluntarios.

Pero la doctora Jones aún no había terminado. A pesar de haber superado la edad de jubilación, continúa dedicando sus talentos a la misión de su vida. Hoy, gracias a sus patrocinadores estadounidenses, canadienses y mexicanos, el hospital es una construcción de 5,203 metros cuadrados, con un centro quirúrgico de 8 millones de dólares. En julio de 2017, el hospital alcanzó un hito importante de haber atendido a quinientos mil niños. Hoy en día, el hospital realiza más de cien cirugías al mes, que van desde la corrección de ojos bizcos, hernioplastía, cirugía de cadera y endodoncia, logrando más de nueve mil cirugías desde la fundación del centro. Actualmente, cuatro quintas partes de todos sus pacientes no pueden pagar sus gastos médicos. En respuesta, el hospital creó el Programa de Apoyo a Pacientes Indigentes (PAPI), para ayudarles a pagar la atención quirúrgica. En 2016, la Fundación para los Niños de las Californias (una organización financiada por la San Diego Foundation) estableció un fondo que, en su primer año, distribuyó 540,000 dólares en ayuda de asistencia médica a las familias.

En 2018, la doctora Betty Jones fue galardonada con el Premio Héroe, de la Fundación Mundo de los Niños. Desde su origen como pequeña clínica, había construido una instalación de clase mundial que se había convertido en un modelo para el mundo y que no tenía nada que envidiarles a sus contrapartes al norte de la frontera. Como tal, le había mostrado a Tijuana el camino hacia su próxima era.

EL LÍDER MUNDIAL

La colaboración moderna en salud entre San Diego y Tijuana comenzó con la creación en 2001 de la Comisión de Salud Fronteriza Estados Unidos y México, con sus doce comisionados de cada lado de la frontera y presidida por el secretario de Salud y Servicios Humanos de EEUU. Al igual que con muchos avances en las relaciones fronterizas, también surgió del trabajo del San Diego Dialogue y fue incubada en el programa de extensión de UCSD bajo el cargo de Mary Walshok.

Malin Burnham con sus instituciones en biotecnología en La Jolla, y Betty Jones con su clínica en Tijuana, fueron pioneros en sus respectivas ciudades, pero las piezas ya estaban en su lugar para que sus esfuerzos desencadenaran una revolución regional. Mientras que los observadores de principios de siglo podrían haber mirado a La Jolla y haber predicho una explosión en los servicios de salud en esa localidad, pocos habrían predicho la transformación que convirtió a Tijuana en el líder mundial del turismo médico y de los suministros médicos.

Mucho antes del hospital infantil de la doctora Jones, Tijuana había sido la meca para los estadounidenses que buscaban productos farmacéuticos y procedimientos quirúrgicos prohibidos en Estados Unidos, desde narcóticos para el dolor hasta abortos y curaciones polémicas para combatir el cáncer (como Laetrile). Algunos médicos también se aventuraban de San Diego uno o dos días cada semana para atender a pacientes mexicanos. Pero estos habían sido esfuerzos en gran medida aislados, resultando ser uno de muchos servicios que Tijuana proporcionaba a los vecinos del norte.

Pero a medida que la frontera se volvía más porosa para los viajeros regulares, y aquellos con SENTRI e iniciativas posteriores, la naturaleza de los servicios de salud en Tijuana comenzó a cambiar fundamentalmente. Por primera vez se conjugaron varios factores: la creciente prosperidad de México, el auge económico en EEUU que permitió a una nueva clase de ciudadanos considerar por primera vez la cirugía electiva y estética, y una población de médicos jóvenes y otros profesionales de la medicina que eran egresados de las facultades de medicina de México. Todo lo que se necesitaba era un catalizador.

Llegó en el año 2000, con el plan de salud de Sistemas Médicos Nacionales S.A. de C.V. (SIMNSA). Fundado por Francisco "Frank" Carrillo, quien se convirtió en su presidente y Director General, SIMNSA, con sede en Tijuana, ya tenía la buena fama de ser un plan de atención integral de salud con clínicas, hospitales, laboratorios y farmacias en todo México.

Pero Carrillo tenía planes más grandes. En 2000 logró lo que parecía imposible al convertir a SIMNSA en la primera organización médica mexicana en obtener su licencia para poder operar bajo las normas regulatorias médicas en Estados Unidos (una licencia de Knox-Keene), y así poder ofrecer su programa en el estado de California. Esta fue la culminación de un esfuerzo de dos años por parte de Carrillo, que incluyó unirse al esfuerzo de lograr la aprobación de una enmienda sin precedentes a la ley de California, que permitió los planes de salud transfronterizos. Al crear un nuevo mercado punta para SIMNSA en Estados Unidos, Carrillo abrió la puerta a otras ambiciosas empresas mexicanas dentro del sector de la salud.

Frank Carrillo era la persona más adecuada para ser un pionero médico transfronterizo. Nacido en México, hijo de trabajadores migrantes, llegó a Estados Unidos cuando era niño. Viendo las crudas condiciones en las que sus padres y otros migrantes trabajaban en el campo, el joven Carrillo le dedicó su carrera a ayudar a los empleadores agrícolas progresistas que querían proporcionarle a los trabajadores mexicanos y a sus familias planes de salud.

Antes de que Carrillo ampliara sus servicios a través de SIMNSA, trabajó por 20 años como consultor con varios sindicatos y otras organizaciones que buscaban instituir programas transfronterizos de atención médica. La certificación de SIMNSA en California fue la culminación de un sueño de toda la vida para Frank.

SIMNSA fue fundada con un acta constitutiva que estipula proporcionar atención médica de calidad para el creciente número de trabajadores en el suroeste de EEUU que prefieren recibir su cobertura médica en México. ¿Por qué? Debido a la gama de servicios disponibles, pero aún más: el costo. En México, los precios de casi todo lo médico—fármacos, visitas al médico, cirugías, estancias en el hospital—eran una fracción de los precios de sus homólogos al norte de la frontera. Los estadounidenses estaban dispuestos a aceptar lo que podrían haber percibido como servicios inferiores para ese tipo de ahorro.

Resultó que no necesitarían hacer concesiones por mucho tiempo. En una década, SIMNSA había formado una red de más de 200 médicos a lo largo de la frontera entre EEUU y México. Abrió oficinas corporativas en Tijuana, San Diego y Mexicali, y se afilió o abrió decenas de clínicas, consultorios dentales, laboratorios y centros quirúrgicos en esas ciudades. En esas instalaciones estableció estándares iguales a los de EEUU, incluyendo el requisito de tener médicos certificados por colegios médicos y brindó oportunidades de educación continua y programas de revisión por pares. Además, todas las clínicas deberían pertenecer a la Asociación Nacional de Hospitales (National Hospitals Association) y cumplir sus normas de funcionamiento.

Carrillo no se detuvo allí. Construyó un hogar para niños con cáncer y sus familias, después creó eventos de recaudación de fondos para ayudarlos a cubrir sus costos médicos.

Pero la mayor innovación de SIMNSA, una que no estaba planeada, estaba en la calidad de su servicio. Cuando los pacientes estadounidenses comenzaron a delirar sobre la calidad del servicio del personal del programa, Carrillo examinó el asunto más de cerca. Descubrió que el ingrediente secreto era algo que siempre había dado por sentado: la tradición mexicana de la hospitalidad. Los pacientes estadounidenses no estaban acostumbrados, pero estaban encantados, con el nivel de atención, la sensibilidad cultural y el cuidado personalizado que recibían. Para sus enfermeras y enfermeros tijuanenses, brindar este nivel de atención era algo natural, no solo porque formaba parte de la cultura nacional sino porque, después de todo, el pueblo de Tijuana ya había dedicado el último siglo a hacer que los estadounidenses se sintieran cómodos y felices al visitarlos.

Caminando por la puerta que Frank Carrillo había abierto, le seguía inmediatamente al mercado de EEUU la red de salud de MediExcel Health Plan. Fundada por el cirujano cardiovascular y torácico José Hernández Fujigaki, quien llamó la atención del público cuando realizó la primera cirugía a corazón abierto de Baja California, la red de salud ya tenía una trayectoria de 20 años de servicio en las ciudades del norte de Baja California.

En 1991 MediExcel tuvo el éxito suficiente para construir el tercer edificio más alto de Tijuana, que para 2018 crecería a veintidós pisos. Este hospital se convertiría en la pieza central del Centro Médico Excel, ubicado en el corazón comercial de la ciudad. Al momento de escribir este libro, al hospital se le une un edificio aún más alto, de treinta y cuatro pisos, que albergará consultorios médicos, un estacionamiento, y tendrá múltiples servicios de apoyo, convirtiéndolo en el hospital multiespecializado más grande de Tijuana. Aunque sigue siendo mejor conocido por sus servicios cardíacos, también ha logrado satisfacer la creciente demanda de cirugía electiva, desde el reemplazo de caderas y rodillas hasta los bypass gástricos, el aumento o reducción de senos, y la cirugía estética.

Pero no todos los servicios médicos de Tijuana comenzaron con la mirada hacia San Diego. La ciudad también tenía un pionero médico local que se haría famoso en todo el mundo.

La práctica de modificar la forma del ojo para mejorar la visita se remonta al trabajo pionero realizado en la década de 1950 por un oftalmólogo en Colombia. Hasta que se desarrollaron los láseres de precisión, esta cirugía se hacía a través de arriesgadas técnicas. El primer láser excimer ultravioleta se desarrolló en 1980 en IBM, y los primeros trabajos sobre su uso para la queratotomía radial se publicaron en 1985.

Ese mismo año, un joven médico cirujano en su segundo año de residencia en el Instituto de Oftalmología Conde de Valenciana en Ciudad de México, Dr. Arturo Chayet, realizó sus primeras cirugías refractivas. Para mejorar sus destrezas, consiguió una beca de post doctorado en cirugía de córnea y refractiva en el Departamento de Oftalmología de la UC San Diego, lo que le permitió incorporar ese tipo de cirugía a su práctica clínica habitual. En los años siguientes, a medida que aparecían nuevas prácticas y nuevos tipos de láser, se le pedía con frecuencia que participara en sus pruebas de campo. Como resultado, fue uno de los primeros médicos en el mundo en ver el nuevo láser excimer. Entusiasmado por el potencial del láser excimer, realizó la primera cirugía LASIK en el oeste de Norteamérica, en 1994. Después, en 1997, Chayet inventó el LASIK Bitoric (o láser total) para la corrección de astigmatismos complejos. Desde entonces se ha convertido en el procedimiento estándar para tratar esa enfermedad.

Luego, en 2001, el Dr. Chayet perfeccionó la tecnología usando el nuevo láser de femtosegundo. Todavía se considera el procedimiento más importante para la cirugía refractiva.

Los pacientes acudían a la clínica del Dr. Chayet en Tijuana no solo desde San Diego y el resto de Estados Unidos, sino desde todo el mundo, confiando recibir no una cirugía ocular de calidad inferior sino de la más avanzada, y realizada por cirujanos expertos de talla mundial. Sin duda, la buena fama de Chayet iluminaba otras operaciones médico-turísticas en toda la ciudad. Su impacto en la reputación de la ciudad en el cuidado de la salud es inigualable.

EN EL CARRIL RÁPIDO

Las consecuencias de estas operaciones pioneras de salud en Tijuana fueron inmediatas (ya que los cambios de negocio siempre han estado allí), impresionantes y extensas.

En tan solo 4 años, de 2014 a 2018, el número de turistas médicos que viajaban a Tijuana pasó de 800,000 mil a 2.4 millones. Venían por todo tipo de cuestiones médicas, desde odontología y análisis de sangre hasta cirugías importantes. La mayoría de ellos llegaban a través de EEUU, y era ya tan numerosa la cantidad de pacientes, que en 2011 México estableció un carril médico especial en la garita de San Ysidro para facilitar el cruce fronterizo para pacientes estadounidenses y médicos mexicanos.

Al igual que todas las iniciativas de eficiencia en la frontera, se hizo popular al instante. Sin embargo, el carril fue abusado enseguida por aquellos que estaban desesperados por evadir la espera.

Cuando se abrió el carril médico por primera vez, los pases estaban disponibles solo para pacientes que acudían a Tijuana para procedimientos médicos. A los médicos y a los pacientes les encantó la nueva facilidad de cruce, la cual reforzó de manera mensurable la industria del turismo médico de Tijuana. Pero en 3 años, bajo la presión de otros grupos interesados, la ciudad de Tijuana modificó esos pases para incluir a otros turistas. Ahora, los centros turísticos, hoteles y restaurantes comenzaron a comprar los pases para repartir a sus clientes. Mientras tanto, con el boom del turismo médico, el número de pases médicos de buena fe también aumentó.

Para el 2018, el secretario de desarrollo económico de Tijuana, Arturo Pérez Behr, dijo que se habían emitido 288,000 pases del Fast Lane, de los cuales él creía que el 90 por ciento se seguían emitiendo por razones médicas. Este volumen ha hecho más lento el carril "rápido" de manera considerable. Sin embargo, sigue siendo una mejora con respecto a los carriles fronterizos regulares, por lo tanto, la mayoría de los hospitales y clínicas siguen ofreciendo los pases como parte de la estancia del paciente. También mejoran su estancia con otras ofertas, como los paquetes todo incluido que incluyen alojamiento en hoteles cercanos, enfermeras de recuperación, medicamentos, un menú de dieta especial y un acompañante que utiliza el pase del Medical Lane para llevar al paciente de un lado al otro de la frontera.

El derrame económico del turismo médico en Tijuana se ha extendido por toda la región. Según los funcionarios de turismo de Baja California, el estado en su totalidad ha disfrutado de 785 millones de dólares adicionales en ingresos. En la Zona Río, Adrián Bustamante, un sobrino de Carlos Bustamante y hábil empresario por derecho propio, administra el Complejo Médico del Grand Hotel Tijuana, que abarca el piso once del hotel insignia de la ciudad (el hotel que construyó su abuelo). Allí los cuartos del hotel se han convertido en salas de recuperación para los hospitales privados, bajo un programa llamado Grand Care. Por lo regular, está completamente reservado.

La naturaleza del turismo médico también ha evolucionado, separándose en diferentes nichos en función al tipo y la calidad de la atención.

Hoy en día, hay hospitales para el paciente con presupuesto limitado que quiere disfrutar de un ahorro del 40 al 65 por ciento en comparación con los precios en EEUU. Y también hay hospitales que atienden a aquellos que quieren el nivel más alto de servicio, incluso aún si es más caro. El primer hospital en atender a clientes de alto nivel, el Hospital Ángeles de Tijuana, abrió en 2006. Se encuentra en un concurrido distrito comercial que cuenta con restaurantes y cafés, así como un cine donde se proyectan películas americanas con subtítulos en español. Parte de una cadena nacional en México, el Hospital Ángeles de Tijuana hace todo lo posible para no parecer un hospital, sino más bien un resort, con suites para pacientes con entradas privadas y áreas privadas con comedor.

El increíble crecimiento de la industria del turismo médico de Tijuana también ha tenido un impacto extraordinario en San Diego. Tal vez por primera vez en la historia de las dos ciudades, las tablas han cambiado, y el vecino del norte ha captado parte del éxito del sur: San Diego está viendo ahora el nacimiento de su propia industria médico-turística. Mientras que millones de estadounidenses han viajado a Tijuana para recibir atención médica, se estima que 100,000 ciudadanos de EEUU que viven en Baja California han elegido viajar a Chula Vista, a solo 11 kilómetros al norte de la frontera, para atender sus necesidades médicas en Sharp Chula Vista y Scripps Mercy Chula Vista. ¿Cuál ha sido la mayor razón para ir hacia el norte? No se debe a la calidad de la atención, sino el hecho de que esas dos instalaciones aceptan pacientes de Medicare, que hasta ahora los hospitales mexicanos no pueden aceptar bajo la ley de EEUU.

El NewCity Medical Plaza y el Quartz Hotel son parte de la industria de turismo médico de Tijuana.

Las grúas de construcción marcan el horizonte del distrito de Tijuana más cercano a la garita de San Ysidro, donde se puede vislumbrar el futuro del turismo médico. NewCity Medical Plaza es parte de un complejo más grande de cinco rascacielos diseñados para albergar a la nueva clase profesional de Tijuana. La plaza médica en sí representa dos de esos rascacielos, uno de ellos es una torre de veintiséis pisos con consultorios médicos, un laboratorio médico, un centro de cirugía, y un estacionamiento para más de 1,000 autos, y adyacente está el Quartz Hotel & Spa de 140 habitaciones, en gran parte para ser utilizado por pacientes en recuperación. En la planta baja, la Plaza ofrece una amplia gama de restaurantes y tiendas. Es básicamente una ciudad dentro de una ciudad y a solo unos metros de la frontera con Estados Unidos. San Diego no tiene nada parecido. Desarrollado y construido por la familia Abadi, cuyo patriarca, Moisés, murió en un trágico accidente de tránsito en la ciudad de Panamá a principios de 2020, NewCity parece la personificación de la Tijuana.

Isaac Abadi, hijo de Moisés, el dinámico Director General de NewCity dice:

> Cuando cruzas la frontera, lo primero que ves es nuestro edificio. Consideramos que es nuestra responsabilidad mostrarle al visitante lo que es México. Sabemos que, si tienen una buena experiencia con nosotros, se aventuraran un poco más. Tenemos la responsabilidad de darles una gran experiencia no solo para nosotros y nuestras empresas, sino para toda la República Mexicana.

AL CORAZÓN

Coincidiendo—y en parte relacionado a ello—con el aumento del turismo médico en Tijuana se ha producido un aumento paralelo en la fabricación de dispositivos médicos. La existencia de estas fábricas y de las líneas de ensamble en Tijuana se puede atribuir a la industria maquiladora, pero la naturaleza de estos negocios se ha visto necesariamente afectada por la presencia de tanta atención médica en las cercanías, al igual que las empresas biocientíficas se han congregado alrededor de la mesa de Torrey Pines en La Jolla.

El alcalde de San Diego, Kevin Faulconer, ha declarado públicamente que la región de San Diego-Tijuana se ha convertido en "el mayor centro de fabricación de dispositivos médicos del mundo", responsable de la creación de 110,000 empleos en San Diego.

El Medical Device Cluster of the Californias (Grupo de Dispositivos Médicos de las Californias), con sede en Tijuana e incluyendo empresas de San Diego y Baja California, afirma ser el líder mundial en la fabricación de dispositivos médicos, con cuarenta y dos mil trabajadores en setenta empresas afiliadas. Algunas de ellas son divisiones de las empresas médicas y de salud más grandes del mundo, que incluyen, solo en Tijuana, a Welch Allyn, Medtronic, Baxter Healthcare y Honeywell. No es extraño ver que emerjan nuevas tecnologías en los laboratorios de La Jolla que eventualmente se comercialicen y fabriquen en volumen en una planta de Tijuana. La transferencia de tecnología se facilita por el hecho de que el 70 por ciento de los fabricantes de dispositivos médicos de Tijuana son propiedad de EEUU.

Estados Unidos también se ha convertido en un país profundamente dependiente de los dispositivos médicos de Tijuana. México es ahora el principal proveedor a Estados Unidos con 43,900 millones en compras de dispositivos médicos cada año (que representa 30 por ciento del consumo total de esos productos). Para algunos dispositivos el dominio del mercado es aún mayor: según el *New York Times*, casi todos los marcapasos en Estados Unidos se fabrican parcialmente en Tijuana. Otros artículos que se maquilan en Tijuana incluyen tubos de alimentación, dispositivos ortopédicos, termómetros, brazaletes para la presión sanguínea y los anillos de stent dentro de las válvulas del corazón.

Uno de esos anillos de stent terminó en el corazón del empresario de Tijuana José Galicot. En 2009, Galicot consultó a su médico de San Diego: "Me sentía mal porque tenía problemas con mi corazón. Fui al médico y me dijo que necesitaba una válvula. Dije que sí". Cuando el doctor le dijo a Galicot de dónde vendría esa válvula, se sorprendió: ¿"De Tijuana"? "No sabía que se hacían cosas tan sofisticadas en Tijuana". A los s72 años de edad, Galicot salió de la cirugía con un corazón reparado y una nueva visión: mostrar las innovaciones e industrias de Tijuana para que el mundo las viera.

HABLANDO RÁPIDO

En tiempos de grandes cambios, incluso las cosas pequeñas pueden ser amplificadas con un enorme efecto. Es posible que gran parte de la revolución médico-turística, y de los otros desarrollos que transformaron a Tijuana, nunca hubieran ocurrido sino por un cambio en las telecomunicaciones locales.

Tan tarde como la década de 1990, una llamada telefónica desde Tijuana a San Diego, y viceversa, se cobraba como una llamada internacional costosa y de larga distancia. En otras palabras, una persona que se encontraba a un lado de la garita de San Ysidro podía llamar a alguien que veía al otro lado y se le facturaría igual como si estuviese llamando a alguien en Singapur o Ciudad del Cabo. Esto dificultaba seriamente cualquier transacción al otro lado de la frontera, desde tratos comerciales hasta personas indagando acerca de un artículo de compras en una tienda en la otra ciudad. Esto perjudicó particularmente a las empresas y a los profesionales de Tijuana porque parte del atractivo de comprar bienes y servicios al sur de la frontera era su menor costo, y ese margen disminuía cada vez que un sandieguino hacía una llamada hacia allá.

Algunas personas inteligentes y desesperadas que vivían cerca de la frontera empezaron a utilizar walkie-talkies para comunicarse con sus homólogos transfronterizos. A medida que crecían las colaboraciones empresariales binacionales, la situación se estaba volviendo absurda. Cheryl Hammond de AT&T recuerda, "Lo que las compañías hacían cuando necesitaban transmitir datos a través de la frontera era copiar las cintas, meterlas en un coche, y cruzar la frontera con ellas. Eso era la 'transmisión de datos'".

Uno de los beneficios colaterales del negocio de José, Rafael y Gregorio Galicot, BBG Telecommunications en Tijuana (a la que se unió una empresa hermana, BBG Communications en San Diego, en 1996), fue que se establecieron líneas telefónicas locales, a precios telefónicos locales, entre las dos ciudades. El momento no pudo haber sido mejor, no solo porque se aprovechó del boom económico binacional entre las dos ciudades, sino también porque la red entró en funcionamiento justo a tiempo para el uso del Internet. Eso significó que las empresas y los residentes en ambas ciudades no perdieron el tiempo al añadir el correo electrónico y la mensajería virtual a sus medios de comunicación transfronteriza. Esto a su vez, resultó inmensamente valioso para que los pacientes estadounidenses se comunicaran con sus médicos, para hacer citas y para organizar paquetes médico-turísticos en hospitales y hoteles de Tijuana. Ahora, podrían visitar sitios en Internet, pagar en línea y, aún más importante, eludir los retos lingüísticos habituales. Por encima de todo, tener una red regional de comunicaciones de banda ancha significó que todo esto se podía lograr a escala, permitiendo que las industrias médicas, hospitalarias y minoristas disfrutaran de un crecimiento explosivo en el nuevo siglo sin restricciones en la infraestructura de comunicaciones, incluso cuando el volumen se aproximaba a mil millones de transferencias de voz y datos al mes.

EL NUEVO MUMBAI

Como con todo cambio estructural, la llegada de la telefonía internacional de bajo costo a Tijuana inspiró la creación de otro grupo ambicioso de empresarios, y fue en la industria de los centros de llamadas que se vio eso más que en ninguna otra parte. La ciudad ofrecía mano de obra barata, acceso a una moderna red telefónica, una cultura cada vez más binacional, y la misma hora local, lo cual, junto con la creciente población de Tijuana de hablantes de inglés con acento neutro (algunos de ellos incluso deportados de EEUU), hacía que los centros de llamadas en Tijuana se ajustaran perfectamente a las necesidades de las empresas estadounidenses. Tijuana pronto contó con más de sesenta centros de este tipo.

Redial BPO, uno de los centros de atención telefónica más progresistas, fue fundado por dos hermanos, Jason y Chris Heil, que habían crecido en San Diego y habían visitado a menudo Tijuana y Baja California. Después de la universidad, decidieron abrir su propia empresa.

Jason recuerda:

> Empezamos en San Diego. Éramos un servicio comercial que procesaba tarjetas de crédito, proporcionaba sistemas de punto de venta a empresas tradicionales, restaurantes y otros clientes.
>
> Empezamos pagando a nuestros empleados un salario mínimo de 7.50 dólares por hora, que después subió a 8 dólares por hora hace unos pocos años. Eso lo podíamos manejar. Pero después se aprobó un proyecto de ley en Sacramento que amenazaba con subir el salario mínimo a 15 dólares por hora en el transcurso de los próximos años.
>
> Con eso, ya no tenía sentido para nosotros continuar con nuestro negocio. En aquel momento, teníamos veinte personas trabajando para nosotros en San Diego. Así que nos preguntamos: ¿y ahora qué hacemos? ¿Cerramos nuestras puertas y despedimos a todos, o cambiamos nuestro negocio? ¿Y a dónde?
>
> Teníamos un amigo y socio inversionista que vivía en México. Nos convenció de establecer un negocio allá. Básicamente nos facilitó la entrada al mercado de Tijuana y el cambio de nuestro negocio a un centro de llamadas. Lo hacemos desde hace 3 años.
>
> Así que puedes decir que lo mejor que nos ha pasado fue quedar fuera del mercado de San Diego.

El salario mínimo en México es de unos 5 dólares diarios. Redial BPO paga más que eso, y ha permitido que los empleados, muchos de ellos que solo han conocido la pobreza, se ganen una vida cómoda. Mientras tanto, la compañía es lo suficientemente rentable como para haber crecido a sesenta empleados con planes de darle cabida a cien más.

Lo que sorprendió a los hermanos Heil fue la calidad de los trabajadores. Los hermanos Heil fueron criados en un mundo donde los mexicanos eran considerados trabajadores, pero de bajo rendimiento. "Creo que a la mayoría de las empresas mal informadas de San Diego no quieren a los trabajadores mexicanos", dice Jason. "Encontramos justo lo contrario de ese estereotipo".

Lo que sorprendió aún más a los hermanos fue la cantidad de ciudadanos mexicanos, a menudo hijos de inmigrantes indocumentados, que habían sido criados en Estados Unidos y luego deportados. Irónicamente, muchos de ellos tenían problemas para adaptarse a la vida en México porque eran *demasiado* estadounidenses. Los hermanos Heil se dieron cuenta de que habían descubierto un recurso sin explotar: ciudadanos mexicanos, desesperadamente necesitados de empleo, que hablaban inglés con acento americano, y estaban perfectamente cómodos hablando con estadounidenses sobre la vida y la cultura en EEUU. El 90 por ciento de los empleados de Redial BPO son personas que han sido deportadas.

"No solo hablan inglés, sino *americano*, lo cual es muy diferente", dijo Jason a *Los Angeles Times*. Escribió el *Times*:

> Los deportados son valiosos porque saben mucho de la cultura estadounidense. En ventas, pueden usar ese conocimiento para tener charlas informales con el cliente, encontrar intereses compartidos y establecer rápidamente una relación para cerrar una venta.

En otras palabras, los representantes de Redial BPO saben conversar con los que llaman de San Francisco sobre los Niners y con los de Houston sobre los Astros. Tal relación aumenta instantáneamente los niveles de confianza y comodidad de los que llaman.

Para que estos empleados se sientan más como en casa, los hermanos Heil han importado la cultura corporativa estadounidense a sus operaciones en Tijuana. A diferencia de algunas de sus contrapartes, los empleados de Redial BPO reciben un amplio escritorio con dos monitores. La empresa celebra las fiestas estadounidenses, incluso organiza una cena de Acción de Gracias allí mismo en las instalaciones. Jason dice, "Hay veces que todos estamos alcanzando nuestros objetivos e indicadores métricos y también estamos logrando nuestros indicadores claves de rendimiento (KPI, por sus siglas en inglés) y lo estamos logrando muy bien, y en esas ocasiones de repente llegó con unas hamburguesas del In-N-Out", una amada comida rápida en Estados Unidos que aún no está disponible en Tijuana.

"Tijuana se ha convertido en algo parecido a la nueva [Mumbai]", dijo un empleado, José Salvatierra, a *Los Ángeles Times*. "La India ya no es la primera opción".

Pero a los hermanos Heil no se les ha olvidado el papel indispensable de la cultura mexicana en su empresa. Por ejemplo, a toda la compañía se le da tiempo libre durante la Copa del Mundo. Se ponen a ver los partidos en las oficinas de la empresa, mientras disfrutan de un buffet proporcionado por los hermanos.

Recientemente, otros "call centers" tijuanenses se han empezado a fijar en el reclutamiento tan singular de Redial BPO, y la demanda de deportados de habla americana ha crecido. Esto ha provocado un aumento en los salarios de estos trabajadores, un beneficio para ellos, pero aún así no lo suficiente para amenazar el negocio de los hermanos Heil.

"A veces olvido que Tijuana está en otro país", dice Chris Heil. "Es como otro vecindario para nosotros, a un lado de esta valla".

Figura 1: Las principales empresas de San Diego con manufactura en Tijuana y sus alrededores

- Turbinas solares (una compañía de Caterpillar) / Turbotec Tijuana
- Kyocera International/Kyocera Mexicana
- Cubic Corporation / Cubic de Mexico
- Taylor Guitars
- DJO Global (Vista/Tijuana)
- Industrias Hunter—irrigación industrial
- Thermo Fisher Scientific—ciencias de la vida
- CareFusion—productor de dispositivos médicos

PONERSE EN SINTONÍA

Una empresa emblemática, tanto de la eficacia como de la inversión de los estereotipos de la industria maquiladora es la célebre Taylor

Guitars, líder mundial en el diseño, la fabricación y la comercialización de guitarras acústicas. La historia de la operación manufacturera mexicana de Taylor ejemplifica tanto la carga de las expectativas históricas como la libertad de ser en gran medida invisible.

Comparada con la mayoría de los fabricantes de guitarras (Martin, por ejemplo, fue fundado en 1833), Taylor es una compañía sorprendentemente joven. Comenzó como un "sueño americano", una pequeña tienda de guitarras en El Cajon. En 1974, un empleado de 20 años, llamado Bob Taylor se asoció con su compañero Kurt Listug, compró el negocio, lo rebautizó como Westland Music Company, y se dispuso a construir sus propios diseños. Al poco tiempo, los dos propietarios se dividieron sus tareas: Taylor trabajaría en la fabricación de guitarras y Listug manejaría las operaciones comerciales. También acordaron ponerle un nuevo nombre, Taylor Guitars, porque sonaba más americano que *Listug*.

Los primeros años fueron una lucha. Como Bob Taylor ha escrito, "Nadie sabía quiénes éramos, y todos los días estábamos a un paso de tener que cerrar del negocio".

Para 1976, la compañía había empezado a vender modelos de guitarra estandarizados en tiendas de venta al público. Las ventas no tardaron en dispararse; hoy en día es una empresa de 80 millones de dólares, que ha vendido más de un millón de guitarras, no solo por el nuevo modelo de distribución de Taylor, sino porque se le reconoció rápidamente como uno de los diseñadores más innovadores que la industria de las guitarras acústicas había visto en generaciones. La más famosa de estas innovaciones fue el "cuello Taylor" patentado, considerado la primera gran innovación de la industria en un siglo. Consiste de una pieza de madera continua que soporta el diapasón y simplifica su capacidad de ajuste y servicio de mantenimiento. Taylor también fue pionero en un innovador sistema de controles eléctricos para amplificar el sonido de sus guitarras. Además, la compañía experimentó con el uso de maderas exóticas sostenibles (y responsables). Incluso Bob Taylor, famoso, construyó una guitarra con una vieja tarima de roble que había sido parte del piso de su almacén.

Pero en el negocio de la guitarra, la reputación por innovación y por una calidad superior del producto son a menudo dos temas excluyentes, y a menudo deseados por dos audiencias muy diferentes. Taylor

Guitars quería ser ambas cosas, creyendo que era posible construir un producto radicalmente diferente, utilizando herramientas compu- tarizadas de última generación, mientras se producían guitarras termi- nadas que serían el supremo ejemplo del arte del laudero.

El hecho de tener la sede en El Cajón era oportuno para Taylor; justo al otro lado de la frontera, en Tijuana, se estaba produciendo una revolución en la fabricación. La industria maquiladora ofrecía el potencial de hacer crecer las empresas de EEUU utilizando el diseño, la comercialización y las ventas nacionales, mientras que la manufactura se trasladaba a Tijuana, con sus costos más competitivos y su joven y hambrienta fuerza de trabajo.

Aun así, había un obstáculo: la percepción de los consumidores estadounidenses. Los productos fabricados en México todavía llevaban el estigma del pasado, de ser de calidad inferior. Eso no era un prob- lema para la mayoría de las demás maquiladoras, especialmente las que ensamblaban componentes para productos industriales. Pero en el mundo de la guitarra acústica, donde la construcción y el acabado lo son todo, era difícil sacudirse el mito de que México fabricaba pro- ductos de segundo nivel, una creencia solo reforzada por Fender, la compañía de guitarras eléctricas más famosa de Estados Unidos, cuyos productos de presupuesto "Made in Mexico" fueron calificados como en un tercer lugar de distancia de sus productos construidos en EEUU y Japón.

Pero Guitarras Taylor no se intimidó. Si la compañía iba a crecer, y aprovechar su singular creatividad, iba a tener que ir más allá de la producción limitada de costosas guitarras hechas a mano. La ventaja competitiva de la compañía era su inigualable habilidad para poner en práctica la tecnología de fabricación automatizada para hacer que sus guitarras fueran tanto mejores como *más baratas*.

En 2007, Taylor abrió una nueva fábrica en Tecate, a 35 kilóme- tros del centro de Tijuana (sus productos terminados se exportan esta última). Aquí, en una planta operando con trescientos empleados que se asemeja más a una sala blanca de un laboratorio de fabricación que a un taller de carpintería, Taylor construye su serie de guitarras Academy. La línea Academy es la menos costosa de Taylor, con un precio entre 300 y 1,300 dólares (en comparación con hasta 10,000 por las otras guitarras de la compañía), pero los compradores pueden encontrar poca diferencia entre las guitarras Academy y el resto de la familia Taylor, salvo uno: los modelos fabricados en California tienen los fondos y aros sólidos, mientras que los modelos mexicanos usan laminados.

Productos más baratos, componentes más baratos . . . suena como la imagen típica de "Hecho en México". Pero aquí hay una diferencia fundamental: la línea Academy también presenta los diseños más creativos de Taylor, y la fábrica mexicana aplica una tecnología mucho más avanzada para lograr esos precios competitivos. Como tal, Taylor pone de cabeza la vieja imagen.

Por ejemplo, aunque la línea Academy utilice laminados, esa madera se forma cuidadosamente, y luego las paredes interiores se pulen con un cortador controlado por computadora. En palabras de la revista *Guitar*, "El cortador gira alrededor de 12,000 rpm, moviéndose lentamente para un corte limpio, y el diseño inteligente permite automatizar, en los instrumentos de calidad superior de la compañía, a un proceso que tarda cuatro horas, y así reducirlo a tan solo un par de minutos".

Al mismo tiempo, para ahorrar costos, en lugar del forro tradicional, las guitarras Academy usan piezas más grandes de caoba—sobrantes del proceso de fabricación del cuello—que se mecanizan para crear una combinación de forro y apoya brazos. "El resultado", dice la revista *Guitar*, "no solo es más funcional y cómodo, sino que revela sus componentes y estructura de una manera elegante y discreta, como si fuera un sillón marca Eames".

Por ahora, las guitarras Taylor, hechas a mano y construidas en El Cajón, siguen dominando los ingresos de la compañía. Pero con el aumento de los precios de las guitarras y el aumento de la demanda, se puede predecir lo que viene: si la compañía va a permanecer entre los fabricantes de guitarras superiores—un posicionamiento elevado que ha luchado por alcanzar—tendrá que mantener sus costos bajo control y multiplicar su tasa de producción. Eso significa que su destino estará, cada vez más, al otro lado de la frontera de EEUU.

Figura 2: Las principales empresas manufactureras de Tijuana que no son de San Diego

- Welch-Allyn
- Samsung
- Sharp
- Toyota
- Hyundai
- Panasonic
- Poly (Plantronics)
- Delphi
- Lockheed Martin
- Greatbatch
- Smith Medical
- Bose (altavoces)
- Honeywell
- Medtronic

Taylor no es la única empresa icónica estadounidense o internacional que se ha unido a la industria maquiladora. Otras incluyen Honeywell, Coca-Cola, Samsung, Hyundai, Welch Allyn, Schlage, Daewoo y PepsiCo. Actualmente hay más de tres mil maquiladoras en México (oficialmente, el programa se conoce ahora como IMMEX, aunque el término antiguo perdura) que emplean a más de un millón de trabajadores mexicanos. De éstas, se estima que seiscientas empresas operan en Tijuana y sus alrededores. Desde su creación en la década de 1960—y especialmente después de la firma del TLCAN en 1994, después del cual se disparó el número de maquiladoras—el impacto de esta industria en la economía mexicana ha sido profundo. Hoy en día, el 80 por ciento de las exportaciones de México van a Estados Unidos, lo que convierte a este país en el mayor socio comercial de EEUU.

De hecho, Taylor Guitars, a pesar de su influencia, es un ejemplo relativamente pequeño de fabricación transfronteriza de empresas de EEUU e internacionales con plantas en Tijuana. El tamaño de estas plantas, y su impacto en la economía de EEUU, a menudo sorprende tanto a los estadounidenses como a los mexicanos. Por ejemplo, Prime Wheel, una empresa estadounidense de aluminio con 3,700 empleados, produce cinco millones de llantas anualmente en Tijuana. El gigante japonés, Toyota, fabrica una camioneta Tacoma (la segunda camioneta más popular en EEUU) en Tijuana cada dos minutos. Eso suma 166,000 unidades al año, principalmente para exportación al mercado estadounidense.

Pero quizás la estadística de producción más impresionante proviene de la fábrica de televisiones surcoreana, Samsung, en Tijuana. Ensambla 100,000 aparatos por día—que en períodos de gran demanda pueden llegar a 140,000—lo que supone un total de veintiséis millones de aparatos de televisión por año. En otras palabras, casi todos los televisores Samsung vendidos en México, Estados Unidos y Canadá fueron enviados desde la planta de esa compañía en Tijuana.

Figura 3: Maquilladoras Prominentes en Tijuana

- Aldila de México S.A. de C.V.—equipos de golf
- Amex de México, S.A.—escritorios de oficina
- Berthamex S.A. de C.V.—integrador de redes de comunicaciones
- Bourns de México, S. de R.L. de C.V.—componentes electrónicos
- Industrias Clayton—aceitadores industriales de vapor
- Comair Rotron de México—ventiladores y sopladores
- Ensambles de Precisión de las Californias, S.A. de C.V.—componentes y subsistemas electrónicos y de comunicación
- Hitachi Consumer Products de México, S.A. de C.V.—altavoces inalámbricos, productos automotrices
- Imperial Toy de México S.A. de C.V.—juguetes
- Levimex de Baja California S.A. de C.V.—sistemas de control de iluminación
- LLCDouglas Furniture de Mexico—muebles
- Maxell de México, S.A. de C.V.—juntas, dispositivos de embalaje y sellado
- NSK Safety Technology Inc., S.A. de C.V.—baleros de canicas y rodillos
- Pioneer Speakers, S.A. de C.V.—altavoces estéreo

- Pulidos Industriales S.A. de C.V.—acabado de superficies
- Rectificadores Internacionales—rectificadores
- Sanyo E&E Corporation—electrodomésticos principales
- Sony de Tijuana Este S.A. de C.V.—equipos de radiodifusión y comunicaciones
- Tecnología del Pacífico, S. A. de C.V.—laboratorio de energía

LA PRUEBA

La relación entre San Diego y Tijuana ha gozado de un enorme y muy lucrativo crecimiento desde los años 1960, especialmente en los 1990. Pero los escépticos podrían darse cuenta que no era difícil prosperar en esos años de auge, que marcaron una de las expansiones económicas más extensas de la historia. Los buenos tiempos levantan todos los barcos, así que cada empresa tenía más probabilidades de tener éxito, y cada hombre de negocios más probabilidades de parecer un genio.

San Diego y Tijuana no fueron la excepción. Incluso mientras las dos ciudades celebraban esta relación, había una sensación de que realmente aún no se había se le había puesto a prueba. Cuando lo fuera, ¿se mantendría firme su nuevo vínculo o surgirían las viejas animosidades y miedos y lo romperían?

La respuesta llegó a finales de 2007. Ambas ciudades estaban a punto de enfrentarse. cada una por separado, a sus propios demonios. San Diego y Tijuana estaban a punto de descubrir que su relación no solo mejoraría los buenos tiempos, sino que era vital para sobrevivir a los tiempos difíciles.

La crisis de San Diego en 2008 fue compartida por todo Estados Unidos. El ciclo comercial, la pérdida de empleos en la manufactura tradicional a favor de otras naciones competidoras, y el punto de inflexión, una crisis de hipotecas de alto riesgo en la que millones de personas compraron casas que no podían pagar, crearon una tormenta económica perfecta. La economía de EEUU se desplomó hacia lo que se llamaría la Gran Recesión, su peor caída desde la Gran Depresión de 1929. El mercado de valores cayó precipitadamente, los bancos se vieron amenazados y muchos cerraron, los estadounidenses dejaron de comprar bienes de consumo de alto precio, lo que amenazó con llevar a la quiebra a la industria automotriz, y cientos de miles de hogares fueron abandonados a la ejecución hipotecaria.

San Diego no se salvó de esta calamidad. Por el contrario, como una de las principales ciudades de EEUU de más rápido crecimiento en la década anterior, había podido impulsar más de su cuota de nuevos desarrollos de viviendas y préstamos de alto riesgo. Un mercado de acciones de alta demanda, había atraído grandes inversiones de muchos ciudadanos locales. Como centro de alta tecnología, encontró que muchas de sus empresas más importantes se habían hundido tratando de sobrevivir al colapso de clientes, socios estratégicos y precios de las acciones.

México tampoco se libró de la Gran Recesión—se extendió alrededor del mundo—, pero el daño económico fue menos extremo allí. Dicho esto, las plantas de ensamblaje de Tijuana vieron como la demanda de sus empresas matrices estadounidenses se agotó abruptamente cuando EEUU se apresuró a reducir los inventarios. Las tiendas y destinos turísticos también sufrieron una reducción de la demanda, pero no tanto como otros lugares, ya que los turistas internacionales de EEUU optaron por visitar México, que les quedaba más cerca, en lugar de, por ejemplo, Europa.

Sin embargo, Tijuana estaba destinada a sufrir su propia pesadilla: durante gran parte de los 3 años siguientes, una sangrienta y feroz guerra entre cárteles paralizaría la ciudad, reduciendo radicalmente la calidad de vida de todos los que se vieran obligados a vivirla.

La cruzada informativa de *Zeta*, las nuevas leyes de extradición entre Estados Unidos y México, y los esfuerzos conjuntos de aplicación de la ley entre los dos países—en particular los grupos de trabajo en el norte de México creados en el decenio de 1990 bajo la dirección de Alan Bersin como Procurador de EEUU y zar de la frontera—habían dado sus frutos. A principios del 2000, las operaciones de los cárteles especialmente las del CAF, se habían reducido considerablemente. Hubo algunos actos de violencia impactantes, como el asesinato del cofundador y editor de *Zeta*, Francisco Ortiz Franco, en 2004, pero la mayor parte de la actividad de los cárteles se silenció en la ciudad, ya que la mayoría de los líderes del crimen organizado estaban en prisión. En 2006, cuando el jefe del cártel Javier Arellano Félix fue arrestado por la Guardia Costera de Estados Unidos en un barco frente a la costa de Baja California, parecía como si el CAF fuera finalmente derrotado.

Pero esta pérdida de liderazgo fue solo temporal, y las celebraciones de la desaparición de la pandilla fueron prematuras. Luchando por llenar su vacío en la cima, el CAF se convirtió en una guerra interna mientras dos facciones diferentes luchaban por el control. Una, liderada por Teodoro García Simental (El Teo), especializado en secuestros; la otra, liderada por Luis Fernando Sánchez Arellano (El Ingeniero), que tenía el beneficio del apellido de la familia, buscaba dominar el comercio de drogas de la ciudad y controlar el llamado territorio de la Plaza que abarca hasta y a través de la frontera México-EEUU en Tijuana.

Sus batallas por el dominio podrían haberse extendido a los distritos periféricos del norte de México, de no ser por dos fuerzas contrarias. Una de ellas era los cárteles más grandes de la región, lo que limitó la propagación de los narcotraficantes de Tijuana. El de Sinaloa se encontraba inmediatamente al este, y el Cártel del Golfo estaba en su mayor parte más al este, pero también engendró un grupo seccionado particularmente violento llamado los Zetas (obviamente no relacionado con el periódico de Tijuana). Como el Dr. Andrew Selee lo describe en su libro *"Vanishing Frontiers"*:

> En la medida que estos grupos comenzaban a pelear por el territorio, México pasaba por una espiral de violencia. De 2007 a 2011, la tasa de homicidios de la nación se triplicó, pasando de un modesto 8 por 100,000 no muy por encima de la tasa de homicidios de EEUU en ese momento, a más de 24 por 100,000 entre las más altas del mundo. Más de 45,000 mexicanos murieron por la violencia del crimen organizado en esos 5 años, y algunas ciudades, entre ellas Tijuana y Ciudad Juárez, superaron a algunas de las ciudades devastadas por la guerra en Afganistán e Irak, simplemente en el número de muertes diarias. Ciudad Juárez fue, durante 3 años, la ciudad más violenta del mundo, y Tijuana no se quedó atrás.

Más allá de las guerras territoriales, el vacío de poder en Tijuana también presentó una oportunidad para los cárteles. Las numerosas detenciones de líderes de los cárteles algunos años antes, también habían expuesto el nivel de corrupción que había en Tijuana (especialmente relacionado con el CAF), particularmente entre la policía. Los consiguientes arrestos de oficiales del orden público y sus líderes comprometieron tanto la capacidad de la ciudad para hacer cumplir la ley, que la Ciudad de México envió 330 tropas a Baja California (de un total de 26,000 enviados a regiones controladas por cárteles en todo el país) para restablecer el orden en Tijuana.

Como resultado de estas presiones, las dos facciones del CAF se encontraron enfrascadas dentro de Tijuana, y pronto, cada una comenzó a interferir en los negocios de la otra. En particular, la facción de El Ingeniero quería continuar con su negocio cotidiano de delitos menores vendiendo drogas, derribando negocios y participando en otras actividades delictivas tradicionales. Pero El Teo tenía sueños más grandes: se dispuso a secuestrar y rescatar a destacados ciudadanos de Tijuana, desde personas adineradas hasta las élites profesionales y empresarios de cuello blanco en las maquiladoras y otras industrias emergentes, incluyendo el turismo médico.

Sánchez Arellano exigió que García Simental y su pandilla dejaran los secuestros—o al menos los redujeran a un nivel manejable—porque no solo estaban empezando a paralizar la vida en la ciudad y a expulsar a muchas de las personas más reconocidas de la ciudad, sino que también estaban provocando un escrutinio de las fuerzas del orden en Tijuana desde ambos lados de la frontera. (Un lugar donde el CAF aún podía operar más allá de los límites de la ciudad y nacionales, era en el sur de California y Nevada, donde un grupo derivado, Los Palillos, operaba como un brazo armado.) El Teo se negó: había demasiado dinero involucrado en los rescates de los secuestros. Se produjo una guerra entre cárteles a gran escala, viciosa y sangrienta.

El CAF, en diversas formas, había sido parte de la vida tijuanense desde principios de los años 1980, y en los primeros años del siglo XXI no era raro ver a los miembros de los cárteles más importantes codearse con el resto de la élite de la ciudad en restaurantes y clubes nocturnos, con sus guardaespaldas armados esperándolos afuera, ostentosamente junto a sus caros automóviles. Aunque nunca se les consideró una fuerza benigna, se les toleró, siempre y cuando restringieran sus actividades más violentas a los vecindarios más pobres y alejados y llevaran a cabo sus otros delitos, como el contrabando de drogas, de manera discreta.

Pero en la madrugada del sábado 26 de abril de 2008, todo eso cambió. A lo largo de toda la ciudad, las horas previas al amanecer retumbaban con el sonido de las balaceras y el chirrido de los autos. Al amanecer, la policía encontró diecisiete miembros del CFA muertos, asesinados con rifles y ametralladoras. Catorce de los muertos fueron descubiertos en la misma calle, en la zona de las maquiladoras, muchos de ellos acribillados a balazos, con el rostro desfigurados, como marca de deshonra. Otros seis hombres resultaron heridos y otros seis detenidos por la policía.

De los muertos, solo dos eran sicarios de la facción de Sánchez Arellano; el resto eran de la pandilla de García Simental. A los sicarios se les identificaba por sus grandes anillos de oro con la imagen del icono de la Santa Muerte, que se suponía que los protegía. Había sido una emboscada: El Ingeniero había tenido suficiente.

Rommel Moreno Manjarrez, el procurador general de Baja California, dio una conferencia de prensa, diciendo a los periodistas: "El día de hoy muestra que estamos enfrentando una guerra terrible nunca antes vista en la frontera".

No estaba equivocado. En los primeros cuatro meses de 2008 ya se habían visto casi doscientas personas asesinadas solo en Tijuana. Estaba a punto de ponerse mucho peor.

Una reportera de Reuters, Lizbeth Díaz, captó el estado de ánimo de una ciudad ya aterrorizada por el creciente caos:

> La policía acordonó los caminos circundantes, obligando a los trabajadores de una maquiladora cercana a caminar por la escena del crimen para llegar a su lugar de trabajo.
>
> "Otro tiroteo», dijo una mujer que dio su nombre solo como Lisa. Son demasiados. Tenemos tanto miedo".

Era como si una nube oscura hubiera descendido sobre Tijuana, convirtiéndola en una población de residentes asustados, cada vez más sumidos en la violencia y la muerte, mirando furtivamente hacia atrás cuando circulaban por las calles, refugiándose en sus casas siempre que era posible, y buscando una forma de escapar. La mayoría de los que pudieron escapar lo hicieron, como siempre a lo largo de la historia de Tijuana, a través de la frontera para refugiarse en San Diego: ejecutivos de negocios, políticos, jueces, casi todos los ricos o prominentes. Muchos se establecieron en los distritos del sur de San Diego y nunca han regresado del todo. A finales de año, 844 tijuanenses habían sido asesinados, frente a los 337 del año anterior.

LA ESCRIBANA

En 1994, Sandra Dibble se había trasladado a Tijuana para trabajar en la oficina del *San Diego Union-Tribune* de esa ciudad. Había estado trabajando como periodista en Washington, DC, y había aceptado el nuevo trabajo porque era una oportunidad para sumergirse en otra cultura y escribir sobre ella. Incluso eligió vivir en Tijuana, en lugar de viajar diariamente desde San Diego. "Yo quería estar inmersa, por así decirlo", recuerda. Terminaría viviendo en un apartamento en el centro de la ciudad durante 7 años.

La oficina empleaba solo dos reporteros, y la contraparte de Dibble se centraba principalmente en temas sobre la aplicación de la ley, por lo que ella esperaba cubrir las historias culturales.

Nada resultó como ella lo planeó. Casi en el momento de su llegada, Tijuana (y México) fue estremecida por un paroxismo de violencia:

> Llegué allí en 1994, justo después de que mataran al candidato presidencial, [Luis Donaldo] Colosio, en Tijuana. Luego, un par de semanas después, mataron al jefe de policía. Hubo un secuestro de alto perfil del ejecutivo de una maquiladora, y en esa época también asesinaron a funcionarios federales. Todos estos crímenes eran grandes y dramáticos. Fue como mi

bautismo de fuego. Terminé teniendo que ayudar a reportar esas historias.

Por lo general era el [Cártel] Arellano-Félix. Estaban tratando de deshacerse de un tipo que los había hecho enojar, o que no estaba colaborando o estaba colaborando con alguien más. Todo lo que sé es que salíamos corriendo a cubrir el tiroteo. A menudo no estaban a nuestro alcance muchas respuestas inmediatas, por lo que nunca se sabía exactamente por qué se mató a esa persona. Creo que lo más importante era que los Arellano estaban ejerciendo su poder.

Con el tiempo, la violencia se calmó nuevamente, y Dibble pudo informar sobre el lado bueno de la vida tijuanense: los eventos culturales, las artes, el torbellino social. Pero entonces, en 2006, la violencia comenzó a aumentar otra vez. Una ola de secuestros en 2006 sorprendió a la ciudad; la sociedad, incluso organizó una marcha en protesta contra la creciente violencia entre narcotraficantes. En respuesta, el recién electo presidente mexicano Felipe Calderón ordenó tropas federales a Baja California a principios de 2007. El ejército inmediatamente confiscó las armas propiedad del departamento de policía, "y comenzó a arrestar a policías bajo sospecha de ser corruptos".

Para entonces, Dibble se había mudado a San Diego, aunque viajaba todos los días hábiles a Tijuana, en medio de los problemas. Aún así, ella trataba de mantener una vida social allí, aunque se redujo considerablemente:

> Era tenebroso. Fue la única vez que experimenté Tijuana de esa manera. Se verían estas caravanas de autos oscuros circulando a toda velocidad. Tal vez era la policía federal, tal vez eran los narcos. Acelerando a toda velocidad por la autopista. La Avenida Revolución, la zona turística, estaba como muerta, muerta.
>
> También era espantoso porque salías a los vecindarios y veías a la policía patrullando con armas de alto calibre, pero todos llevaban pasamontañas

porque no querían ser reconocidos y que les fueran a tender una trampa para asesinarlos.

Creo que hubo muchos restaurantes que perdieron su clientela porque la gente no salía de noche. Creo que incluso una vez le dispararon a alguien en una sala de cine que se encuentra en una zona lujosa.

Hubo un par de casos en los que el pistolero irrumpió en un restaurante e hizo que todos se tiraran al suelo para luego llevarse sus billeteras y bolsas. Todo el mundo trató de mantener la historia en silencio porque si se propagaba, nadie [de Tijuana o San Diego] iba a querer salir a restaurantes. Esto fue durante la recesión, por lo que, eso junto con el crimen, no era un buen momento para Tijuana.

La carga de registrar para la historia esta oscura era en la vida de Tijuana ahora cayó enteramente sobre los hombros de Sandra Dibble. Los periódicos de todo Estados Unidos se estaban reduciendo ante el auge del Internet, y muchos ofrecían paquetes de retiro anticipado a los periodistas de alto nivel como preludio a despidos mayores. La colega de Dibble en la oficina de Tijuana tomó uno de esos paquetes de retiro y no fue reemplazada. Incluso se cerró la oficina de la agencia. Sandra Dibble era ahora la única corresponsal "internacional" del *Union-Tribune* en Tijuana. Se esforzó por encontrar historias que ayudaran a sus lectores a comprender lo que estaba sucediendo, que captaran la resistencia y la resiliencia de la ciudadanía de la ciudad. Sandra:

Escribí una historia sobre personas que estaban haciendo un paseo nocturno en bicicleta por una de las calles más transitadas. Serían un par de cientos de bicicletas bajando a las 7:00 de la noche en invierno, recorriendo la ciudad. Fue un acto de desafío. Contaban con escoltas policiales. Aun así, hubo una ocasión en que tuvieron que devolverse porque había una balacera más delante.

Los negocios en Tijuana seguían marchando. Ninguna fue tan duramente golpeada que las industrias de turismo y servicios médicos, que atendían a los visitantes de EEUU. Probaron soluciones innovadoras que ofrecían mayor seguridad a los viajeros, como excursiones bien vigiladas en autobuses rojos especiales. Pero en su mayoría, los visitantes no venían, y la economía tijuanense comenzó a deslizarse hacia su propia recesión.

JUVENTUD PERDIDA

Aparte de las víctimas de los crímenes, esta era puede haber sido la más dura para los niños de Tijuana. Un período entero de sus vidas estaba severamente circunscrito. A los niños pequeños, que antes vivían en relativa libertad, no se les permitía ir a casa de sus amigos o a la escuela o a la tienda de la esquina sin compañía, ni siquiera durante el día. Por la noche, ellos y sus padres se encerraban (y a veces se atrincheraban) en sus casas, y cuando los disparos se hacían especialmente intensos, rezaban por ver la mañana siguiente.

Los adolescentes de Tijuana, los jóvenes adultos de hoy en día, recuerdan esto como un período perdido en lo que debería haber sido un momento emocionante de sus vidas. Las tradiciones prevalecientes de los adolescentes mexicanos—bailes, fiestas, paseos, cortejo—se suspendieron. Solo la idea de que los niños salgan un sábado por la noche, a pasear con sus amigos, aterrorizaría a sus padres. René Pérez, ahora con la Comisión de Desarrollo de Tijuana, recuerda:

> Durante esos años, casi nunca salíamos de noche, ni siquiera los fines de semana. Era como si no tuviéramos vida social. Y si llegábamos a salir, nuestros padres estaban aterrorizados. Fue unos pocos años muy solitarios, justo en la época de tu vida en la que quieres salir y conocer chicas y pasar el rato con tus amigos.

Para Alfredo Ángeles, que hoy en día es especialista en desarrollo de negocios en la Corporación de Desarrollo Económico de Tijuana, era un estudiante de 17 años de edad en el último año de la escuela secundaria durante los problemas, un período que él describe como una "cicatriz" en la ciudad.

Tuve algunos compañeros que no fueron a la escuela durante meses. Algunos de ellos se fueron a vivir a diferentes lugares como San Diego. Pero no quería verlo así. Nos quedamos.

Todavía quería salir por la noche, ya sabes, los fines de semana y cosas así. Pero en muchas de las fiestas, aparecían estos jóvenes que estaban involucrados en el narco y otras cosas—los llamábamos Narco Juniors. Podrían causar problemas. Las llamábamos *mangueras*—mangueras de fuego—porque de repente sacaban sus armas y empezaban a tirar balas, matando a la gente.

Todavía podía salir, pero tenía cuidado de no involucrarme con ellos.

Aprendí que generalmente solían ir a fiestas en casa. Algunas de las fiestas eran tan grandes que ocupaban toda la manzana, lo que significaba autos rugiendo, música a todo volumen y gente bebiendo en la calle. Fui a dos o tres de esas fiestas, pero me di cuenta de que eran tan peligrosas que empecé a ir al centro mejor. Solo había tres o cuatro bares abiertos aún. El turismo estaba muerto, incluso desde México, y aunque los estadounidenses quisieran venir, el cruce de la frontera se demoraba una eternidad debido al aumento de las inspecciones. Pero para mí, era más seguro allí. Mis padres aún temían por mí. Eso llevó a muchas peleas con ellos. Y mis amigos no querían venir a mi casa y pasar a buscarme porque tenían miedo de ir a mi colonia.

Teníamos un vecino que ni siquiera sabíamos que estaba con los narcos hasta que lo mataron.

¿Por qué no nos fuimos? Frecuentemente me lo pregunto. Todo lo que puedo decir es que, en México, somos muy familiares. Tomamos decisiones como familia, y como familia, eso es lo que los tíos, los hermanos de mis padres, querían para nosotros. Mis tíos estaban aquí, y mis primos estaban aquí. Mis abuelos estuvieron aquí . . . ¿Adónde vamos [a ir]? No tenemos un trabajo esperándonos.

Lo peor, creo, fue la temporada navideña. Nadie salió. Las calles estaban casi vacías. Normalmente, se veían las calles llenas de familias celebrando, comiendo en restaurantes, comprando . . . Ahora no había nada de eso. Fueron tiempos difíciles.

Finalmente, se puso tan mal que los policías comenzaron a usar máscaras de esquí para no ser identificados. También comenzaron a tapar con pintura los números de sus patrullas por la misma razón. Uno de mis primos era policía, era muy peligroso para él. Todos nos preocupamos por él.

Estaba en las fuerzas especiales antisecuestros. Había muchos de ellos. Mi padre trabajaba en una empresa de construcción, y probablemente el 70 por ciento de la dirección contrató seguridad privada para protegerse.

Para Alfredo Ángeles el punto más bajo se produjo cuando la policía de Tijuana, apoyada por soldados mexicanos, atacó una elegante casa antigua que resultó ser una casa de seguridad del cártel cerca de la propia casa de Alfredo. La ex-novia de Alfredo vivía al lado. El tiroteo resultante duró catorce horas, con miles de cartuchos disparados.

Ese tiroteo fue el principio del fin. La elección de Felipe Calderón y la llegada a Tijuana del Ejército había señalado el cambio. En un par de meses, solo 2 años después de que comenzara, las guerras del narcotráfico en Tijuana se convirtieron en un rugido sordo.

Alfredo:

Recuerdo que mi graduación de la secundaria fue un momento de alegría. La fiesta después fue muy buena. Mi familia estaba allí. Mi padre acababa de conseguir un nuevo trabajo en una empresa de construcción de

San Diego que había decidido volver a Tijuana. Habían sido tiempos muy duros, pero ahora habían terminado.

Alfredo Ángeles eligió permanecer en Tijuana para asistir a la Universidad Autónoma de Baja California. Y aún vive en Tijuana.

Sobre esos años difíciles, José B. Fimbres de los supermercados Calimax recuerda:

Me casé en el 98 y tenía tres hijos cuando empezaron los problemas. Estaba empezando a construir mi casa aquí en Tijuana. Y de repente, te pones un poco nervioso, especialmente en mi familia, porque ya habíamos experimentado un secuestro—de mi tío—en los años 1970. Yo estaba en el quinto grado cuando eso sucedió.

Así que siempre lo tienes en mente y siempre tuvimos seguridad desde entonces. Por suerte, fue rescatado. Pero sabíamos que podría suceder de nuevo, especialmente cuando nuestro apellido se hizo más conocido.

Avance rápido a la década del 2000. Los asesinatos y los secuestros se convirtieron una vez más en algo cotidiano. Así que fui a ver a mi padre [José Fimbres Moreno] y le dije: "Papá, creo que es más fácil, creo que quiero vivir en Estados Unidos para minimizar mi riesgo".

Me miró muy solemnemente—hablaba de una manera que siempre escuchabas—y me dijo: "¿Vas a ir a dónde?"

"Papá, voy a ir a San Diego, probablemente a vivir en Coronado o en algún lugar cercano".

Y solo me miró otra vez.

"¿A dónde vas a ir?"

"Coronado o San Diego". Esa fue la segunda vez.

Volvió a preguntar. "¿A dónde vas a ir?"

"San Diego. Papá, esto es realmente difícil".

Y por cuarta vez preguntó: "¿Adónde vas a ir?"

Finalmente lo entendí. Que cuando los buenos se van, los malos ganan. Si eres una presencia en la comunidad, si proporcionas trabajos, soluciones a tu base de clientes, estás aquí, eres parte de la comunidad por economía, social y culturalmente. Representa algo más que el nombre. Representa algo más que una marca o un nombre de familia. Así que dije: "No, me voy a quedar aquí".

"Bien", dijo mi padre. "No crié cobardes".

EL LUCHADOR

Ningún individuo en el Valle de Tijuana ha tenido más impacto en su comunidad que Hugo Torres. No solo desempeñó el papel central de cortar el municipio de Playas de Rosarito del de Tijuana, sino que, en los días más oscuros de la región, luchó contra las bandas criminales para salvar su pueblo. Hoy en día, a los 83 años, cuando Playas de Rosarito es hogar no solo de decenas de miles de mexicanos sino también de miles de estadounidenses, sigue siendo el mayor impulsor y fuerza económica de la ciudad.

Hugo Torres llegó a Rosarito en 1943 cuando tenía 7 años. Un chico de ciudad que solo conocía la vida urbana de Ciudad de México, se quedó atónito ante Rosarito, un pequeño y polvoriento pueblo de playa con menos de quinientos habitantes. "[Era] como si fueras de la ciudad de Nueva York a un lugar diminuto", dijo al *San Diego Union-Tribune*.

Cuando el padre del joven Hugo murió y su madre se volvió a casar, el chico se encontró en una relación cada vez más tensa con su padrastro. Para mantener la paz doméstica, fue enviado a vivir con su tía en Rosarito. Fue el punto de inflexión de su vida: la tía María Luisa Chabert—una cantante de ópera retirada—no solo fue acogedora, sino que también era la persona más rica del pueblo. Era dueña del venerable Rosarito Beach Hotel, y vivía al lado del hotel en una mansión de ocho habitaciones.

El Rosarito Beach Hotel había comenzado, en 1924, como un conjunto de tiendas de campaña junto al océano para cazadores y pescadores. Había tenido tanto éxito que 5 años más tarde, la tía María Luisa y su marido compraron 10 hectáreas y comenzaron la construcción de un verdadero hotel.

Para cuando Hugo se mudó con su tía, ahora viuda, el hotel había crecido a cincuenta habitaciones con azulejos mexicanos brillantes y vistas al océano. También se había convertido en un atractivo para los famosos de Hollywood. A Torres le encanta contar que la ex-ciudadana de Tijuana Rita Hayworth llegó con su nuevo marido Aly Khan y un séquito de dieciocho personas. Según cuenta, el príncipe compró una cerveza de 75 centavos y la pagó con un billete de 100 dólares, diciendo: "Quédese con el cambio". En términos porcentuales, sigue siendo la mayor propina de un cliente del Rosarito Beach Hotel.

A principios de los años 1950, Hugo dejó su casa para asistir a un internado militar en Ciudad de México. Después se mudó a Monterey para obtener un título en contabilidad. Posteriormente, regresó a la capital para trabajar durante casi una década en la oficina de Arthur Andersen en Ciudad de México.

No fue hasta mediados de los 60 que la tía de Hugo lo llamó a su casa en Playas de Rosarito. A estas alturas el hotel era propiedad de una corporación, pero la tía María Luisa todavía tenía suficiente influencia para adjudicar la gestión administrativa a su sobrino.

Hugo se puso en marcha con una estrategia de crecimiento masivo. Le había molestado durante mucho tiempo que el hotel, con sus cincuenta habitaciones, no aprovechara sus valiosas 10 hectáreas de tierra. Así que inició un importante programa de construcción que continúa hasta hoy. Después, para llenar las nuevas habitaciones, se embarcó en un programa promocional sin precedentes para el hotel en México y EEUU. "Quería que fuera rentable", dijo al *Union-Tribune*.

En 1968, sus esfuerzos habían tenido tanto éxito—y su capacidad para obtener financiación tan fuerte—que Torres pudo devolver el hotel a la familia: compró el Rosarito Beach Hotel.

Durante las siguientes tres décadas, Hugo Torres continuó expandiendo no solo su hotel sino también su influencia sobre su amada Playas de Rosarito. Legendariamente, cansado de que la ciudad fuera poco más que un rincón olvidado de Tijuana—la ciudad no tenía alcantarillado, tan solo un puñado de semáforos y un solo oficial de policía—Torres se embarcó en una campaña para hacer de Playas de Rosarito una ciudad independiente. Formó un comité de trabajo. "Empezamos en marzo y pensamos que terminaríamos en diciembre", ha dicho Torres. "Tomó doce años y medio".

Cuando Rosarito finalmente obtuvo su independencia en 1995, era natural que Hugo—no solo el líder del comité sino el hombre más rico de la ciudad—fuera nombrado para el recién creado consejo municipal. El consejo, a su vez, lo eligió presidente del consejo. Como es característico, Torres donó su salario a un programa de desayunos para niños de la escuela local. Y cuando encontró las arcas de la ciudad vacías, compró computadoras para el gobierno de la ciudad. Renunció en 1998 después de un período de 3 años. "Rememorando, fue una época relativamente pacífica", dice. "No teníamos ni idea de lo que se avecinaba".

Así pudo haber permanecido en los años siguientes: Hugo Torres dividiendo su tiempo entre el hotel y su promoción a Playas de Rosarito. De hecho, incluso fundó dos periódicos, uno en español, *Ecos de Rosarito*, y un periódico de buenas noticias en inglés, el *Baja Times*, dirigido a los expatriados que vivían en la región—una población que se acercaba a los diez mil residentes. Parecía un elegante viaje a un bien merecido retiro.

Entonces todo se desmoronó. La guerra entre cárteles había comenzado en Tijuana y el norte de México, y la aún pequeña Playas de Rosarito sería finalmente una de las comunidades más afectadas. Su orientación turística, su aislamiento comparativo y su pequeño departamento de policía lo convierten en un lugar ideal para que los delincuentes operaran impunemente. En pocos meses, la ciudad comenzó a caer bajo el control del crimen organizado. "Los criminales vinieron aquí como si fuera Disneylandia", recuerda.

Hugo Torres no podía permitir que esto le pasara a su ciudad de residencia, así que volvió totalmente a la política. En 2007, se presentó como candidato a la alcaldía con una plataforma para eliminar la corrupción en la policía y detener a los delincuentes. "La gente realmente quería que se hiciera algo con respecto a la seguridad, así que supongo que por eso me eligieron para gobernar. En su mayor parte, Rosarito seguía siendo una zona bastante pacífica con pocos problemas de seguridad, pero la creciente amenaza de la zona en general provocó la preocupación de la gente".

Fue elegido justo a tiempo. Considerada como la última esperanza de Playas de Rosarito, Torres obtuvo una victoria aplastante—dos a uno sobre su oponente—que acaparó los titulares de toda la región. El semanario *Zeta* de Tijuana lo nombró "Hombre del Año", señalando que había ganado las elecciones "ganándose la confianza de los ciudadanos en un momento en que la profesión política carece de prestigio".

Una vez más, se movió rápida y decididamente. Uno de los primeros movimientos de Torres fue desarmar la fuerza policial de la ciudad hasta que, a través de horas de pruebas con el detector de mentiras, pudo determinar qué oficiales estaban en la nómina de los cárteles. El 70 por ciento de los cuerpos policiacos profesionales de Rosarito fallaron sus pruebas y fueron despedidos sumariamente. Torres dice: "Asumí que al menos algunos de nuestros policías tenían conexiones con el cártel, pero tener más de la mitad definitivamente me sorprendió. Me alegro de que hayamos peinado las filas como lo hicimos".

Torres también contrató a un nuevo jefe de policía, un ex capitán del ejército mexicano llamado Jorge Montero. Considerado incorruptible, a Montero se le encargó reconstruir el departamento de policía.

No es sorprendente que los cárteles no se hayan tomado estos cambios a la ligera. Apenas unas semanas después de la incorporación de Montero, unos asesinos a sueldo irrumpieron en la comisaría, mataron a uno de sus guardaespaldas e hirieron a otro. Los asaltantes escaparon. Al enterarse de que un ex oficial del Ejército estuvo a punto de ser asesinado, el general del Ejército Mexicano encargado de la seguridad de la región envió 80 soldados—con el permiso de Torres—a patrullar las calles de la ciudad.

Torres, por su parte, comenzó a recibir amenazas de muerte. "Sabía que era malo; pero no sabía que era tan malo", dijo más tarde. Hugo contrató su propio equipo de guardaespaldas.

Como en Tijuana, las guerras del narcotráfico empeoraron antes de mejorar. En 2008, la violencia no hizo más que aumentar. Ese año, hubo 61 homicidios en el pequeño pueblo, haciendo de Playas de Rosarito uno de los lugares más violentos per cápita de la tierra.

A medida que la noticia se extendía hacia el norte, el negocio turístico, el alma de la Playas de Rosarito y el hotel de Hugo, comenzó a desaparecer. Playas de Rosarito se arriesgó a un colapso económico que dejaría su control permanentemente en manos de los cárteles. En el Rosarito Beach Hotel, la tasa de desocupación a veces llegaba al 97 por ciento. Sin embargo, incluso en los tiempos más oscuros, Torres nunca despidió a sus empleados.

Sorprendentemente, bajo esta superficie problemática, Hugo y su pueblo estaban ganando lentamente. A finales de 2010 y con el mandato de Torres como alcalde, Playas de Rosarito había superado lo peor. Ese año, los asesinatos cayeron a 33, no es la gran cosa, pero sí una gran mejora. Los turistas estadounidenses comenzaron a regresar.

A Hugo Torres se le atribuyó universalmente la restauración de la ciudad a su antigua gloria. Pero la victoria había tenido un costo. Con el crédito vino la controversia: los métodos de Hugo, aunque finalmente exitosos, también fueron vistos como autoritarios. Todavía quedan algunos resentimientos. Sin embargo, como la delincuencia ha comenzado a aumentar de nuevo en los últimos años, muchos ciudadanos de Playas de Rosarito miran con cariño los años autocráticos de Torres como alcalde. "Atacó la inseguridad de la ciudad con todas sus fuerzas", dijo Víctor Loza Bazán, presidente de una asociación estatal de agentes inmobiliarios de Baja California, al *Chicago Tribune*. "Hizo un gran trabajo en ello".

El histórico Rosarito Beach Hotel ha encantado a sus huéspedes desde 1924.

Aunque su pesada huella en Playas de Rosarito permanece, en los años siguientes, Hugo Torres, ahora abuelo de seis, se ha alejado de la política. Concentra su energía en su hotel (que ahora se acerca a su segundo siglo), promocionando la ciudad, trabajando para lograr una mayor base económica más allá del turismo, y luchando perpetuamente contra los medios de comunicación siempre que éstos escriben una historia remotamente negativa sobre el lugar. Playas de Rosarito es ahora una ciudad de más de 70,000 habitantes, y el Rosarito Beach Hotel cuenta hoy en día con casi trescientas suites, muchas de ellas en una nueva torre de 19 pisos. En un día cualquiera, la ocupación suele acercarse al 100 por ciento.

DESPUÉS DE LA TORMENTA

La pesadilla de Tijuana terminó en 2010 cuando la guerra de narcos pareció apagarse. Lo que precisamente terminó con ella sigue siendo una pregunta abierta. Algunos acreditan al recién elegido alcalde Carlos Bustamante del PRI, o a su predecesor, Jorge Ramos Hernández del PAN, cuyas administraciones transcurrieron durante la guerra entre cárteles.

Adela Navarro, editora de *Zeta*, le da mucho crédito a la Sedena, al Ejército Mexicano y a su todavía controversial comandante en Tijuana, el General Alfonso Duarte. Duarte parecía entender instintivamente que nunca podría acabar con las narco-bandas a menos que trabajara en estrecha coordinación con la gente de Tijuana: la policía, la prensa y la ciudadanía. En cuanto a la policía, en lugar de eludir sus esfuerzos, invitó a los fiscales del estado y al jefe de policía de Tijuana a trabajar en las oficinas de su base del ejército, para mantenerlos a salvo. Mientras tanto, trabajó con el gobierno de la ciudad para reclutar y aprobar a nuevos oficiales de policía para reemplazar a los que habían sido despedidos o arrestados.

Al mismo tiempo, el general Duarte trabajaba con la prensa, en particular con *Zeta*, que se había convertido en la fuente de cobertura de la actividad delictiva en la ciudad. Una vez más, el Ejército proporcionó protección y sirvió como fuente de noticias. La capacidad de *Zeta*, a su vez, de llevar noticias reales al público sin miedo a la intimidación o al asesinato, permitió a los ciudadanos comunes levantarse y protestar contra la destrucción de su ciudad y la alteración de sus vidas. Selee, describiendo el mejor momento de Tijuana en el siglo XXI:

> Los ciudadanos—armados con el conocimiento que adquirían cada semana al leer *Zeta*—se manifestaron en las calles contra los funcionarios y negocios corruptos, avergonzándonos y obligando a las autoridades a arrestar a docenas de cómplices de los cárteles. [Los pequeños empresarios] y los ciudadanos medios reunieron grupos cívicos que presionaron al gobierno para que mejorara la policía y reformara el sistema judicial, efectuando cambios masivos tanto en la policía como en los tribunales.

Sin embargo, más allá de la contribución de Duarte y de los ciudadanos de Tijuana, el fin de la violencia en 2010 fue tan abrupto que ha llevado a una considerable especulación sobre lo que realmente ocurrió. InSight Crime, una organización periodística que cubre el crimen en Latinoamérica y el Caribe, ha propuesto que el General Duarte, o los oficiales de su Ejército, decidieron que la única manera de terminar con la violencia era elegir y apoyar a un ganador: se creó un pacto por el cual el Ejército trabajaría con la facción de Sánchez Arellano para eliminar al grupo de Simental, creando así una paz relativa en la ciudad.

El gobierno de EEUU adoptó un punto de vista ligeramente diferente. Un informe secreto sobre la situación, que apareció en WikiLeaks en 2009, sugirió que fue, en cambio, el jefe de la policía de Tijuana, Julián Leyzaola, quien hizo un trato con el grupo Sánchez Arellano para traer una relativa paz a Tijuana. Dice Dibble: "Mientras tengas una organización de narcotráfico dominante, habrá menos muertes".

Cualquiera que sea la verdadera historia, el arresto de "El Teo" Simental en enero de 2010—con los miembros sobrevivientes de su pandilla escapando para unirse al Cártel de Sinaloa—terminó efectivamente con la peor guerra de narcos de Tijuana. Gracias al Ejército y a la policía, con la ayuda de ciudadanos comunes y de un grupo de periodistas extraordinariamente valientes (más de un centenar de reporteros han sido asesinados en todo México durante la década), Tijuana había sobrevivido a lo que Selee caracteriza como 3 años de "cuerpos colgados de puentes, tiroteos en las calles y ejecuciones en las carreteras principales".

La ciudadanía, conmocionada y desconfiada, reconstruyó lentamente sus vidas. La vida nocturna regresó gradualmente, las familias comenzaron de nuevo a visitar los parques, los adolescentes reafirmaron sus vidas sociales perdidas, y el motor económico de Tijuana—las maquiladoras, los centros de turismo médico, los restaurantes y los centros turísticos, todos ellos habían funcionado como si estuvieran sitiados durante 3 años—resurgieron ante los ojos del público. Los líderes tijuanenses, que habían buscado santuario con el ejército mexicano o en San Diego, comenzaron a regresar a casa. Sandra Dibble finalmente pudo empezar a cubrir la resurgencia cultural de Tijuana. Y los sandieguinos, que habían vigilado cautelosamente al otro lado de la frontera, temerosos de que la violencia se extendiera a los Estados Unidos, suspiraron aliviados. La Gran Recesión de EEUU también había terminado y los sandieguinos estaban listos para volver al trabajo—y a Tijuana.

El Renacimiento de Tijuana, que había transformado la ciudad durante las dos décadas anteriores, había enfrentado su mayor amenaza y no solo sobrevivió, sino que emergió más fuerte que nunca, listo para alcanzar alturas aún mayores.

CAPÍTULO DIEZ

De la oscuridad a la luz

Después de los años oscuros de la guerra entre cárteles, el renacimiento de Tijuana puso los reflectores sobre un recurso imprevisto: una revolución culinaria, y los bloggers de comida de San Diego que celebraron a sus inventores.

Para 2012, la economía del sur de California y de San Diego en particular, comenzaba a prosperar una vez más. Las casas embargadas estaban siendo desbaratadas, las corporaciones estaban de nuevo en marcha (y, sobre todo, estaban contratando), las autopistas estaban tan congestionadas como siempre, el centro de convenciones estaba repleta de gente, y los fiesteros alborozaban la vida nocturna. La economía estadounidense en general se estaba expandiendo lentamente hacia el mayor auge de la historia de la nación.

También había crecido una nueva generación. La generación X en EEUU, que entraba ya en la mediana edad, estaba disfrutando de su nueva prosperidad e ingresos disponibles. Detrás de ellos venían los millennials que habían crecido en San Diego, o asistido a sus universidades, y para quienes visitar Tijuana era una parte ordinaria de sus vidas.

La bahía de San Diego, el centro de convenciones y Petco Park.

En su mayoría se habían mantenido alejados de "TJ" durante la guerra entre cárteles, después de todo, no solo era peligrosa la ciudad, sino que la mayoría de los lugares de entretenimiento que habían disfrutado en años anteriores se habían silenciado, si es que no desaparecido por completo. ¿Por qué arriesgarse a cruzar la frontera si la vida nocturna que buscaban había desaparecido?

Sin embargo, en los años transcurridos había surgido otro fenómeno: la cultura del Internet. Estas dos generaciones, especialmente los millennials, habían crecido con la Web y ahora vivían sus vidas sumergidas en ella. Había transformado la cultura estadounidense, especialmente con la llegada de las redes sociales, y uno de sus efectos secundarios fue convertir a millones de estadounidenses en gourmets aficionados.

A diferencia de las generaciones anteriores, estos visitantes de TJ no eran hedonistas en busca de sensaciones y transgresiones, sino epicúreos, obsesionados con la salud y con experimentar lo mejor. En ninguna parte era esto más cierto que en la cultura gastronómica, comidista o "foodie": la búsqueda interminable de la cocina más auténtica, más creativa y más saludable para consumir. Los guías de estos comidistas eran otras personas como ellos, que publicaban sus descubrimientos en sitios de redes sociales como Facebook. Lo que tuvo mayor influencia fue el ejército de escritores-críticos aficionados que utilizaron la combinación de bajos costos de operación y el acceso potencialmente infinito a los lectores para ofrecer sus opiniones al mundo: los bloggers.

Debido a que escribir sobre cualquier novedad los diferenciaba de la competencia, estos bloggers de alimentos se dedicaron a la búsqueda perpetua del próximo gran punto de venta de comida, la más nueva y emocionante experiencia culinaria. Debido a que ya había una docena o más bloggers de alimentos tan solo en la región de San Diego para 2010 (y más de cien en la actualidad), la intensa competencia por atraer lectores empujó a estos escritores, a pesar del evidente peligro, a cruzar la frontera hacia Tijuana, una ciudad que no era conocida por su comida de clase mundial (con la única excepción de la ensalada César).

Simultáneamente, algo importante estaba sucediendo en las cocinas de Tijuana. En la ciudad, había surgido su propia nueva generación. Ocultos detrás de las historias de tiroteos y asesinatos que llenaban las noticias, esta generación de jóvenes chefs experimentaban con algo emocionante: una cocina que combinaba ingredientes indígenas y alimentos tradicionales con una experimentación radical en la preparación y presentación. Los blogueros de San Diego se dieron cuenta y comenzaron los peregrinajes hacia el sur.

LA SUPERESTRELLA CULINARIA

Fueron los blogueros quienes encontraron al vástago de una famosa familia de restaurantes: Javier Plascencia. Plascencia, apodado por *Pacific San Diego*, el "George Clooney mexicano" por su buena apariencia, había disfrutado de una clásica educación transfronteriza. Nacido en Tijuana, Plascencia había sido criado y educado principalmente en San Diego. Allí trabajó en el galardonado restaurante de su familia, Romesco, en el suburbio de Bonita de esa ciudad. Pero su corazón permanecía en los mercados al aire libre de Tijuana y con su comida favorita: los tacos de carne asada.

Con la guerra entre los cárteles durante 2008, la familia Plascencia había empacado y se había mudado al norte. Javier Plascencia:

Cuando la situación comenzó en Tijuana, mucha gente abandonó la ciudad. Incluso nosotros, como familia. Teníamos miedo de ser secuestrados, o algo así. Sabíamos de demasiados clientes que habían sido secuestrados o de miembros de sus familias a quienes les había sucedido. Así que, como muchas otras familias que podían pagar renta o comprar una casa en San Diego, nos mudamos. Pero había mucha gente que no podía y se quedó en la ciudad.

Decidimos mudarnos de Tijuana. Las ventas en los restaurantes bajaron un 50 por ciento. La gente no salía de noche. Si acaso salían, era para la comida de medio día. Así que tuvimos que despedir a muchos empleados y eso fue lo peor. Incluso mi padre, que lleva 50 años en el negocio de los restaurantes en Tijuana, nunca había visto ni experimentado algo así. Estábamos muy asustados.

Cuando nos mudamos a San Diego, decidimos que queríamos operar un restaurante hasta que las cosas se calmaran en Tijuana. Fue entonces cuando abrimos Romesco en Bonita. Resultó que tuvimos muchos clientes que cruzaban la frontera desde Tijuana. Así que parecía como si ahí fuera Tijuana. Se sentía como nuestro restaurante en Tijuana, que es más bien un negocio familiar. El servicio era muy cálido y empleábamos meseros que tenían ese estilo de servicio al cliente y de comida de Tijuana, así que a la gente le gustó mucho.

A medida que la violencia disminuía, los Plascencia comenzaron a regresar de nuevo al sur. En 2010, incluso con la guerra entre los cárteles en marcha, la familia compró el icónico Caesar´s en la Avenida Revolución, en medio del centro de Tijuana.

Caesar's en la Avenida Revolución, el lugar de origen de la ensalada César.

Caesar's, el restaurante más famoso de la ciudad, fue fundado en 1923 y fue el lugar de nacimiento de la contribución más famosa de México a la cocina mundial en el siglo XX: la ensalada César. Pero el Caesar's había decaído en los últimos años y su reputación se había deteriorado. Incluso se rumoraba que los meseros estaban usando queso parmesano de supermercado en su famosa preparación "en tu mesa", de la ensalada César. Sobre todo, era visitado por turistas nostálgicos que querían más decir que habían estado allí que disfrutar de la comida.

La familia Plascencia cambió todo eso. Al restaurar la gloria del Caesar's, ayudaron a que en toda la Avenida Revolución se hiciera lo mismo, ya que, como Javier la describe, "estaba muerta. Era como una calle de zombis".

Dadas las interminables malas noticias en los medios, no era de extrañarse que los sandieguinos se mantuvieran cautelosos. Así que Javier y su familia tomaron acción directa.

> Mi padre, mis hermanos y yo traíamos a personas en nuestros propios autos desde San Diego a Tijuana para

que vieran con sus propios ojos que no era como lo que estaban viendo en la televisión. O sea, sí estaba mal, pero la prensa lo hacía parecer mucho peor de lo que era. Así que la gente estaba realmente asustada, no solo los locales, sino especialmente la gente [que] vivía en San Diego o en California. Tenían mucho miedo de venir. Y eso era muy frustrante para nosotros. Y entonces empezamos a hacer unos pequeños tours y a llevar gente a cenar a nuestro restaurante.

Caesar's fue una revelación no solo para sus clientes y los escritores de comida, sino para el mismo Javier Plascencia. De niño, cenar en Tijuana significaba fetuccine Alfredo: "No teníamos muchos restaurantes mexicanos en Tijuana, así que todos mis recuerdos de comida son italianos y chinos". Ahora, en las crecientes multitudes de comensales que acudían al Caesar's, vislumbraba el potencial de transformar esa cocina tradicional en algo de clase mundial:

Decidí asociarme con algunos amigos. Estaban construyendo un nuevo edificio "verde" en Tijuana, que nunca antes había tenido nada parecido a eso. Ellos querían tener ahí el mejor restaurante de la ciudad, solo para afirmar que nosotros, como jóvenes tijuanenses, queríamos que la ciudad siguiera creciendo. Así que dije que sí, y este es el primer restaurante que abrí sin mi familia.

El resultado fue Misión 19, un restaurante de lujo, que se inauguró en 2011, que combinaba su innovadora cocina con ingredientes provenientes de un radio de 190 kilómetros a la redonda. Los comensales eran recibidos con el tipo de servicio al cliente que siempre había caracterizado a los restaurantes mexicanos, pero que había estado ausente durante décadas en el norte. No tomó mucho tiempo para que los blogueros de alimentos encontraran Misión 19, y sus delirantes críticas fueron publicadas, compartidas y vueltas a publicar alrededor de Estados Unidos y el mundo. Los escritores apodaron a la nueva comida

"Baja-Cali", "Cocina de Tijuana" y "Baja Mediterránea", pero Plascencia prefiere su propio término, "Baja Cuisine".

¿Por qué *Misión*? En parte debido al amor de Plascencia por las viejas iglesias misioneras. Pero la palabra tiene un significado más profundo:

> Sentía como si estuviéramos cumpliendo una misión. Contratamos a muchos de los jóvenes cocineros que estaban saliendo de la escuela culinaria. Y empezamos a elaborar un menú de varios tiempos con [prix fixe] usando únicamente productos locales. Nos sentíamos muy orgullosos de lo que teníamos localmente, y queríamos llamar la atención sobre eso. Le estábamos diciendo a Tijuana: estamos aquí y estamos abriendo este gran restaurante para que la gente vuelva y probablemente no se vaya, y quieran volver con sus propios negocios.

Pronto, el *New York Times* y el *New Yorker* vino buscándonos, y sus perfiles hicieron famoso a Javier Plascencia y su nueva cocina.

> Para un chef como yo, a mi edad y siendo de mi generación, creo que no podría haber habido un mejor momento. ¿Sabes?, los tiempos eran perfectos. Me siento muy afortunado de ser de esta generación que inició todo este movimiento. Fue divertido. Fue un proceso muy creativo, incluso para mí. También descubrí todos estos nuevos ingredientes. Y todavía está sucediendo, ¿sabes?, sigo descubriendo muchas cosas nuevas.

Los visitantes de EEUU que comenzaron a frecuentar Misión 19 y Caesar's redescubrieron el mayor atractivo de los restaurantes de Tijuana: la legendaria atención al cliente de los mexicanos. Plascencia tenía una explicación simple que implica tanto orgullo como compromiso. Para los cocineros y meseros mexicanos su trabajo no es solamente un empleo a corto plazo, sino un empleo de por vida:

Tenemos meseros que llevan más de 20 años con nosotros. Así que estás hablando con meseros que van a dedicarse a eso durante toda su vida. Se enorgullecen mucho de lo que hacen. Los cocineros también: tengo cocineros increíbles que han estado conmigo durante más de 20 años también. Y sienten mucho orgullo por lo que hacen. La gente es muy leal aquí. Y a los comensales les encanta tener el mismo mesero cada vez que nos visitan, después de años y años.

Al mismo tiempo, otro fenómeno mexicano legendario—el puesto de comida ambulante—estaba encontrando su propia identidad, transformándose en "food trucks" con comida de buena calidad, que ahora se podían encontrar en los estacionamientos de los lujosos complejos de oficinas y centros comerciales de toda la costa oeste de Estados Unidos.

Javier, siendo un empresario innato, rápidamente aprovechó su nueva celebridad. En poco tiempo, abrió varios restaurantes y cafés en Tijuana y en toda Baja California (incluso, en reconocimiento a las comidas de su infancia, abrió Villa Saverio's, un restaurante italiano). Igual de importante fue el hecho de haber unido las tendencias del food truck y la "Baja Cuisine" para crear un servicio gastronómico en las calles de Tijuana, tan bueno como el que se encuentra en cualquier restaurante de la región. Finalmente, regresó al norte al de la frontera y abrió un restaurante de "raíces mexicanas" (Bracero Cocina de Raíz) en el barrio Little Italy en San Diego que cerró rápidamente, pero no sin antes ganar una nominación para el premio James Beard, para el mejor restaurante nuevo de la nación.

Pero fue en Tijuana donde Plascencia tuvo el mayor impacto. Su nueva cocina revolucionaria desencadenó un florecimiento de la cultura gastronómica en la ciudad, que a su vez parecía preparar el escenario para lo que sería un renacimiento cultural también. Después de haberse escondido en sus casas durante años, los tijuanenses estaban listos para volver a disfrutar de su vida social. Como escribió *Pacific San Diego*, "Tijuana recuperó su encanto". Fox News calificó a Tijuana como "un verdadero destino para 'foodies'". La revista*Travel + Leisure* otorgó a Misión 19 su premio para el Mejor Restaurante Nuevo.

Nadie parecía más sorprendido que el propio Javier Plascencia: "Sabía que Tijuana tenía algo que ofrecer. La gente solía venir aquí a beber cerveza barata, a comer tacos y a portarse mal. Ahora vienen por el arte, la música y la mejor calidad de cervezas, vinos y restaurantes".

Lo que Plascencia no menciona es que, con él a la cabeza, Tijuana había transformado un sector de su economía, quizás por primera vez en su historia, *no* con el liderazgo de los intereses empresariales de San Diego, sino por su propia cuenta. En términos más generales, a medida que Tijuana recuperaba su equilibrio, esta vez el rejuvenecimiento de la ciudad no dependía principalmente de los estadounidenses sino de la creciente clase media de Tijuana.

Hoy en día, la Avenida Revolución ofrece exquisita gastronomía, cerveza artesanal y películas extranjeras.

Por ejemplo, la Avenida Revolución, por primera vez desde que era la Avenida Olvera a principios del siglo XX, ya no dependía totalmente de los bares turísticos y tiendas de curiosidades. Ahora está orientado a la familia Tijuanense. Los zonkeys, los icónicos burros pintados con rayas de cebra, todavía posan pacientemente con los turistas, pero son más un guiño al pasado que una atracción turística principal. En un día cualquiera, muchos más de los comensales en Caesar's son ahora de Tijuana en lugar de otros lugares.

EL OTRO VALLE

El fin de la guerra entre cárteles y las asombrosas mejoras que facilitaban cruzar la frontera, hicieron posible el resurgimiento de Tijuana después de 2012, detonado por la Baja Cuisine y la revolución de Javier Plascencia que no se detuvo con la comida. Los jóvenes cerveceros tanto de San Diego como de Tijuana, estaban creando muchos estilos de cerveza artesanal regional que serían bien conocidos en ambos países y en el mundo. Sus nombres incluyen Ballast Point, Stone Brewing, Mission Brewery, y Karl Strauss en San Diego, y en Tijuana, Border Psycho, Cervecería Insurgentes, Cerveza Norte, Cervecería Tijuana, y Mamut Brewery. De hecho, con más de ciento cincuenta cervecerías artesanales autorizadas, San Diego supera a cualquier otro condado en Estados Unidos.

Pero el protagonista que interpretaría el papel estelar en la región ha sido el vino hecho en el norte de México, y Tijuana estaría en el centro de la historia. Baja California nunca había sido conocida por producir vinos superiores, aunque no por falta de intentos. En el Valle de Guadalupe, al sur de Tijuana, se cultivaron las uvas de las misiones destinadas para hacer el sacramental de las misiones en Baja California, desde el siglo XVII hasta principios del siglo XVIII, cuando el rey español Carlos II ordenó que se destruyeran todos los viñedos del Nuevo Mundo para proteger la industria vinícola en España. Sin embargo, a finales del siglo XVIII, la uva volvió a ser cultivada, y la Misión Santo Tomás (en Baja California) se convirtió en el mayor productor de vino de México.

En el siglo siguiente la región contó con una serie de vinicultores en el Valle de Guadalupe (situado a 48 kilómetros al sur de la frontera actual): por un lado, los dominicos que eran propietarios privados (cuando se disolvieron las tierras de la Iglesia) y por otro, irónicamente, los Molokans, ("bebedores de leche") que eran refugiados rusos. En el siglo XX, otros vinicultores y enólogos llegaron tanto de California y países europeos, como Italia.

Pero a pesar de los diferentes grados de habilidad de los productores y dueños de las bodegas de vino, la producción de vino en el Valle de Guadalupe parecía condenada a permanecer siempre marginada, por dos razones. En primer lugar, México no era un gran consumidor de vino. El vino era el coto privado de la élite; para el mexicano promedio la cerveza sencillamente era más compatible con su comida picante. En segundo lugar, aunque la demanda estuviera ahí, el Valle de Guadalupe no tenía suficiente agua para sostener una industria vitivinícola robusta. La precipitación media anual estaba justo al límite de ser considerada insuficiente para las vides, y las aguas subterráneas tenían tendencia a salinizarse, especialmente en años de sequía.

Aun así, los enólogos del Valle de Guadalupe perseveraron. Probaron con diferentes uvas, instalaron nuevos sistemas de riego, incluso fueron pioneros en la construcción de instalaciones de tratamiento y desalinización del agua. Lentamente la situación comenzó a mejorar.

Los años 1980 vieron la primera recompensa. Tal como lo harían los amantes hípsters de la gastronomía 20 años más tarde, una nueva generación de estadounidenses, educados en el consumo del vino por su experiencia con los famosos vinos de los valles de Napa y Sonoma en el norte de California, comenzó a buscar nuevas experiencias de cata de vinos. En el Valle de Guadalupe, en México, encontraron bodegas de vino no descubiertas—algunas de ellas, como la de Adobe Guadalupe, fundada por estadounidenses y europeos—y una incipiente infraestructura de posadas, restaurantes y resorts.

Infortunadamente, la industria del vino del Valle de Guadalupe casi desaparece, justo cuando estaba a punto de despegar. México decidió abrir el mercado a los vinos hechos en el extranjero, y los vinos nacionales, protegidos durante mucho tiempo, no estaban preparados para competir. Por eso, el número de bodegas en todo el país disminuyó de ochenta y dos a tan solo quince. La mayoría de las bodegas sobrevivientes solo perduraron porque tenían además otros negocios. Quizás las más conocidas fueron Adobe Guadalupe, creado por el banquero Anaheim Donald Miller y su socio de negocios (y esposa), Tru Miller, de origen holandés, junto con los viñedos mexicanos de cosecha propia como L. A. Cetto, Monte Xanic, Chateau Camou, Casa Magoni y Bibayoff.

Al final, la afluencia de nuevos turistas salvó a las bodegas del Valle de Guadalupe. Pero esos turistas del vino también exigían la más alta calidad. En respuesta, las bodegas del valle comenzaron a mejorar sus instalaciones, importando enólogos internacionales de primera calidad, e incluso creando escuelas locales de formación enológica. Sobre todo, las bodegas más ambiciosas—entre las que destaca Monte Xanic, fundada por Hans Backhoff—se dispusieron a producir el primer vino de clase mundial de México. A finales de siglo, Valle de Guadalupe—que ahora cuenta con ochenta bodegas, un restaurante galardonado (Guadalupe Inn), resorts de primera clase e incluso un líder en "camping de lujo"—estaba en el mapa del vino mundial, una visita obligada para cualquier enófilo verdadero. Hoy, en la lista de deseos de muchos viajeros del vino está la celebración anual de la cosecha de verano del Valle de Guadalupe, la Fiesta de la Vendimia.

Cuando los chefs de Tijuana internacionalmente aclamados, como Javier Plascencia y Miguel Ángel Guerrero, fueron a buscar vinos para complementar sus menús locávoros, encontraron en los vinos de Baja California los compañeros perfectos. Finalmente, los innovadores de la "Baja Cuisine" descubrieron en la década de 2010 lo que las bodegas del Valle de Guadalupe habían sabido durante 2 décadas: había llegado el momento de que Tijuana y la gente del norte de Baja California hicieran el mejor uso de sus fortalezas singulares para proporcionar bienes y servicios superiores a los que se encuentran al norte de la frontera. Ya sea por los productos de calidad de las maquiladoras, por el vino y la comida del Valle de Guadalupe y los restaurantes de Tijuana, por los servicios médicos ofrecidos en instalaciones de vanguardia, o por la sobresaliente atención al cliente, proporcionada por el pueblo mexicano, Tijuana ya no era el hermano menor de San Diego, entretenido pero aquejado de problemas. A partir de ahora, las dos ciudades serían socios iguales.

Otro recordatorio de la topografía, geografía y clima compartidos de las dos ciudades: San Diego, donde nació la vinicultura californiana, gozaba de su propia, celebrada y aún mayor industria vinícola. Según la San Diego County Vintners Association (Asociación de Vinicultores del Condado de San Diego), en 2020, el condado hospedaba 142 bodegas y viñedos, incluyendo treinta bodegas en los valles de Ramona y San Pascual. Una de ellas, la Bodega Bernardo, fundada en 1889, es la bodega más antigua del sur de California, que ha operado de manera continua. La magnitud de esta industria local se compara con la industria de la cerveza artesanal del condado, que cuenta con 130 cervecerías, las más conocidas incluyendo Karl Strauss, Ballast Point y Stone Brewing.

UNA CULTURA

En la segunda década del siglo XXI, con Tijuana en relativa paz (al menos en el centro) y recibiendo el debido respeto, y con San Diego disfrutando de uno de los mayores auges económicos de su historia, se abrieron las compuertas. De repente, estallaron programas binacionales culturales, educativos y deportivos, cuyo potencial había sufrido restricciones desde la década de 1990.

El escenario cultural experimentó un extraordinario rango de interacciones entre las dos ciudades. Uno de los eventos pioneros colaborativos, creado a mediados de los 90, había sido el Programa de Arte INSITE. Organizado en la frontera por el sandieguino Michael Krichman y colegas de Ciudad de México, contó con el trabajo de renombrados artistas de instalación contemporáneos, tanto de México como de Estados Unidos, integrados de una manera sin precedentes y posicionados, puntualmente, sobre o cerca de la valla donde rondaba la Border Patrol.

Hoy en día, un millón de visitantes al año de ambos lados de la frontera visitan el Centro Cultural Tijuana (CECUT) en la Zona Río, con su teatro IMAX, museos, tiendas y explanada gigante para eventos públicos. En el mes de junio de cada año asisten al Festival Mainly Mozart en el Teatro Balboa. Estos conciertos, dedicados al lenguaje común de la música, se celebran en el condado de San Diego durante el resto del año. El público binacional se aglutina en Tijuana para disfrutar la cada vez más famosa Ópera de la Calle, y la gran Orquesta de Baja California, formada por músicos mexicanos y estadounidenses, regularmente recorre ambos lados de la frontera.

Por igual, los turistas y locales visitan el San Diego Natural History Museum y se unen a las multitudes en el inigualable San Diego Zoo, o visitan el USS Midway Museum en la Bahía de San Diego, mientras que otros visitan el vasto mercado abierto de Tijuana. Los bailarines de las escuelas de ballet de Tijuana se entrenan con el Ballet de San Diego, cantantes de ópera de Tijuana actúan con la venerable Ópera de

San Diego, y galerías de arte y museos de ambos lados de la frontera se prestan obras de sus colecciones. El *San Diego Union-Tribune* publica una sección completa de su periódico en español, destinada tanto al mercado mexicano de Tijuana y Baja California como a los hispanohablantes que residen en San Diego.

Campos de entrenamiento en el Chula Vista Elite Athlete Training Center (Centro de Entrenamiento para Atletas de Élite de Chula Vista) AAU.

Desde luego, ambas ciudades han compartido el interés por los deportes, remontándose a las corridas de toros y a las instalaciones de jai alai en Tijuana, así como al béisbol de ligas menores en San Diego. Es un intercambio que ahora tiene generaciones de antigüedad. Los niños de Tijuana asisten a los partidos de los Padres de San Diego con sus abuelos, que asistieron a los juegos de los Padres en la década de 1930, cuando era solo un equipo de la Liga de la Costa del Pacífico. De hecho, la experiencia ha sido institucionalizada: Los tijuanenses son uno de los grupos de fans más leales de los partidos de los Padres de San Diego en el Petco Park. Los ex-alumnos mexicanos de los muchos colegios y universidades de San Diego asisten a innumerables eventos deportivos de la Asociación Nacional Deportiva Universitaria (NCAA, por sus siglas en inglés) y la Unión Atlética Amateur (AAU, por sus siglas en inglés) que se celebran en esas escuelas.

Galerías Hipódromo: Una mezcla de compras y gastronomía le da diversión y urbanidad al centro de Tijuana.

Los tijuanenses, a pesar de la preferencia nacional por el *fútbol soccer*, también llenaban las gradas de los San Diego Chargers de la National Football League (NFL, por sus siglas en inglés), hasta que el equipo se mudó a Los Ángeles en 2017, y aún así, algunos siguen viajando al norte para asistir. Muchos otros parecen haber decidido mejor seguir a los Zonkeys de Tijuana de Rafael Carrillo, un equipo profesional mexicano de baloncesto, campeón de la Liga de la Costa del Pacífico. El equipo, que juega en la Unidad Deportiva Unisantos de Tijuana, ha incluido entre sus filas a varios jugadores estadounidenses en sus 10 años de historia. A menudo se agotan los boletos para los partidos de los Toros de Tijuana, un equipo de béisbol de las Ligas Menores Triple-A que juega en la liga mexicana, y cuenta entre sus fans con un buen número de seguidores sandieguinos.

Mientras tanto, los sandieguinos, muchos de ellos de origen mexicano, viajan rutinariamente al sur de la frontera para asistir a eventos deportivos exclusivamente mexicanos en Tijuana, como corridas de toros, lucha libre profesional y partidos de la Liga MX de futbol (Club Tijuana Xoloitzcuintles de Caliente fundado en 2007). Los Xolos juegan en el estadio Caliente, que cuenta con una capacidad de 27,000 personas.

El equipo de fútbol Xolos de Tijuana juega en el Estadio Caliente.

Ambas ciudades también ofrecen complejos deportivos de clase mundial. San Diego cuenta con numerosas instalaciones de este tipo, incluyendo el Chula Vista Elite Athlete Training Center para atletas de nivel olímpico que se encuentra a poco más de 11 kilómetros de la frontera. Tijuana ofrece su enorme Centro de Alto Rendimiento propio, ubicado cerca del Aeropuerto Internacional de Tijuana y la Universidad Autónoma de Baja California.

El Centro de Alto Rendimiento en Tijuana entrena a atletas de clase mundial.

Según Alan Bersin—quien no solo fue el zar de la frontera de EEUU sino también fue superintendente del Distrito Escolar Unificado de San Diego (San Diego Unified School District) y secretario de educación de California—los colegios y universidades de Tijuana han desempeñado, "un papel de vanguardia para instruir a los fronterizos y a los residentes de las dos ciudades sobre las ventajas de la colaboración y la cooperación. Los estudiantes acuden en masa a aprovechar las oportunidades académicas transfronterizas que siguen surgiendo en la región".

APRENDIENDO LAS NUEVAS REGLAS

Casi todas las principales instituciones de educación superior en San Diego y Tijuana cuentan con un instituto de investigación enfocado en relaciones transfronterizas. El sistema de la Universidad Estatal de California ofrece MEXUS. Fundado en 1980, es un instituto de investigación académica, ubicado en múltiples campus en ambos países para fomentar la investigación binacional, el intercambio de profesores y programas académicos de doble titulación en colaboración con universidades mexicanas asociadas. La Universidad de California tiene un Centro de Estudios México-EEUU en su campus de UC San Diego en La Jolla. Cuatro de las eminencias principales en la historia de esta colaboración académica son Paul Ganster, de San Diego State University; Fernando León-García, del Centro de Enseñanza Técnica y Superior (CETYS); y Wayne Cornelius y Rafael Fernández de Castro, de la UCSD.

En Tijuana, CETYS, una de las instituciones educativas más calificadas de México, acreditada en EEUU por la Western Association of Schools and Colleges (WASC, por sus siglas en inglés), ofrece estudios de nivel bachillerato, profesional, postgrado. CETYS fue fundado en 1961 en Mexicali, y en 1972 la familia Fimbres (del famoso Calimax) promovió el establecimiento de un campus en Tijuana en 1972. Liderado por el brillante y celebrado educador internacional Fernando León-García, el CETYS mantiene relaciones y colaboraciones recíprocas con casi treinta colegios y universidades de EEUU, incluyendo la mayoría de los principales colegios de San Diego. Cada vez más estudiantes estadounidenses de San Diego cruzan la frontera diariamente para asistir al CETYS, o viven en Tijuana para aprovechar la fortaleza de su planta docente en las áreas de ingeniería y negocios. La Universidad Autónoma de Baja California (UABC), parte del sistema de Universidades Nacionales de México, y con tres campus en Baja California, tiene un abanico similar de relaciones con diversas escuelas de EEUU.

Entre los ejemplos más importantes de la nueva dimensión binacional de la educación superior en la región, se encuentra el sistema Southwestern College, con campus cerca de la frontera en Chula Vista, National City, Otay Mesa y San Ysidro. Se dirige específicamente a alumnos de ambos lados de la frontera ofreciendo cursos relacionados con negocios y comercios transfronterizos, incluyendo materias como logística y transporte internacionales, y administración y capacitación de empresas internacionales, impartidas en el California Center for International Trade Development (Centro para el Desarrollo del Comercio Internacional).

POR EL BIEN DEL ORDEN

Si se pudiera nombrar un área en la que Tijuana continúa estando pasos atrás de San Diego, es en la filantropía. San Diego ha tenido la fortuna de contar con personas de la talla de Malin Burnham, con su efecto transformador en el paisaje urbano, y la generosa contribución de sus socios Denny Sanford y Conrad Prebys en el desarrollo biomédico. Son muchas las personas que han dado forma a San Diego a lo largo de las generaciones. Entre otros notables, cabe destacar a Darlene Shiley, viuda del coinventor de válvulas cardíacas artificiales Donald Shiley, que ha apoyado a varias instituciones e iniciativas, desde la University of San Diego hasta Scripps Health y *Masterpiece* en PBS; Ray Kroc, fundador de McDonald's, y su esposa Joan, que han patrocinado a National Public Radio entre muchas otras instituciones; Joan e Irwin Jacobs (fundador de Qualcomm); y la familia Copley, que ha publicado el *San Diego Union-Tribune* durante décadas.

¿Por qué San Diego lidera a Tijuana en lo que concierne a filantropía? En primer lugar, San Diego goza de más generaciones de riqueza y por lo tanto un sentido más profundo de nobleza obliga. En segundo lugar, la legislación fiscal federal de EEUU fomenta la filantropía. En tercer lugar, hay suficientes empresarios exitosos en San Diego que han vendido o hecho efectivo sus empresas y comenzado a donar dinero. Eso comenzó a suceder en San Diego a principios del siglo XX, y en otras ciudades californianas prósperas, como Hollywood y Silicon Valley en años posteriores. Era lógico pensar que, en pocos años, los nuevos ricos de Tijuana asumieran un papel filantrópico en apoyo a buenas causas.

Sin embargo, el hecho de que este tipo de filantropía tenía poca tradición en la cultura mexicana, obstaculizaba el logro de estas expectativas. De hecho, los cinco siglos de progresiva estratificación social habían reforzado justamente valores y conductas contrarias a la filantropía. Pero el surgimiento de vínculos transfronterizos más estrechos tuvo un efecto adicional: a medida que aumentaban las interacciones transfronterizas con figuras poderosas de San Diego, como Malin Burnham, éstas comenzaron a extender sus esfuerzos filantrópicos a Tijuana y más allá.

Una institución clave en este proceso ha sido la International Community Foundation (ICF, por sus siglas en inglés), fundada en 1990 por Lucy Killea con el apoyo de la San Diego Foundation (Fundación San Diego). Después de Killea, la fundación siguió a cargo de Richard Kiy y ahora de Anne McEnany como tercera presidente de la ICF. Tiene sede en National City, y está dedicada a "inspirar las donaciones caritativas internacionales de los donantes estadounidenses con énfasis en el noroeste de México". El objetivo declarado de ICF es fortalecer a la sociedad civil y promover comunidades sostenibles, y en función de este compromiso ha otorgado subvenciones anuales por un total de casi 11 millones de dólares para aproximadamente doscientos proyectos. El ICF también funge como modelo (y un recurso) para los filántropos incipientes en Tijuana. Christy Walton sigue siendo la fuerza motriz de este esfuerzo, en particular en los asuntos que afectan al medio ambiente regional.

Mientras tanto, los filántropos e instituciones existentes a ambos lados de la frontera formaron en 2006 la US-Mexico Border Philanthropy Partnership (Alianza Fronteriza Filantropía EEUU-México), con sede en la San Diego Foundation y dirigida por Andy Carey. Sus miembros institucionales van desde la Fundación Ford y Southwest Airlines hasta Wells Fargo y TV Univisión. Uno de sus objetivos es inculcar en la próxima generación de tijuanenses privilegiados, la idea de contribuir solidariamente a un amplio espectro de causas, incluyendo la educación. A decir de José B. Fimbres, cuya familia apoya desde hace mucho tiempo a CETYS, es factible que esto suceda, y los sandieguinos pueden servir de catalizador:

> Organicé un almuerzo para recaudar fondos hace dos o tres días porque estamos modernizando completamente el campus [de CETYS]. Por primera vez, invité a los líderes de San Diego a unirse a los líderes locales de Tijuana. Traje a Malin, Steve Williams y Ted Gildred, otro amigo mío cuya familia fundó el Instituto de las Américas [en La Jolla], para que consideraran contribuir. Pensé: estamos tan intrínsecamente ligados entre las dos [ciudades], y estas son personas muy filantrópicas . . .

Necesitamos expandir su cultura de dar para que lo hagan también en México. Nosotros también la tenemos, pero no como en Estados Unidos, donde se ha convertido en parte de la cultura. Aquí la gente da, pero todavía no está en nuestro ADN. Quiero ser capaz de cambiar eso.

Los sandieguinos pueden ayudar a que esto suceda haciendo contribuciones en Tijuana para la educación y otras buenas causas. Tienen propiedades industriales en Tijuana, y hay maquiladoras y multinacionales. ¿Pero de dónde vendrá la gente educada, capaz de mantener que sus negocios sigan creciendo y prosperando? Así que quería que vieran a los CETYS como un ejemplo de inversión caritativa en el futuro de Tijuana, que es buena tanto para ellos como para la ciudad. Y si ayudan a poner el ejemplo, así es como se crea un legado . . . Es un precedente que necesitamos.

LA PRIMERA CIUDAD

El Valle de Tijuana, la segunda década del siglo XXI comenzó, literalmente, con una sacudida. En 2010, un terremoto de 7.2 grados con epicentro en la capital de Baja California, Mexicali—a 175 kilómetros de Tijuana en auto o a 142 kilómetros a vuelo de pájaro—ocasionó apagones a ambos lados de la frontera. Era un símbolo de lo que estaba por venir.

En 2010, la ciudad de San Diego tenía una población de 1.3 millones de personas; Tijuana, gracias a su crecimiento mucho más rápido, había rebasado por fin a su vecino del norte, con 1.4 millones de ciudadanos. Esa trayectoria continuaría a lo largo de la década, de modo que para 2019 San Diego tendría una población de 1.5 millones, y Tijuana más de 2 millones. Tijuana era ahora el miembro más grande de la pareja. A pesar de que su huella era más pequeña, también estaba más poblada que las otras ciudades de Baja California. Los historiadores Piñera y Rivera:

El municipio de Tijuana [723 kilómetros cuadrados] es solo un poco más grande que Rosarito y se ve empequeñecido por los enormes municipios de Ensenada, Mexicali y Tecate. Tijuana cuenta con solo el 1.7 por ciento de la superficie del estado de Baja California, pero con [2] millones de residentes en [2019] tenía alrededor del [63] por ciento de la población del estado [3.6 millones].

Por otro lado, San Diego no había perdido su dominio económico. El ingreso per cápita era ahora de más de 80,000 dólares al año. En comparación, el salario promedio en Tijuana era de 37,000 dólares, impresionante para México, que tenía un costo de vida más bajo, pero aún menos de la mitad del de su vecino del norte.

La Biblioteca Central de San Diego.

Sin embargo, Tijuana se estaba poniendo al día rápidamente, gracias a una serie de factores: las maquiladoras, la industria del turismo médico, el turismo, y el gran número de tijuanenses que se desplazan cada día a través de la frontera para trabajar y generar sus ingresos en San Diego. No era difícil imaginar que la riqueza a ambos lados de la frontera se iría aproximando a una mayor igualdad en 1o 2 décadas.

Pero, justo cuando todo parecía avanzar sin contratiempos, una serie de acontecimientos entre 2015 y 2020 amenazaron de nuevo con empañar lo que habían logrado las dos ciudades durante el cuarto de siglo anterior.

Las dos fuentes de este inesperado caos fueron esas viejas maldiciones asociadas al crimen y a la migración ilegal. La guerra entre cárteles de principios de la década en Tijuana no había regresado, pero después de un breve respiro a mediados de la década que permitió el renacimiento de la cocina y la cultura de Tijuana, la tasa de criminalidad comenzó a aumentar nuevamente. Esta vez fue el Cártel de Sinaloa, que había entrado a ocupar un vacío de poder y ahora estaba despejando a la oposición de su tráfico de estupefacientes. Ese comercio era ahora aún más terrible y mortal que nunca, con opioides como el fentanilo añadidos a las sustancias básicas de la cocaína y la heroína. (El tráfico transfronterizo de marihuana prácticamente había desaparecido con su legalización en varios estados de EEUU.)

Para 2017, la tasa de homicidios en Tijuana había subido casi a los niveles observados en los años oscuros de la década anterior. Esta vez, sin embargo, era diferente en varios aspectos. En primer lugar, el problema parecía inextricable, con soluciones difíciles de encontrar. A diferencia de la guerra del cártel de Arellano-Félix, en la que se podía jugar un bando contra el otro, esta vez el problema era casi monolítico. Ahora solo había una sola banda regional dominante, los Sinaloas, cometiendo la mayor parte de los asesinatos para mantener a raya a los rivales siempre presentes, como el Cartel Jalisco Nueva Generación (Cártel Jalisco Nueva Generación) del centro de México, que intentaba imponerse en el altamente lucrativo corredor de drogas o "plaza" que conduce a Estados Unidos a través de Tijuana y San Diego.

En segundo lugar, esta vez los asesinatos se limitaron en gran medida a los barrios de la periferia más afectados por la pobreza, principalmente en las partes sur y este de la ciudad, donde los mercados de drogas estaban surgiendo por todas partes, no en el corazón de la ciudad, donde habría asustado a los profesionales locales y a los visitantes internacionales. México ya no es solo una zona de tránsito de estupefacientes canalizados hacia Estados Unidos, sino, cada vez más preocupante, un consumidor de drogas, particularmente en los barrios de menores ingresos. Para las clases altas y medias de Tijuana, acomodadas en su vibrante y tranquilo centro, la nueva Tijuana parecía más grande y brillante que nunca, las calles rebosaban de gente y comercio, la vida social era plena. Si no se miraba demasiado de cerca, Tijuana parecía tan segura como cualquier gran ciudad de Norteamérica.

Sin embargo, los asesinatos seguían aumentando hasta que ya no pudieron ser ignorados. En 2018, Tijuana fue declarada como la ciudad con la peor tasa de homicidios del mundo: 138 asesinatos por cada 100,000 ciudadanos. Con un total de más de 2,500 asesinatos, se trata de un aumento del 40 por ciento respecto a 2017, que fue en sí mismo un año récord, y tres veces más asesinatos de los que había sufrido la ciudad en el oscuro período de 2008 a 2010.

"Es devastador lo que está pasando aquí", dijo un hombre tijuanense (que comprensiblemente pidió no ser nombrado) a *The Guardian*. "Está fuera de control".

SINALOA

A finales de 2019, la situación empeoró. En febrero de ese año, Joaquín Archivaldo Guzmán Loera, El Chapo, el jefe del Cártel de Sinaloa, el hombre llamado el narcotraficante más poderoso del mundo, extraditado por México y juzgado en Nueva York, fue condenado por numerosos delitos que van desde la distribución de drogas hasta el asesinato y sentenciado a cadena perpetua más 30 años. El Chapo había sido encarcelado dos veces antes en México, pero había logrado escapar en ambas ocasiones. Esta vez, sin embargo, fue diferente: la condena no solo fue en EEUU (México, que no tiene ninguna disposición sobre la pena capital en su legislación, permitió su extradición una vez que EEUU acordó no ejecutar a Guzmán), sino que El Chapo iba a ser encarcelado en la ADX Florence de Colorado, una prisión de máxima seguridad de EEUU.

Aunque esta convicción se consideró un cambio de juego en las guerras del narcotráfico, pronto México fue asolado por una mayor ola de violencia, sobre todo por el cártel de Sinaloa, que se reconfiguró rápidamente después de la pérdida de El Chapo, para ser liderada por sus cuatro hijos conocidos como Los Chapitos y asesorados por su antiguo ayudante, Ismael "El Mayo" Zambada. La llamada estrategia del capo—que mediante una estrecha cooperación entre las fuerzas del orden de México-EEUU durante los 15 años anteriores había decapitado y fragmentado los mayores cárteles de la droga de México—no había frenado la demanda de estupefacientes ni debilitado significativamente la capacidad de los delincuentes para traficar en ambos lados de la frontera. El flujo de drogas continuó sin cesar, junto con la violencia desenfrenada que la acompañaba.

Se afirmó que la "estrategia de paz" del recién elegido presidente de México, Andrés Manuel López Obrador (AMLO), que asumió el cargo en diciembre de 2018, agravaba la situación. La estrategia de López Obrador, *abrazos no balazos*, fue ofrecer una amnistía a todos los ciudadanos mexicanos involucrados en la producción y el tráfico de drogas, siempre y cuando no estuvieran involucrados en actos violentos. La idea era permitir que esos individuos escaparan del negocio de las drogas y volvieran a una vida normal, situación que, según AMLO, era el resultado de las grandes disparidades de riqueza del país. También reorganizó partes del ejército y la policía en una Guardia Nacional para implementar estas nuevas políticas.

Dos meses después con El Chapo en prisión y un vacío resultante en la cima del mayor cártel en México, el enfoque de López Obrador en materia de seguridad se puso a prueba rápidamente. El 17 de octubre de 2019, la nueva Guardia Nacional, aún no totalmente organizada, capturó a uno de los hijos de El Chapo, Ovidio Guzmán López, en la ciudad de Culiacán, en el estado de Sinaloa, la patria del cártel. Inicialmente la operación tuvo éxito, pero cuando la noticia del arresto llegó al cártel, los miembros de la banda lanzaron un ataque a gran escala contra la ciudad para liberar al prisionero.

La "Batalla de Culiacán" resultante fue una catástrofe para las fuerzas del gobierno mexicano, que fueron rápidamente superadas en número y en armamento por unos 700 pistoleros del cártel armados con chalecos antibalas, ametralladoras de calibre .50, lanzagranadas y cohetes y camionetas blindadas. Estaban dirigidos por los hermanos de Ovidio, Iván Archivaldo y Jesús Alfredo Guzmán Salazar, los hijos que El Chapo había preparado personalmente para hacerse cargo del negocio familiar. Los pistoleros del cártel no solo atacaron a la Guardia Nacional, sino que, debido a que muchos de los soldados eran locales, también atacaron las viviendas donde vivían sus familias, tomando rehenes. Durante todo esto, la principal fuerza militar antidrogas de México, las Fuerzas Especiales de la Secretaría de Marina, permanecieron en su cuartel, sin haber sido incluidas en la operación.

En uno de los acontecimientos más desalentadores de la historia moderna de México, el Ejército se retiró, liberando a Guzmán López, esencialmente entregando la ciudad al cártel. Para cuando el tiroteo se detuvo, trece personas habían muerto. El Presidente López Obrador justificó su decisión de liberar a Guzmán López argumentando que así se evitaba una mayor pérdida de vidas, pero admitió que la Guardia Nacional había subestimado el personal (y el armamento) del cártel. También envió inmediatamente a ocho mil soldados y policías a Culiacán para mantener la paz.

Mientras tanto, las noticias de la batalla causaron conmoción en México y Estados Unidos. Por primera vez, un cártel de la droga no solo se enfrentó directamente al gobierno, sino que lo derrotó. ¿Estaba a punto de cumplirse el viejo temor de que México se convirtiera en un estado narco-criminal? ¿Hordas de refugiados de esta guerra irían ahora hacia el norte, pidiendo (o exigiendo) refugio en EEUU? ¿Se perderían ahora todas las ganancias de México en el último medio siglo? Aunque estos temores fueron exagerados dramáticamente, los rezongos sobre "un estado fallido" comenzaron de nuevo, después de haber sido puestos con firmeza a descansar en la década anterior a la Batalla de Culiacán.

Tijuana no era más inmune a estos temores que cualquier otra ciudad de México. En cierto modo, los temores eran aún mayores. Después de todo, el Cártel de Sinaloa, con sus asociados locales, controlaba el bajo mundo en la mayoría de las calles secundarias de Tijuana y la guerra con el cártel Jalisco Nueva Generación se estaba intensificando significativamente. Sinaloa había usado durante mucho tiempo a Tijuana (más notoriamente a través de túneles secretos en la Mesa de Otay) como un portal para enviar drogas a EEUU y seguirían haciéndolo. A principios de 2020, las autoridades mexicanas encontraron el túnel más grande, profundo y sofisticado que conectaba a Tijuana con San Diego. Si la violencia descontrolada que se observa en Culiacán llegara a estallar a una escala similar en Tijuana, podría revertir todos los avances de la ciudad, aplastar el comercio (el turismo médico, las maquiladoras, el aeropuerto) con San Diego y, una vez más, obligar a las personas más exitosas e influyentes de la ciudad a huir para salvar sus vidas hacia el norte, dejando el resto de la ciudad a merced de los cárteles. Si bien, considerando todas las cosas, no parecía en absoluto probable que esto pasara en Tijuana, la posibilidad existía y permanecía incómodamente en el fondo de la mente de las personas.

Después, otro impactante crimen del cártel golpeó el norte de México. En el pueblo de La Mora, los miembros de una secta mormona, que practicaban la poligamia de acuerdo con su religión, habían vivido durante generaciones como binacionales. En noviembre de 2019, una caravana de sus vehículos fue interceptada en la carretera por La Línea, un ala armada del cártel de Juárez. Algunos dicen que estos pistoleros sicarios del vecino estado de Chihuahua, desafiando al cártel de Sinaloa en su base de operaciones en Sonora, pueden haber confundido el convoy mormón de grandes camionetas negras con vehículos similares conducidos por la pandilla rival. Otros observadores difirieron, viendo el ataque como un esfuerzo deliberado para intimidar a los residentes de La Mora y sacarlos de un corredor principal de narcotráfico. En cualquier caso, cuando el humo se disipó, tres mujeres, cuatro niños y gemelos de ocho meses habían sido asesinados. Otros de sus hijos resultaron heridos y todos ellos, por supuesto, quedaron gravemente traumatizados.

En Estados Unidos, las noticias de la masacre fueron recibidas con repugnancia e ira. El presidente Trump reflexionó públicamente sobre la designación oficial de los cárteles de narcotraficantes mexicanos como "organizaciones terroristas", considerando el daño que infligieron. En el Congreso, hubo algunos llamados para que la Casa Blanca enviara un ejército a México para enfrentar a los cárteles de una vez por todas antes de que destruyeran México y luego quizás atacaran el suroeste de Estados Unidos. Pronto prevalecieron las cabezas frías, especialmente después de que la situación se calmara en los estados de Sinaloa y Sonora, y varios sospechosos de la masacre fueran arrestados. Además, el Presidente López Obrador intervino personalmente, y muy públicamente, para atender las necesidades de la comunidad mormona en México, lo que también contribuyó a calmar tanto los ánimos como los temores que había suscitado la atrocidad.

Pero a finales de 2019 e inicios de 2020, la situación en Tijuana y en todo México se mantuvo tensa, y la gente en EEUU desconfiaba, porque ambas poblaciones esperaban el próximo movimiento de los cárteles, preguntándose cómo responderían sus respectivos presidentes populistas, Andrés Manuel López Obrador y Donald Trump.

LA CARAVANA

El flujo de "personas indocumentadas", "migrantes irregulares y no autorizados" o "extranjeros ilegales" (incluso el término está sujeto a un debate interminable y molesto) ha cambiado su composición a lo largo de los años. El número de migrantes, en particular de mexicanos, disminuyó significativamente, aunque nunca llegó a terminar. Aun cuando Tijuana-San Diego lograron controlar los cruces fronterizos ilegales locales a partir de la década de 1990, su éxito no hizo sino desviar el flujo de migrantes a otros lugares, primero a las regiones fronterizas menos pobladas del desierto de Sonora, a lo largo de la frontera oriental de California, Arizona y, después de 2011, drásticamente a la región del río Bravo en Texas.

Estas vastas y remotas extensiones eran difíciles de vigilar, incluso con la Border Patrol habiendo pasado de 3,000 agentes en los años 1990 a más de 21,000 en 2010, nivel en el que se ha mantenido prácticamente hasta el presente. Sin embargo, a diferencia de los cruces de Tijuana—San Diego o Juárez—El Paso—es decir, los cruces urbanos que cuentan con una infraestructura considerable—los cruces de Sonora y el río Bravo eran y siguen siendo especialmente difíciles y muy peligrosos. Incluso llegar a los puntos de cruce aislados era un enorme desafío, que obligaba a la mayoría de los migrantes indocumentados a contratar coyotes para llevarlos a la frontera, a menudo con demasiada gente hacinada en la parte trasera de los camiones a lo largo del camino. En la frontera, las temperaturas en el verano pueden elevarse más de 44 grados C—letales para los viajeros sin acceso a la sombra y al agua. Además, muchos de los coyotes eran delincuentes profesionales, indiferentes al destino de sus clientes. Cualquier indicio de riesgo podría llevarlos a abandonar en el desierto o en el río a las personas que estaban transportando, o dejarlos morir encerrados en un remolque de tractocamión. Esto ha ocurrido en demasiadas ocasiones, con resultados espeluznantes y trágicos.

Incluso antes del comienzo del siglo XX, los americanos se encontraron en un profundo dilema moral sobre qué hacer con la inmigración ilegal. Por un lado, Estados Unidos se enorgullecía de ser una nación de inmigrantes—después de todo, la Estatua de la Libertad llamaba a los refugiados al sueño estadounidense. Con su ciudadanía envejeciendo y la tasa de crecimiento de la población disminuyendo, los líderes de la nación y los ejecutivos corporativos también reconocieron que el mercado laboral del país necesitaba un influjo de nuevos ciudadanos para seguir siendo competitivo. Esos millones de inmigrantes indocumentados también contribuyeron con miles de millones a la economía de EEUU cada año, sin olvidar sus pagos a la seguridad social, que tuvieron que sacrificar y que nunca pudieron cobrar como beneficios porque tuvieron que permanecer en la sombra.

Por otra parte, muchos estadounidenses se irritaban ante la idea de que millones de personas se colaban en su país ilegalmente; y, siempre que podían, se aprovechaban de la generosidad de la nación, mientras que los inmigrantes legales de otros países tomaban responsablemente los canales adecuados y a menudo se veían obligados a esperar años para obtener la aprobación debido a las grandes demoras en el sistema de inmigración de EEUU. A medida que empezaron a aparecer historias en los medios de comunicación sobre la continua escalada de la inmigración ilegal, el conflicto entre estos puntos de vista se extendió, enturbiado por la retórica y la reacción del otro partido político.

De vez en cuando, a lo largo de la historia de Estados Unidos, este trasfondo había irrumpido en la legislación restrictiva de la inmigración y había dado lugar a redadas y deportaciones de migrantes, incluidas las redadas antiinmigrantes de Palmer en la década de 1920 y los "disturbios zoot suits" (o de los pachuchos) en Los Ángeles en la década de 1940. En 1994, California dirigió la Proposición 187 a los migrantes mexicanos, y en 2010, Arizona replicó la iniciativa con el proyecto de ley 1070 del Senado.

Históricamente, después de la Guerra de Estados Unidos-México en la década de 1840, no hubo restricciones legales a la inmigración, con ciudadanos de ambos países moviéndose de un lado a otro de la frontera sin limitaciones. La primera legislación federal nativista se dirigió no a México, sino contra China en la Ley de Exclusión de China de 1882. Según la historiadora Rachel St. John, profesora adjunta de UC Davis, "Una de las formas en que los inmigrantes de China trataban de cruzar la frontera [era] aprender algunas palabras de español y disfrazarse de mexicanos". Según St. John:

> Las restricciones a los movimientos de los ciudadanos mexicanos no fueron particularmente aplicadas por el gobierno de EEUU hasta la década de la Revolución Mexicana en la década de 1910, cuando un gran número de refugiados llegaron para escapar de la guerra y hubo una gran demanda de mano de obra mexicana. Tras la mortal incursión del revolucionario mexicano Pancho Villa en Columbus, Nuevo México, en 1916 y la subsiguiente publicación del telegrama de Zimmerman que proponía una alianza militar en la Primera Guerra Mundial entre México y Alemania, Estados Unidos reforzó la seguridad de la frontera y desplegó soldados para patrullar la frontera junto con los Rangers de Texas y las "milicias populares" autorizados por el gobierno.

Para el año 2000, se hizo evidente que la tasa de inmigración no autorizada se había disparado, siendo los migrantes una fuerza importante en el sur de California, y con presencia ahora en todos los estados de la unión. Voces crecientes comenzaron a pedir una mejor seguridad fronteriza, incluyendo barreras físicas y sensores electrónicos, a lo largo de la frontera México-EEUU de 3,058 kilómetros.

Luego llegó el 11-S. Un Estados Unidos traumatizado, temeroso de más ataques terroristas, se preocupaba de que la permeable frontera del sur pudiera servir de vía para que Al-Qaeda y otros grupos terroristas islámicos se colaran camuflados entre los grupos de migrantes. Aunque esta amenaza nunca se ha materializado más allá de unos pocos arrestos aislados, el riesgo percibido se sumó al sentido de urgencia y al clamor por la seguridad fronteriza.

Lo que aún se desconocía era cuántos ex ciudadanos mexicanos, ahora inmigrantes indocumentados, vivían en Estados Unidos. Un censo exacto era casi imposible, sobre todo porque esos inmigrantes eran reacios a hablar con cualquier autoridad por miedo a ser deportados. Las estimaciones iniciales situaban la cifra en unos pocos millones, pero con el paso de los años, los demógrafos realizaron estudios más detallados, con algunos resultados sorprendentes. Por ejemplo, un estudio realizado en 2019 por el centro de investigaciones Pew coincidió con el gobierno de EEUU en que el número de inmigrantes no autorizados en EEUU era de unos once millones, y que aproximadamente ocho millones de ellos eran de México.

A medida que se desarrollaba el siglo XXI, la disputa en Estados Unidos sobre la migración indocumentada en la frontera sur seguía dividiendo al país aún más claramente en dos campos opuestos. Pero los límites reales de esos dos campos no eran, en realidad, tan claros. Por ejemplo, los sindicatos (incluyendo, paradójicamente, el sindicato United Farm Workers de César Chávez) se alinearon en gran medida contra la migración indocumentada porque su potencial de mano de obra barata amenazaba con socavar muchos de los logros que habían obtenido para sus miembros durante la generación anterior.

Mientras tanto, muchas instituciones tradicionalmente conservadoras, como US Chamber of Commerce y el *Wall Street Journal*, se alinearon con la mejora de la inmigración legal, no solo por razones morales sino también para impulsar la fuerza laboral de EEUU con trabajadores de bajos ingresos. En la segunda década del siglo, los dos partidos políticos habían adoptado posiciones opuestas: el Partido Republicano por un control fronterizo más estricto y una mayor aplicación interna sin amnistía de ningún tipo para los que se encontraban ilegalmente en el país; el Partido Demócrata por un control fronterizo más estricto, pero acompañado de requisitos de entrada más relajados, un enfoque en la reunificación familiar, y pasos hacia la obtención de la ciudadanía para los indocumentados.

Por supuesto, ambas partes acusaron a la otra de mala fe—los demócratas acusaron a los republicanos de racismo y nativismo, de tratar de mantener a los morenos fuera de su país blanco. Los republicanos acusaron a los demócratas de conspirar cínicamente para reemplazar a los estadounidenses existentes con una nueva población de votantes que podrían manipular fácilmente para votar por los demócratas. La polarización a lo largo de estas líneas de falla se endureció con el paso de los años.

En cuanto a México, la idea de que millones de sus conciudadanos decidieran dejar su país de origen para vivir en El Norte siempre parecía humillante a un pueblo orgulloso. Cuando los yanquis describieron a estos migrantes—la gran mayoría de los cuales eran migrantes económicos atrapados en situaciones fuera de su control—como criminales, fue a la vez exasperante y un eco excesivo del fanatismo anti-mexicano del siglo pasado. Además, las muertes en los desiertos y las montañas de la frontera fueron desgarradoras, hasta el punto de que el gobierno mexicano publicó mapas y revistas de historietas fáciles de leer para ayudar a los migrantes a cruzar la frontera con seguridad.

Eso enfureció aún más a muchos estadounidenses: para ellos demostró que México, si bien hablaba de tópicos sobre ayudar a controlar la frontera, era en realidad cómplice de la migración ilegal, sin duda para proteger los miles de millones de dólares en remesas que envían cada año los migrantes al norte de la frontera—pagos que eran un factor importante en la economía de México. El tiroteo de agentes de la Border Patrol de EEUU contra mexicanos—muchas veces jóvenes—añadió combustible a las actitudes de enfrentamiento a ambos lados de la frontera. Irónicamente, la cooperación entre los funcionarios de ambas naciones, en particular los encargados de aplicar la ley, ha aumentado enormemente desde la década de 1990. Pero la frontera seguía siendo un "tercer carril" (tema polémico) potencialmente letal en la política de ambos países. Por esa razón, el amplio y profundo alcance de la cooperación EEUU-México, aunque no es un secreto, sigue siendo más o menos un asunto de "conocimiento interno". La opinión pública de México y de Estados Unidos seguía siendo vulnerable a la explotación política, incluidas la complacencia y la demagogia, cuando se trataba de la frontera.

La situación se agravó durante la campaña presidencial estadounidense de 2016. Donald Trump llevó a cabo una campaña insurgente basada en gran medida en establecer su opinión sobre temas que los políticos tradicionales no se atreverían a tocar, enfureciendo no solo a los demócratas sino también a los republicanos de la clase dirigente. Uno de los pilares de la campaña de Trump fue la promesa de construir un "muro físico, alto, impenetrable, poderoso y hermoso en la frontera sur" desde el Océano Pacífico hasta el Golfo de México, y hacer que el gobierno mexicano pague por él. Con su inesperada elección, el presidente Trump se dispuso inmediatamente a cumplir esta promesa. Después de tres años de pelear con los demócratas del congreso por el financiamiento, la administración de Trump obtuvo parte del dinero que necesitaba para iniciar el trabajo.

Al principio, la charla sobre el muro se centró en San Diego, por su accesibilidad a los medios, porque gran parte del muro ya existía y porque el presidente Trump eligió ese tramo para sus eventos mediáticos. No había poca ironía en su elección de comenzar en San Diego—a lo largo de toda la frontera sur, probablemente ningún lugar tenía más control sobre los cruces fronterizos que San Diego, ni menos necesidad del nuevo muro. Casi 20 años antes, la Operación Guardián, incluyendo la cerca existente, había demostrado ser muy efectiva.

Como muchos espectáculos políticos en EEUU, en el momento en que alcanzan el punto máximo de histeria—en el momento en que hay llamamientos del Congreso a la acción y órdenes presidenciales de intervención—la crisis real ha pasado o ha cambiado en esencia. Tal fue el caso de la última iteración de la crisis fronteriza: la migración indocumentada había llegado a su punto máximo antes de la Gran Recesión (2007–2009), disminuyó en los años inmediatos posteriores y nunca regresó del todo. Los estadounidenses, que aún veían la frontera a través de los carteles de la autopista de "familia corriendo" en San Diego, no se dieron cuenta de que esos carteles eran ahora piezas históricas de colección. Mientras tanto, la creciente prosperidad de México había convencido a la mayoría de los posibles migrantes de quedarse en casa o buscar trabajo en ciudades mexicanas ahora en auge, como Tijuana. Un estudio realizado por la fundación Pew en 2018 documentó que menos mexicanos entraban en Estados Unidos, legal e ilegalmente, que los que salían de EEUU, voluntaria e involuntariamente (vía deportación).

Mientras los políticos luchaban retóricamente en la última guerra, sobre el terreno, los funcionarios que tenían que hacer frente a la crisis fronteriza de forma pragmática y cotidiana se encontraban con una realidad muy diferente: la que se describe en el estudio de Pew. Por un lado, el clásico migrante indocumentado—un campesino mexicano pobre del altiplano central del país o de los pueblos del sur en busca de una vida mejor—estaba desapareciendo, sustituido por una nueva ola de migrantes aún más desesperados del Triángulo Norte de América Central. Estas personas huían tanto de la pobreza extrema como de la violencia de las pandillas en Guatemala, Honduras y El Salvador. A ellos se unieron, aunque en menor número, personas de todo el mundo, ansiosas de participar en la economía de EEUU a cualquier costo—desde el Caribe hasta el Oriente Medio, y desde África hasta el Asia meridional y oriental.

La prueba más importante se produjo en 2018 y 2019 cuando los organizadores en Honduras comenzaron a formar caravanas de varios miles de migrantes, que subieron desde América Central a través de México para asaltar la frontera de EEUU, tras haber sido enseñados por contrabandistas y defensores de los derechos de los migrantes cómo pedir amnistía legal—asilo—bajo la legislación estadounidense. Ambos grupos sabían que el sistema de asilo de EEUU estaba completamente averiado y que sus vacíos legales y el deterioro lo hacían vulnerable a la manipulación a gran escala. El primer lugar elegido por los líderes de las caravanas para forzar el asunto fue Tijuana—imitando el sitio preferido de Trump, para promover un muro—ya que la atención de los medios de comunicación sería abundante y los recursos de CBP en el lado de San Diego serían suficientes para procesar miles de solicitudes de asilo.

Los migrantes que llegaron en la caravana no trataron de evadir la captura en la frontera, sino que, por el contrario, buscaron activamente a los funcionarios de CBP para iniciar el proceso de asilo. Una vez en custodia, a los solicitantes de asilo se les administraría una entrevista de "temor creíble". Este examen estableció un nivel relativamente bajo, que una gran mayoría de los solicitantes pudo aprobar. Cuando los migrantes cumplían con esta norma, eran puestos en libertad condicional en Estados Unidos, donde podían vivir y trabajar hasta que los tribunales de inmigración resolvieran sus solicitudes de asilo. El problema es que este estatus legal no fue ni corto ni temporal, porque las fechas de los tribunales se programaron años más tarde debido a los atrasos masivos en el expediente de la corte de inmigración.

Complicando aún más la capacidad del gobierno para manejar la situación estaba una orden del tribunal federal que limitaba estrictamente la cantidad de tiempo que los menores y las familias podían ser detenidos en espera de sus procedimientos. En consecuencia, miles de familias migrantes fueron liberadas en Estados Unidos con poco más que una "promesa de comparecer" después ante un tribunal de inmigración. Más que las debilidades de seguridad en sí, estas disfunciones sistémicas y resquicios evidentes, junto con los conflictos en los países de origen de los migrantes, llevaron a las caravanas a la puerta de San Diego en Tijuana. El problema, en resumen— particularmente en San Diego-Tijuana—no era de seguridad fronteriza sino de gestión migratoria.

El nuevo gobierno mexicano miró todo este teatro de refugiados con cierta diversión y no poca hipocresía. La diversión llegó cuando muchos estadounidenses consiguieron su deseo: menos migrantes mexicanos. En cambio, EEUU estaba teniendo un problema mucho mayor: el 53 por ciento de los inmigrantes indocumentados eran centroamericanos con menos educación y medios económicos, que no podían ser fácilmente transportados a sus hogares a través de una frontera contigua. La hipocresía provenía del hecho de que, mientras México menospreciaba el intento siempre creciente de EEUU de sellar su frontera contra la migración ilegal, desde 2015 había estado protegiendo su propia frontera sur de los migrantes, inicialmente bajo la presión de la administración de Obama. Ahora, en un giro radical, López Obrador, el presidente de México dejaba pasar a los migrantes y refugiados centroamericanos con un pase libre, siempre y cuando siguieran yendo a la frontera de EEUU.

No pasó mucho tiempo antes de que la diversión y la hipocresía se convirtieran en consternación e ira. La consternación llegó cuando Estados Unidos tuvo éxito con el retroceso de las caravanas. En primer lugar, los organizadores de las caravanas instigaron una avalancha de migrantes en la frontera, que salió muy mal parada cuando fueron repelidos con gases lacrimógenos de los oficiales de CBP equipados con armaduras de tipo militar y armamento de alto calibre, un nivel de ferocidad poco frecuente, si no sin precedentes, en San Ysidro. No se produjeron bajas graves, y la consiguiente cobertura mediática le dio a la administración de Trump una victoria de relaciones públicas.

En segundo lugar, y más significativo, el Presidente Trump pronto volvió a poner a México en la mesa de la aplicación de la ley en la frontera, amenazando con imponer aranceles a las exportaciones mexicanas a Estados Unidos. Fue, sin duda, un enfoque intimidatorio hacia uno de los socios más importantes de Estados Unidos. Pero puede haber sido la única manera de llamar la atención del Presidente López Obrador y lograr una respuesta del gobierno mexicano. López Obrador reanudó rápidamente las actividades de represión de su predecesor desplegando la recién creada Guardia Nacional en la frontera sur de México. Básicamente, 20,000 guardias se posicionaron directamente en esa frontera, y pronto cada mes casi 25,000 centroamericanos fueron detenidos y repatriados por las autoridades mexicanas a sus países de origen.

Mientras tanto, los miles de refugiados centroamericanos que ya habían hecho el viaje en caravana hacia el norte se convirtieron en problema de México. Los llamados Migrant Protection Protocols (Protocolos de Protección a Migrantes o MPP, por sus siglas en inglés), aplicados por el gobierno de Trump más o menos al mismo tiempo que se intensificaba la aplicación de la ley en México, ordenaban que los migrantes que pasaran la prueba del temor creíble ya no serían admitidos en Estados Unidos, sino que se verían obligados a esperar en México sus fechas de comparecencia ante los tribunales de inmigración. Los opositores denunciaron la falta de empatía del gobierno y cuestionaron sus políticas que exigen que los centroamericanos permanezcan en México contra su voluntad.

A finales del primer trimestre de 2020, más de 62,000 centroamericanos habían sido trasladados de regreso a través de la frontera después de su procesamiento inicial en EEUU. Muchos se instalaron en campamentos de ocupantes ilegales, incapaces de avanzar y reacios a regresar. En su desesperada necesidad de alimentos, medicinas y otros servicios, se convirtieron en una carga para sus ciudades anfitrionas, sobre todo Tijuana. Los migrantes centroamericanos eran ahora el problema de México.

La ironía era que, incluso cuando el gobierno de México estaba denunciando su situación, Tijuana tuvo una respuesta diferente. La economía local era buena; la industria maquiladora, el turismo médico y la hostelería prosperaban, y estas industrias necesitaban empleados. Numerosas empresas de la ciudad estaban dispuestas a contratar y capacitar—aunque se necesitara una gran inversión—a cualquier refugiado que quisiera un trabajo. De hecho, en 2016, 3,000 haitianos habían emigrado a Tijuana después de que sus trabajos de construcción terminaran junto con los Juegos Olímpicos de Río de Janeiro. Bloqueados para entrar en EEUU, los haitianos se establecieron en Tijuana, convirtiéndose rápidamente en miembros contribuyentes de la sociedad allí, abriendo restaurantes y trabajando en las fábricas.

Al menos en Tijuana, la crisis fronteriza se había convertido en una oportunidad fronteriza. Algunos de los migrantes centroamericanos aceptaron la oferta. Lamentablemente, la mayoría de ellos no lo hizo, prefiriendo cruzar la frontera hacia Estados Unidos, en muchos casos para reunirse con los miembros de su familia que ya estaban allí. Para estas personas, el gobierno federal mexicano estableció un albergue grande, seguro e higiénico en las afueras de Tijuana. Sin embargo, la mayoría de los migrantes centroamericanos optaron por no quedarse allí, sino que optaron por permanecer en las calles o pagar a los contrabandistas para que los infiltraran en Estados Unidos más al este, a lo largo de la frontera.

En mayo de 2019, la frontera registró el nivel más alto de migración irregular en casi dos décadas: 144,116 personas. A principios de 2020, el número de migrantes encontrados en la frontera se había reducido a una fracción de eso.

¿Cómo cambió la situación tan dramáticamente en unos pocos meses? La respuesta es sencilla: el gobierno de Trump dejó de tratar la crisis como una cuestión de seguridad fronteriza estadounidense y comenzó a manejarla como un problema regional de gestión de la migración. Se aplicaron los Migrant Protection Protocols y se impuso una serie de acuerdos de "Tercer país seguro" a Guatemala, Honduras y El Salvador, denegando el acceso al sistema de asilo americano si el solicitante no había pedido refugio en el camino. Esto cambió el cálculo, haciendo mucho más difícil para los que querían dejar el Triángulo Norte de Centroamérica. Por primera vez desde que Trump asumió el cargo, en 2017, el gobierno de Trump había creado una disuasión eficaz de la migración ilegal, que sus políticas anteriores, incluida la decisión mal concebida y malintencionada de separar a los niños de sus familias, evidentemente no habían logrado.

A finales de 2019, aunque no estaba claro cuánto tiempo podría durar, la ola migratoria centroamericana había retrocedido, al igual que los restos de la migración mexicana antes de ella. Los partidarios de Trump afirmaron que las políticas de la administración habían sido la razón. De hecho, México había construido el muro del presidente Trump—no en la frontera con EEUU sino en la frontera entre México y Guatemala, y no una gigantesca valla de acero, sino una de soldados y policías puesta por la Guardia Nacional de México. Otros señalaron que los cambios demográficos y la mejora de la economía en México convencieron a los ciudadanos y a algunos migrantes a permanecer en el país. Al final, puede que simplemente haya sido que el problema de la migración estaba a punto de trasladarse a otro lugar—tal como ocurrió cuando San Diego obtuvo el control de su frontera en los años 1990—y el mensaje se transmitió, a través de los teléfonos móviles y las redes de contrabando: *No vengas porque no podrás pasar.*

Sin embargo, en marzo de 2020, la situación volvió a quedar en el limbo debido a un fallo judicial del Noveno Circuito que invalidó los Migrant Protection Protocols de la administración, que, les guste o no, habían frenado las anteriores corrientes migratorias incontroladas procedentes de Centroamérica al obligar a los solicitantes de asilo a esperar en México. Cuando la decisión se dirigió a la Corte Suprema de EEUU, la incertidumbre prevaleció y el Presidente Trump ordenó que se enviaran más tropas a la frontera—incluyendo a San Diego-Tijuana—para apoyar la aplicación civil de la ley existente por parte de los agentes y oficiales de US Customs and Border Protection.

El muro fronterizo, por imponente que sea, ha estado en su lugar en Tijuana y San Diego el tiempo suficiente para que ahora se haya vuelto en gran parte invisible para los residentes de ambos lados. En la zona industrial, pasa de un horizonte a otro justo al otro lado de la calle de las fábricas y de los estacionamientos repletos de los empleados. En la Mesa de Otay y cerca del océano en el Friendship Park, corre a lo largo de la cresta de una colina, como una formación geológica de roca negra. En el paso fronterizo de San Ysidro, parece jugar al escondite mientras se desplaza entre los edificios gubernamentales que se aglomeran a ambos lados de la frontera y en la CBX, pasa como una vía de monorriel debajo de los pasajes peatonales transfronterizos. En Las Americas Premium Outlets, que se ciñen contra la valla, aparece repentinamente al final de las calles, justo más allá de la tienda de chocolate Ghirardelli y la tienda Ralph Lauren, aparentemente manteniendo a los compradores en lugar de mantener a los mexicanos—que son casi la mitad de los compradores en Las Americas—fuera.

En las raras ocasiones en que la valla vuelve a entrar en la conciencia de los sandieguinos y los tijuanenses, parece provocar un irritado encogimiento de hombros: parece tan superfluo aquí. Al menos por ahora.

INNOVADORA

José Galicot, de 82 años, lo ha visto todo desde que su familia llegó a Tijuana en julio de 1946. Tijuana en esos días era una ciudad de veinte mil ciudadanos, un tercio del tamaño de San Diego, y muy a su sombra.

> Mi padre me dijo: "Eres un hombre libre; puedes vivir en dos mundos". En aquellos días teníamos nuestras tarjetas de depresión. Recibíamos cosas de México o de Estados Unidos con esas tarjetas. Las usábamos para el aceite, la mantequilla, los zapatos.

La historia de su educación—su carrera como sastre, como magnate de tiendas departamentales y, después del colapso de su imperio, como gigante de las telecomunicaciones—ya ha sido contada. Pero es probable que la historia recuerde más lo que Galicot hizo después de su retiro. Al igual que Malin Burnham, un buen amigo con el que se le compara a menudo, y su vecino de Tijuana, Salomón Cohen, José Galicot ha dedicado la tercera fase de su vida a transformar su amada ciudad, a pulir su imagen y a dar a conocer su presencia en el escenario mundial.

Cuando José Galicot salió del consultorio de su médico ese día de 2009, después de que el médico le informara que su nueva válvula cardíaca se había fabricado en Tijuana, tuvo una revelación:

> Me di cuenta de que no tenía ni idea de lo que se estaba fabricando en mi propia ciudad, de las contribuciones que estaban haciendo al mundo en general. Las maquiladoras estaban cerradas al público. Quería saber qué

hacían todas ellas. Y quería que le mostraran a la gente de Tijuana las cosas impresionantes que estaban haciendo. Pensé: "Hagamos algo para mostrarle eso al mundo".

Siendo un empresario natural, Galicot decidió que la mejor manera de presentar todas estas innovaciones sería una especie de feria comercial o un foro y exposición internacional abierto al público en general. Para probar la idea, comparable a la Exposición Panamá-California que había presentado al mundo a un San Diego joven hace casi 100 años, se puso en contacto con sesenta empresas de Tijuana, preguntando si estarían dispuestas a poner 25,000 dólares cada una para patrocinar tal evento. En testimonio del atractivo de esta idea, así como de la reputación de Galicot como uno de los más grandes empresarios de Tijuana, las sesenta empresas estuvieron de acuerdo.

Para entonces, los sueños de Galicot ya estaban creciendo. Recuerden, esto fue en 2009, el apogeo de la guerra del cártel Arellano-Félix en las calles de Tijuana—las batallas con armas, los cuerpos colgados de los puentes, los ciudadanos asustados agazapados en sus casas. La imagen de Tijuana nunca había estado tan baja. Solo José Galicot, con una válvula hecha en Tijuana en su corazón, decidiría que este era un momento ideal para celebrar el futuro de la ciudad.

Decidí que era el momento de recordarle a la gente lo que era genial de la ciudad: Su energía. El hecho de que está cambiando constantemente. Que somos una ciudad de inmigrantes, el tipo de gente que trabaja duro y hace lo mejor para tener una vida mejor. Gente que dejó sus casas y corrió grandes riesgos para venir aquí. Había estado aquí lo suficiente como para conocer Tijuana. Conocía la vida de la ciudad, sus historias, su gente, su alma. Quería contar esa historia. Para mostrar que a pesar de los recientes reveses, la vida en Tijuana estaba mejorando cada vez más y continuaría haciéndolo.

La semilla de la idea de la feria comercial de Tijuana había crecido hasta convertirse en una verdadera promoción de Tijuana en el escenario mundial. El evento Tijuana Innovadora de dos semanas reuniría a celebridades, líderes y pensadores mundiales para abordar el futuro de varios atributos de la vida moderna, mostrar las últimas tecnologías y restaurar un sentido de optimismo en una ciudad maltratada. Ante la violencia en las calles de la ciudad, todos los ciudadanos de Tijuana serían invitados a escuchar las charlas, recorrer las exposiciones, disfrutar de la comida y las artesanías y, en un momento inolvidable, unirse a un baile masivo para celebrar la ocasión.

La primera Tijuana Innovadora tuvo lugar en octubre de 2010. Llegaron oradores de todo el mundo: el presentador del programa de entrevistas Larry King; el fundador de Wikipedia, Jimmy Wales; el ex vicepresidente de EEUU, Al Gore; el hombre más rico de México, Carlos Slim; y el entonces presidente de México, Felipe Calderón, que conferían una legitimidad a Tijuana que rara vez había conocido. Pero el momento culminante fue el baile callejero: dieciséis mil juerguistas aparecieron para bailar en la plaza, unidos por una multitud en Las Américas Premium Outlets al otro lado de la frontera, con la música al alcance del oído.

Tijuana Innovadora I fue un auténtico triunfo transfronterizo—de hecho, transnacional—una reivindicación de la visión de José Galicot y una cachetada de guante blanco (menosprecio) para los gánsteres y los cínicos sobre el futuro de Tijuana. Galicot era entusiasta. Le dijo a *La Prensa*, "siento una total gratitud y satisfacción . . . Fue un claro ejemplo de lo que se puede lograr con cuidado, imaginación, disciplina y amor".

Ya estaba planeando el futuro de Tijuana Innovadora:

> Había dicho que esto podía suceder cada 2 años, pero ahora creo que me gustaría tener algo de la misma magnitud, pero con un espíritu diferente. Para el evento de este año las estrellas se alinearon a nuestro favor para mostrar lo que se está haciendo en Tijuana, pero creo que nuestro próximo esfuerzo debe ser con un enfoque diferente . . .

Hasta 200 empresas que no participaron en la Innovadora ahora están en primera fila para nuestro próximo esfuerzo.

Algunas de esas compañías están en San Diego. En cuanto a la participación de San Diego y sus empresas en futuras Innovadoras, Galicot estuvo de acuerdo, pero también expresó sin rodeos una opinión sostenida por muchos tijuanenses, pero raramente expresada:

> San Diego ha creído por mucho tiempo que ha estado viviendo con un sapo llamado Tijuana, pero en realidad, Tijuana es un príncipe esperando ser descubierto. La verdad es que estamos durmiendo en la misma cama, lo sepan o no . . . Estoy convencido de que el 99 por ciento de los que vivimos en Tijuana somos gente honesta, interesante y trabajadora. Es solo un pequeño grupo que insiste en aterrorizarnos.
>
> Así que creo firmemente que esos eventos solo pueden ser respondidos haciendo exactamente lo que hemos estado haciendo, trabajando desde el punto de vista cultural y dejando que la policía y los militares se ocupen de la violencia porque ese es su trabajo.

Durante la década siguiente, Tijuana Innovadora se convirtió en un fenómeno global y en un evento cultural determinante de la vida de Tijuana. Malin Burnham se unió a su junta asesora como co-presidente con Galicot, elevando la prominencia del evento en San Diego.

Cada 2 años, el evento ha atraído no solo a lo mejor de la ciudad sino a visitantes y oradores de todo el mundo. Los temas de Tijuana Innovadora se han vuelto cada vez más ambiciosos: en 2010 fue "La frontera inteligente"; en 2012, "Rumbo a la grandeza"; en 2014, "La diáspora mexicana"; en 2016, "Creativa"; y, en 2018, no se celebró ningún encuentro, sino una serie de eventos especiales a lo largo del año. Galicot contempló una especie de culminación y comenzó a planear para la "grande" en 2020.

Pero no se conformaba con una celebración bianual. Quería una iniciativa continua en Tijuana—lo que con el tiempo sería una "plataforma ciudadana que integra propuestas creativas de innovación social (innovación creativa) para elevar la calidad de vida de Tijuana"— enfatizada por la celebración real cada 2 años.

Con ese fin, Galicot y su creciente equipo comenzaron a crear un número de programas que llenaron los muchos meses entre los eventos del escaparate. Todo esto se asemejaba a una combinación distintiva de laboratorio de ideas, conferencia TED y foro público, y con el paso de los años, Tijuana Innovadora comenzó lentamente a abarcar casi todos los aspectos de la vida comercial y cultural de Tijuana. Por ejemplo, el evento InnovaModa se centró en la industria de la moda y se celebró en el Quartz Hotel & Spa. Comprendió paneles de discusión en los que participaron los principales diseñadores de moda, sesiones de capacitación sobre comercialización y ventas, y un concurso de cine, y culminó con una "Gran pasarela" de diseño de moda regional.

Las iniciativas de Innovadora en curso, cada una de ellas dirigida por equipos dedicados de voluntarios, han incluido:

- Artes Industriales: Un programa continuo de instalación de arte dirigido a los ancianos de Tijuana, en particular a los beneficiarios de la seguridad social, estas exposiciones en 2019 fueron vistas por casi seiscientos mil visitantes.
- Casa de las Ideas: Una instalación pequeña y premiada ubicada en la colonia Camino Verde (famosa por sus crímenes e inundaciones), esta biblioteca digital fue diseñada para mejorar la calidad de vida de la colonia.
- Orquesta Juvenil de Tijuana: Como informó la televisión KCRW, "No se suele asociar la música clásica con Tijuana, pero la Orquesta Juvenil de Tijuana desmiente esa suposición". En los últimos años, la Orquesta Juvenil de Tijuana ha empezado a actuar regularmente con varias orquestas juveniles de San Diego (especialmente con Mainly Mozart). La ocasión más conocida fue en 2018, cuando las dos orquestas se unieron, con un coro infantil de mil voces, para actuar en el Palenque del Parque Morelos de Tijuana.
- La división en Tijuana del International Foundation of Young Leaders (Fundación Internacional de Jóvenes

Líderes): Este grupo presenta programas de emprendimiento, voluntariado, robótica y redes de contactos.

• Paseo de la Fama de Tijuana: diseñado para celebrar
lo mejor de Tijuana y su gente, este programa incluye
instalaciones en un andador especial en el centro de
la ciudad, así como una exposición itinerante que se
muestra continuamente en varias instalaciones públicas
y centros culturales de la ciudad. El Paseo de la Fama,
a finales de 2019, había homenajeado a 185 personas y
organizaciones por sus contribuciones a la cultura, las
artes, la ciencia, la tecnología, los deportes, los negocios y
los académicos de Tijuana. Los galardonados no solo eran
tijuanenses, sino también varios estadounidenses que han
influido en el progreso de la ciudad. Entre los homena-
jeados se encuentran muchos individuos que aparecen en
este libro, incluyendo a Deborah Szekely, Sandra Dibble,
Javier Plascencia, Mary Walshok, Malin Burnham, Jerry
Sanders, James Clark, Salomón Cohen, Denise Ducheny y
Alejandro Bustamante.

• Tijuana Verde: Esta iniciativa se centra en proyectos y
programas que mejoran la calidad del medio ambiente
y apoyan el desarrollo sostenible. Tijuana Verde realiza su labor reuniendo a la industria, el gobierno y las
organizaciones no gubernamentales (ONG) a través de
congresos, talleres y ferias que cuentan con oradores
internacionales y exposiciones de proyectos ambientales
universitarios. Tijuana Verde también ha reforestado 3.2
hectáreas de paisaje estéril de Tijuana.

Solo en 2018, Tijuana Innovadora llevó a cabo cerca de 550 programas diferentes en Tijuana y su región circundante, afectando
directamente, según afirmó, a más de 100,000 personas e indirectamente a más de 400,000, con un total de más de 2 millones de beneficiarios directos desde su fundación en 2010.

Esa última cifra incluye a varios sandieguinos. A pesar de las reservas iniciales de José Galicot, ha llegado a abrazar el modelo binacional para Tijuana Innovadora. El ejemplo más revelador de esto es la

adición a la extensa junta directiva y personal de Tijuana Innovadora, con sede en Tijuana, de un Consejo Asesor de San Diego, presidido— no sorpresivamente—por Malin Burnham. El Consejo también incluye a Jerry Sanders, Mary Walshok y James Clark, así como a varios alcaldes y miembros del consejo de la ciudad del área de San Diego; Jim Fitzpatrick, editor y Director General de *San Diego Magazine*; y Rafael Fernández de Castro, director del Centro de Estudios México-EEUU de la UC San Diego.

La creación de este Consejo Asesor de San Diego predijo cómo José Galicot está preparando a Tijuana Innovadora para su próximo paso, programado para su décimo aniversario en 2020. De hecho, esta vez "quiere volarse la barda", siendo su objetivo poner a Innovadora—y, por ende, a Tijuana—en el mapa mundial como una de las ciudades y eventos más innovadores y progresistas del planeta. El tema, típicamente grandioso, es "Tijuana, es el futuro".

"Esto va a ser más que un evento", ha anunciado Flavio Olivieri, el director de desarrollo institucional de Tijuana Innovadora. "Será toda una plataforma para la innovación social".

Para Tijuana, la década de 2010 comenzó con sangre y violencia. Termina con Tijuana Innovadora de José Galicot, en palabras de *ANA Noticias* (parafraseado de la revolución cubana), "un grito de lucha para demostrar las habilidades y talentos del tijuanense". A pesar de los desafíos de los años transcurridos, la ciudad y Tijuana Innovadora concluirán las décadas triunfantes. José Galicot ha conseguido que el mundo voltee a ver, y Tijuana está lista para ser vista como la extraordinaria ciudad en la que se ha convertido al lado de San Diego.

POR LA MAÑANA

Los lugareños lo llaman June Gloom (nublados de junio). Los primeros días calurosos se encuentran con noches frescas y húmedas, y la espesa niebla, que siempre se encuentra justo más allá del horizonte sobre el Pacífico, se escurre hacia el este, borrando la luna y las estrellas.

Por la mañana, los ciudadanos de San Diego y Tijuana se levantan a un mundo monocromático, bajo cielos grises y nublados. A pesar de que es la víspera del verano, desayunan bajo las luces de sus cocinas y se ponen suéteres y chamarras cuando salen por la puerta principal. Afuera, el aire es húmedo y frío, y cuando suben a sus autos, a veces encienden la calefacción y accionan brevemente los limpiaparabrisas para eliminar—y más probablemente manchar—el fino rocío sobre el parabrisas.

En Imperial Beach, Ocean Beach y Playas de Tijuana, la arena blanca es gris y húmeda y se aglutina bajo los pies, el océano es silencioso y de color plomo. En el fondeadero naval de North Island al otro lado de la bahía frente al USS Midway Museum, los portaaviones son siluetas oscuras, sus altas superestructuras se desvanecen en la bruma. En Mission Bay, solo unos pocos locales con sudaderas trotan por la arena. Y en el Hotel del Coronado, los sillones de madera a lo largo del césped están desiertos y mojados.

La valla construida por EEUU entra al Océano Pacífico en Playas de Tijuana.

En la frontera, el muro, alto y negro, gotea agua de cada uno de sus miles de postes desde donde se eleva de la espuma gris del océano hasta donde desaparece en el horizonte a kilómetros tierra adentro.

En el Friendship Park, la red metálica entre los postes parece solidi-
ficar la pared; en Las Americas Premium Outlets: se agacha oscura y
malévola al final de las calles laterales, y en la Mesa de Otay, corre a
lo largo, delgada y horizontal como los estratos negros de una antigua
gran catástrofe.

En el San Diego Zoo, los animales de las llanuras africanas están
desganados, extremadamente fuera de lugar bajo la bruma, mientras
que los bueyes almizcleros y los osos polares parecen como nunca en
casa. En la Misión de San Diego de Alcalá, las tejas del techo son un
poco más oscuras, y en la torre, la campana tiene el menor brillo, al
igual que las imágenes exteriores de los famosos del Salón de la Fama
de Tijuana y la enorme bola del teatro IMAX del CECUT. Las gotas
corren por el asta de la bandera del preservado edificio de madera de
San Diego Union en Old Town.

Los autos con cientos de miles de viajeros—y estudiantes universitarios que se dirigen a las clases de verano—ahora llenan las calles de
Tijuana y suben y bajan de las autopistas—5, 15, 805—hacia San Diego,
largos filamentos de luces blancas y rojas. En la frontera, la corriente de
esos autos pasa casi en igual medida en ambas direcciones. Los aviones
despegan del Aeropuerto Internacional de San Diego y del Aeropuerto
Internacional de Tijuana y desaparecen rápidamente entre las nubes.

Algunas personas ya están en sus oficinas. En un rascacielos con
vista al aeropuerto de San Diego, y en otro en el centro de Tijuana, dos
ancianos, con los sueños de jóvenes, ya han estado en sus escritorios
durante horas. Malin Burnham, 92, y José Galicot están trabajando
duro en sus últimos planes para sus respectivas y amadas ciudades.

En sus habitaciones de hotel en San Diego y Tijuana, los turistas
y los hombres de negocios visitantes se están levantando de la cama.
Tropiezan con sus ventanas y abren las cortinas para ser recibidos por
la oscuridad gris y las calles húmedas. *Esto no es lo que me prome-
tieron*, se dicen a sí mismos.

Pero afuera, los viajeros que pasan en sus autos o que caminan
rápidamente por las calles del centro de la ciudad miran hacia arriba y
detectan el más mínimo aclaramiento del nublado. *Se está disipando*,
se dicen a sí mismos. Será un día cálido y soleado para las dos grandes
ciudades de la llanura costera de San Diego-Tijuana.

EPÍLOGO

El 7 de enero de 2020, la excavadora de un contratista de la Border Patrol de California apareció en el Parque Estatal Border Field—Parque de la Amistad—y procedió a arrasar el rasgo más popular del parque: un jardín, lleno de flora nativa, que había sido plantado a ambos lados de la valla para fomentar la amistad entre los dos países.

El jardín fue plantado por primera vez en 2007 por Border Encuentro ("Encuentro Fronterizo"), un grupo binacional que había mantenido el sitio desde entonces. Fueron los miembros de este grupo los primeros que vieron la excavadora destruyendo el jardín en el lado de San Diego de la valla y alertaron a los medios de comunicación locales.

Contactado por los periodistas, el jefe de la Border Patrol del sector de San Diego, Douglas E. Harrison, emitió una declaración formal:

> Los traficantes cortaron la antigua malla fronteriza y utilizaron el jardín binacional para cubrir las actividades ilegales. Tuvimos que tomar medidas para eliminar la vulnerabilidad. Contacté con el Parque de la Amistad y me reuniré con ellos para discutir los próximos pasos.

En el pasado, tal justificación—aliviar los temores de los sandieguinos sobre las actividades ilegales en la frontera—podría haber sido el final de la historia. Pero el mundo—al menos en este tramo de la frontera entre EEUU y México—había cambiado, como Harrison descubrió rápidamente.

La destrucción del jardín irritó aún más los nervios aun de punta por la decisión de CBP, un año antes, de suspender el enormemente popular programa Opening the Door of Hope (Abriendo la Puerta a la Esperanza), también realizado en el Parque de la Amistad. En ese programa, realizado anualmente durante 6 años, la Border Patrol había abierto una puerta entre los dos países y había permitido a una docena de familias preseleccionadas pasar y reunirse en persona durante tres minutos. Ese programa se cerró cuando se descubrió que uno de los hombres seleccionados para participar en una muy publicitada boda (de tres minutos) entre un ciudadano estadounidense y su prometida mexicana, había sido acusado de contrabando de drogas.

Esta historia reciente hizo que el doloroso simbolismo de la destrucción del jardín de Border Encuentro fuera mucho más agudo. El hecho de que ocurriera en medio de una relación cada vez más cálida entre Tijuana y San Diego—y en el Parque de la Amistad, de todos los lugares—lo hizo aún peor.

En la protesta resultante de ambos lados de la frontera, el jefe Harrison se sintió obligado a pedir disculpas. Como escribió en Twitter:

> Me reuní hoy con [Amigos del Parque de la Amistad] y me disculpé por la destrucción accidental del jardín. La intención original era recortar el jardín. Asumimos toda la responsabilidad, estamos investigando el suceso, y esperamos trabajar con FoFP [Friends of Friendship Park] (Amigos del Parque de la Amistad, en español) en la ruta a seguir.

Esta no era la antigua US Customs y Border Patrol. El clamor de los sandieguinos tampoco fue característico de su actitud histórica exhibida a lo largo de dos siglos, que fluctuó entre la indiferencia y el miedo, entre la falta de respeto y el desprecio por Tijuana y la frontera. En las tres décadas desde que San Diego Dialogue reunió a los pioneros originales en busca de una nueva relación para estas dos ciudades, algo había cambiado, profundamente.

T-MEC

Mientras la atención local se centraba en el Friendship Park, un evento mucho más grande se estaba llevando a cabo en Washington, DC y en Ciudad de México, uno que prometía continuar la transformación de las economías de ambos países, y en ningún lugar más que en la economía integrada y transfronteriza de San Diego y Tijuana.

A pesar de las audiencias de destitución pendientes contra el Presidente Donald Trump, la mayoría de los demócratas de la Cámara de Representantes, inesperadamente, votó a favor de aprobar una de las famosas piezas de legislación del Presidente Trump: el Tratado (de comercio) entre Estados Unidos, México y Canadá (T-MEC). En 2016, el presidente había cumplido la promesa de poner fin al TLCAN, que había sido una bonanza para la economía mexicana y el motor de la vasta expansión de las maquiladoras y el comercio transfronterizo que se había producido desde 1994.

En su campaña, el Presidente Trump había caracterizado al TLCAN como demasiado inclinado en ventaja de México. Declaró que la desecharía a menos que fuera renegociado. Ahora, incluso cuando se enfrentó a la destitución, Trump tuvo su victoria. Unos meses antes, la aprobación del T-MEC parecía improbable. El presidente del Comité de Medios y Arbitrios de la Cámara de Representantes, Richard Neal, había predicho un camino "muy difícil" hacia la ratificación debido a las preocupaciones de los demócratas en cuanto a la protección inadecuada de los sindicatos de EEUU, la discriminación en el lugar de trabajo y los impactos ambientales adversos.

Pero estas preocupaciones fueron disipadas por las modificaciones aceleradas por la administración del Presidente López Obrador en México y Nancy Pelosi la Presidenta de la Cámara de Representantes pudo impulsar la medida a través de su comité en el Congreso de EEUU. El Senado, controlado por los republicanos, que ya apoyaban fuertemente al T-MEC, aprovechó este avance y aprobó rápidamente el acuerdo el 16 de enero de 2020.

En una ceremonia del 29 de enero en el jardín sur de la Casa Blanca, rodeado de trabajadores con casco, el Presidente Trump firmó el acuerdo convirtiéndolo en ley, anunciando, "Hoy, finalmente estamos terminando la pesadilla del TLCAN y firmando en ley el nuevo acuerdo entre EEUU, México y Canadá". En la ceremonia de firma estuvo acompañado por el ministro de relaciones exteriores de México, Marcelo Ebrard.

El Senado mexicano, sin sorprender, se movió rápidamente. Ante una oferta que no podía rechazar de su mayor socio comercial, México había ratificado el acuerdo inicial en junio de 2019, con solo tres votos en contra. Después, aprobó el tratado revisado el 12 de diciembre de 2019, con una votación de 107 a 1. En una concesión crucial a México (y Canadá), EEUU aceptó la petición de que se eliminaran los aranceles del acero y el aluminio, impuestos anteriormente por la administración de Trump.

En marzo de 2020, Canadá, el único país que se resistió, ratificó el tratado T-MEC. La demora en la ratificación se produjo en gran medida porque, en las elecciones federales de octubre de 2019 en Canadá, el Partido Liberal del Primer Ministro Trudeau perdió la mayoría en el Parlamento, aunque mantuvo su posición de liderazgo a través de un gobierno de coalición. En consecuencia, las deliberaciones legislativas tuvieron que volver a empezar—un proceso que comenzó a principios de diciembre. Lamentablemente, entre la reintroducción del proyecto de ley y su ratificación, la pandemia de COVID-19 arrasó Norteamérica, deteniendo los viajes internacionales, paralizando las economías de los tres países y aplazando gran parte de la aplicación del nuevo acuerdo.

La forma en que el T-MEC es una mejora con respecto al TLCAN sigue siendo un tema de debate. Es probable que la verdad no se conozca durante años. Para San Diego y Tijuana, el significado del "nuevo TLCAN" fue la continuidad que garantizó para la economía integrada y transfronteriza de la región. El T-MEC significaba que la política nacional de ambos países permanecería alineada con este desarrollo local. Los empresarios de ambas ciudades no tendrían que nadar contra las corrientes políticas adversas de ninguno de los dos países. Para los tijuanenses y los sandieguinos, los resultados del TLCAN habían sido sobresalientes a lo largo de los años; parecía que el T-MEC permitiría un mayor crecimiento económico.

San Diego siguió ganando a lo grande en el auge económico de Estados Unidos, a pesar de la reducción del inventario de viviendas asequibles y el creciente problema de la falta de vivienda que la ha asolado, al igual que a otras grandes ciudades de California. En 2019, la ciudad obtuvo 34,800 empleos, más que cualquier otra ciudad del sur de California. También añadió mil ochocientas nuevas habitaciones de hotel. Se esperaba que 3,500 nuevos apartamentos estuvieran disponibles en 2020. En efecto, este crecimiento local actual y previsto era tan robusto que se pedía una nueva legislación—incluso ante el aumento de los precios inmobiliarios y la marcada necesidad de viviendas asequibles—para frenar el desarrollo desenfrenado en algunos de los distritos más prístinos y menos densos del condado.

La silueta de San Diego la terminal de cruceros vistos desde el restaurante Coasterra.

El auge económico de Tijuana continuó también a principios de 2020, en parte debido al aumento de los negocios con San Diego y EEUU, pero también debido a su propio desarrollo interno. Pero las noticias también eran contradictorias, debido al resurgimiento de la delincuencia. Las guerras entre el cártel de Sinaloa y el cártel Jalisco Nueva Generación habían vuelto, así como la tasa de asesinatos, que seguía superando la de los días negros de la década anterior. Este alto nivel de delincuencia sostenida se complicó aún más por el polémico programa de Migrant Protection Protocols—denominado "Quédate en México"—un acuerdo no escrito entre EEUU y México al que el gobierno de López Obrador había aceptado.

De conformidad con el MPP, los migrantes, a los que anteriormente se les había permitido entrar a EEUU a la espera del fallo de sus peticiones de asilo, se verían obligados a permanecer en el lado mexicano de la frontera (potencialmente durante años) mientras se tramitaban sus solicitudes. Miles de migrantes centroamericanos de Honduras, Guatemala y El Salvador fueron devueltos a Tijuana desde San Ysidro durante el año 2019, de acuerdo con el programa. Sin embargo, su destino, así como la viabilidad del programa en sí, fue arrojado al limbo a finales de febrero por una decisión judicial de apelación que invalidaba el MPP según la ley federal. A partir de marzo de 2020, reinaba la incertidumbre absoluta, y el caso se dirigía sin duda a la Corte Suprema de EEUU.

Un mes antes, el *San Diego Union-Tribune* había informado que el turismo transfronterizo hacia Tijuana desde San Diego y el resto de EEUU—contrariamente a las predicciones anteriores—estaba disminuyendo inesperadamente. Gran parte de esto se atribuyó a la creciente percepción de los estadounidenses de que Tijuana se estaba convirtiendo cada vez más—una vez más—en un lugar peligroso para visitar.

Lo que hizo que estas cifras fueran particularmente desconcertantes fue que los desplazamientos diarios entre las dos ciudades siguieron creciendo, así como las visitas especializadas a Tijuana por turismo médico y otros fines. Además, como se ha señalado, la propia Tijuana estaba disfrutando de su propio auge económico. Algunos estadounidenses podrían estar ausentes de los restaurantes, hoteles y sitios culturales de la ciudad, pero sus ausencias estaban siendo reemplazados, y rebasadas, por visitantes de México y otros lugares de América Latina. Además, los visitantes habituales de la ciudad comprendían que casi toda la violencia del crimen organizado ocurría en las colonias periféricas de la ciudad y que las prósperas y bulliciosas zonas del centro de la ciudad seguían siendo tan seguras como cualquier ciudad importante de cualquier lugar. Estos cruces fronterizos regulares solo estaban aumentando su actividad de ida y vuelta entre San Diego y Tijuana.

Oculto en las cifras de cruces fronterizos y turismo había otra nueva y notable realidad: después de dos siglos de dependencia de San Diego y de Estados Unidos para su supervivencia, Tijuana había empezado por fin a convertirse no solo en una ciudad fronteriza, con todas las connotaciones peyorativas del término, sino en una ciudad económicamente independiente. Dicho esto, mientras la tasa de criminalidad de la ciudad siguiera creciendo—y especialmente si se extendiera a las colonias más prósperas—el peligro para la economía y el bienestar de Tijuana seguiría siendo alto.

Esta no era una situación nueva para Tijuana, que, siempre adaptable, había enfrentado y superado amenazas similares una y otra vez a lo largo de su historia. La estrecha relación que Tijuana estaba desarrollando con San Diego—y la comunidad unificada que emergía entre ellos—fue una fuente tanto de resiliencia adicional como de confianza en que los tijuanenses volverían a recuperarse más fuerte que nunca. Esta sinergia ahora funcionó en ambos sentidos a través de la frontera.

RESPUESTA CONJUNTA

Una excelente ilustración de estos beneficios recíprocos surgió durante el primer trimestre de 2020 con la explosión mediática sobre la pandemia de un nuevo coronavirus: Covid-19. La amenaza fue recibida en todo el mundo con creciente temor. Sacudió los mercados financieros mundiales como no lo habían hecho desde su casi colapso en 2008. Los dos primeros casos del virus aparecieron en San Diego, a principios de febrero, lo que llevó a los funcionarios del condado a declarar una emergencia de salud pública y local por precaución, y para permitir que la región aprovechara los fondos de emergencia estatales y federales.

A mediados de febrero, docenas de estadounidenses, sacados de las aerolíneas bajo sospecha de exposición a la enfermedad infecciosa, estaban en cuarentena en la Estación Aérea del Cuerpo de Marines de Miramar por un período de observación de catorce días. Siente pacientes que presentaban tos o fiebre fueron llevados al Centro Médico de la UC San Diego o al Rady Children's Hospital (Hospital Infantil

Rady). Entretanto, las autoridades locales de salud pública tanto de San Diego como de Tijuana se mantuvieron en estrecha consulta como lo habían hecho en 2009 para hacer frente con éxito al virus H1N1 (que se cree que se originó en la región) y al brote de SRAS originado en China 6 años antes de esa epidemia. Juntos, San Diego y Tijuana habían modelado protocolos de protección sanitaria transfronteriza para sus países, y estaban preparados para hacerlo de nuevo en medio de la incertidumbre de la crisis actual.

El 1° de marzo de 2020, la Casa Blanca anunció la primera muerte en Estados Unidos por Covid-19, el comienzo de una curva exponencial de decesos que en las próximas seis semanas mataría a más de cuarenta mil estadounidenses, que no parece tener fin.

A diferencia de la mayoría de otros lugares de la tierra, San Diego, gracias a su liderazgo biomédico mundial, poseía el potencial de controlar su propio destino. Los laboratorios locales se apresuraban a desarrollar una vacuna para combatir el COVID-19. Mientras tanto, Tijuana—el principal fabricante de dispositivos médicos, una fuente importante de suministros médicos y un sitio líder en turismo médico—se mantiene en pie, dispuesta a contribuir y beneficiarse de su asociación con San Diego con una avalancha de respiradores y otros dispositivos y equipos de protección personal.

A medida que la pandemia—posiblemente la más grande desde la gripe española un siglo antes—se propagó a principios de marzo de 2020, el número de casos en Estados Unidos superó con creces a los de México. Si esta tendencia continuara, algunos especularon, tal vez la última ironía en la larga historia entre las dos naciones sería que México podría cerrar su frontera con su vecino del norte.

El gobierno mexicano desestimó tal especulación. Pero cuando se le preguntó sobre la posibilidad de cerrar su frontera a los estadounidenses, el Subsecretario de Prevención y Promoción de la Salud Hugo López-Gatell Ramírez dio una conferencia de prensa reaciamente para decir: "El posible flujo del coronavirus vendría del norte al sur. Si fuera técnicamente necesario, consideraríamos mecanismos de restricción o una vigilancia más fuerte".

Pocas personas a ambos lados de la frontera creyeron que ocurriría un cierre total, especialmente en San Ysidro. San Diego y Tijuana estaban ahora muy profundamente interconectados—cultural, económica y socialmente—para que eso ocurriera. "México no puede sobrevivir sin que los bienes crucen la frontera", dijo Duncan Wood, director del Instituto de México en el Centro Internacional para Académicos Woodrow Wilson. "El año pasado, lo único que mantuvo a la economía mexicana, aún en números negros, con un crecimiento cerca del 0%—terminó contraída en un 0.1% o 0.2%—fue la demanda de EEUU". Mientras tanto, una ruptura en las cadenas de suministro de las empresas maquiladoras de Tijuana y de algunas de las más importantes empresas de EEUU solo perjudicaría aún más la estancada economía mexicana.

Sin embargo, la incertidumbre y el miedo que se apoderó del mundo en marzo puso sobre la mesa lo antes impensable con respecto a la frontera y mucho más en la vida cotidiana, ya que gran parte de Estados Unidos y del mundo se cerraron en una histeria de "distanciamiento social". En la frontera entre EEUU y México, por primera vez, el problema de seguridad ya no era, en la analogía de Alan Bersin sobre la gestión de la frontera, encontrar una aguja (de alto riesgo) en el pajar de los viajeros legales. La amenaza de contagio de una pandemia había hecho que *todo* el pajar fuera un problema. Si bien se desconocía el resultado de los primeros días de la emergencia nacional declarada por los dos presidentes, parecía probable que Tijuana y San Diego fueran el crisol de cualquier situación transfronteriza—y posible solución—que pudiera surgir de la crisis. Además, la pandemia parecía destinada a convertirse en una medida de lo que las dos ciudades habían logrado juntas y en lo que se habían convertido—para bien y para mal.

A principios de abril, México anunció que el Covid-19 había llegado a ese país también. Para el 21 de abril, la nación había experimentado 686 muertes, con 8,261 infectados, y se esperaba que el pico de la crisis se alcanzara a principios de mayo. Ciudad de México fue la más afectada, pero Baja California—especialmente Tijuana—tuvo el segundo mayor número de casos en la nación. Como en San Diego, Tijuana también comenzó a cerrar: las oficinas y (muchas, pero no todas) las maquiladoras cerraron, y los ciudadanos se resguardaron, poniéndose en cuarentena en sus hogares.

Pero algo sin precedentes en la larga historia de las dos ciudades—y los dos países—había ocurrido. Así es como Alan Bersin lo describió en una publicación en redes sociales del Centro Internacional Woodrow Wilson para Académicos en Washington:

> En medio de este cierre económico global, hubo una luz de esperanza . . . en la forma pragmática y sensata en que los gobiernos de Canadá, México y Estados Unidos han reaccionado hasta ahora ante la crisis.
>
> Es evidente que la situación podría haber llevado a los legisladores a recomendar un cierre completo y prolongado de la frontera, y no habría sido sorprendente que Estados Unidos impusiera unilateralmente una medida de seguridad tan amplia, como tantas otras lo han hecho tras el 11-S.
>
> Pero no es así como se ha desarrollado. En cambio, la respuesta norteamericana surgió tras una consulta estrecha y coordinada. Aunque se llevó a cabo de "manera bilateral paralela" (entre EEUU y cada uno de sus vecinos), se llegó a un resultado trilateral entre los tres gobiernos: para limitar la propagación del coronavirus, se restringieron los viajes no esenciales, mientras que el comercio transfronterizo (3,400 millones de dólares diarios) permaneció sin restricciones . . .
>
> El hecho de que estas medidas hayan sido adoptadas por los dirigentes, que no confían realmente entre sí, de los tres países—en una era de antiglobalización a la que se adhieren dos de ellos—deja una lección aún más innegable y convincente.

A principios de abril de 2020, a pesar de que la pandemia del Covid-19 seguía arrasando a ambos lados de la frontera, el tráfico económico a través de la frontera entre Tijuana y San Diego había vuelto casi al mismo nivel que antes. Aún más notable, ante esta extraordinaria distracción, de una crisis sanitaria a nivel continental, las tres naciones siguieron presionando y comenzaron a aplicar el T-MEC. Era una declaración de resistencia: ninguna crisis, ni siquiera una pandemia mundial, podía impedir esta nueva relación entre los tres países, una relación que, de manera importante, había comenzado con la labor pionera de los ciudadanos comunes en San Diego y Tijuana.

DEFUNCIONES

La muerte de dos ciudadanos prominentes entristeció a Tijuana a principios de la nueva década. Las vidas de ambos hombres trazaron la transformación de la ciudad, y ambos hombres jugaron un papel clave en la creación y el fomento de relaciones cálidas y constructivas entre Tijuana y San Diego.

A principios de febrero, el promotor Moisés Abadi murió trágicamente en un accidente de motocicleta en su Panamá natal. Solo tenía 62 años.

Educado en México, Abadi había dejado Panamá en 1988, justo antes de la invasión estadounidense a ese país para desbancar a su presidente–el narcotraficante, Manuel Noriega. En 1998, por razones de seguridad, Abadi trasladó a su familia de Ciudad de México a San Diego y estableció su empresa, Grupo Abadi, en Tijuana. Apostando que a muchos tijuanenses y sandieguinos les gustaría vivir lo más cerca posible de la frontera, en 2004 Abadi compró un terreno de 2.4 hectáreas a poca distancia de la frontera por 14 millones de dólares y se embarcó en la creación de NewCity.

La muerte de Abadi conmocionó no solo a Tijuana sino también a San Diego. Tanto como cualquiera, fue responsable de la moderna silueta de Tijuana, y más famoso por su enorme pero elegante desarrollo NewCity de 170 millones de dólares, con sus cinco torres y su campus médico. Uno de esos rascacielos, la Torre Diamante, es el edificio más alto de la ciudad. Con 27 pisos, el edificio es visible incluso desde el centro de San Diego, a casi 32 kilómetros de distancia.

Abadi era muy conocido en San Diego también. Residente de Del Mar, estaba profundamente involucrado en la comunidad judía de la región y era copropietario de varios restaurantes en el condado de San Diego. Pero era mejor conocido a ambos lados de la frontera por su tenacidad.

En 2007, con solo dos de sus torres construidas, la recesión golpeó y la construcción se detuvo. Mientras tanto, 140 de las 200 personas que habían depositado anticipos en los condominios de lujo que albergaban las torres se alejaron de sus compromisos. Pero Abadi perseveró. Luego, en 2017, incluso mientras se estaba terminando, el desarrollo de NewCity de nuevo casi se arruinó. Pero, en lugar de abandonar, Abadi siguió luchando, y el proyecto sobrevivió. Hoy en día, NewCity tiene más de 1,000 residentes y continúa creciendo rápidamente, especialmente ahora, con la finalización de la quinta torre.

"Gracias a Dios nunca me alejo de nada", dijo Abadi al *San Diego Union-Tribune* en ese momento.

Después de anunciar la noticia de la muerte de su padre, el hijo de Abadi, Isaac, director general del Grupo Abadi, dijo: "Siempre buscaba hacer un cambio y ayudar a la gente, y crear algo diferente de lo que había. Tenía una visión increíble".

Menos sorprendente, pero no menos lamentada o impactante, fue la muerte de Héctor Lutteroth el 10 de febrero a los 93 años, después de una larga enfermedad.

Lutteroth fue un pionero binacional anticipado y previsor. Dedicó incontables horas a apoyar a la Orquesta de Baja California, la Universidad Iberoamericana, el CECUT y el San Diego Natural History Museum, además de muchos otros grupos cívicos y empresariales de la región.

Fue el editor del *San Diego Evening Tribune*, Neil Morgan, quien llevó a Lutteroth por primera vez a una reunión del consejo comunitario a finales de los años 1980, como parte de sus esfuerzos por unir las dos ciudades. Lutteroth pronto se convirtió en una figura destacada de San Diego Dialogue y ayudó a Chuck Nathanson a incorporar a otros ciudadanos destacados de Tijuana a la organización.

Mary Walshok dijo, "Ayudó a crear una comunidad de líderes que miraban los temas juntos, hablando de lo que una cierta idea puede significar para cada ciudad, tratando de encontrar qué hacer para que las cosas funcionen mejor".

Lutteroth nació en el estado de Sonora y llegó a Tijuana en 1961 para ayudar a su padre a dirigir el Hotel Club Campestre. Con el tiempo, su Grupo AFAL (Asociación Familia Lutteroth) se convertiría en una fuerza importante en bienes raíces, los deportes y la restauración en Tijuana. En cuanto a sí mismo, Lutteroth se hizo conocido por su liderazgo del partido local del PRI y por sus múltiples esfuerzos filantrópicos, incluyendo donaciones de uniformes y equipo deportivo y de colegiaturas a los jóvenes de Tijuana.

EL TERCER PAÍS

A pesar de todos sus logros, quizás el mayor legado tanto de Lutteroth como de Abadi fue el de fortalecer y ayudar a poner a Tijuana en su trayectoria hacia el siglo XXI, y hacerlo en conjunto con San Diego. Eran por antonomasia los Borderlanders-Fronterizos que vivían y trabajaban en ambas ciudades y ayudaban a formar un tejido fronterizo de interdependencia en los márgenes nacionales de los dos países. Aunque la frontera fue a menudo una ocasión para la colisión a nivel federal, para Héctor Lutteroth y Moisés Abadi, y para los otros relatados en este libro, siguió siendo un lugar de síntesis, donde las culturas, las economías y las familias se han mezclado y entrelazado. Por eso, en México, la frontera se conoce como El Tercer País, algo distinto y especial. Es lo que Bayless Manning caracterizó como "interméstico", simultáneamente internacional y nacional. A medida que la globalización avanza a través del aumento del comercio, los viajes y los avances tecnológicos, la línea entre las cuestiones internacionales y nacionales se hace más borrosa. En ningún lugar es eso más cierto que a lo largo de la frontera entre EEUU y México en su extremo oeste en San Diego-Tijuana. Como Alan Bersin ha observado:

> Las fronteras hoy en día se refieren tanto a los flujos de bienes y personas, al norte y al sur, como a las líneas fronterizas soberanas este-oeste. Al vivir en un lugar en el que las corrientes comerciales transfronterizas y las comunidades binacionales prosperan, los sandieguinos-tijuanenses fronterizos están bien situados para ofrecer una importante orientación a sus países en general sobre la integración y la colaboración. Gran parte de la gestión moderna de las fronteras en lo que respecta a la seguridad y la tramitación expedita de los flujos transfronterizos lícitos se originó en Tijuana-San Diego. Esta es la base técnica de habilidades y

conocimientos que, junto con la comprensión y el apoyo de la comunidad, podría generar una dinámica de integración económica y social que involucre no solo a México y Estados Unidos sino a lo largo de todo el eje norte-sur de Norteamérica, desde Colombia hasta el Ártico.

La "comunidad fronteriza única" que San Diego y Tijuana están creando juntos podría ser la puerta y el puente para ese futuro continental. Es probable que el manto de liderazgo transfronterizo pase a los hijos e hijas de los pioneros mexicanos—José B. Fimbres, Carlos Bustamante Aubanel, Alejandra Mier y Terán, Ascan Lutteroth, Isaac Abadi, Rafael Galicot, Gregorio Galicot, Álvaro Luken Luna, Simón Somohano, Yolanda Selene Walther-Meade, y otros—para llevar adelante esta labor en la próxima generación. A la luz de la historia que se ha contado aquí, este desarrollo no debería ser ni sorprendente ni inoportuno. Estos individuos de "nueva generación", en sus estilos de vida, carreras, capacidades y elecciones, encarnan y ejemplifican el surgimiento del nuevo ciudadano norteamericano transfronterizo: completamente bilingüe, completamente binacional y completamente bicultural. En palabras de Pedro Romero, él mismo un pionero de Tijuana-San Diego y hoy consejero para la "frontera norte" del Presidente López Obrador, son la "Generación 3-B", igualmente cómoda y en casa en las dos ciudades y en ambos países, ya no marginada en un Estados Unidos diversificado o ignorado por un México que mira hacia adentro.

Raymundo Arnaiz, el promotor inmobiliario y miembro fundador mexicano de San Diego Dialogue, capta este sentido del futuro en el contexto de su propia familia:

> Nací en San Diego en los años 1940. Renuncié [a mi ciudadanía de EEUU] cuando cumplí los 18 años porque tener una doble nacionalidad entonces no era una posibilidad. Tuve que elegir uno, y elegí ser mexicano. [Hoy] toda mi familia es binacional. Tengo tres hijas, un hijo y once nietos. Todos tienen dos pasaportes. Tienen ambas nacionalidades . . . Tienen lo mejor de

dos mundos en la comunidad compartida que Tijuana
y San Diego han construido.

Desde su comienzo, una y otra vez, ha parecido como si Tijuana se
desmoronara. Pero nunca lo hizo, en parte por la dureza que describe
José B. Fimbres, la tenacidad y el coraje que posee Carlos Bustamante, y
la resistencia que encarna José Galicot. Tijuana ha sobrevivido y prosperado también gracias a San Diego, a la que, históricamente, miró y se
apoyó, a veces como un refugio, a menudo como un modelo, y siempre
como un vecino y cliente a quien servir y cultivar.

Como resultado, Tijuana-San Diego ha prosperado como región,
de tal manera que, en el futuro, puede convertirse en un modelo para la
evolución de una Norteamérica interdependiente y económicamente
próspera—una colaboración no impuesta por el gobierno, sino construida por grupos cívicos, empresariales y comunitarios, alimentada
por las oportunidades que se ofrecen a su pueblo y por las seguras relaciones de confianza entre sus líderes.

EN CONTRA DE LAS PROBABILIDADES

En su medio siglo de existencia, el Friendship Park de 0.2 hectáreas
ha sufrido muchos insultos y ataques, desde saltadores fronterizos a
contrabandistas hasta una enorme valla de acero que lo corta en dos,
desde cínicos eventos mediáticos hasta la destrucción de su jardín en
el lado estadounidense.

Sin embargo, a pesar de todo, el parque había continuado creciendo en su valor espiritual para las dos grandes ciudades que lo rodea-
ban en lados opuestos.

El arquitecto del parque James Brown, a quien se le ha encargado
rediseñar el Friendship Park para una interacción transfronteriza aún
mayor, dijo: "Nuestra región fronteriza, culturalmente rica, se hace
finalmente más fuerte y segura a través de la cooperación en lugar del
miedo. La mejor seguridad que podemos alcanzar no se logra por la
fuerza, sino por la amistad. . . Nuestras naciones necesitan un símbolo
de solidaridad en este momento de nuestras historias compartidas".

Esto fue particularmente cierto en el lado del parque de Tijuana. Mientras que, para los sandieguinos, la valla fronteriza era una fea cicatriz a ser ignorada en gran medida, para los tijuanenses era algo más: un insulto, una vergüenza, un recordatorio de la arrogancia y el poder de Estados Unidos y de las debilidades de su propio país. Muchos de sus conciudadanos habían abandonado su país cruzando la frontera por allí; demasiados habían muerto en el proceso. Por todas esas razones, desde el lado de Tijuana no se podía ignorar la gigantesca cerca fronteriza; el dolor que representaba solo podía ser aliviado, descolmillado por ahora con la esperanza de un futuro mejor, cuando sus barras de hierro fueran derribadas para siempre.

En el lado americano, los visitantes pasan en su mayoría por el parque, apenas le dan una segunda mirada en su camino hacia la playa. Para los pocos que se detienen, la experiencia es típicamente solemne. Pero en el lado mexicano, la experiencia es muy diferente: se ha convertido en un lugar de reunión para la celebración, la contemplación y la reverencia, con esa característica combinación mexicana de colores vivos y exultación desinhibida. Y gran parte se ha organizado en conjunto con los estadounidenses.

En un día determinado del fin de semana, es probable que uno encuentre en el lado mexicano de la valla las barras negras pintadas con rojos, amarillos y azules brillantes—arte mural o una simple cruz. La actividad en este lado del parque aparece en un memorable foto-ensayo de Ariana Drehsler, fotógrafa de *San Diego Magazine*: un servicio religioso, vendedores de comida, bodas y reuniones familiares, y músicos—desde una orquesta de cámara de una escuela secundaria hasta un acordeonista solitario. A ambos lados de la cerca, los voluntarios mexicanos y de EEUU de Border Encuentro cuidan su jardín binacional, un desorden de flores, arbustos y vegetales, delimitado por neumáticos de automóvil pintados semi-enterrados.

Contra todo pronóstico, el Friendship Park ha hecho honor a su nombre. Si en el lado americano las puertas del parque están abiertas solo un par de horas cada día, en el lado mexicano el parque está abierto de día y de noche y los que inundan su espacio contiguo es probable que sean estadounidenses que han cruzado la frontera para visitarlo desde el lado mexicano.

Algunos de estos estadounidenses han venido desde cientos de kilómetros de distancia. Algunos han venido enojados o consternados por la idea misma de las fronteras y vallas. Algunos han venido en solidaridad con el pueblo de otra nación, una nación orgullosa que ha enfrentado interminables desafíos. Pero otros han venido a honrar el nombre del parque en sí mismo, para celebrar una relación duradera que ha evolucionado en las buenas y en las malas durante más de dos siglos, una relación que ahora parece fortalecerse cada año, con un impulso hacia la amistad y la interdependencia que ya no se niega, sino que es abrazado por la gente a ambos lados de la frontera que comparten.

POST EPÍLOGO

La historia de cómo Tijuana y San Diego se convirtieron en una sola área metropolitana, íntimamente ligadas por profundos lazos económicos, culturales y sociales, es inusual, y es una lectura excelente—en parte historia, en parte una novela de suspenso.

Es la historia de cómo dos pequeñas aldeas, una originalmente una misión y la otra un rancho, se transformaron en dos grandes ciudades, entre las más grandes de sus propios países, y finalmente se descubrieron la una a la otra, al principio a regañadientes y más tarde con entusiasmo. Pero primero tuvieron que vivir con mafiosos, intrigas políticas internacionales, auges y colapsos económicos, profundos malentendidos culturales y la constante presencia de una frontera que a la vez las mantenían separadas y las unía como una sutura.

Las ciudades a lo largo de la frontera entre Estados Unidos y México suelen tener historias complejas, pero estrechamente vinculadas, y la mayoría de ellas históricamente han abrazado su relación, pero San Diego y Tijuana eran diferentes. Ambas eran lo suficientemente grandes como para pensar que eran independientes la una de la otra, y lo suficientemente diferentes cultural y económicamente como para creer que no se necesitaban la una a la otra. Desarrollaron identidades casi opuestas entre sí: un pueblo playero divertido y relajado al norte, y un pueblo industrial rudo, con un toque de peligro, al sur. En muchos sentidos, se definieron a sí mismos en contraste con el otro.

Pero con el tiempo estas identidades distintas comenzaron a desdibujarse. Las dos ciudades se convirtieron gradualmente en una sola economía integrada basada en gran medida en la producción de tecnología de alta gama, incluido los equipos médicos y de audio. Ambas se convirtieron también en semilleros de innovación culinaria y cultural, con chefs, músicos y artistas creando repertorios culturales que desafiaban y reinterpretaban la frontera entre ellos. Pronto empezaron a descubrir que esta interdependencia era en realidad una fuente de profunda fortaleza y que cada una podría dejar una mayor huella en sus propios países y en el escenario global si trabajaran juntas y construían una identidad compartida que pudiera unirlas.

El reconocimiento de esta interdependencia no llegó fácilmente ni aún es total. Hay fuerzas en cada país que todavía las jalan a cada una en la dirección contraria, alejándolas una de la otra. Pero ha sido sorprendente ver cómo dos ciudades que alguna vez se esforzaron por definirse una contra la otra por cualidades contrastantes han acogido la idea de que ahora son una sola región metropolitana con un futuro común por delante, con todo, desde ejercicios de planificación urbana conjunta hasta actividades culturales compartidas que buscan vincularlas más estrechamente.

Las historias humanas en este libro son fundamentales porque nos obligan a mirar más de cerca a perspectivas nuevas y diferentes de una frontera que desafía las categorizaciones simplistas o una narrativa anticuada que describe solo las aduanas y los puntos de control de inmigración. Una mirada panorámica general a la región nos permite darnos cuenta de que cuando hablamos de la frontera, también estamos hablando de nosotros. Estamos hablando de amigos y familias en Tijuana y San Diego que se mueven, invierten, compran y socializan a través de la línea fronteriza. Cuando hablamos de la frontera, hablamos de constructores ferroviarios, mineros, inversionistas, y de hombres y mujeres migrantes cuya ética de trabajo y dignidad los han convertido en un componente esencial del éxito de ambos países.

En muchos sentidos, esta notable relación, aún en evolución, entre San Diego y Tijuana es un microcosmos magnificado de lo que está sucediendo entre Estados Unidos y México. Dos países que antes se veían tan profundamente distintos han ido descubriendo—a veces de manera lenta y desigual—que están, de hecho, profundamente entrelazados y que son más fuertes juntos que separados. Las cadenas de suministro compartidas, los profundos lazos familiares y los vínculos culturales cada vez más fuertes están convirtiendo lo que solían ser dos naciones distantes en vecinos íntimamente vinculados que dependen el uno del otro para su futura prosperidad. La frontera que alguna vez definió su diferencia entre sí ahora también los une en su mutua interdependencia.

Esto no significa que México y Estados Unidos sean un solo país, como tampoco que Tijuana y San Diego sean una sola ciudad. Las características únicas que cada una tiene, y sus historias orgullosas, son parte de lo que hace que la relación sea tan rica y significativa. Pero, así como estas dos ciudades se han convertido en una sola área metropolitana, enriquecida por sus diferencias, pero unida por sus economías compartidas, sus lazos personales y familiares y su capacidad de aprender de las historias culturales de cada una, también Estados Unidos y México están descubriendo que sus diferencias solo fortalecen aún más una alianza basada en profundos lazos económicos, sociales y culturales. Y esto es cierto incluso cuando las políticas que provocan división a veces tratan de separarlos.

Este libro es un testimonio a dos ciudades que superaron y aceptaron sus diferencias para crear un espacio común y un futuro compartido, construyendo un puente sobre el muro que las separaba. También es un testimonio de esta relación más amplia entre México y Estados Unidos, que también crece día a día, conforme la gente de ambos países acepta sus diferencias como un beneficio y construye múltiples puentes que atraviesan los muros que una vez los separaron—a través de la inversión, la producción compartida, el cine, la música, el arte, la comida, las relaciones familiares y personales, e incluso la posibilidad de vivir en el otro país, como lo han hecho millones de ciudadanos estadounidenses y mexicanos.

Aplaudimos a la multitud de personas que han hecho esto posible. Esto incluye a los cónsules generales que han servido a sus países, representando a México en San Diego y a Estados Unidos en Tijuana; a los líderes civiles, políticos y empresariales que han buscado activamente cerrar la brecha entre los dos países; a los artistas, músicos, chefs, escritores y otros que han creado una nueva visión del espacio compartido entre las dos ciudades y nuestros dos países; a los periodistas que han informado sobre estos cambios; y, sobre todo, a los ciudadanos de ambas ciudades—y de ambos países—que han tenido el valor de imaginar una relación diferente en la que nuestra proximidad geográfica es una oportunidad para ser explorada, reimaginada y celebrada.

Martha Bárcena Coqui, Embajadora de México en Estados Unidos

Dr. Andrew Selee, autor de Vanishing Frontiers (Fronteras que se desvanecen) *y presidente del Migration Policy Institute (Instituto de Políticas Migratorias)*

BIBLIOGRAFÍA SELECCIONADA

San Diego Reader: https://www.sandiegoreader.com/news/1988/feb/25/baja-rebellion/

Library of Congress, Hispanic Reading Room: https://www.loc.gov/rr/hispanic/mexico/timeline.html

US-Mexico Borderlands: Historical and Contemporary Perspectives de Oscar Jáquez Martinez

Research Data Library UCSD: Neil Morgan collection

The 1982 Mexican peso devaluation and border area employment: https://www.bls.gov/opub/mlr/1985/10/art3full.pdf

Golden Door: goldendoor.com

Tripsavvy: https://www.tripsavvy.com/godmother-of-modern-spas-deborah-szekely-3089670

The *San Diego Union-Tribune*: Neil Morgan Obituary, 2/1/2014

The National Review: The Long, Long Depression: https://www.nationalreview.com/2012/01/long-long-depression-matthew-lynn/

Maryland Journal of International Law, Volume 33, Issue 1, Article 10: "Extradition as a Tool for International Cooperation: Lessons from the US-Mexico Relationship" de Emily Edmonds-Poli David Shirk

San Diego Reader: Mexican revolution and the role played by Tijuana de Bob Owens, Feb. 25, 1988

Southern California Quarterly, Vol. 35 No. 4, December 1953: "US-Mexico Law Enforcement and Border Security Cooperation: An Institutional-Historical Perspective" de Guadalupe Correa-Cabrera and Evan D. McCormick

Político: https://www.politico.com/magazine/story/2017/02/san-diego-bridge-border-wall-airport-tijuana-214788

Banderas News: http://www.banderasnews.com/0712/hb-drbettyjones.htm

The *San Diego Union-Tribune*: https://www.sandiegouniontribune. com/news/border-baja-california/sd-me-tijuana-mayors-20170206-story.html

Quartz.com: https://qz.com/947305/this-is-free-trade-nearly-every-pacemaker-used-in-the-us-is-partly-made-in-tijuana-mexico/

The *San Diego Union-Tribune*: https://www.sandiegouniontribune. com/news/border-baja-california/sd-me-tijuana-mayors-20170206-story.html

Tijuana EDC: https://tijuanaedc.org/

DVID Inc: https://www.dvidshub.net/video/722206/border-wall -system-construction

BiopharmaGuy.com: https://biopharmguy.com/links/state-ca-all-geo. php California Biotech, Pharmaceutical & Life Sciences Companies

The *Brownsville Herald*: https://www.brownsvilleherald.com/violence -the-result-of-fractured-arrangement-between-zetas-and-gulf/ article_84acae85-f39d-53f4-ad50-fd4cfebd8115.html

The New Yorker: https://www.newyorker.com/magazine/2012/01/30/ the-missionary-dana-goodyear

Pacific Magazine: https://www.pacificsandiego.com/magazine/ pac-chef-javier-plascencia-baja-story.html

CETYS: https://www.cetys.mx/en/international-collaboration/

Universidad Autónoma de Baja California: http://www.uabc.mx/en/

International Community Foundation: https://3i9i2q3n-686v427cr941c7do-wpengine.netdna-ssl.com/wp-content/ uploads/2015/11/Shared_Destiny_English.pdf Shared Destiny: Shaping a Binational Agenda for Health Priorities in the San Diego—Baja California Region

Ibid: https://3i9i2q3n686v427cr941c7do-wpengine.netdna-ssl.com/ wp-content/uploads/2015/11/Blurred_Borders_2004.pdf Blurred Borders: Transboundary Issues and Solutions in the San Diego/ Tijuana Border Region

The Guardian: https://www.theguardian.com/world/2019/nov/04/ bloody-tijuana-mexico-murderous-border-city-week

TJVisitor.com http://www.tjvisitor.com/new-city-medical-plaza

NBCI: https://www.ncbi.nlm.nih.gov/pmc/articles/PMC2234298/ "Medical Tourism: Globalization of the Healthcare Marketplace"

The Border, Don Winslow (New York: William Morrow, 2109)

San Diego Foundation: https://www.sdfoundation.org/news-events/ sdf-news/why-medical-coverage-meaningless-at-only-pediatric -hospital-in-tijuana/

Banderas News: http://www.banderasnews.com/0712/hb -drbettyjones.htm Tijuana's Poor Get Rare Care Courtesy of Canadian Expat

Smart Border Coalition: https://smartbordercoalition.com/

San Diego Chamber of Commerce: https://sdchamber.org/?s=mbc

San Diego City Beat: https://www.sdcitybeat.com/news-and-opinion/ news/things-change../

Político: https://www.politico.com/magazine/story/2017/02/san -diego-bridge-border-wall-airport-tijuana-214788

SANDAG: https://www.sandag.org/uploads/publicationid/ publicationid_1257_5883.pdf

International Wastewater Treatment Plant: https://www.ibwc.gov/ Mission_Operations/sbiwtp.html South Bay International Wastewater Treatment Plant (SBIWTP)

World Gazetteer: "*America: metropolitan areas*", 2011

World Gazetteer: "San Diego", 2007

Compact.org: "San Diego Dialogue", https://compact.org/re- source-posts/the-san-diego-dialogue/

UCSD News: https://ucsdnews.ucsd.edu/archive/newsrel/general/ C%20Nathanson.htm

Vanishing Frontiers: The Forces Driving Mexico and the United States Together, del Dr. Andrew Selee: https://www.google.com/books/ edition/Vanishing_Frontiers/oDI4DwAAQBAJ?hl=en&gbpv= 1&dq=inauthor:%22Andrew+Selee%22&printsec=frontcover

Semantic Scholar: "San Diego Dialogue", https://www.semanticscholar .org/paper/The-San-Diego-Dialogue%3A-Reshaping-the-San -Diego-Christensen-Rongerude/518b2667dd86aba04e12dfc 18c40a287e1e905fd

Redial Inc.: https://redialbpo.com/index.php/our-vision/

Reaganista.blogspot.com: https://reaganista.blogspot.com/2012/01/beloved-wife-philanthropist-cuban.html

Times of San Diego: https://timesofsandiego.com/

Co-Production International: "Getting Started In Mexico," https://www.co-production.net/nearshore-solutions/get-started-in-mexico/mexico-manufacturing-news/plantronics-mexico-manufacturing.html

US Customs and Border Protection: https://www.cbp.gov/newsroom/local-media-release/cbp-reminds-sentri-users-lane-has-moved-gateway-americas-bridge-juarez

Sandler, Travis & Rosenberg, P.A.: "Trusted Trader Program Could be Operational This Year" https://www.strtrade.com/news-publications-trusted-tader-CTPAT-importer-self-assessment-CBP-020618.html

San Diego Magazine: https://www.sandiegomagazine.com/features/one-sunday-in-friendship-park/article_df14eeec-477a-11ea-a444-dfb4d6e20c7b.html

CRÉDITOS FOTOGRÁFICOS

Página 8: Foto cortesía de Las Américas Premium Outlets

Página 14: Foto cortesía de Poly/Plamex

Página 28: De un cuadro de H.M.T Powell hecho en 1850

Página 41: Colección Andre Williams, cortesía de Tijuana in History: Just Crossing the Border—David Piñera/Gabriel Rivera

Página 57: Foto cortesía: San Diego History Center

Página 69: Foto cortesía: San Diego History Center

Página 70: Foto cortesía: San Diego History Center

Página 72: Foto cortesía: San Diego Natural History Museum

Página 73: Foto cortesía del San Diego Union-Tribune

Página 77: Colección Andre Williams, cortesía: Tijuana in History: Just Crossing the Border—David Piñera/Gabriel Rivera

Página 78: Colección Andre Williams, cortesía: Tijuana in History: Just Crossing the Border—David Piñera/Gabriel Rivera

Página 81: Colección Andre Williams, cortesía: Tijuana in History: Just Crossing the Border—David Piñera/Gabriel Rivera

Página 92: Archivo Histórico de IMAC Tijuana, cortesía: Tijuana in History: Just Crossing the Border—David Piñera/Gabriel Rivera

Página 95: Colección Andre Williams, cortesía: Tijuana in History: Just Crossing the Border—David Piñera/Gabriel Rivera

Página 97: Foto Cortesía: Caliente Casino Hipódromo

Página 99: Colección Andre Williams, cortesía: Tijuana in History: Just Crossing the Border—David Piñera/Gabriel Rivera

Página 100: Colección Andre Williams, cortesía: Tijuana in History: Just Crossing the Border—David Piñera/Gabriel Rivera

Página 101: Colección Andre Williams, cortesía: Tijuana in History: Just Crossing the Border—David Piñera/Gabriel Rivera

Página 104: Colección Andre Williams, cortesía: Tijuana in History: Just Crossing the Border—David Piñera/Gabriel Rivera

Página 107: Colección Rebeca Herrera de Laveaga, cortesía: Tijuana in History: Just Crossing the Border—David Piñera/Gabriel Rivera

Página 120: Foto cortesía: San Diego History Center

Página 121: Foto cortesía: San Diego History Center

Página 125: Foto cortesía: San Diego History Center

Página 128: Foto cortesía: San Diego History Center

Página 134: Foto cortesía: San Diego History Center

Página 148: Foto cortesía de Rancho La Puerta

Página 237: Foto cortesía del San Diego Union-Tribune

Página 266: Foto cortesía de Cross Border Xpress

Página 283: Foto cortesía del Club de Empresarios de NewCity

Página 293: Foto cortesía de James Clark

Página 317: Foto cortesía de NewCity

Página 346: Foto cortesía de Rosarito Beach Hotel y Torre

Página 351: Foto cortesía del San Diego Union-Tribune

Página 354: Foto cortesía del Grupo Plascencia

Página 358: Foto cortesía de Julio Rodríguez

Página 363: Foto cortesía de CVEATC y la Ciudad de Chula Vista

Página 364: Foto cortesía de Julio Rodríguez

Página 365: Foto cortesía de Caliente

Página 366: Foto cortesía de la Ciudad de Chula Vista

Página 371: Foto cortesía del San Diego Union-Tribune

Página 395: Foto cortesía de James Clark

Página 401: Foto cortesía de Henning von Berg

SOBRE EL AUTOR

Michael S. Malone es uno de los periodistas de alta tecnología y negocios más conocidos del mundo. Es el autor o coautor de casi 30 libros, incluyendo obras premiadas como *The HP Way* (La Manera HP), *The Intel Trilogy* (La Trilogía de Intel) y *The Virtual Corporation (La Corporación Virtual)*. También ha sido el anfitrión o productor de varias series de televisión pública [en particular la premiada miniserie de PBS *The New Heroes* (Los Nuevos Héroes)], editor de la revista *Forbes ASAP* y es Profesor Ejecutivo del Decano de la Santa Clara University (Universidad de Santa Clara). Es un distinguido amigo de la Universidad de Oxford. Malone vive con su esposa y su hijo menor en Sunnyvale, California.

www.ingramcontent.com/pod-product-compliance
Lightning Source LLC
Chambersburg PA
CBHW020814300326
41914CB00075B/1766/J